Die Umsetzung der UN-Behindertenrechtskonvention
auf kommunaler Ebene in Bayern

Regensburger Beiträge zum Staats- und Verwaltungsrecht

Herausgegeben von Gerrit Manssen

Band 27

PETER LANG

Ursula Obermayr

Die Umsetzung der UN-Behindertenrechtskonvention auf kommunaler Ebene in Bayern

Eine rechtstatsächliche und rechtspolitische Untersuchung

PETER LANG

Bibliografische Information der Deutschen Nationalbibliothek
Die Deutsche Nationalbibliothek verzeichnet diese Publikation in der Deutschen Nationalbibliografie; detaillierte bibliografische Daten sind im Internet über http://dnb.d-nb.de abrufbar.

Zugl.: Regensburg, Univ., Diss., 2018.

D 355
ISSN 1860-319X
ISBN 978-3-631-79310-7 (Print)
E-ISBN 978-3-631-80375-2 (E-PDF)
E-ISBN 978-3-631-80376-9 (EPUB)
E-ISBN 978-3-631-80377-6 (MOBI)
DOI 10.3726/b16220

Peter Lang – Berlin · Bern · Bruxelles · New York · Oxford · Warszawa · Wien

Diese Publikation wurde begutachtet.

www.peterlang.com

Vorwort

Die vorliegende Arbeit wurde im Wintersemester 2017/2018 von der Rechtswissenschaftlichen Fakultät der Universität Regensburg als Dissertation angenommen. Die mündliche Prüfung fand am 07.11.2018 statt. Zur Veröffentlichung habe ich lediglich orthographische Änderungen eingearbeitet, an den Inhalten und Argumentationslinien habe ich nichts geändert.

Der größte Dank gilt meinem Doktorvater, Herrn Prof. Dr. Gerrit Manssen für die Gelegenheit zur Promotion und die schöne Zeit als wissenschaftliche Mitarbeiterin am Lehrstuhl – einschließlich des Wiedersehens mit Herrn Prof. Dr. Udo Steiner. Die Reisen zu den deutschsprachigen Doktorandenseminaren in Breslau bleiben mir ebenso in angenehmer Erinnerung wie die freundliche Atmosphäre am Lehrstuhl. Ganz wie früher ging ich immer gern an die Uni. Ich wollte mit dieser Arbeit einen Beitrag zu der Frage leisten, was die UN-Behindertenrechtskonvention den Bürgern mit Behinderung konkret bringt. Herr Prof. Manssen begleitete meine Arbeit mit Geduld und Interesse und gab mir immer wieder wichtige Anregungen. Herrn Prof. Dr. Robert Uerpmann-Wittzack danke ich ebenfalls herzlich für sein Interesse an meiner Arbeit, die Offenheit für meine Fragen und die zügige Erstellung des Zweitgutachtens. Die Konversationsübung „10 Jahre UN-Behindertenrechtskonvention" hat mir großen Spaß gemacht.

Neben den Phasen des konzentrierten Arbeitens sind auch die Mittagspausen nicht zu unterschätzen. An dieser Stelle ein Lob an die Mensa, weil ich sie schon immer gut fand, und ein lieber Gruß an die Kollegen, besonders an Dr. Fabian Michl, Matthias Hensel und Benjamin Manthey. Danke für die vielen anregenden Gespräche beim Essen und beim Kaffee!

Während des Schreibens habe ich oft an meine Eltern gedacht. Sie haben mir immer gesagt: „Du musst etwas mit dem Kopf machen, weil der funktioniert". Liebe Eltern, ich habe euren Ausspruch zu meinem Lebensmotto gemacht, und es hat funktioniert. Dafür bin ich euch unendlich dankbar und widme euch meine Doktorarbeit. Mein Vater konnte die Fertigstellung leider nicht mehr miterleben; er wäre sicher stolz auf mich. Es ist schön, jemanden zu haben, mit dem man sich gemeinsam über das Erreichte freuen kann. Ich danke für geduldiges Zuhören, Gelassenheit und Beistand meinem lieben Freund und Lebensgefährten Andreas Bauer, dem Kfz-Meister, der für jede Lebenslage den passenden Spruch parat hat. Beim Promovieren bewahrheitet sich sein Lieblingssatz von Ron Dennis aus der Formel 1: „To finish first, you first have to finish".

Gerade die Schlussphasen solcher Arbeiten sind kritisch. Daher darf ein Dank an meine Korrekturleserin Ulrike Gehrke ebenso wenig fehlen wie ein ebenfalls dickes Dankeschön an Frau Hannelore Fleißer vom Rechenzentrum der Universität Regensburg für die kompetente Lösung der Formatierungsprobleme. Mit ihrer Hilfe konnte ich diese Arbeit unfallfrei über die Ziellinie bringen.

Ich hoffe, dass diese Dissertation auch einen gewissen praktischen Nutzen entfalten kann. Angesichts der mitunter ernüchternden Ergebnisse werden einige Leserinnen und Leser mit meinen Ausführungen nicht einverstanden sein. An sie richte ich die Bitte, trotzdem weiterzulesen: Sie werden sicher die eine oder andere Argumentationshilfe für Ihr Anliegen darin finden. Im besten Fall können Sie einer der Motoren sein, die das Thema Inklusion in unserer Gesellschaft vorantreiben.

Inhaltsverzeichnis

Abkürzungsverzeichnis

a. F.	alte Fassung
a. M.	am Main
A.-Drs.	Ausschuss-Drucksache
ABl., Amtsbl.	Amtsblatt
Abs.	Absatz
ADA	Americans with Disabilities Act
ADG	Antidiskriminierungsgesetz
AEMR	Allgemeine Erklärung der Menschenrechte
AEUV	Vertrag über die Arbeitsweise der Europäischen Union
AG	Amtsgericht, Aktiengesellschaft, Arbeitsgruppe
AGG	Allgemeines Gleichbehandlungsgesetz
AGSG	Gesetz zur Ausführung der Sozialgesetze
al	autonom leben
Anm.	Anmerkung
AnwBl	Anwaltsblatt
Art.	Artikel
asl	Arbeitsgemeinschaft für Selbstbestimmtes Leben Schwerstbehinderter
Aufl.	Auflage
Ausg.	Ausgabe
AVSG	Verordnung zur Ausführung der Sozialgesetze
AWO	Arbeiterwohlfahrt
Az.	Aktenzeichen
BAG	Bundesarbeitsgericht
BAR	Bundesarbeitsgemeinschaft für Rehabilitation
BauGB	Baugesetzbuch
BayBGG	Bayerisches Gesetz zur Gleichstellung, Integration und Teilhabe von Menschen mit Behinderung
BayGO	Bayerische Gemeindeordnung
BayTHG	Bayerisches Teilhabegesetz
BbgBGG	Gesetz des Landes Brandenburg zur Gleichstellung von Menschen mit Behinderungen
Bd.	Band
BDA	Bundesvereinigung der Deutschen Arbeitgeberverbände
BeckOK	Beck'scher Online-Kommentar
Begr.	Begründer

BerlVerf	Berliner Verfassung
Beschl.	Beschluss
BGB	Bürgerliches Gesetzbuch
BGBl.	Bundesgesetzblatt
BGG	Gesetz zur Gleichstellung von Menschen mit Behinderungen (Behindertengleichstellungsgesetz)
BGG LSA	Behindertengleichstellungsgesetz Sachsen-Anhalt
BGG NRW	Gesetz des Landes Nordrhein-Westfalen zur Gleichstellung von Menschen mit Behinderung (Behindertengleichstellungsgesetz Nordrhein-Westfalen)
BGH	Bundesgerichtshof
BK	Bonner Kommentar
BMAS	Bundesministerium für Arbeit und Soziales
BMJ	Bundesministerium der Justiz und für Verbraucherschutz
BMVI	Bundesministerium für Verkehr und digitale Infrastruktur
BMWi	Bundesministerium für Wirtschaft und Energie
BremBGG	Bremisches Gesetz zur Gleichstellung von Menschen mit Behinderung
BSG	Bundessozialgericht
BT-Drucks.	Bundestags-Drucksache
BTHG	Bundesteilhabegesetz
Buchst.	Buchstabe
BV	Bayerische Verfassung
BVerfG	Bundesverfassungsgericht
BVerfGE	Entscheidungen des Bundesverfassungsgerichts, amtliche Sammlung
BVerwG	Bundesverwaltungsgericht
BVerwGE	Entscheidungen des Bundesverwaltungsgerichts, amtliche Sammlung
BW	Baden-Württemberg
BZSL	Berliner Zentrum für selbstbestimtes Leben
CRPD	Convention on the Rights of Persons with Disabilities
CSU	Christlich Soziale Union
d.	die, der, das, des, dem, den
DAB	Deutsches Architektenblatt
DEHOGA	Deutscher Hotel- und Gaststättenverband
ders.	derselbe
DGPGM	Deutsche Gesellschaft für Pränatal- und Geburtsmedizin
Doc.	Document
DÖV	Die öffentliche Verwaltung

Drucks.	Drucksache
DVfR	Deutsche Vereinigung für Rehabilitation
e. V.	eingetragener Verein
EG	Europäische Gemeinschaft
EGMR	Europäischer Gerichtshof für Menschenrechte
EGV	Vertrag zur Gründung der Europäischen Gemeinschaft
EL	Ergänzungslieferung
EMRK	Europäische Menschenrechtskonvention
EU	Europäische Union
EuGH	Europäischer Gerichtshof
EZBK	Ernst/Zinkahn/Bielenberg/Krautzberger
f., ff.	folgende
fab	Verein zur Förderung der Autonomie Behinderter
FDP	Freie Demokratische Partei
FS	Festschrift
FW	Freie Wähler
G	Gesetz
geänd.	geändert
GG	Grundgesetz
GO LSA	Gemeindeordnung des Landes Sachsen-Anhalt
GVBl., GVOBl.	Gesetz- und Verordnungsblatt
Hess	Hessischer, Hessische, Hessisches
HessBGG	Hessisches Gesetz zur Gleichstellung von Menschen mit Behinderungen
HessVerf	Hessische Verfassung
HGlG	Hessisches Gleichstellungsgesetz
HmbGGbM	Hamburgisches Gesetz zur Gleichstellung behinderter Menschen
HRLR	Human Rights Law Review
Hrsg.	Herausgeber
i. S. d.	im Sinne des, im Sinne der
i.V.m.	in Verbindung mit
ICF	International Classification of Functioning, Disability and Health
IGG NRW	Inklusionsgrundsätzegesetz Nordrheinwestfalen
ISL	Interessenvertretung Selbstbestimmt Leben
JAIP	Journal Of The American Institute Of Planners
JurisPK	Juris Praxiskommentar
KassKomm	Kasseler Kommentar Sozialversicherungsrecht
KommJur	Zeitschrift Kommunaljurist

KSVG	Kommunalselbstverwaltungsgesetz
LAG	Landesarbeitsgemeinschaft
LAGH	Landesarbeitsgemeinschaft Hilfe für Behinderte
LBGG	Landesbehindertengleichstellungsgesetz des Landes Schleswig-Holstein
L-BGG	Landesgesetz zur Gleichstellung von Menschen mit Behinderungen (Landes-Behindertengleichstellungsgesetz des Landes Baden-Württemberg)
L-BGG M-V	Gesetz zur Gleichstellung, gleichberechtigten Teilhabe und Integration von Menschen mit Behinderungen des Landes Mecklenburg-Vorpommern
LEADER	Liaison entre les actions de développement de l'économie rurale (= Verbindung zwischen Aktionen zur Entwicklung der ländlichen Wirtschaft)
LG	Landgericht
LGBG	Gesetz über die Gleichberechtigung von Menschen mit und ohne Behinderung
LGGBehM	Behindertengleichstellungsgesetz des Landes Rheinland-Pfalz
LSG	Landessozialgericht
m.w.N	mit weiteren Nachweisen
MdL	Mitglied des Landtages
n. F.	neue Fassung
NAP	Nationaler Aktionsplan
NBGG	Niedersächsisches Behindertengleichstellungsgesetz
NdsVerf	Niedersächsische Verfassung
NGO	Niedersächsische Gemeindeordnung, Nichtregierungsorganisation
NJW	Neue Juristische Wochenschrift
No.	Nummer
Nr.	Nummer
NRW	Nordrheinwestfalen
NVwZ	Neue Zeitschrift für Verwaltungsrecht
NZZ	Neue Zürcher Zeitung
OVG	Oberverwaltungsgericht
P&G	Psychologie und Gesellschaftskritik
PdK	Praxis der Kommunalverwaltung
PflSchG	Pflanzenschutzgesetz
PND	Pränataldiagnostik
PNP	Passauer Neue Presse

RdJB	Recht der Jugend und des Bildungswesens
Rn.	Randnummer
S.	Seite
SaarlVerf	Saarländische Verfassung
Sächs	Sächsischer, Sächsische, Sächsisches
SächsIntegrG	Gesetz zur Verbesserung der Integration von Menschen mit Behinderungen im Freistaat Sachsen
SBGG	Gesetz zur Gleichstellung von Menschen mit Behinderungen im Saarland (Saarländisches Behindertengleichstellungsgesetz)
SchwbG	Schwerbehindertengesetz
SDSRV	Schriftenreihe des Deutschen Sozialrechtsverbandes
SGB II	Sozialgesetzbuch II – Grundsicherung für Arbeitsuchende
SGB IX	Sozialgesetzbuch IX – Rehabilitation und Teilhabe von Menschen mit Behinderung
SGB V	Sozialgesetzbuch V – Gesetzliche Krankenversicherung
SGB XI	Sozialgesetzbuch XI – Soziale Pflegeversicherung
SGB XII	Sozialgesetzbuch XII – Sozialhilfe
SGV	Sammlung der Gesetz- und Verordnungsblätter des Landes Nordrhein-Westfalen
SH	Schleswig-Holstein
SL	Selbstbestimmt Leben
sog.	sogenannte, sogenannter, sogenanntes
SozR	Sozialrecht
SPD	Sozialdemokratische Partei Deutschlands
StMAS	Bayerisches Staatsministerium für Arbeit und Soziales, Familie und Integration
ThürGIG	Thüringer Gesetz zur Gleichstellung und Verbesserung der Integration von Menschen mit Behinderungen
TK	Techniker Krankenkasse
u. a.	und andere, unter anderem
u. U.	unter Umständen
UN	United Nations (= Vereinte Nationen)
UN-BRK	Übereinkommen der Vereinten Nationen über die Rechte von Menschen mit Behinderungen
UNICEF	Kinderhilfswerk der Vereinten Nationen
v.	vom, von
VbA	Verbund behinderter ArbeitgeberInnen
Verf.	Verfasserin
VerfBW	Verfassung des Landes Baden-Württemberg

VerfRHPf	Verfassung des Landes Rheinland-Pfalz
VGH	Verwaltungsgerichtshof
VHS	Volkshochschule
VN	Vereinte Nationen, Zeitschrift für die Vereinten Nationen und ihre Sonderorganisationen
Vol.	Volume (= Band)
VuR	Verbraucher und Recht
VwGO	Verwaltungsgerichtsordnung
WfbM	Werkstatt für behinderte Menschen
WINEG	Wissenschaftliches Institut der TK für Nutzen und Effizienz im Gesundheitswesen
WS	Wintersemester
WüSL	Selbstbestimmt Leben Würzburg
WVK	Wiener Übereinkommen über das Recht der Verträge
z.B.	zum Beispiel
ZAG	Zivilrechtliches Antidiskriminierungsgesetz
ZaöRV	Zeitschrift für ausländisches öffentliches Recht und Völkerrecht
ZeDiS	Zentrum für Disability Studies
ZEuP	Zeitschrift für Europäisches Privatrecht
zit.	zitiert
ZOPP	Zielorientierte Projektplanung
ZRP	Zeitschrift für Rechtspolitik
ZSL	Zentrum für Selbstbestimmtes Leben

Einleitung

A. Hinführung zum Thema

Das Übereinkommen der Vereinten Nationen über die Rechte von Menschen mit Behinderungen (kurz: Behindertenrechtskonvention oder UN-BRK) feierte im Jahr 2016 sozusagen seinen zehnten Geburtstag. Es wurde am 13. Dezember 2006 von der UN-Vollversammlung verabschiedet und im Jahr 2009 von der Bundesrepublik Deutschland ratifiziert. Mit dieser Konvention wurden erstmals die Menschenrechte aus der Perspektive behinderter Menschen festgeschrieben. Ob – wie oft betont wird – lediglich bestehende Rechte neu formuliert wurden[1] oder ob der Konventionstext nicht doch auch neue Rechte zugunsten behinderter Menschen enthalte[2], wird unterschiedlich beurteilt. Einig sind sich die Experten in der Einschätzung, dass die UN-BRK ein wichtiger Meilenstein in der behindertenpolitischen Entwicklung weltweit und in Deutschland sei. Manche Aussagen über die UN-BRK fallen durch einen geradezu enthusiastischen Tonfall auf:

> „Menschenrechtskonventionen dienen dem ‚Empowerment' der Menschen. Sie leisten dies, indem sie Ansprüche auf Selbstbestimmung, Diskriminierungsfreiheit und gleichberechtigte gesellschaftliche Teilhabe formulieren, sie rechtsverbindlich verankern und mit möglichst wirksamen Durchsetzungsinstrumenten verknüpfen. In keiner internationalen Menschenrechtskonvention kommt dieser Empowerment-Ansatz so prägnant zum Tragen wie in der Konvention über die Rechte von Personen mit Behinderungen, die im Dezember 2006 von den Vereinten Nationen verabschiedet worden ist." (*Heiner Bielefeldt*)[3]
>
> „Die BRK markiert einen Meilenstein in der internationalen Behindertenpolitik, aber auch für die Menschenrechtspolitik." (*Theresia Degener*)[4]
>
> „Die BRK kann als ein menschenrechtliches Dokument von monumentaler, historischer Größe gelten." (*Hans Wocken*)[5]

---

1 *Trenk-Hinterberger* in: *Kreutz u.a.*, Einführung Rn. 1.

2 *Dörschner*, 41.

3 *Bielefeldt*, Essay Nr. 5, 4.

4 *Degener*, Legislative Herausforderungen, 28.

5 *Wocken, Hans,* Über die Entkernung der Behindertenrechtskonvention Ein deutsches Trauerspiel in 14 Akten, mit einem Vorspiel und einem Abgesang. Zeitschrift für Inklusion, siehe www.inklusion-online.net/index.php/inklusion-online/article/view/80/80; dieser Link wurde wie alle anderen Internetfundstellen in dieser Arbeit zuletzt geprüft am 06.02.2018 um 17 Uhr.

„Ich bin nicht der Einzige, der in dieser UN-Konvention eines der bedeutendsten Dokumente in der Geschichte der Entwicklung der Menschenrechte sieht." (*Markus Kurth*)[6]

Die Begeisterung der Experten bezieht sich einerseits auf die moderne „Konstruktion" der UN-BRK als völkerrechtlichem Übereinkommen mit rechtsverbindlichen Ansprüchen und möglichst wirksamen Durchsetzungsmechanismen, andererseits auf das in der Konvention gezeichnete moderne Bild von Menschen mit Behinderung; diese sollen von ihren Staaten als gleichberechtigte Bürger behandelt und als wertvolle Mitglieder der Gemeinschaft betrachtet werden – nicht als unbedeutende Randgruppe, Bittsteller, Objekte staatlicher Fürsorge und lästige Kostenfaktoren, wie sie es bisher kannten. Könnte die Konvention zu einer solchen modernen Sichtweise beitragen, so wäre dies – jenseits einzelner begrüßenswerter Maßnahmen zu Barrierefreiheit oder Eingliederung – tatsächlich ein Meilenstein.

In den zehn Jahren nach Inkrafttreten der UN-BRK wurden einige Dissertationen über die Konvention veröffentlicht, sowohl rechtswissenschaftliche Arbeiten als auch solche anderer Fachrichtungen.[7] Das Recht auf Bildung war dabei mit Abstand der beliebteste Untersuchungsgegenstand bei den Juristen.[8]

---

6 *Kurth*, 7.

7 Ohne Anspruch auf Vollständigkeit: *Aberle, Lisa*, Sozialraumorientierung als Voraussetzung für Inklusion: Auswirkungen der UN-Behindertenrechtskonvention in der Arbeit mit Menschen mit Behinderung, 2014; *Bernier, Antje*, Multisensorische Barrierefreiheit von öffentlichen Gebäuden: Strategien zur Umsetzung der UN-Behindertenrechtskonvention in Deutschland, Rostock, 2010; *Brachmann, Barbara*, Behinderung und Anerkennung: Alteritäts- und anerkennungsethische Grundlagen für Umsetzungsprozesse der UN-Behindertenrechtskonvention in Wohneinrichtungen der Behindertenhilfe 2015; *Graumann, Sigrid*, Assistierte Freiheit: Von einer Behindertenpolitik der Wohltätigkeit zu einer Politik der Menschenrechte, Frankfurt/Main 2011; *Rothfritz, Lauri Philipp*, Die Konvention der Vereinten Nationen zum Schutz der Rechte von Menschen mit Behinderungen – eine Analyse unter Bezugnahme auf die deutsche und europäische Rechtsebene, Frankfurt am Main 2010.

8 *Bernhard, Thomas*, Anforderungen an ein inklusives Bildungssystem nach der UN-Behindertenrechtskonvention, Eine Untersuchung der Rechtslage im Freistaat Bayern, 1. Aufl., Baden-Baden 2016 (zit.: *Bernhard*, Bildungssystem); *Dobroschke, Julia*, Lehr- und Lernmittel für den Inklusionsunterricht mit blinden und sehbehinderten Kindern, Leipzig 2013; *Dörschner, Dörte*, Die Rechtswirkungen der UN-Behindertenrechtskonvention in Deutschland am Beispiel des Rechts auf inklusive Bildung, Berlin 2014; *Marwege, Gabriele*, Legasthenie und Dyskalkulie in der Schule – eine verfassungsrechtliche Untersuchung unter besonderer Berücksichtigung der UN-Behindertenrechtskonvention, Göttingen 2013; *Pospischil, Melanie*, Der „Bildungsartikel 24" aus der Konvention über die Rechte von Menschen mit Behinderungen und seine Konsequenzen

Mit der kommunalen Ebene befassten sich dagegen eher Architekten und Stadtplaner – Stichwort: barrierefreie Zugänglichkeit – sowie Sozialwissenschaftler – Stichwort: Sozialraum. Jedoch ist die gemeindliche Ebene aus juristischer Sicht ebenfalls interessant. Im Teilhabeplan der Stadt Rosenheim wird anschaulich beschrieben, inwiefern:

> „Denkt man das Prinzip "Teilhabe statt Fürsorge" zu Ende, so kann eine lebensraumbezogene Herangehensweise an die Teilhabe von Menschen mit Behinderung nahezu ausschließlich im kommunalen Umfeld umgesetzt werden. Zumal viele Themenbereiche wie Infrastruktur, Mobilität, Interessenvertretung, Inklusion in Kindertagesstätte und Schule sowie schlicht die grundlegende Akzeptanz, Toleranz und Offenheit der Mitbürger, Arbeitgeber, Dienstleister etc. in einer Stadt oder Gemeinde weitgehend in der Verantwortung und dem Gestaltungsspielraum der Kommunen liegen bzw. eng mit diesen verknüpft sind."[9]

Gemeinden, die dies umsetzen möchten, sind auf die Unterstützung des Freistaats Bayern angewiesen. *Ulrich Maly*, der ehemalige Präsident des Städtetages, unterstrich in einer Rede die Problemlösungskompetenz der Kommunen. Er sagte:

> „Wir streiten nicht um unseren kommunalen Anteil an einem Steuer-Euro, sondern eigentlich für unsere Problemlösungskompetenz. Die Menschen schauen, wenn sie Probleme haben, als allererstes mit großen Augen ins Rathaus. Sie fragen auch gar nicht, ob wir die Zuständigkeit besitzen, oder ob vielleicht jemand anders zuständig ist. Der Hinweis auf Zuständigkeiten irritiert die Menschen eher und ist wieder so ein kleiner Beitrag zur Politikverdrossenheit."[10]

Auf Menschen mit Behinderung trifft *Malys* Analyse unbedingt zu. Beinahe jeder Bürger, der schon einmal eine staatliche Leistung beantragt hat oder eine Verbesserung anregen wollte, dürfte die Erfahrung gemacht haben, unter Hinweis auf mangelnde Zuständigkeit weggeschickt worden zu sein – ein frustrierendes Erlebnis, das Menschen durchaus beim nächsten Mal davon abhalten kann, sich einzubringen oder ihre Rechte zu verfolgen. Daher ist es sehr zu begrüßen, wenn auf der untersten staatlichen Ebene, an die man sich spontan zuerst wendet, weil

---

für die Beschulung Hörgeschädigter, Hamburg 2013; *Suelmann, Susanna*, Bildung in der Frauenrechtskonvention, der Kinderrechtskonvention und der Behindertenrechtskonvention der Vereinten Nationen, Hamburg 2013.

9 Aktionsplan Stadt Rosenheim, S. 6, siehe Aktionsplanverzeichnis.

10 Zit. nach: Bayerischer Städtetag, Informationsbrief Nr. 7 – Juli 2014, S. 2 f., siehe https://www.bay-staedtetag.de/fileadmin/Downloads/Infobriefe/2014/ib_2014_07.pdf.

sie vor Ort ist, die Möglichkeit besteht, einen persönlichen Beitrag zur Umsetzung der UN-BRK zu leisten.

In dieser Arbeit wird die gemeindliche Ebene hauptsächlich am Beispiel des Freistaats Bayern untersucht, und zwar insbesondere im Hinblick auf Art. 19 UN-BRK, und hier vor allem Buchst. c). Es geht also um das „gleiche Recht aller Menschen mit Behinderungen, mit gleichen Wahlmöglichkeiten wie andere Menschen in der Gemeinschaft zu leben" – dies ist wohl die eigentliche Definition der viel beschworenen Inklusion –, sowie um „wirksame und geeignete Maßnahmen, um Menschen mit Behinderungen den vollen Genuss dieses Rechts und ihre volle Einbeziehung in die Gemeinschaft und Teilhabe an der Gemeinschaft zu erleichtern",[11] bzw. „zu ermöglichen"[12]. Der Aktionsplan bildet dabei nur ein mögliches Instrument, jedoch ein zentrales Instrument zur Verankerung eben dieser wirksamen und geeigneten Maßnahmen. Dabei interessiert vor allem, wie viel von dem Gehalt der Konvention im Umsetzungsprozess noch auf der untersten staatlichen Ebene, den Kommunen, direkt beim Bürger oder der Bürgerin, ankommt. Es geht dabei nicht so sehr um die konkret gefundenen Ergebnisse vor Ort; diese fallen je nach Gemeinde zu unterschiedlich aus, um ihre Qualität ohne genaue Kenntnis der jeweiligen örtlichen Gegebenheiten beurteilen zu können. Vielmehr geht es darum, inwieweit das menschenrechtliche Verständnis von Behinderung sich in den Umsetzungsbemühungen der jeweiligen Gemeinden wiederfindet, inwieweit es gelungen ist, den Bewusstseinswandel von der völkerrechtlichen Ebene, also sozusagen von ganz oben, auf die gemeindliche Ebene, sozusagen nach ganz unten, zu transportieren. Denn nur wenn dies gelänge, dürften die Menschen in Städten und Gemeinden im Sinne einer allmählichen Entwicklung etwas von den Verbesserungen bemerken, die die UN-BRK für sie bringen sollte. Einige Ergebnisse werden messbar sein, wie etwa leichte Sprache in Briefen der Stadtverwaltung, die bessere Zugänglichkeit von Gebäuden, der Einsatz von Gebärdensprachdolmetschern bei Diskussionsveranstaltungen oder die Bereitstellung von Hilfsmitteln für sehbehinderte Teilnehmer bei Kursen der Volkshochschule. Andere Ergebnisse werden nicht messbar sein, wie etwa, ob Menschen mit sichtbaren Behinderungen oder einem auffälligen Verhalten seltener als früher angestarrt werden, wenn sie sich in ihrer Gemeinde bewegen; ob Planer und Mitbürger nicht mehr überfordert sind von

---

11 Halbamtliche deutsche Übersetzung der UN-BRK, siehe BGBl 2008 II, S. 1419 ff.

12 Schattenübersetzung siehe www.netzwerk-artikel-3.de/attachments/article/93/093_schattenuebersetzung-endgs.pdf.

der Anwesenheit behinderter Menschen und von deren Anforderungen an eine barrierefreie Umgebung.

B. Gang der Untersuchung

I. Grundlagen für die weitere Untersuchung

Das moderne, menschenrechtliche Verständnis der UN-BRK kommt in ihrem Titel sowie insbesondere in ihren Schlüsselbegriffen zum Ausdruck, denen sich das **erste Kapitel** dieser Arbeit widmet. Um die Konvention auf allen staatlichen Ebenen im Sinne behinderter Menschen „richtig" umsetzen zu können, muss zunächst herausgearbeitet werden, an welchen Maßstäben die Lebensrealität behinderter Menschen zu messen sei. Dem Behinderungsbegriff kommt dabei besondere Bedeutung zu. Für das Verständnis der gesamten Konvention und der Zielrichtung sämtlicher in ihr verankerten Forderungen und Maßnahmen ist es unerlässlich, zu wissen, warum es den Autoren des Vertragstextes wichtig war, an zentraler Stelle einen weiten Behinderungsbegriff zu verankern sowie insbesondere das soziale bzw. das hieraus weiterentwickelte menschenrechtliche Modell von Behinderung in der UN-BRK zu etablieren. Verständlich wird dies vor dem Kontrast traditioneller, überkommener Anschauungen, die einem modernen Verständnis von Behinderung widersprechen und somit der UN-BRK im Wege stehen, weshalb in dieser Arbeit in der gebotenen Kürze auch auf historische Entwicklungen einzugehen ist. Aufgrund der Erfahrung, dass die Anliegen behinderter Frauen in Gesetzgebungsvorhaben für gewöhnlich vergessen werden, wenn man nicht speziell auf sie achtet, wurde bei der UN-BRK auf die durchgehende sprachliche wie inhaltliche Berücksichtigung behinderter Frauen ein besonderes Augenmerk gerichtet. Auf diesen Gesichtspunkt ist einzugehen, da er auf kommunaler Ebene ebenfalls bedeutsam ist. Ebenso wie der moderne Behinderungsbegriff stehen neben dem Grundsatz der Nichtdiskriminierung auch die weiteren Schlüsselbegriffe „selbstbestimmtes Leben behinderter Menschen", „Inklusion" und „Partizipation" für zentrale Anliegen behinderter Menschen auf der ganzen Welt. Die Schlüsselbegriffe sind sozusagen die „Grundzutaten" ohne die ein menschenrechtliches Verständnis von Behinderung nicht hergestellt werden kann. Diese Begriffe haben sich – ein Verdienst der UN-BRK – in der Behindertenpolitik weitgehend durchgesetzt; sie werden jedoch nicht von allen Akteuren in der gleichen Bedeutung verwendet, vielmehr versucht jeder, sie in seinem Sinne zu deuten. Bisweilen sind die Begriffe inhaltlich umstritten, weshalb sie einer Erläuterung am Anfang dieser Arbeit bedürfen. Die Schlüsselbegriffe müssen sich, wenn man der Konvention gerecht werden will, nicht nur wörtlich sondern vor allem inhaltlich in den Umsetzungsbemühungen, in den Gemeinden also vor allem in den Aktionsplänen, wiederfinden, und es muss sichergestellt sein, dass sie dort in der gleichen menschenrechtlichen Bedeutung verstanden werden wie in der Konvention selbst. Deshalb ist es unerlässlich, sie im ersten Kapitel dieser Arbeit ausführlich zu erläutern.

Das **zweite Kapitel** beschäftigt sich mit der Reichweite der aus der UN-BRK resultierenden völkerrechtlichen Umsetzungsverpflichtung, besonders mit der Frage, ob die Umsetzungspflicht auch die Länder in Bereichen ihrer ausschließlichen Gesetzgebungskompetenz treffe, und in der Folge, ob sie auch die Kommunen treffe. Im Ergebnis muss dies aus verfassungsrechtlichen Gründen verneint werden, so dass für die weitere Untersuchung davon auszugehen ist, dass sämtliche Umsetzungsbemühungen auf Basis der Freiwilligkeit erfolgen. Das bedeutet aber nicht, dass hierfür keine rechtlichen Regelungen erforderlich wären. Der Anspruch der Bürger auf Partizipation sowie das Erfordernis einer effizient arbeitenden Verwaltung sprechen vielmehr für den Erlass solcher Vorschriften.

II. Untersuchung der Aktionspläne als Umsetzungsmaßnahmen der UN-BRK

Die Kapitel drei und fünf hinterfragen Aktionspläne als Umsetzungsmaßnahmen der UN-BRK im Allgemeinen und auf kommunaler Ebene. Im **dritten Kapitel** wird zunächst untersucht, welche Definitionen für Aktionspläne existieren, welche völkerrechtliche Bedeutung Aktionspläne haben, wie sie rechtlich einzuordnen sind. Schließlich wendet sich die Arbeit im **fünften Kapitel** zuerst den Verfahrensfragen und dann den materiellen Inhalten bei der Erstellung und Umsetzung von kommunalen Aktionsplänen zu. Beim Verfahren liegt ein Schwerpunkt auf den Beteiligungsrechten und -möglichkeiten behinderter Menschen, weil diese in besonderer Weise mit dem Schlüsselbegriff der Partizipation in Zusammenhang stehen. Es erscheint nicht sinnvoll, in jeder bayerischen Gemeinde mit jedem Aktionsplan das Rad neu erfinden zu wollen. Wünschenswert wären klare Vorgaben, die dafür sorgen, dass die Rechte behinderter Menschen in möglichst standardisierter Form, einschließlich der Barrierefreiheit des Verfahrens, angemessen berücksichtigt werden. Dadurch würden mehr Ressourcen für die inhaltlichen Fragen verbleiben. Entsprechende Vorgaben könnten im BayBGG festgeschrieben werden. Dabei ist allerdings eine Überregulierung, die Bürger mit und ohne Behinderung von einer Beteiligung abschrecken würde, unbedingt zu vermeiden. Bei den materiellen Inhalten von Aktionsplänen stellt sich unter anderem die Frage, ob es Mindestanforderungen an Aktionspläne geben müsse. Zu diesen gehören auf jeden Fall Maßnahmen der

Bewusstseinsbildung, mit denen der von der UN-BRK intendierte Wandel der gesellschaftlichen Haltung gegenüber Menschen mit Behinderung angestoßen und gefördert werden muss. Die wenigsten bayerischen Gemeinden dürften sich in der komfortablen Lage befinden, dass alle im Aktionsplan festgeschriebenen Maßnahmen sofort verwirklicht werden können, weshalb auch die Frage der Konnexität zu klären ist.

III. Die Bedeutung des kommunalen Behindertenbeauftragten als Fürsprecher und Wächter über die Umsetzung der UN-BRK

Das **vierte Kapitel** unternimmt einen Exkurs zum kommunalen Behindertenbeauftragten. Das Amt wird beleuchtet, da mit dem Behindertenbeauftragten in vielen Gemeinden bereits ein geeigneter Fürsprecher für die Rechte behinderter Menschen zur Verfügung steht. Es ist sinnvoll, diese Struktur dort, wo sie bereits etabliert ist, für die Umsetzung der UN-BRK auf gemeindlicher Ebene nutzbar zu machen. In Gemeinden, in denen es noch keinen Behindertenbeauftragten gibt, ist die Stelle so bald wie möglich zu schaffen und das Amt so bald wie möglich zu besetzen. Wird aber von dem Beauftragten erwartet, dass er die Umsetzung der UN-BRK wirksam vorantreibe und überwache, so müssen seine Rechtsstellung, seine Beteiligungsrechte, vor allem aber seine Ressourcen und seine finanzielle Ausstattung deutlich gestärkt werden. Problematisch ist, dass keine Kriterien für die Auswahl eines geeigneten Kandidaten existieren. Diese Fragen sollten im BayBGG geregelt werden. Dabei ist, wie bei der Bürgerbeteiligung, unbedingt darauf zu achten, dass die Hürden nicht zu hoch gesetzt werden, um potentiell geeignete Kandidaten nicht von der Übernahme des Amtes abzuschrecken.

IV. Zusammenfassung der Ergebnisse und Ausblick

Das **sechste Kapitel** fasst die Ergebnisse der Arbeit zusammen und gibt einen Ausblick auf die weitere Umsetzung der UN-BRK in bayerischen Gemeinden. Es ist bleibt abzuwarten, wie sich die politische Willensbildung in Bayern entwickelt. Zu hoffen wäre, dass eines Tages das BayBGG im Sinne der in dieser Arbeit unterbreiteten Vorschläge zur Umsetzung der UN-BRK ergänzt würde und auf diese Weise einige der gewonnenen Erkenntnisse ihren Weg in bayerische Stadt- und Gemeindeverwaltungen finden würden.

Kapitel 1: Behindertenpolitische Grundlagen

Abstract: The first chapter is about the aims of the United Nations Convention on the Rights of Persons with Disabilities (CRPD). This chapter explains the key words of policy for the disabled, such as independent living, inclusion, non-discrimination and participation. It contains a discussion of history and development of terms and definitions of disability.

Key words: Convention on the Rights of Persons with Disabilities, CRPD, terms of disability, independent living, inclusion, non-discrimination, participation

A. Die UN-BRK – ein modernes völkerrechtliches Übereinkommen

I. Betonung der Menschenwürde

Die UN-BRK verfügt über ein beachtliches Innovationspotenzial, zu dem als wichtigster Bestandteil ein menschenrechtliches Verständnis von Behinderung gehört.[13]

1. Titel des Übereinkommens

Dieses moderne Verständnis bringt – so zutreffend wie sperrig – bereits der Titel „Übereinkommen über die Rechte von Menschen mit Behinderung" zum Ausdruck: Der geschützte Personenkreis wird nicht als behinderte Menschen, sondern als „Menschen mit Behinderung" bezeichnet. Damit soll betont werden, dass Menschen mit Behinderung in erster Linie Menschen sind. *„Mensch zuerst"*, etwas holprig übersetzt aus dem Englischen (*„People First"*), heißt in diesem Sinne eine Selbstvertretungsorganisation behinderter Menschen, die sich als „Menschen mit Lernschwierigkeiten" bezeichnen, weil sie nicht mehr „geistig behindert" genannt werden wollen. Schon indem dieser Wunsch respektiert wird, wird eine der wichtigsten Barrieren – nämlich, dass sie nicht ernst genommen werden – gegenüber dieser Personengruppe

---

13 *Degener*, Inklusionsmotor, *RdJB* 2/2009, 200; dazu auch *Bielefeldt*, Essay Nr. 5; *Kotzur* und *Richter*, Anmerkungen zur Geltung und Verbindlichkeit der Behindertenrechtskonvention im deutschen Recht, in: *Welke*, S. 85, Rn. 9.

beseitigt. Zuerst soll man behinderte Menschen also als Personen mit Eigenheiten, Fähigkeiten, Fehlern und Bedürfnissen erkennen. Erst in zweiter Linie spielt die Behinderung eine Rolle. Die Formulierung impliziert, dass die Menschen eine Behinderung „haben" und eben nicht, dass sie behindert „sind". *Robert Uerpmann-Wittzack* weist überzeugend darauf hin, dass durch diesen Ausdruck eine diskriminierende Gruppenbildung in „behinderte" und „normale" Menschen vermieden werde.[14] Dem Ausdruck „Menschen mit Behinderung" liege somit ein menschenrechtliches Verständnis zugrunde. Je nach persönlichem Empfinden kann er aber auch unpassende Assoziationen hervorrufen, etwa, dass eine Behinderung dem Menschen anhafte,[15] oder dass jemand seine Behinderung wie ein Gepäckstück mit sich führe. „Behinderung klebt nicht an uns", sagte der hörbehinderte Pädagoge und Theologe *Jürgen Homann* in einem Vortrag;[16] er benutzt die Formulierung „von Behinderung Betroffene", die allerdings noch sperriger wirkt als „Menschen mit Behinderung". Die Verf. zieht es vor, in dieser Arbeit hauptsächlich die schlankere Formulierung „behinderte Menschen" zu verwenden und das Übereinkommen in Kurzform als Behindertenrechtskonvention oder UN-BRK zu bezeichnen.

2. Bezugnahme auf die Menschenwürde im Vertragstext

Der Vertragstext betont immer wieder die Würde behinderter Menschen: Schon in den Anfangsworten, dem ersten Satz der Präambel, wird auf die Würde des Menschen Bezug genommen, und danach erinnert die Konvention in acht weiteren Textstellen[17] daran, dass die Menschenwürde jedem behinderten Individuum innewohne.

II. Sichtbarmachung behinderter Frauen im Vertragstext

Es sollte keiner besonderen Erwähnung bedürfen, dass auch Frauen mit Behinderung zu dem geschützten Personenkreis gehören, dass ihre Menschenwürde

---

14 *Uerpmann-Wittzack*, SDSRV, 38.

15 *Lachwitz* in: *Kreutz u.a.*, Art. 1 Rn. 4.

16 *Homann, Jürgen*: Einführungsvortrag am 21.10.2008 zur Ringvorlesung „Behinderung ohne Behinderte" des *Zentrums für Disability Studies (ZeDiS)* der *Universität Hamburg*; WS 2008/2009, www.zedis-ev-hochschule-hh.de/files/bruhn_homann_venter_behinderung_behinderte.pdf.

17 Präambel Buchst. h) und y); Art. 1 Satz 1; Art. 3 Buchst. a); Art. 8 Abs. 1 Buchst. a); Art. 16 Abs. 4 Satz 2; Art. 24 Abs. 1 Buchst. a); Art. 25 Buchst. d).

ebenso zu achten ist wie die behinderter Männer, und dass auch Frauen mit Behinderung in den vollen Genuss der Menschenrechte und Grundfreiheiten kommen sollen. Bei den Vertragsverhandlungen zur UN-BRK war es dennoch ein besonders wichtiges Anliegen, Frauen mit Behinderung eigens zu erwähnen. In diesem Sinne wäre es besser, statt von „Menschen mit Behinderung" von „Frauen und Männern mit Behinderung" oder „Personen mit Behinderung" zu sprechen; um niemanden zu diskriminieren, sind der jüngsten Rechtsprechung des *BVerfG* folgend auch diejenigen zu nennen, die sich keinem der beiden Geschlechter dauerhaft zuordnen und als „inter/divers" bezeichnet werden möchten.[18] Aus Gründen der Vereinfachung wird in dieser Arbeit im Interesse der besseren Lesbarkeit auf ein gender mainstreaming verzichtet. Wie in juristischen Texten allgemein üblich wird die männliche Bezeichnung verwendet, außer wenn das Geschlecht für die juristische Einordnung des Sachverhalts von Bedeutung ist. Selbstverständlich sind mit behinderten Menschen immer Frauen und Männer mit Behinderung gemeint. Personen des sog. „dritten" Geschlechts gehören ebenso zum geschützten Kreis und sind ebenfalls einbezogen.

1. *Doppelte Diskriminierung*

Frauen mit Behinderung verdienen besondere Erwähnung, denn sie sind einer doppelten Diskriminierung ausgesetzt, eben weil sie Frauen und behindert sind.[19] Weder dem gesellschaftlichen Rollenmodell der „Karrierefrau" noch dem der Hausfrau und Mutter können sie ohne weiteres gerecht werden, teils wegen ihrer Beeinträchtigungen und teils, weil ihnen von ihrem Umfeld weder das eine noch das andere zugetraut wird. Oftmals treten behinderte Frauen in der Gesellschaft bzw. in der Öffentlichkeit nicht in Erscheinung, weil sie nicht die notwendige Unterstützung erhalten, um aus dem Haus zu kommen. Der UN-BRK-Ausschuss führt dazu aus:

> „Es gibt eindeutige Nachweise, die belegen, dass Frauen und Mädchen mit Behinderungen in den meisten Lebensbereichen mit Barrieren konfrontiert sind. Diese Barrieren schaffen für Frauen und Mädchen mit Behinderungen Situationen, in denen sie mit Mehrfachdiskriminierungen und mehrdimensionalen (intersektionalen) Formen der Diskriminierung konfrontiert sind, insbesondere im Hinblick auf den

18 *BVerfG*, Beschl. d. Ersten Senats v. 10.10.17, Az.: 1 BvR 2019/16, *NJW* 2017, 3643 ff.

19 *Zinsmeister*, Einleitung Mehrfache Diskriminierung, in: *Frehe/Welti*, 307.

> gleichberechtigten Zugang zu Bildung, zu wirtschaftlichen Chancen, zu sozialen Beziehungen und zur Justiz sowie im Hinblick auf gleiche Anerkennung vor dem Recht, die Befähigung zur politischen Partizipation und die Befähigung, in vielen Fragen wie zum Beispiel in Bezug auf Gesundheitsversorgung, einschließlich sexueller und reproduktiver Gesundheit, und die Frage, wo und mit wem sie zusammenleben möchten, Kontrolle über das eigene Leben auszuüben.[20]

Die Tatsache, dass Frauen mit Behinderung nicht gesehen werden, begünstigt wiederum den Umstand, dass sie bei Planungen und in Gesetzgebungsverfahren vergessen werden.

2. *Indirekte Benachteiligung behinderter Frauen durch rechtliche Regelungen*

Indirekte Diskriminierung, so erklärt der Ausschuss für die Rechte von Menschen mit Behinderungen, beziehe sich auf Gesetze, politische Konzepte oder Praktiken, die auf den ersten Blick neutral erschienen, jedoch eine unverhältnismäßige negative Auswirkung auf Frauen mit Behinderungen hätten.[21] Derartige Gesetze für behinderte Menschen existieren historisch bedingt auch in Deutschland. Sie gelten formal selbstverständlich auch für Frauen, sind ihrem Regelungsgehalt nach jedoch einseitig auf potenziell erwerbstätige behinderte Männer ausgerichtet: Deutsche Sozialgesetze und -gerichte billigen erwerbstätigen behinderten Menschen weitergehende Ansprüche auf Hilfsmittel zu als nicht erwerbstätigen.[22] Die wichtigsten Beispiele hierfür sind die Kraftfahrzeughilfe und die Hilfen zum Erreichen des Arbeitsplatzes. Zu den letzteren gehört beispielsweise auch eine Rampe, die das Verlassen des Hauses ermöglicht, mit dem Argument, man könne den Arbeitsplatz nicht erreichen, wenn man das Haus nicht verlassen könne. Ein behinderter Mensch, der keinen Arbeitsplatz hat, aber trotzdem das Haus verlassen möchte, hat es nach den geltenden gesetzlichen Regelungen wesentlich schwieriger als eine

---

20 Ausschuss für die Rechte von Menschen mit Behinderungen, Allgemeine Bemerkung Nr. 3 (2016), UN Doc. CRPD/C/GC/3, hier zit. nach der nichtamtlichen deutschen Übersetzung der Monitoring-Stelle, Seite 1, www.institut-fuer-menschenrechte.de/fileadmin/user_upload/PDF-Dateien/UN-Dokumente/CRPD_Allgemeine_Bemerkung_Nr3_zu_Frauen_und_Maedchen_mit_Behinderungen.pdf.

21 Ausschuss für die Rechte von Menschen mit Behinderungen, Allgemeine Bemerkung Nr. 3 (2016), UN Doc. CRPD/C/GC/3, Seite 7, wie vorherige Fußnote.

22 Siehe z.B. *LSG Baden-Württemberg*, Urt. v. 19.10.16, Az.: L 2 SO 3968/15.

erwerbstätige Person, dieselbe Rampe von einem Kostenträger (beim nicht Erwerbstätigen je nach Einzelfall Krankenkasse oder Pflegeversicherung) bezahlt zu bekommen. Die Bewilligung einer Hilfe für ein behindertengerechtes Auto vom Rehabilitationsträger für eine Person, die nicht erwerbstätig ist, stellt eine seltene Ausnahme dar, wobei der Bewilligung dann meist ein langer, zäher Rechtsstreit vorausging. Durch solche Vorschriften und die Bewilligungspraxis werden Frauen mit Behinderung benachteiligt, weil sie seltener am Erwerbsleben teilnehmen als behinderte Männer: Laut den Ergebnissen des Mikrozensus 2009 belief sich die Erwerbsquote bei den behinderten Männern auf 31 %, bei den behinderten Frauen auf 23 %.[23] Eine berufliche Benachteiligung behinderter Frauen und Mädchen zeigt sich auch im Freistaat Bayern: Bei der beruflichen Rehabilitation oder bei den öffentlich geförderten Berufsförderungswerken (BFW) in Bayern seien Frauen und Mädchen mit Behinderung unterrepräsentiert, heißt es beispielsweise im Aktionsplan des Landkreises Regensburg.[24]

3. *Twin-Track-Approach zur Sichtbarmachung behinderter Frauen*

Behinderte Frauen erleben, dass sie als Personengruppe übersehen werden, geradezu unsichtbar sind. Deshalb legte man bei den Verhandlungen über die UN-BRK Wert darauf, sie sichtbar zu machen.[25] Dazu wurden zwei Ansätze verfolgt; erstens der Ansatz des gender mainstreaming, also Frauen sprachlich zu berücksichtigen, das heißt sie jeweils bei dem Artikel eigens zu erwähnen. Zweitens gab es das Konzept, ihnen einen eigenen Artikel zu widmen. Verwirklicht wurde schließlich eine zweigleisige Vorgehensweise („twin-track-approach").[26]

---

23 Siehe www.destatis.de/DE/Publikationen/WirtschaftStatistik/Sozialleistungen/Lebenslagenbehinderte032012.pdf?__blob=publicationFile.

24 Aktionsplan Landkreis Regensburg, S. 10, siehe Aktionsplanverzeichnis; die Autoren des Aktionsplans zitieren hierzu in ihrer Fn. 5 eine Bedarfsanalyse für Seminare zur Selbstbehauptung und zur Berufsorientierung anhand eines Modellprojektes an der *Ernst-Barlach-Realschule* in München.

25 „Women with Disabilities: From Invisible to Visible Citizens", siehe www.nw3.de/unkonv/doku/women-with-disabilities.pdf.

26 *Degener* beschreibt die Entstehung ausführlich in einem Interview in: Interpretationsstandard der UN-Konvention über die Rechte von Menschen mit Behinderungen (CRPD) aus Frauensicht www.netzwerk-artikel-3.de/attachments/article/91/091_i-standard-lang09s.pdf, S. 17.

Die UN-BRK beinhaltet deshalb sowohl den „Frauenartikel“, Art. 6 UN-BRK, als auch gender mainstreaming bei den jeweiligen Vorschriften.

4. Bedeutung der Sichtbarmachung behinderter Frauen für die kommunale Ebene

Die doppelte Diskriminierung behinderter Frauen in dem oben beschriebenen Sinne und das Problem ihrer Unsichtbarkeit treten in allen Lebensbereichen auf, somit auch auf der kommunalen Ebene, dem Lebensbereich direkt vor der Haustüre. In kommunalen Aktionsplänen bietet es sich daher an, nach dem Vorbild der UN-BRK ebenfalls den Twin-Track-Approach zu verwenden, also die Rechte, Anliegen und Bedürfnisse behinderter Frauen und Mädchen sowohl in einem eigenen Artikel zu benennen, als auch bei der Formulierung der anderen Artikel behinderte Frauen besonders zu erwähnen. Dabei geht es nicht nur um die sprachliche Berücksichtigung der weiblichen Wortform, wichtig sind vor allem die Inhalte. Entscheidend ist, bei der Analyse der Ist-Situation und der Bedarfserhebung darauf zu achten, dass die Angebote nicht einseitig auf behinderte Männer ausgerichtet sind, sondern sich inhaltlich, organisatorisch und vom zeitlichen Rahmen her an den Bedürfnissen behinderter Frauen orientieren. Bei der Umsetzung der UN-BRK auf kommunaler Ebene ist deshalb, wenn man auch hier Frauen mit Behinderung sichtbar machen will, ebenfalls unbedingt darauf zu achten, in welchen Punkten sich möglicherweise die Bedürfnisse behinderter Frauen von denen behinderter Männer unterscheiden. Da dies möglichst im Vorfeld der Maßnahmen geschehen sollte, ist schon bei der Beteiligung behinderter Menschen unbedingt ein Augenmerk darauf zu richten, dass sich unter diesen in angemessener Zahl auch Frauen mit Behinderung befinden. Auch an die Bedürfnisse von Müttern oder Vätern mit Behinderung, die möglicherweise, aber nicht zwangsläufig denen behinderter Frauen entsprechen, sollte stets gedacht werden.

III. Lebensrecht behinderter Menschen

In engstem Zusammenhang mit der Würde des Menschen steht das Recht auf Leben, dem die UN-BRK mit Art. 10 aus gutem Grund einen eigenen Artikel widmet. Das Lebensrecht behinderter Menschen wurde und wird tatsächlich immer wieder in Frage gestellt.

1. *Missachtung des Lebensrechts*

In Entwicklungsländern wird das Lebensrecht einiger behinderter Menschen auf besonders grausame Weise missachtet: In Afrika werden Kinder und Erwachsene mit Albinismus gejagt und getötet; ihre Körperteile werden verkauft, weil man sie wegen ihrer weißen Hautfarbe für Glücksbringer hält.[27] Tief sitzende Vorurteile und Stigmatisierungen führten dazu, dass Kinder mit Behinderung oft als „minderwertig" betrachtet und an den Rand gedrängt würden, stellte das Kinderhilfswerk *UNICEF* in seinem internationalen Bericht zur Situation der Kinder in der Welt im Jahr 2013 fest.[28]

2. *Verhinderung eines Lebens mit Behinderung*

Auch in Industrieländern ist das Lebensrecht von Menschen mit Behinderung keineswegs so unbestritten, wie man meinen könnte. So vertritt der australische Philosoph *Peter Singer* die Meinung, es sei besser, zu vermeiden, dass Behinderte geboren werden.[29] *Theresia Degener* schrieb dazu in einem Grußwort zu einer Protestkundgebung:

> „Als vor fünfundzwanzig Jahren die Behindertenbewegung zusammen mit anderen sozialkritischen und kirchlichen Gruppen gegen die Auftritte von Peter Singer in Deutschland protestierte, war ich dabei. Ich war dabei, nicht weil ich eine Gegnerin der Meinungsfreiheit war, sondern weil ich der Meinung war, dass diese Proteste notwendig waren, um die Menschenwürde und die Gleichheitsrechte behinderter Menschen zu verteidigen.
>
> Als vor fast zehn Jahren die Behindertenrechtskonvention in New York verabschiedet wurde, war ich erleichtert, weil endlich die Menschenrechte behinderter Menschen verbindlich festgeschrieben wurden. Ich hielt es insbesondere vor der zunehmenden Infragestellung unserer Menschenrechte für nötig, diesen verbindlichen völkerrechtlichen Vertrag zu verabschieden. Ich war froh, dass Menschen wie Peter Singer nicht

---

27 *Kayira, Joseph, Tarvainen, Sinikka*, Albinos werden in Teilen Afrikas wie Tiere gejagt, *Die Welt* v. 14.03.2015, www.welt.de/wissenschaft/article138413514/Albinos-werden-in-Teilen-Afrikas-wie-Tiere-gejagt.html, siehe auch die Fälle Tanzania 22/2014, Tanzania 23/2014 und Tanzania 24/2014 unter: www.ohchr.org/EN/HRBodies/CRPD/Pages/Tablependingcases.aspx.

28 Presseerklärung der *UNICEF* v. 30.05.13, www.unicef.de/presse/2013/kinder-mit-behinderungen-staerken/10972.

29 Siehe Interview in der *NZZ* v. 24.05.15, www.nzz.ch/nzzas/nzz-am-sonntag/philosoph-peter-singer-ein-embryo-hat-kein-recht-auf-leben-1.18547574.

> genügend Einfluss und Ansehen hatten, um die UN-Behindertenrechtskonvention und ihren Geist zu verhindern.“[30]

Während *Peter Singer* mit seiner Aussage vor 25 Jahren noch für Aufregung sorgte, wird seine Meinung heute kaum noch als skandalös empfunden. Mit Hilfe der Pränataldiagnostik (PND) zu vermeiden, dass Kinder mit Behinderung geboren werden, ist normal geworden. Eltern stehen sogar unter Rechtfertigungsdruck, wenn sie dies nicht wollen. Die Zeitung *Die Welt* zitiert den Präsidenten der Deutschen Gesellschaft für Pränatal- und Geburtsmedizin (DGPGM) mit der Aussage, angesichts der Diagnose Trisomie 21, sog. Down-Syndrom beim Ungeborenen, entschieden sich neun von zehn Frauen für den Schwangerschaftsabbruch.[31] „Eugenik von unten“ nennt dies der langjährige Behindertenaktivist *Udo Sierck*; er fasst seine Empörung in dem Ausruf zusammen: „Stell dir vor, es ist Inklusion und niemand ist mehr da!“[32] Der menschenrechtliche Ansatz der UN-BRK habe deshalb nicht zuletzt die Aufgabe, behinderte Menschen vor den Auswirkungen solcher Ansichten zu schützen.[33] Die Tatsache, dass Art. 10 UN-BRK gerade zu diesem brisanten Thema schweigt, bleibt allerdings problematisch und wurde sogar als das „größte Versagen“ der Konvention bedauert. *Dörte Dörschner* weist in ihrer Dissertation[34] zu Recht auf einen Aufsatz von *Kayess/French* hin; die Autorinnen führen dazu folgendes aus:

> „Article 10: Right to life, remains silent on genetic science aimed at the elimination of impairment-related human diversity, and on pre-birth negative selection of foeti with identified or imputed impairment. The failure of the CRPD to speak directly to this and some other bioethical issues may come to be regarded as its' greatest failing“.[35]

Dörschner beleuchtet aber den Hintergrund von Art. 10 UN-BRK,[36] nämlich, dass die Nichtregierungsorganisationen für ein Stillschweigen der UN-BRK plädierten, nachdem sie erkannt hatten, dass eine Verurteilung der PND und ähnlicher Verfahren durch die Konvention nicht durchsetzbar sein würde; das

30 *Degener*, Grußwort zur Protestkundgebung „Kein Forum für *Peter Singer*“, https://no218nofundis.wordpress.com/2015/05/25/gruswort-von-theresia-degener-zur-morgigen-kundgebung.

31 *Die Welt* v. 08.03.15, siehe www.welt.de/gesundheit/article138186630/Neun-von-zehn-Paaren-lassen-bei-Trisomie-abtreiben.html.

32 *Sierck/Radtke*, Budenzauber Inklusion, S. 5.

33 Siehe das obige Zitat von *Degener* im Text.

34 *Dörschner*, 39.

35 *Kayess/French, HRLR* 2008, S. 29.

36 *Dörschner*, 39–40.

BayBGG dagegen nennt in Art. 1 unter der Überschrift „Aufgaben und Ziele" ausdrücklich den Schutz des geborenen und ungeborenen Lebens.

IV. Kurzer historischer Abriss über die Entwicklung vom kausalen zum finalen Behinderungsbegriff in Deutschland

1. Invaliden, Krüppel, Schwerbeschädigte

Wie sich die Haltung der Gesellschaft gegenüber Menschen mit Behinderung geändert hat, lässt sich unter anderem an den Bezeichnungen ablesen, die man für sie verwendete; sehr abwertend ist etwa „Invalide", das lateinische Wort für ungültig. Relativ neutral ist das Wort „Krüppel" als ursprüngliche Bezeichnung für einen Gekrümmten. „Krüppel" gehört wie „krumm", „Kropf", „Krampf" und „krank" zur selben Wortfamilie wie „Kringel".[37] Das Wort wird heute ebenfalls als negativ empfunden, weil zu seinem Bedeutungskern neben dem körperlichen Gebrechen stets auch das Moment der „sozialen Bedürftigkeit" gehört.[38] Die vielen körperbehinderten Männer, die der Erste Weltkrieg hervorgebracht hatte,[39] bezeichnete man zunächst als „Kriegskrüppel". Bald wurde dies als anstößig empfunden und der Begriff „Schwerbeschädigte" eingeführt. Das Schwerbeschädigtengesetz unterschied nach der Ursache der Behinderung: neben den Kriegsversehrten galten nur die durch Arbeitsunfälle Verletzten als schwerbeschädigt, wiederum fast ausschließlich Männer.[40] Behinderung erlangte also, wie die Bezeichnung des Gesetzes treffend zum Ausdruck bringt, nur im Zusammenhang mit Erwerbstätigkeit Bedeutung. Frauen, da sie nur selten erwerbstätig waren, sowie Kinder waren von diesem kausalen Behinderungsbegriff ausgeschlossen. Die Schuld an der Behinderung eines Kindes wurde üblicherweise der Mutter oder beiden Elternteilen zugeschrieben.[41] Den Schwerbeschädigten kam in der gesellschaftlichen Wahrnehmung zugute, erstens, dass ihnen die „Beschädigung" von außen zugefügt wurde, und zweitens, dass sie diese nicht selbst verschuldet hatten. Dadurch waren sie aus der Gruppe der übrigen Behinderten herausgehoben und privilegiert.[42] Als ebenso privilegiert sind die Blinden

37 Siehe die Stichworte „Krüppel", „krumm", „Kropf", „Krampf", „krank", „Kringel" im *Duden*, Herkunftswörterbuch, S. 371, 373, 374, 366.

38 *Schmuhl*, 33.

39 *Möhring*, 179.

40 *Möhring*, 177; G über die Beschäftigung Schwerbeschädigter (Schwerbeschädigtengesetz) v. 16.06.53, BGBl. Teil I, 1953, Nr. 28, S. 398.

41 *Möhring*, 178.

42 *Möhring*, 178.

anzusehen, weil die Zivilblinden durch erfolgreiche Lobbyarbeit eine Gleichstellung mit den Kriegsblinden und damit eine Besserstellung gegenüber den übrigen Behinderten erreicht hatten.[43] Wer unter keine dieser Kategorien fiel, für den blieb nach wie vor nur das Krüppeltum übrig; dagegen wehrten sich die Betroffenen: Gegen das Wort „Krüppel" und für die Bezeichnung als „körperlich Behinderte"[44] setzte sich namentlich der von *Otto Perl* mitgegründete „Bund zur Förderung der Selbsthilfe der körperlich Behinderten" ein, eine Selbsthilfeorganisation, die später im Reichsbund Körperbehinderter aufging. Nicht zu verkennen ist *Otto Perls* Absicht, sich von Menschen mit geistigen und seelischen Behinderungen abzuheben.[45] Jene – im Sinne medizinischer Fachbegriffe Idioten oder Kretine genannt[46] – konnten nach damaligem Verständnis schon deshalb nicht zur selben Personengruppe wie die Körperbehinderten gezählt werden, weil sie nicht als behindert sondern als krank angesehen wurden. Noch in den 1960er Jahren fand sich in der Presse für die durch das Schlafmittel Contergan geschädigten Kinder die Bezeichnung „Missgeburten".[47]

2. *(Schwer-)behinderte, Behinderte, Krüppel als Kampfbegriff*

Der Begriff der „Schwerbehinderung" fand 1974 durch das Schwerbehindertengesetz[48] Eingang in das Recht. Ein wichtiger Fortschritt bestand darin, dass das Gesetz nicht mehr nach der Ursache der Behinderung differenzierte; man hatte erstmals einen finalen Behinderungsbegriff eingeführt. Das SchwbG wurde 1986 um eine Behinderungsdefinition in § 2 a ergänzt. Die Behinderungsdefinition des § 2 a SchwbG in der Fassung von 1986 kommt erstmals ohne das Kriterium der Minderung der Erwerbsfähigkeit aus und stellt auf die Auswirkung der Funktionsbeeinträchtigung und auf einen regelwidrigen, altersuntypischen

43 *Klee*, Behinderten-Report, 84.

44 G über die Fürsorge für Körperbehinderte und von einer Körperbehinderung bedrohte Personen" (Körperbehindertengesetz) v. 27.02.57, BGBl. Teil I, 1957, Nr. 5 v. 28.02.57, S. 147.

45 Siehe Online-Handbuch www.inklusion-als-menschenrecht.de/nationalsozialismus/biografien/otto-perl.

46 Davon berichtet auch *Klee*, Behinderten-Report, 22.

47 „Als behinderte noch Missgeburten hießen", ist der Titel eines Artikels auf *Welt online* v. 05.09.07, siehe www.welt.de/wissenschaft/article1160332/ls-Behinderte-noch-Missgeburten-hiessen.html; das fehlende A in der Überschrift wurde v. d. Verf. ergänzt.

48 G zur Sicherung der Eingliederung Schwerbehinderter in Arbeit, Beruf und Gesellschaft (Schwerbehindertengesetz – SchwbG) in der Fassung v. 29.04.74, BGBl. Teil I, Nr. 46, S. 1006.

Zustand ab.[49] Das SchwbG wurde 2001 durch das SGB IX[50] abgelöst, das mit § 2 SGB IX ebenfalls eine, aber nicht die einzige, Behinderungsdefinition im deutschen Recht enthält. Als verfassungsrechtlicher Behinderungsbegriff lebt die Definition des § 2 a SchwbG bis heute fort, wobei in den vom *BVerfG* zu entscheidenden Fällen die Behinderteneigenschaft meist keine Probleme aufwirft.[51] Eine sehr ähnliche, ebenfalls auf dem medizinischen Modell von Behinderung basierende Definition, die im Lichte der UN-BRK wohl inzwischen als veraltet angesehen werden muss, verwendete der EuGH in der Rechtssache Chacón Navas.[52] In der deutschen verfassungsrechtlichen Literatur wird, teils unter ausdrücklicher Bezugnahme auf die UN-BRK, diskutiert, ob ein weiterer Behinderungsbegriff verwendet werden sollte: *Starck* lässt die Frage offen;[53] *Heun* folgt im Ergebnis dem Behinderungsbegriff des SGB IX.[54] Für einen weiteren Behinderungsbegriff im Sinne der UN-BRK plädiert *Boysen*.[55] *Luthe* spricht sich für eine einzelfallbezogene Betrachtungsweise aus.[56] Die Diskussion scheint noch nicht abgeschlossen zu sein.

Der neutrale Begriff „Behinderte" war in Großschreibung lange Zeit absolut üblich und wurde auch von Aktivisten der Behindertenbewegung verwendet.[57] Dennoch war er nicht unumstritten. In der emanzipatorischen Behindertenbewegung bezeichneten sich deren körperbehinderte Aktivisten bewusst als „Krüppel" – ein Kampfbegriff, wie das folgende Zitat aus der „Krüppelzeitung" zeigt:

> „Immer wieder werden wir gefragt, warum wir uns als Krüppel bezeichnen bzw. warum wir unsere Zeitung ‚Krüppelzeitung' nennen. Der Begriff Behinderung verschleiert für uns die wahren gesellschaftlichen Zustände, während der Name Krüppel die Distanz zwischen uns und den sogenannten Nichtbehinderten klarer aufzeigt. Durch die

---

49 Siehe BGBl. Teil I, 1986 Nr. 37, S. 1110.

50 Sozialgesetzbuch – Neuntes Buch – (SGB IX) Rehabilitation und Teilhabe behinderter Menschen v. 19.06.01, BGBl. Teil I, 2001 Nr. 27, S. 1046.

51 *BVerfG*, Beschl. v. 8. 10.97 , Az. 1 BvR 9/97, zit. www.lexetius.com/1997,676; *BVerfG*, Beschl. d. 1. Kammer d. Ersten Senats v. 10. 02.06, Az. 1 BvR 91/06, zit. www.bverfg.de/e/rk20060210_1bvr009106.html, Beschl. d. 2. Kammer d. Ersten Senats v. 10. 10.14, Az. 1 BvR 856/13, zit. www.bverfg.de/e/rk20141010_1bvr085613.html.

52 Rechtssache C-13/05 *Sonia Chacón Navas* gegen *Eurest Colectividades SA* (Vorabentscheidungsersuchen des *Juzgado de lo Social* Nr. 33 de Madrid) „Richtlinie 2000/78/EG – Gleichbehandlung in Beschäftigung und Beruf – Begriff der Behinderung".

53 *Starck* in: *v. Mangoldt/Klein/Starck*, Art. 3, Rn. 418.

54 *Heun* in: *Dreier*, Art. 3, Rn. 136.

55 *Boysen* in: *v. Münch/Kunig*, Art. 3, Rn. 194.

56 *Luthe* in: *JurisPK*, § 1 Rn. 15.

57 *Miles-Paul*, 41.

Aussonderung in Heime, Sonderschulen oder Rehabilitations-Zentren werden wir möglichst unmündig und isoliert gehalten. Andererseits zerstört die Überbehütung im Elternhaus jede Möglichkeit unserer Selbstentfaltung. Daraus geht klar hervor, dass wir nicht nur behindert (wie zum Beispiel durch Bordsteinkanten) sondern systematisch zerstört werden. Ehrlicher erscheint uns daher der Begriff Krüppel, hinter den sich die Nichtbehinderten mit ihrer Scheinintegration (‚Behinderte sind ja auch Menschen') nicht so gut verstecken können."[58]

Die Radikalität, mit der sich die Aktivisten über den doch eigentlich neutralen Begriff „behindert" ereiferten, wird aus der damaligen gesellschaftlichen Situation heraus verständlich. Die Gleichung lautete: „Behinderung = Fürsorge", und niemand rechnete im Entferntesten damit, dass behinderte Menschen zu ihrer Situation selbst etwas zu sagen hätten. Wie wenig sie ernst genommen wurden, mögen die folgenden Episoden beim UNO-Jahr der Behinderten 1981 verdeutlichen:

Weil sie eine Selbstbeweihräucherung der nichtbehinderten Politiker mit ihren Wohltaten zugunsten behinderter Menschen befürchteten[59], blockierten neun behinderte Aktivisten bei der Eröffnungsveranstaltung die Bühne, sodass Bundespräsident Karl Carstens seine Rede schließlich mit Verspätung in einem Nebenraum halten musste. Trotz einer informativen Berichterstattung im Sinne der behinderten Menschen in der Zeit[60] hinterließ die Aktion insgesamt keinen nachhaltigen Eindruck, wurde als „Zwischenfall" abgetan. Dies führte zu einer Radikalisierung: Auf der Reha-Messe schlug der gehbehinderte Aktivist Franz Christoph dem Bundesprädienten mit der Krücke an das Schienbein, um zu beweisen, dass er deswegen nicht belangt werden würde, weil er behindert sei. Zu seiner eigenen Enttäuschung gelang ihm der Beweis: Es wurde keine Strafanzeige gestellt, nicht einmal seine Personalien wurden aufgenommen.[61] Eine einjährige Freiheitsstrafe wurde gegen die nichtbehinderte Journalistin Beate Klarsfeld verhängt, nachdem sie im Jahr 1968 Bundeskanzler Kiesinger als Nazi bezeichnet und geohrfeigt hatte.[62]

Heute sind derartige Provokationen selten geworden; eine spektakuläre Aktion fand am 12. Mai 2016 statt, als sich Menschen im Rollstuhl vor dem Reichstag anketteten, um gegen das ihrer Meinung nach unzureichende Bundesteilhabegesetz (BTHG) zu demonstrieren.[63] Eher ist ein gewisser Trend zur Beschönigung

---

58 Zit. nach: *Mürner/Sierck*, 17.

59 Von „Festrednerschwulst" berichtet auch *Klee*, Behinderten-Report, 75.

60 *Klee*, „Jahr der Behinderer", *Zeit* v. 30.01.81, www.zeit.de/1981/06/jahr-der-behinderer.

61 *Mürner /Sierck*, 68–71 (mit 3 Abbildungen).

62 *Spiegel Online*, www.spiegel.de/einestages/beate-klarsfeld-die-frau-die-bundeskanzler-kiesinger-ohrfeigte-a-1065646.html.

63 *Spiegel Online*, www.spiegel.de/politik/deutschland/teilhabegesetz-rollstuhlfahrer-protestieren-vor-bundestag-a-1091949.html.

von Behinderungen zu beobachten. Mitunter wird der Begriff der Behinderung bewusst vermieden und werden stattdessen Formulierungen gewählt wie „anders begabte Menschen", „Menschen mit besonderen Herausforderungen" oder „Menschen mit besonderen Bedürfnissen". Einige sprechen anstelle von „behinderten Kindern" von „besonderen Kindern".[64] Diese Art des Schönredens wird nach Ansicht der Verf. zu Recht kritisch gesehen. Auf der Internetseite www.leidmedien.de heißt es unter dem Stichwort „Mensch mit besonderen Fähigkeiten oder Bedürfnissen":

> „Da viele befürchten, allein mit dem Wort „Behinderung" zu beleidigen oder zu stigmatisieren, hat sich eine Reihe von beschönigenden Alternativ-Ausdrücken, wie z.B. „besondere Bedürfnisse" oder „andersfähig" etabliert. Ganz abgesehen davon, dass nur wenige behinderte Menschen selbst diese Ausdrücke gebrauchen: Sie treffen einfach nicht zu. Die Fähigkeiten und Bedürfnisse behinderter Menschen sind nicht „besonders", sondern genauso vielfältig wie die nicht behinderter Menschen."[65]

V. Der moderne Behinderungsbegriff der UN-BRK und seine Auswirkungen

Es liegt in der Natur der Sache, dass für die UN-BRK der Behinderungsbegriff, verbunden mit der Frage, welches Verständnis von Behinderung diesem zugrunde liege, von zentraler Bedeutung ist. Dabei ist zu beachten, dass das Völkerrecht über eigene Begriffsdefinitionen verfügt. Die dort verwendeten Begriffe sind also nicht mit denen des nationalen, deutschen Rechts gleichzusetzen. Vielmehr spiegeln die autonomen Begriffe ein gemeineuropäisches Begriffsverständnis wider. In diesem Sinne schafft die UN-BRK ihre eigenen Begriffsdefinitionen.[66]

1. Aktuell: deutsche Definitionen im Wandel

Die Begrifflichkeit der UN-BRK steht mehreren Behinderungsdefinitionen im deutschen Recht gegenüber; im Rehabilitationsrecht gilt die des § 2 Abs. 1 SGB XI. Mit der bis 31.12.2017 geltenden Fassung soll der Behinderungsbegriff der UN-BRK hier verglichen werden, um dann jeweils auf die neue ab 2018 geltende Fassung hinzuweisen. Zunächst beide Fassungen in Gegenüberstellung:

---

64 Beispiel: www.besondere-kinder-regensburg.de.

65 Siehe http://leidmedien.de/begriffe/.

66 *Uerpmann-Wittzack*, *SDSRV*, 51.

a) § 2 Abs. 1 SGB IX, Fassung bis 31.12.2017

Die alte, bis Ende 2017 geltende Fassung lautet:

> „Menschen sind behindert, wenn ihre körperliche Funktion, geistige Fähigkeit oder seelische Gesundheit mit hoher Wahrscheinlichkeit länger als sechs Monate von dem für das Lebensalter typischen Zustand abweichen und daher ihre Teilhabe am Leben in der Gesellschaft beeinträchtigt ist. Sie sind von Behinderung bedroht, wenn die Beeinträchtigung zu erwarten ist."

b) § 2 Abs. 1 SGB IX, Fassung ab 01.01.2018

Die neue, ab 2018 geltende Fassung umfasst drei Sätze. Der Begriff der Beeinträchtigung wird in einem neuen Satz 2 eigens definiert. Die Bedrohung von Behinderung, bisheriger Satz 2, wird dadurch zu Satz 3. Die neue Behinderungsdefinition des § 2 Abs. 1 SGB IX lautet:

> „Menschen mit Behinderungen sind Menschen, die körperliche, seelische, geistige oder Sinnesbeeinträchtigungen haben, die sie in Wechselwirkung mit einstellungs- und umweltbedingten Barrieren an der gleichberechtigten Teilhabe an der Gesellschaft mit hoher Wahrscheinlichkeit länger als sechs Monate hindern können. Eine Beeinträchtigung nach Satz 1 liegt vor, wenn der Körper- und Gesundheitszustand von dem für das Lebensalter typischen Zustand abweicht. Menschen sind von Behinderung bedroht, wenn eine Beeinträchtigung nach Satz 1 zu erwarten ist."

2. Die Wandelbarkeit des Behinderungsbegriffs

Wie die obigen Ausführungen zeigen, hat der Wandel des Behinderungsbegriffs Einzug in das deutsche Recht gehalten. § 3 BGG wurde mit Wirkung vom 27.07.2016 an die Begrifflichkeit der UN-BRK angepasst[67], nicht hingegen Art. 2 BayBGG[68]. § 2 Abs. 1 SGB IX n. F. übernimmt nur zum Teil die Begrifflichkeit der UN-BRK: Bereits vor deren eigentlicher Behinderungsdefinition, die keine ist,[69] nämlich in Buchst. e) der Präambel, zeigt sich das Verständnis der UN-BRK von Behinderung als gesellschaftlichem Prozess:

> „in der Erkenntnis, dass das Verständnis von Behinderung sich ständig weiter entwickelt und dass Behinderung aus der Wechselwirkung zwischen Menschen mit Beeinträchtigungen und einstellungs- und umweltbedingten Barrieren entsteht, die sie an der vollen, wirksamen und gleichberechtigten Teilhabe an der Gesellschaft hindern,"

---

67 § 3 BGG neu gefasst m. W. v. 27.07.16 durch G v. 19.07.16, BGBl. I S. 1757.

68 Art. 2 BayBGG gleichlautend mit § 2 Abs. 1 SGB IX a. F.

69 Dazu sogleich im nächsten Punkt.

Dieses Verständnis von Behinderung als einem sich weiter entwickelnden Prozess war einer der Gründe, warum darauf verzichtet wurde, eine Behinderungsdefinition in der UN-BRK verbindlich festzuschreiben. Die Gefahr wurde gesehen, dass aufgrund einer solchen Definition Personenkreise womöglich zu Unrecht ausgeschlossen werden könnten.[70] Die in der Präambel erwähnte Wechselwirkung zwischen der Beeinträchtigung einerseits und einstellungs- und umweltbedingten Barrieren andererseits sowie das Kriterium des „Gehindertseins" an der gleichberechtigten Teilhabe an der Gesellschaft wurde in die neue Definition des § 2 Abs. 1 SGB IX übernommen.

3. Die Stellung innerhalb des Konventionstextes

Es fällt auf, dass in Art. 2 UN-BRK, welcher die Begriffsbestimmungen enthält, keine Behinderungsdefinition zu finden ist. Stattdessen steht der Abschnitt, der den geschützten Personenkreis bestimmt, in Art. 1 beim Zweck des Übereinkommens. In dieser besonderen Stellung zeigt sich die Absicht der Delegierten, denn einige von ihnen wollten, wie erwähnt, bewusst keine Behinderungsdefinition im engeren Sinne festschreiben.[71] *Dörte Dörschner* weist in ihrer Dissertation überzeugend auf ein weiteres Argument hin: Vorbehalte eines Staates dürften nämlich nach Art. 19 Buchst. c) der Wiener Vertragsrechtskonvention nicht dem Sinn und Zweck eines Übereinkommens zuwiderlaufen, weshalb es schwierig werden dürfte, gegen den in der Konvention gewählten Behinderungsbegriff einen Vorbehalt wirksam einzulegen.[72] Dies würde bedeuten, dass der Behinderungsbegriff durch seine Stellung im Konventionstext auch einen besonderen Schutz erhält. Mit der folgenden Formulierung wurde bei den Vertragsverhandlungen zu dem schwierigen Punkt des Behinderungsbegriffs ein Kompromiss erzielt:

> „Zu den Menschen mit Behinderungen zählen Menschen, die langfristige körperliche, seelische, geistige oder Sinnesbeeinträchtigungen haben, welche sie in Wechselwirkung mit verschiedenen Barrieren an der vollen, wirksamen und gleichberechtigten Teilhabe an der Gesellschaft hindern können."

Die deutsche Übersetzung bleibt sehr nah am englischen Vertragstext, in dem es heißt: „Persons with disabilities include those who (…)"; demgegenüber enthält die ebenso verbindliche französische Fassung mit der Formulierung „Par

70 Siehe UN Doc. A/AC.265/2006/1, Art. 2 Nr. 17.

71 *Degener*, Menschenrechtsschutz, VN 2006, 104, 106.

72 *Dörschner*, 48–49.

personnes handicapées on entend (...)", also „Unter behinderten Menschen versteht man (...)" eine klassische Definition. Möglicherweise haben die Übersetzer ins Französische die Brisanz dieses Unterschieds unterschätzt. Jedenfalls steht die Behinderungsdefinition der UN-BRK, die eigentlich keine ist, in dieser Arbeit aber zur Vereinfachung dennoch so bezeichnet werden soll, durch ihre herausgehobene Position in besonders engem Zusammenhang zu dem in Art. 1 Abs. 1 erwähnten Genuss der Menschenrechte und Grundfreiheiten und zur Achtung der Menschenwürde.

4. *Die Tatbestandsmerkmale „Beeinträchtigungen" und „hindern können", Verzicht auf ein Kausalitätserfordernis*

Wie die traditionellen Behinderungsdefinitionen nimmt auch die der UN-BRK ihren Ausgangspunkt bei den „Beeinträchtigungen" der betroffenen Personen. Im Unterschied zur Definition des § 2 Abs. 1 SGB IX in der bis 31.12.2017 geltenden Fassung ist beim Behinderungsbegriff der UN-BRK jedoch keine Kausalität zwischen Beeinträchtigung und Teilhabehindernis erforderlich, es genügt ein „hindern können". Die bloße Möglichkeit eines Teilhabehindernisses reicht also aus, um das Vorliegen einer Behinderung im Sinne der UN-BRK zu bejahen. In § 3 BGG wurde zwar weitgehend der Wortlaut der UN-BRK übernommen; allerdings heißt es in § 3 Satz 1 BGG: „Menschen mit Behinderungen sind (...)" und nicht „Zu den Menschen mit Behinderungen zählen (...)"; in Satz 2 wird das Kriterium „langfristig" durch einen Zeitraum von mindestens 6 Monaten konkretisiert. Dieses Kriterium wurde ebenfalls in die neue Fassung des § 2 Abs. 1 SGB IX übernommen. Eine weite Fassung des Behinderungsbegriffs hat im Sinne der Durchsetzung von Menschenrechten insbesondere den Vorteil, dass ein Mensch, der sich auf die Rechte aus der UN-BRK berufen möchte, keinen Beweisschwierigkeiten ausgesetzt wird, die für ihn oder sie zusätzlich zu den ohnehin erlittenen Schwierigkeiten entwürdigend wären. Für die hier zu untersuchenden Inklusionsmaßnahmen auf gemeindlicher Ebene begegnet ein weiter Kreis der einzubeziehenden Personen keinen Bedenken. Im Gegenteil können Personen mit Behinderungen, die nicht dem gängigen Bild von behinderten Menschen entsprechen, neue Perspektiven einbringen und so den Prozess bereichern. Bedenken im Hinblick auf die Unbestimmtheit der Tatbestandsmerkmale[73] haben, wenn es etwa um die Feststellung des Behindertenstatus geht, möglicherweise ihre Berechtigung, eine negative Auswirkung auf das hier zu behandelnde Thema ist dagegen nicht ersichtlich. Ähnlich verhält es sich

---

73 Geäußert z.B. von *Luthe* in: *Luthe u. a.*, Rehabilitationsrecht, Teil 2, Kapitel A, Rn. 17.

mit dem Argument, bei einer Ausweitung des Personenkreises blieben zu wenige Ressourcen für die „wirklich" behinderten Menschen übrig.[74] Dabei scheint es um eine Art gesellschaftlichen Verteilungskampf zu gehen, ähnlich wie in der Nachkriegszeit, als die Verbände der Kriegsversehrten versuchten, eine Ausweitung des geschützten Personenkreises auf „Zivilbehinderte" zu verhindern.[75] Inhaltlich wiegt das Argument nach Ansicht der Verf. weniger schwer. Dem Gesetzgeber steht es frei, in Leistungsgesetzen für jede Leistung die tatbestandlichen Voraussetzungen festzuschreiben. Nicht jede Sozialleistung steht nach deutschem Recht jedem Antragsteller allein deswegen zu, weil er behindert im Sinne des § 2 SGB IX (oder im Sinne der UN-BRK) wäre. Vielmehr ist die Behinderung nur eine Vorfrage; für die Bejahung eines Anspruchs müssen weitere Voraussetzungen erfüllt sein. Im Bereich des SGB XII wird etwa der konkrete individuelle Unterstützungsbedarf an Hilfe zur Pflege oder Eingliederungshilfe ohnehin nur bei Vorliegen einer entsprechend schweren Behinderung gegeben sein. Auf Eingliederungshilfe haben gem. § 53 Abs. 1 SGB IX nur wesentlich behinderte Menschen Anspruch. Sowohl die Schwere der Behinderung als auch der konkrete Bedarf sind bei Antragstellung durch Vorlage ärztlicher Bescheinigungen etc. nachzuweisen. Die weitere Voraussetzung der finanziellen Bedürftigkeit ist durch Kontoauszüge etc. zu belegen und kann während des gesamten Leistungsbezugs jederzeit von der Behörde überprüft werden. Bei wahrheitsgemäßen Angaben im Verwaltungsverfahren ist durch die Bewilligungspraxis ausgeschlossen, dass ein nur leicht behinderter Mensch eine Leistung erhielte, die er in Wahrheit nicht dringend benötigte. Somit ist nach Ansicht der Verf. nicht anzunehmen, dass aus der Anpassung des Behinderungsbegriffs an die Vorgaben der UN-BRK höhere Sozialausgaben folgen würden.

5. *Verzicht auf ein Tatbestandsmerkmal des „altersuntypischen Zustandes"*

Dem Behinderungsbegriff der UN-BRK unterfallen vom Säugling bis zum alten Menschen alle Menschen mit Beeinträchtigungen, weil es, anders als nach der deutschen Definition, nicht darauf ankommt, ob ihr Zustand von dem für

74 So *Luthe*, allerdings relativierend mit der Formulierung „nicht zu Unrecht" in: *Luthe u. a.*, Rehabilitationsrecht, Teil 2, Kapitel A, Rn. 22; *ders.* in: *JurisPK*, SGB IX, § 1 Rn. 15; *Luthe* beruft sich jeweils auf *Zacher* in: *Zacher u. a.*, 548–549; *Degener*, Antidiskriminierungsrechte, *ZaöRV* 2005, 887, 910, greift das Argument auf, vertritt selbst jedoch eine andere Meinung.

75 *Klee*, Behinderten-Report, 84.

das Alter typischen Zustand abweicht. Das Kriterium des altersuntypischen Zustandes wird kritisiert, weil es den Behinderungsbegriff gerade im Hinblick auf Kinder und Jugendliche zu sehr einenge. Gleiches gelte für alte Menschen. Insbesondere bestehe bei ihnen die Gefahr, dass Vorurteile bei der Bestimmung des „Alterstypischen“ eine Rolle spielten.[76] Es spricht daher viel dafür, das Kriterium im deutschen Recht wenigstens einschränkend auszulegen.[77] Auch *Luthe*, der sich ansonsten vehement gegen eine Ausweitung des Behinderungsbegriffs ausspricht, gesteht zu, dass der Ausschluss alterstypischer Zustände keine im Rehabilitationsbedarf liegenden Gründe habe, sondern ausschließlich zur Begrenzung des betroffenen Personenkreises aus wirtschaftlichen Gründen diene.[78] Vermutlich deshalb nahm der Gesetzgeber in diesem Punkt keine Anpassung des deutschen Rechts an die UN-BRK vor. Auch in der neuen Fassung des § 2 Abs. 1 SGB IX ist das Kriterium des für das Lebensalter typischen Zustands enthalten.

6. *Das Tatbestandsmerkmal „in Wechselwirkung mit verschiedenen Barrieren“, erläutert anhand der Modelle von Behinderung*

Der moderne Behinderungsbegriff der UN-BRK unterscheidet sich von deutschen Behinderungsdefinitionen, insbesondere der des § 2 Abs. 1 SGB IX in der bis 31.12.2017 geltenden Fassung, u. a. durch das Tatbestandsmerkmal „in Wechselwirkung mit verschiedenen Barrieren“. Man konnte sich nicht dazu entschließen, diese neue Definition von Behinderung im rechtsverbindlichen Teil der UN-BRK zu verankern – auch deshalb, weil Behinderung gerade nicht festgeschrieben werden sollte, sondern im Sinne der Präambel betont werden sollte, dass das Verständnis von Behinderung einer Wandlung unterworfen sei.[79] Die Präambel ist zwar rechtlich unverbindlich, ihr kommt aber eine völkerrechtlich anerkannte Bedeutung als Leitlinie bei der Auslegung der UN-BRK zu. Nach Art. 31 Abs. 2 des Wiener Übereinkommens über das Recht der Verträge von 1969 sind Bestimmungen völkerrechtlicher Verträge nicht isoliert, sondern in ihrem Zusammenhang auszulegen, wozu auch die Präambel herangezogen wird.[80] Die Meinungsunterschiede über den Behinderungsbegriff hatten bei den

---

76 *Götze* in: *Hauck/Noftz*, SGB IX, § 2 Rn. 19.

77 Dafür *Hochheim* in: *Hauck/Noftz*, SGB I, § 10 Rn. 15.

78 *Luthe* in: *Luthe u. a.*, Rehabilitationsrecht, Teil 2, Kapitel A, Rn. 12 ff.

79 *Lachwitz* in: *Kreutz u.a.*, Präambel Rn. 9.

80 *Lachwitz* in: *Kreutz u.a.*, Präambel Rn. 2; *Trenk-Hinterberger* in: *Kreutz u.a.*, Einführung Rn. 50.

Verhandlungen über die UN-BRK große Probleme aufgeworfen: Viele Staaten, darunter EU-Mitglieder, hätten sich dagegen ausgesprochen, überhaupt eine Definition vorzunehmen. Die Arbeitsgruppe habe das Thema zunächst unbehandelt gelassen, weil sie es so eingeschätzt habe, dass es endlose Diskussionen hervorrufen würde.[81] Die Kontroverse zeigt, dass das „richtige" Verständnis von Behinderung keine Selbstverständlichkeit und weit mehr als eine Kleinigkeit darstellt.

Das Merkmal der Wechselwirkung, das außer in Art. 1 UN-BRK auch in Buchst. e) der Präambel vorkommt, macht in besonderer Weise deutlich, dass dem Behinderungsbegriff der UN-BRK ein soziales Modell von Behinderung zu Grunde liegt. Das soziale Modell von Behinderung ist zentral für das Selbstverständnis behinderter Menschen und damit auch für das Verständnis der gesamten Konvention, die sehr deutlich die Handschrift der Selbstbestimmt-Leben-Bewegung trägt. Deshalb sei an dieser Stelle die Entwicklung der Modelle von Behinderung ausführlich dargestellt. Das soziale Modell von Behinderung ist aus der Kritik am medizinischen Modell von Behinderung entstanden. Um diese Kritik zu verstehen, muss man daher zunächst das medizinische Modell von Behinderung untersuchen:

a) Das medizinische, defizitorientierte oder defektorientierte Modell von Behinderung, auch individuelles Modell genannt

Das medizinische Modell basiert auf dem traditionellen Verständnis von Behinderung. Seine Beschreibung dient als Ausgangspunkt für Kritik und weitere Überlegungen.[82] Um Behinderung zu definieren, betrachtet man – ausgehend von einem angenommenen „Normalzustand" – die körperlichen, geistigen oder seelischen Defizite der betroffenen Personen. Sodann wird der Zustand des behinderten Menschen demgegenüber als ein „Minus" eingestuft.[83] Diese Vorgehensweise bildet den Kern der meisten Behinderungsdefinitionen. Die Betonung liegt bei diesem Modell auf der Abweichung von der Norm, auf der Andersartigkeit behinderter Menschen; diese rechtfertige oder erfordere deren gesonderte Unterbringung, Beschulung oder Behandlung. Dieses Modell wird auch individuelles Modell genannt, weil die Behinderung als individuelles Schicksal

81 *Degener*, Menschenrechtsschutz, VN 2006, S. 104, 106.

82 *Rothfritz*, 55; *Waldschmidt*, P&G, 15–18.

83 *Klee* verwendet kritisch das Wort „Minus-Mensch", Behindert. Ein kritisches Handbuch, 12.

angesehen wird,[84] mit dem der einzelne Mensch zurechtkommen müsse; es werden ihm Therapien und Rehabilitationsmaßnahmen zur Verfügung gestellt, um die fehlenden Fähigkeiten so gut wie möglich wiederherzustellen, sich also dem angenommenen Normalzustand so weit wie möglich anzunähern. Diese individuelle Sichtweise führt dazu, dass von dem behinderten Menschen eine Anstrengung, nämlich die größtmögliche Anpassung an die nichtbehinderte Gesellschaft und deren Anforderungen erwartet wird. Hat er diese Anpassung erfolgreich vollzogen, spricht man von gelungener Integration. Zum medizinischen Modell gehört auch die Annahme, dass behinderte Menschen nicht inmitten des gesellschaftlichen Lebens, sondern in der Obhut von speziell dafür ausgebildeten Fachleuten wie Ärzten, Therapeuten und Pädagogen am besten aufgehoben seien. Aus diesem Verständnis heraus ist in Deutschland ein äußerst ausdifferenziertes System von Behinderteneinrichtungen entstanden, das von Frühförderstätten, Förderkindergärten, schulvorbereitenden Einrichtungen, Förderschulen, Berufsbildungswerken, Werkstätten für Menschen mit Behinderung (WfbM) bis hin zu Wohngruppen, Wohnheimen und Pflegeheimen reicht.[85] Die vorhandene Infrastruktur ermöglicht es also, dass behinderte Menschen ihr Leben „von der Wiege bis zur Bahre" in speziell für sie bereitgestellten Einrichtungen verbringen.[86] Im Umkehrschluss können sich all jene, die keine Fachleute sind, quasi als „unzuständig" für die Belange behinderter Menschen fühlen. Dieses Modell ist nicht dazu angetan, gesellschaftliche Veränderungen auf breiter Ebene herbeizuführen, wie sie die UN-BRK anstrebt.

b) Das soziale Modell von Behinderung, zugleich Kritik am medizinischen Modell von Behinderung

Als Gegenentwurf zum medizinischen wurde das soziale Modell von Behinderung entwickelt. Dieses Modell, das Eingang in die Behinderungsdefinition der UN-BRK gefunden hat, knüpft an die Erfahrungen behinderter Menschen an, die es als diskriminierend empfanden, über ihre Defizite definiert zu werden. Die Kritiker des medizinischen Modells arbeiteten heraus, warum es in Wahrheit nicht die körperlichen Defizite sondern allein die gesellschaftlichen Hindernisse

84 Diesen Ausdruck bevorzugt *Oliver*, der zugleich die „Medizinisierung" (medicalisation) bei diesem Modell von Behinderung kritisiert. *Oliver*, 31.

85 *Monitoring-Stelle*, Parallelbericht, 25, Nr. 116, siehe www.institut-fuer-menschenrechte.de/fileadmin/user_upload/PDF-Dateien/Parallelberichte/Parallelbericht_an_den_UN-Fachausschuss_fuer_die_Rechte_von_Menschen_mit_Behinderungen_150311.pdf.

86 So formuliert es auch *Sierck*; *Sierck/Radtke*, 31.

seien, welche die Behinderung des einzelnen Menschen ausmachten.[87] Salopp formuliert lautet die Kernaussage „Behindert ist man nicht, behindert wird man". Damit nahmen behinderte Menschen erstmals auch die Deutungshoheit über den Behinderungsbegriff für sich in Anspruch, die bis dahin ausschließlich bei den nichtbehinderten Fachleuten gelegen hatte – letzteres kritisierte *Oliver* als Medizinisierung von Behinderung.[88] Das soziale Modell war für die Interessenvertretung behinderter Menschen in ihren Anfängen ein enormer Fortschritt. Nach dieser Definition waren behinderte Menschen nun, anders als beim medizinischen Modell, nicht mehr allein für ihr Schicksal verantwortlich, sondern konnten die Gesellschaft für die Beseitigung der behindernden Barrieren in die Pflicht nehmen. Die in der Formulierung mitschwingende Provokation war beabsichtigt, denn damit war die Ansage an die (nichtbehinderte) Gesellschaft verbunden, dass man sich nicht länger „behindern lassen" wollte. Behinderung wird, wie die Weltgesundheitsorganisation es formulierte, von einem persönlichen zu einem politischen Thema:

> „Das soziale Modell der Behinderung hingegen betrachtet Behinderung hauptsächlich als ein gesellschaftlich verursachtes Problem und im Wesentlichen als eine Frage der vollen Integration Betroffener in die Gesellschaft. Hierbei ist „Behinderung" kein Merkmal einer Person, sondern ein komplexes Geflecht von Bedingungen, von denen viele vom gesellschaftlichen Umfeld geschaffen werden. Daher erfordert die Handhabung dieses Problems soziales Handeln, und es gehört zu der gemeinschaftlichen Verantwortung der Gesellschaft in ihrer Gesamtheit, die Umwelt so zu gestalten, wie es für eine volle Partizipation (Teilhabe) der Menschen mit Behinderung an allen Bereichen des sozialen Lebens erforderlich ist. Das zentrale Thema ist daher ein einstellungsbezogenes oder weltanschauliches, welches soziale Veränderungen erfordert. Vom politischen Standpunkt aus gesehen wird dieses Thema zu einer Frage der Menschenrechte. Für dieses Modell ist Behinderung ein politisches Thema."[89]

Ein großer Vorteil dieser Sichtweise ist, dass eine Absonderung behinderter Menschen weder erforderlich noch gerechtfertigt erscheint. Eine Behinderung kann nach diesem Modell immer nur in Wechselwirkung mit den gesellschaftlichen Rahmenbedingungen definiert werden. Es sind hiernach die Menschen

---

87 *Oliver*, 32–33.

88 *Oliver*, 31.

89 ICF, Einführung PDF-Version, S. 24 unten – 25, mit freundlicher Erlaubnis der *Weltgesundheitsorganisation (WHO)*, alle Rechte liegen bei der *WHO*, siehe https://www.dimdi.de/dynamic/de/klassi/downloadcenter/icf/stand2005/icfbp2005.zip; Hinweis: die Internetseite verlangt vor dem Lesen eine Zustimmung zu den Nutzungsbedingungen und ein Entpacken der Datei.

mit Behinderung, die von der Gesellschaft Anstrengungen zur Beseitigung der Barrieren erwarten dürfen – die umgekehrte Sichtweise gegenüber dem medizinischen Modell. Dies macht den eigentlichen Fortschritt des sozialen Modells von Behinderung aus, den man nach Meinung einiger Experten nicht hoch genug einschätzen kann.[90] Die folgende Tabelle[91] von *Oliver* fasst anhand von Schlüsselbegriffen die Unterschiede zwischen dem individuellen und dem sozialen Modell von Behinderung zusammen:

Tabelle 1: Modelle von Behinderung nach Oliver

individuelles Modell	***soziales Modell***
Theorie der persönlichen Tragödie	Theorie der gesellschaftlichen Unterdrückung
Persönliches Problem	Gesellschaftliches Problem
Individuelle Behandlung	Gesellschaftliches Handeln
Medizinisierung	Selbsthilfe
Professionelle Dominanz	Individuelle und kollektive Verantwortung
Fachwissen (Expertise)	Erfahrung
Anpassung	Bestätigung, Bejahung
Individuelle Identität	Kollektive Identität
Vorurteil	Diskriminierung
Einstellung	Verhalten
Fürsorge	Rechte
Kontrolle	Wahlmöglichkeiten
Richtlinien	Politik
Individuelle Anpassung	Gesellschaftlicher Wandel

c) Das kulturelle Modell von Behinderung

Unter der Bezeichnung Disability Studies, als interdisziplinäre Forschungsrichtung in den 1980er Jahren vornehmlich in den USA und Großbritannien entstanden, werden Studien zum Thema Behinderung aus den unterschiedlichsten wissenschaftlichen Disziplinen zusammengefasst, um auf diese Weise ein neues Bild von Behinderung zu zeichnen.[92] Hieraus entstand eine differenzierte Sichtweise auf das Thema Behinderung, die man mit *Anne Waldschmidt* als ein

90 So z.B. *Kurth*, 8, seinerseits *Lachwitz* zitierend.
91 *Oliver*, 34, table 2.1, Disability models, übersetzt v. d. Verf.
92 *Waldschmidt/Schneider*, 12.

kulturelles Modell von Behinderung bezeichnen könnte.[93] Es besagt, Behinderung sei eine Lebenserfahrung – das heißt, eine von vielen möglichen Lebenserfahrungen. „Nichtbehinderung" sei vor diesem Hintergrund nichts anderes als eine kulturelle Deutung. Den Begriff der „Behinderung" brauche man lediglich, um eine gewisse Normalität herstellen zu können:

> „Im Grunde ist Behinderung nicht die Ausnahme, die es zu kurieren gilt, sondern die Regel, die in ihren vielfältigen Erscheinungsweisen zunächst einfach zu akzeptieren wäre. Dass ihr entgegen ihrer Omnipräsenz in der Lebenspraxis – denn wer von uns wäre nicht selbst in irgendeiner Weise von Behinderung betroffen, sei es am eigenen Leibe, als Angehörige/r oder in anderen sozialen Bezügen? – dennoch ein Ausnahmestatus zugeschrieben wird, hat gesellschaftspolitische und kulturelle Gründe. Offensichtlich wird die Abgrenzungskategorie Behinderung ‚gebraucht', um sozialen Zusammenhang und Stabilität zu gewährleisten und bestimmte, kulturell vorgegebene Vorstellung von Körperlichkeit und Subjektivität aufrecht zu erhalten. Vor allem die Gegenwartsgesellschaft benötigt diese Kategorie als einen Abweichungstatbestand, um im Kontrast so etwas wie ‚Normalität' herstellen und sichern zu können."[94]

Diese sehr abstrakte Beschreibung lässt sich anhand einiger Beispiele veranschaulichen: Die Brille hat sich vom stigmatisierenden Hilfsmittel zum modischen Accessoire gewandelt. Noch deutlicher wird die Entwicklung im Bereich psychischer Behinderungen: Die gesellschaftliche Vorstellung von „Normalität" oder „Wahnsinn" hat sich in den letzten Jahrzehnten stark verändert. Man definiert diese regelwidrigen Zustände heute nicht mehr als Krankheiten sondern als geistige oder seelische Behinderungen. Die Vertreter des kulturellen Modells von Behinderung wollen nicht ausschließen, dass ein solcher gesellschaftlicher Wandel in Zukunft auch bei anderen Arten von Behinderungen, wie etwa Querschnittlähmung oder Blindheit denkbar sein könnte. Es kommt auch vor, dass die Betroffenen selbst ihrer Beeinträchtigung eine neue Deutung verleihen. Gehörlosigkeit werde aus Sicht der Betroffenen nicht über fehlendes Hörvermögen definiert, sondern sprachlich und kulturell; Gehörlose sähen sich verstärkt als sprachliche Minderheit – als Menschen, die vorzugsweise in Gebärdensprache kommunizieren und sich der Gebärdensprachgemeinschaft und ihrer reichen Kultur zugehörig fühlten.[95] Zusammenfassend kann man sagen, dass das kulturelle Modell davon ausgeht, dass die vorhandenen Barrieren durch einen

93 *Waldschmidt*, P&G, 24.

94 *Waldschmidt/Schneider*, 10.

95 Siehe www.landesdolmetscherzentrale-gebaerdensprache.de/ist-gehoerlosigkeit-eine-behinderung/.

kulturellen Wandel in der Gesellschaft zu beseitigen seien.[96] Ziel der Disability Studies ist nicht, eine praxistaugliche Behinderungsdefinition hervorzubringen, sondern grundlegende Erkenntnisse über das Verhältnis von Individuum, Gesellschaft und Kultur zu liefern. Dabei ist dieser junge Wissenschaftszweig mit Geschichte und Programmatik der internationalen Behindertenbewegung eng verknüpft.[97]

d) Das menschenrechtliche Modell von Behinderung

Die UN-BRK steht für das menschenrechtliche Modell von Behinderung. *Degener* stellte es im Jahr 2014 auf einem Vortrag in Siegen[98] vor. Lange Zeit sei es nach den Worten von *Degener* mit dem sozialen Modell von Behinderung gleichgesetzt worden, nun solle eine Differenzierung erfolgen.[99] Das menschenrechtliche Modell fuße auf der Gewissheit, dass Menschenrechte universal seien, dass sie also nicht von den Kategorien behindert/nicht behindert abhängen könnten.[100] Es gehe über den Gesichtspunkt der Nichtdiskriminierung hinaus und beinhalte die Erkenntnis, dass behinderte Menschen, selbst wenn sie nicht diskriminiert würden, Schutz, Bildung, soziale Sicherheit und kulturelle Rechte brauchten.[101] Dieses Modell wertschätze Behinderung als Teil menschlicher Vielfalt einerseits, aber auch als Teil der Identität einer Person andererseits.[102] Zudem biete es die Möglichkeit für Veränderungen in der internationalen Armutspolitik, weil Behinderung und Armut sich gegenseitig bedingten.[103]

7. Kritik an den Modellen von Behinderung

a) Kritik am medizinischen Modell von Behinderung

Wie bereits ausgeführt, hat das medizinische Modell von Behinderung als Kausalmodell den Vorteil, dass sich auf seiner Basis eine trennscharfe juristische

96 *Waldschmidt*, P&G, 23.

97 *Waldschmidt/Schneider*, 10.

98 *Degener*, Implementierung der UN-BRK – das Menschenrechtsmodell umsetzen, Vortrag auf der Konferenz „Inklusive Gemeinwesen planen" am 27./28. März 2014 an der *Universität Siegen*, siehe http://inkluplan.uni-siegen.de/documentation/thursday/plenary/degener-_speaking_notes_siegen.pdf.

99 *Degener*, wie vorherige Fußnote, S. 6.

100 *Degener*, wie obige Fußnote, S. 6.

101 *Degener*, wie obige Fußnote, S. 7.

102 *Degener*, wie obige Fußnote, S. 7.

103 *Degener*, wie obige Fußnote, S. 8.

Definition von Behinderung herbeiführen lässt. Deshalb ist es nach wie vor aktuell. Allerdings wird dieser Vorteil mit den oben genannten erheblichen Nachteilen erkauft; dies forderte die bereits in der Beschreibung des sozialen Modells von Behinderung behandelte Kritik heraus.

b) *Kritik am sozialen Modell von Behinderung*

Der große Fortschritt, den das soziale Modell von Behinderung bedeutet, wurde bereits dargestellt.[104] Seine Bedeutung soll nicht geschmälert werden. Das soziale Modell begegnet jedoch auch Bedenken, auf die im Folgenden eingegangen werden soll. Eine Schwäche dieses Modells ist das Negieren der nach dem medizinischen Modell beschriebenen körperlichen, geistigen oder seelischen Defizite. Auf sie soll es nach dem sozialen Modell für die Definition von Behinderung überhaupt nicht ankommen.[105] Diese Annahme hat unerwünschte Folgen, sowohl in Bezug auf ein positives Selbstverständnis behinderter Menschen als auch in Bezug auf die begriffliche Klarheit und damit auf die Geeignetheit des sozialen Behinderungsmodells als gesetzliche Definition. Schließlich überwindet das soziale Modell von Behinderung nicht die problemorientierte Betrachtungsweise des medizinischen Modells. Aus der oben vorgestellten Tabelle von *Oliver* lässt sich dies in Zeile 2 der Schlüsselworte ablesen. Der Unterschied besteht lediglich darin, wer für die Behebung des Problems verantwortlich gemacht wird: Beim medizinischen Modell ist es das Individuum, beim sozialen Modell von Behinderung die Gesellschaft. Einig sind sich beide Modelle jedoch darin, dass Behinderung ein zu behebendes Problem darstellt. Dies führt zu einer unerwünschten Gruppenbildung in der Weise, dass behinderte Menschen diejenigen sind, die bestimmte Probleme haben, im Gegensatz zu nichtbehinderten Menschen, die diese Probleme nicht haben. Sollen auf gemeindlicher Ebene Maßnahmen zur Umsetzung der UN-BRK ergriffen werden, so entsteht der Eindruck, dass ein Aufwand extra für Menschen mit Behinderungen betrieben wird. Dies ist jedoch – wie oben gezeigt – gerade nicht das, was unter Inklusion im Sinne der UN-BRK zu verstehen ist. Interessant ist daher die Weiterentwicklung des sozialen Modells von Behinderung zum kulturellen und zum menschenrechtlichen Modell von Behinderung.

---

104 Siehe oben, S. 56–58.

105 *Oliver*, 35.

c) Kritik am kulturellen Modell von Behinderung

Wie die UN-BRK geht das kulturelle Modell von einem sich ständig weiter entwickelnden Verständnis von Behinderung[106] aus. In verschiedenen Situationen können Beeinträchtigungen ein unterschiedliches Gewicht erhalten, je nachdem, wie sich das gesellschaftliche Umfeld entwickelt. Beispielsweise können sich heute sehbehinderte Personen mithilfe einer akustischen Wegbeschreibung dank der Navigationsfunktion ihres Smartphones als Fußgänger eigenständig durch die Stadt bewegen. Von den zahlreichen telefonierenden Menschen ohne Behinderung sind sie im Stadtbild nicht zu unterscheiden. Die Beeinträchtigung bleibt, sie bildet das Kontinuum, doch die gesellschaftliche Wahrnehmung hat sich dergestalt verändert, dass die Behinderung in bestimmten Situationen geringer erscheint; denn der behinderte Mensch kann sich bei selbstständiger Fortbewegung mit einem Smartphone weniger behindert fühlen, als wenn er ein Hilfsmittel aus dem Sanitätshaus benutzen oder von einer sehenden Person geführt werden müsste. Als Basis einer Behinderungsdefinition würde das kulturelle Modell von Behinderung den gleichen begrifflichen Schwierigkeiten wie das soziale Modell von Behinderung begegnen. In einer Gesellschaft, die die Beseitigung von Barrieren anstrebt, erscheint ein Denkmodell, nach dem Nichtbehinderung nicht automatisch als der Normalfall sondern nur als eine mögliche gesellschaftliche Deutung angesehen wird, gleichwohl vorteilhaft. Es hilft, die Barrieren in den Köpfen zu beseitigen, indem es eine unerwünschte Gruppenbildung vermeidet und stattdessen die Nichtbehinderten in die Vorstellung von Behinderung einbezieht. So entsteht eine Offenheit des Verständnisses von Behinderung für den gesellschaftlichen Wandel.

8. Bedeutung der Behinderungsmodelle für die Umsetzung der UN-BRK auf kommunaler Ebene

Die Modelle von Behinderung veranschaulichen, wie behinderte Menschen in der Gesellschaft gesehen wurden und gesehen werden. Will man das Lebensumfeld in einer Gemeinde für sie verbessern, so spielt die Sichtweise auf Menschen mit Behinderung eine entscheidende Rolle.

Dem medizinischen Modell folgend wurde Behinderung stets mit dem Manko, dem Fehlenden, dem Nichtfunktionalen, mit Schmerzen und Leid assoziiert und nicht in erster Linie mit Lebensqualität. Auf das Alltagsleben der behinderten Menschen hatte (und hat) diese Sichtweise handfeste Auswirkungen, die überall,

---

106 Siehe Präambel, Buchst. e).

auch in der Gemeinde, zu spüren waren (und sind): Nach allgemeiner Meinung waren behinderte Menschen am besten in der Familie oder in den Händen von Fachleuten aufgehoben und gehörten in speziell für sie errichtete Anstalten und Einrichtungen, so dass der „Normalbürger" ihr Leid nicht zu sehen brauchte. Den Anblick behinderter Menschen vermeiden zu wollen, war sogar immer wieder Gegenstand von Rechtsstreitigkeiten, die als sog. Reiseurteile bekannt geworden waren.

9. *Exkurs in das Reiserecht: Urteile, die behinderte Mitreisende zum Gegenstand hatten, 1980, 1992 und 2012*

a) 1980: sogenanntes Frankfurter Reiseurteil

Einer Rentnerin wurde unter anderem deshalb Schadensersatz zugesprochen, weil sie im Urlaub den Anblick behinderter Menschen hatte ertragen müssen. In der Urteilsbegründung heißt es:

> „Auch die Anwesenheit einer Gruppe von jedenfalls 25 geistig und körperlich Schwerbehinderten stellt einen zur Minderung des Reisepreises berechtigenden Mangel dar. Es ist nicht zu verkennen, dass eine Gruppe von Schwerbehinderten bei empfindsamen Menschen eine Beeinträchtigung des Urlaubsgenusses darstellen kann. Dies gilt jedenfalls, wenn es sich um verunstaltete geistesgestörte Menschen handelt, die keiner Sprache mächtig sind, von denen einer oder der andere in unregelmäßigem Rhythmus unartikulierte Schreie ausstößt und gelegentlich Tobsuchtsanfälle bekommt. So wünschenswert die Integration von Schwerbehinderten in das normale tägliche Leben ist, kann sie durch einen Reiseveranstalter gegenüber seinen anderen Kunden sicher nicht erzwungen werden. Dass es Leid auf der Welt gibt, ist nicht zu ändern; aber es kann der Klägerin nicht verwehrt werden, wenn sie es jedenfalls während des Urlaubs nicht sehen will."[107]

b) 1992: sogenanntes Flensburger Reiseurteil

Eine Minderung des Reisepreises wurde bejaht, weil sich eine Urlauberin davor geekelt hatte, dass behinderte Mitreisende im Speisesaal gefüttert worden waren, wobei ihnen das Essen wieder aus dem Mund gelaufen und in Lätzchen aufgefangen worden war. Das AG Flensburg[108] stellte fest, die Tauglichkeit der Reiseleistung zum vorausgesetzten Nutzen einer unbelasteten Erholung sei beeinträchtigt gewesen. Es führte weiter aus:

---

107 *LG Frankfurt/Main*, Urt. v. 25.02.80, *NJW* 1980, 1169, 1170.
108 *AG Flensburg*, Urt. v. 27.08.92, *NJW* 1993, 272.

> „Die Kl. und ihre kleinen Kinder konnten ihre Mahlzeiten im Hotel nicht unbeschwert genießen. Der unausweichliche Anblick der Behinderten auf engem Raum bei jeder Mahlzeit verursachte Ekel und erinnerte ständig in einem ungewöhnlich eindringlichen Maße an die Möglichkeiten menschlichen Leids. Solche Erlebnisse gehören nicht zu einem typischerweise erwarteten Urlaubsverlauf. Sie würden, soweit die Möglichkeit dazu bestünde, vom Durchschnittsreisenden gemieden. Es kann dabei nicht auf den Maßstab ungewöhnlich selbstloser und ethisch hochstehender Menschen abgestellt werden."

Aus dem Reiserecht ist das Abstellen auf den Durchschnittsreisenden bekannt: der BGH nimmt eine Gesamtwürdigung von Reisemängeln „aus der Sicht eines Durchschnittsreisenden" orientiert am Reisezweck und Reisecharakter unter Würdigung aller Umstände vor.[109] Dagegen ruft der „ungewöhnlich selbstlose und ethisch hochstehende Mensch" als Vergleichsmaßstab Verwunderung hervor. Eine Definition bleibt das Gericht ebenso schuldig wie eine Begründung, warum ausgerechnet der „ungewöhnlich selbstlose und ethisch hochstehende Mensch" ein geeigneter Vergleichsmaßstab sei. Die Unterscheidung ist bezeichnend für eine dem medizinischen Modell folgende Sichtweise in dem Sinne, dass der Durchschnittsmensch üblicherweise nichts mit behinderten Menschen zu tun habe, ihren Anblick deshalb umso mehr mit menschlichem Leid verbinde und ihn umso schlechter ertragen könne – schon gar nicht im Urlaub. Daran ist auch aus heutiger Sicht richtig, dass Behinderung etwas ist, was nicht immer erfreut. Es mag auch verständlich sein, dass sich jemand vor gewissen Dingen ekelt oder sich daran stört. Jedoch bleibt der Aspekt, dass man sich an Behinderung gewöhnen muss, aber auch gewöhnen kann, dabei außer Betracht. Mit Recht fragt *Lachwitz* in einem ähnlich gelagerten Fall zur nachbarlichen Duldungspflicht,[110] ob man an dieser Stelle nicht hätte erwarten können, dass das Gericht seinen eigenen Appell an die ‚erhöhte Toleranzbereitschaft gegenüber behinderten Menschen' aufgreife und die Frage stelle, ob sich ein Nachbar, der sich an einem ‚ungewohnten', von geistig behinderten Menschen erzeugten Geräusch störe, nicht allmählich an dieses Geräusch gewöhnen könne? Ob nicht das Gericht im Hinblick auf die vom Grundgesetz in Art. 3 Abs. 3 Satz 2 bezweckte Verbesserung der Stellung behinderter Menschen in unserer Gesellschaft hätte den Versuch machen müssen, dem Kläger durch flexible Gestaltung der Ruhezeiten auch an den Wochenenden einem derartigen Gewöhnungsprozess wenigstens zeitweilig auszusetzen? Im Urteil wird weiter ausgeführt:

---

109 Siehe *BGH* Urt. v. 14.05.13, *NJW* 2013, 3170, 3172.

110 *Lachwitz*, *NJW* 1998, 881, 882.

> „Dem Klaganspruch steht auch nicht entgegen, dass ein Teil der Bevölkerung die Geltendmachung von Gewährleistungsansprüchen aus dem Anlass einer Begegnung mit Behinderten als unanständig oder geschmacklos empfinden könnte. Das Gericht sieht keine Anhaltspunkte für eine so weitgehende Verbreitung dieser Ansicht, dass die Erhebung solcher Ansprüche i. S. d. § 138 BGB gegen die guten Sitten verstoßen könnte. Auch das LG Frankfurt hat in seiner Entscheidung vom 25.02.1980 (...), der ein ähnlicher Sachverhalt zugrunde lag, keinen Anlass gesehen, die Anwendung des § 138 BGB in diesem Zusammenhang zu erwägen."

Den Aspekt, dass zwischen beiden Urteilen ein Zeitraum von 12 Jahren liegt und sich die Toleranz gegenüber behinderten Menschen erhöht haben könnte, bezieht das Gericht dabei nicht in seine Überlegungen ein.

c) 2012: Reiseurteil vom AG München

Eine Reisende wollte eine Minderung des Reisepreises erreichen, weil die Reiseleitung sich sehr intensiv um die schwer sehbehinderte Mitreisende gekümmert hatte, sodass die Reiseleitung nach Meinung der Klägerin zu wenig präsent gewesen sei. Jedoch verneinte das AG München den Schadensersatzanspruch. Bei Gruppenreisen sei es Teil des allgemeinen Lebensrisikos, auf behinderte Mitreisende zu treffen, führte das Gericht aus.[111] Allerdings ist zweifelhaft, ob dieser Fall wirklich mit den vorher genannten vergleichbar ist; denn im Unterschied zu jenen spielte hier der „Ekelfaktor" keine Rolle.

10. Nach dem Exkurs ins Reiserecht zurück auf die kommunale Ebene

Die Bestrebungen der Reisenden, behinderte Menschen nicht sehen zu müssen, und Klagen wegen angeblicher entgangener Urlaubsfreude zeigen, wie wichtig es Nichtbehinderten erschien, sich den gesamten Themenkomplex „Behinderung", und damit auch den Gedanken, möglicherweise einmal selbst davon betroffen zu werden, vom Leibe zu halten. In ihren Sonderwelten waren behinderte Menschen „versorgt aber auch *entsorgt*"[112]. Weder im Straßenbild von Gemeinden noch sonst im öffentlichen Leben traten sie in Erscheinung, man war an ihren Anblick nicht gewöhnt, und es wurde nicht wahrgenommen, welchen Schwierigkeiten sie im „normalen" Wohnumfeld begegneten oder begegnet wären.

---

111 *AG München*, Urt. v. 01.12.11, Az.: 223 C 17592/11; darüber berichtete *Legal Tribune Online* am 26.11.12: Behinderte Menschen sind kein Reisemangel, www.lto.de/recht/nachrichten/n/ag-muenchen-urteil-223c1759211-reisemangel-behinderte-mitreisende.

112 Treffend: *Meister*, S. 47, kursiv im Original.

Ausdrücklich ist zu erwähnen, dass diese Konstellation, wenn auch hier in der Vergangenheitsform beschrieben, selbstverständlich noch existiert; sie wird weiterhin fortbestehen, solange es die angesprochenen Sonderwelten gibt. Wann immer dort Plätze frei sind, müssen die Betreiber schon aus wirtschaftlichen Gründen bestrebt sein, diese mit behinderten Menschen zu besetzen. Dabei soll nicht geleugnet werden, dass es Menschen mit sehr schweren Beeinträchtigungen gibt, die einer umfangreichen Fürsorge durch geschultes Personal bedürfen. Damit ist aber noch nicht gesagt, dass es für diese Personengruppe keine Alternative zum Heim geben könnte. Es wird aber jedenfalls kaum jemand Konzepte für alternative Wohn- oder Arbeitsformen umsetzen können, solange Plätze in traditionellen Einrichtungen vorrangig zu vergeben sind. Dies kritisiert auch die Monitoring-Stelle zur UN-Behindertenrechtskonvention beim Deutschen Institut für Menschenrechte, indem sie feststellt:

> „Führende Stellen des Vertragsstaats (Bund wie Länder) jedoch treten vielfach dafür ein, besondere Einrichtungen für Menschen mit Behinderungen unverändert beizubehalten, was in einzelnen Sektoren, etwa bei Bildung, Wohnen und Arbeit, flächendeckend die Aufrechterhaltung von Doppelstrukturen bedeutet (Artikel 19: Deinstitutionalisierung). Solche Doppelstrukturen bergen ihrerseits die Gefahr von Ausgrenzung und Benachteiligung."[113]

Obwohl die genannten Strukturen alle Merkmale der nach Art 19 UN-BRK unerwünschten Institutionalisierung aufweisen, erhalten sie politische Rückendeckung. Ihre Existenzberechtigung und ihr Fortbestand werden weitgehend nicht in Frage gestellt. Etwa bezeichnet der Behindertenbericht 2009, veröffentlicht also nach dem Inkrafttreten der UN-BRK, Werkstätten als „wichtigen Baustein für die Teilhabe am Arbeitsleben".[114] Eine solche Annahme könnte sich auch bei der Umsetzung der UN-BRK auf kommunaler Ebene als Hemmschuh erweisen, denn wenn Menschen mit Behinderung in einer Werkstätte „untergebracht" werden können, warum sollten sich dann (andere) örtliche Arbeitgeber Gedanken über deren Einstellung machen?

Wenn das medizinische Modell vorherrscht, braucht man sich in einer Gemeinde keine Gedanken zu machen, welche Maßnahmen zu ergreifen seien,

113 *Monitoring-Stelle*, Parallelbericht, Zusammenfassung, S.4, siehe www.institut-fuer-menschenrechte.de/fileadmin/user_upload/PDF-Dateien/Parallelberichte/Parallelbericht_an_den_UN-Fachausschuss_fuer_die_Rechte_von_Menschen_mit_Behinderungen_150311.pdf.

114 Behindertenbericht 2009 der Bundesregierung, S. 11, in der vorangestellten Zusammenfassung, siehe http://nbn-resolving.de/urn:nbn:de:0168-ssoar-344930.

damit behinderte Menschen ein gutes Lebensumfeld vorfinden. Eine solche Mentalität mag auf dem Rückzug sein, doch wo sie noch vorhanden ist, muss sie überwunden werden, wenn Inklusionsbemühungen Erfolg haben sollen. Dafür sind bewusstseinsbildende Maßnahmen begleitend erforderlich. Es spricht viel dafür, ihnen auf kommunaler Ebene besonderes Gewicht beizumessen.

Erst durch den Wandel vom medizinischen zum sozialen Modell von Behinderung wird die Frage relevant, welche Barrieren man beseitigen müsse, um Menschen beim Leben in einer Gemeinde nicht oder zumindest weniger „zu behindern". Einzelne Maßnahmen, wie zum Beispiel Bordsteinabsenkungen wurden in der Vergangenheit oftmals verwirklicht, weil Gruppen von Betroffenen sich bei der Gemeinde vehement dafür einsetzten.[115] Ein Bewusstsein dafür, dass bei jeder Planung von vornherein an Menschen mit Behinderung – und dabei nicht nur an bauliche Barrieren und nicht nur an Rollstuhlfahrer – zu denken ist, ist eine relativ neue Entwicklung, die durch das Inkrafttreten der UN-BRK und die Diskussion über deren Umsetzung gefördert wird. Auch die Erkenntnis, dass Maßnahmen der Barrierefreiheit wesentlich effizienter sind, wenn sie aufeinander abgestimmt werden, ist ein Resultat eines gewandelten Verständnisses von Behinderung. Folgt man dem sozialen Modell in seiner Grundannahme, dass die Beseitigung von Barrieren eine gesellschaftliche Aufgabe sei, so ist klar, dass auch auf kommunaler Ebene Handlungsbedarf besteht. Geht man mit dem kulturellen Modell von Behinderung einen Schritt weiter und begreift Behinderung bzw. Nichtbehinderung nicht als absolute, einzelnen Personen anhaftende Kategorien sondern als kulturelle Deutungen, so kann man daraus ableiten, dass Kommunen in dem Prozess der Inklusion die Chance haben, einen kulturellen Wandel herbeizuführen. Im Zuge dessen müsste deutlich werden, dass hier nicht bestimmte – mit Kosten zugunsten einer speziellen Personengruppe verbundene – Maßnahmen eigens für behinderte Menschen vorgenommen werden, sondern dass es sich um Maßnahmen handelt, die allen Bürgern zugutekommen, weil jeder Mensch in die Situation kommen kann, sich behindert zu fühlen. In diesem Sinne werden Inklusion und Barrierefreiheit kommuniziert, nämlich, dass eine möglichst durchgängige Barrierefreiheit in der Gemeinde zugleich Komfort für alle Bürger bedeute, weil in einer barrierefreien Umwelt jeder Mensch gut zurechtkomme.[116]

---

115 Siehe Archiv des *Clubs Behinderter und ihrer Freunde e.V. München und Region* bei der Erinnerung an ein verstorbenes Mitglied, www.cbf-muenchen.de/club-post-blog/archiv/72-2010-03-maerz/410-erinnerungen-an-wolfgang-siegert.

116 Beispiel: *Meuser, Philipp*, Barrierefreies Bauen – Komfort für alle, DAB 09/09, online veröffentlicht am 19. 04.10, siehe http://dabonline.de/2010/04/19/komfort-fur-alle-2.

B. Amtliche Sprachfassungen, Übersetzung und Schlüsselbegriffe der UN-BRK

I. Amtliche Sprachfassungen und Übersetzung der UN-BRK

Gleichermaßen verbindlich sind gem. Art. 50 UN-BRK der arabische, der chinesische, der englische, der französische, der russische und der spanische Wortlaut des Übereinkommens. Die im Bundesgesetzblatt[117] veröffentlichte deutsche Übersetzung, die von Deutschland, Liechtenstein, Österreich und der Schweiz gemeinsam erstellt wurde, hat dagegen keine amtliche Gültigkeit.[118] Sie steht in der Kritik, weil in ihr wichtige Schlüsselbegriffe aufgrund von ungenauer Übersetzung oder Übersetzungsfehlern – Wocken[119] spricht sogar von einer bewussten und gewollten Entstellung und Entschärfung des emanzipatorischen Gehalts der Konvention – nicht vorkommen. Die an der Entstehung der UN-BRK beteiligten Behindertenverbände kritisierten, dass sie keine Gelegenheit erhielten, an der Abstimmung der deutschen Übersetzung mitzuwirken. Sie fertigten deshalb in der Tradition der sog. Schattenberichte eine Schattenübersetzung an, in der sie anstelle der ihrer Meinung nach falsch übersetzten Begriffe solche deutschen bzw. eingedeutschten Begriffe verwendeten, die denen des englischen Originals inhaltlich mehr entsprechen.[120] Soweit es unproblematisch erscheint, wird für diese Arbeit die deutsche Übersetzung der UN-BRK verwendet. Auf Unterschiede zwischen dem englischen Originaltext, der französischen Sprachfassung, der nichtamtlichen deutschen Übersetzung und der Schattenübersetzung der UN-BRK wird, wenn nötig, jeweils eingegangen.

117 BGBl. 2008 II, S.1419 ff.

118 *Trenk-Hinterberger* in *Kreutz u. a.*, Einführung Rn. 52; in dieser Arbeit wird diese Übersetzung deshalb als halbamtliche deutsche Übersetzung bezeichnet.

119 *Wocken, Hans*, Abschnitt „Vorspiel: Inklusion wird als Integration übersetzt" in: Über die Entkernung der Behindertenrechtskonvention, Ein deutsches Trauerspiel in 14 Akten, mit einem Vorspiel und einem Abgesang, Zeitschrift für Inklusion, verfügbar unter: www.inklusion-online.net/index.php/inklusion-online/article/view/80/80.

120 Schattenübersetzung siehe www.netzwerk-artikel-3.de/attachments/article/93/093_schattenuebersetzung-endgs.pdf

II. Weitere Schlüsselbegriffe der UN-BRK, neben dem Behinderungsbegriff

1. Selbstbestimmtes Leben behinderter Menschen

Art. 19 UN-BRK ist im englischen Original überschrieben mit „Independent Living", in der halbamtlichen Fassung ins Deutsche übersetzt mit „unabhängige Lebensführung". Die Schattenübersetzung verwendet an dieser Stelle den Ausdruck „selbstbestimmt leben",[121] eine Formulierung, die von der Behindertenbewegung in Deutschland bereits in den 1980er Jahren als Übersetzung für das aus den USA stammende „Independent Living" geprägt wurde. Die Formulierung „Selbstbestimmt leben" ist inzwischen so etabliert, dass sie als Fachbegriff angesehen werden kann, weshalb sie auch in dieser Arbeit verwendet werden soll. Inhaltlich hat sie an Aktualität nichts eingebüßt; die folgende Definition dient z.B. der Interessenvertretung Selbstbestimmt Leben in Deutschland (ISL) e. V. als Grundlage ihres Selbstverständnisses:

> „Selbstbestimmt Leben heißt, Kontrolle über das eigene Leben zu haben, basierend auf der Wahlmöglichkeit zwischen akzeptablen Alternativen, die die Abhängigkeit von den Entscheidungen anderer bei der Bewältigung des Alltags minimieren. Das schließt das Recht ein, seine eigenen Angelegenheiten selbst regeln zu können, an dem öffentlichen Leben in der Gemeinde teilzuhaben, verschiedenste soziale Rollen wahrzunehmen und Entscheidungen selbst fällen zu können, ohne dabei in die psychologische oder körperliche Abhängigkeit anderer zu geraten. Selbstbestimmung ist ein relatives Konzept, das jeder persönlich für sich bestimmen muss."[122]

Beim selbstbestimmten Leben geht es, einfach ausgedrückt, um Grundbedürfnisse, die jeder nichtbehinderte Mensch für sein Leben als selbstverständlich ansehen dürfte. Das Leben behinderter Menschen wird dagegen oft von Situationen bestimmt, in denen wesentliche Aspekte der Selbstbestimmung fehlen; etwa weil es keine Wahlmöglichkeiten gibt, weil die Abhängigkeit von Betreuungspersonal sehr hoch ist, oder weil bestimmte soziale Rollen, beispielsweise Arbeitgeber, Arbeitnehmer, Ehegatte oder Elternteil, für die behinderten Menschen schlicht nicht vorgesehen sind. Das Büro des Hochkommissars der Vereinten Nationen für Menschenrechte gab zum Recht behinderter Menschen auf

---

121 Schattenübersetzung, wie vorherige Fußnote.

122 *DeLoach, Wilins, Walker*: Independent Living – Philosophy, Process and Services. Baltimore, 1983, S. 64, Übersetzung: *Horst Frehe*; Hervorhebungen durch d. Verf.; zit. nach „ABC des Selbstbestimmten Lebens", siehe https://www.isl-ev.de/attachments/article/963/ABC%20des%20selbstbestimmten%20Lebens.doc.

selbstbestimmtes Leben in der Gemeinschaft eine thematische Studie in Auftrag, die diesen Befund bestätigte.[123] Sie befasst sich unter anderem mit der zwangsweisen Institutionalisierung, die durch Art. 19 in Verbindung mit Art. 12 und Art. 14 UN-BRK verboten werde.[124] Auch wenn Institutionalisierung sich von Fall zu Fall unterscheide, so stellen die Autoren der Studie fest, könne man sie doch anhand bestimmter Kriterien definieren.[125] Dabei nimmt die Studie Bezug auf die oben vorgestellte Definition eines selbstbestimmten Lebens und zeigt, dass deren Vorgaben im Falle einer zwangsweisen Institutionalisierung behinderter Menschen in ihr Gegenteil verkehrt werden: Aufgezählt werden „isolation and segregation from community life“ als Gegenteil der Teilhabe am Leben in der Gemeinschaft, „lack of control over day-to-day decisions“ als Gegenteil der Kontrolle über das eigene Leben, „rigidity of routine, irrespective of personal preferences or needs“, also eine strikte Routine sowie das Ignorieren persönlicher Vorlieben und Bedürfnisse, als Gegenteil der Wahlmöglichkeit zwischen akzeptablen Alternativen und zugleich als Ausdruck größtmöglicher Abhängigkeit. Die Beschreibung „identical activities in the same place for a group of persons under a central authority“ zeigt besonders deutlich, dass im Fall der zwangsweisen Institutionalisierung alle Kriterien des selbstbestimmten Lebens behinderter Menschen in ihr Gegenteil verkehrt werden: Institutionalisierte Menschen, die in Gruppen am selben Ort mit anderen zusammen die gleiche Aktivität unter Aufsicht ausführen müssen, haben weder die Kontrolle über das eigene Leben; noch ist es ihnen möglich, in verschiedenen sozialen Rollen zu agieren. Sie sind im Gegenteil extrem abhängig von der Autorität und dürfen ihre eigenen Angelegenheiten nicht selbst regeln. Vom Leben in der Gemeinschaft sind sie dadurch abgeschieden, dass sie sich zusammen am selben Ort aufhalten müssen. Als weitere Kriterien der Institutionalisierung finden sich in der Studie „a paternalistic approach in the provision of services“, also Bevormundung, Abhängigkeit, und dass den Betroffenen nicht erlaubt wird, die eigenen Angelegenheiten zu regeln; sodann „supervision of living arrangements without consent“, also ungewollte Überwachung der Lebensweise als ein weiterer Aspekt fehlender Kontrolle über das eigene Leben. Schließlich wird festgestellt, dass Institutionalisierung häufig mit einer unverhältnismäßig großen Anzahl in derselben Umgebung lebender behinderter Menschen einhergehe, jedoch nicht ohne den Hinweis, dass es vor

123 UN Doc. A/HRC/28/37, v. 12.12.14.

124 Siehe Nr. 20 UN Doc. A/HRC/28/37, v. 12.12.14.

125 Siehe Nr. 27 UN Doc. A/HRC/28/37, v. 12.12.14; diesem Abschnitt sind die im Folgenden genannten Kriterien entnommen.

allem auf die Kontrolle ankomme, und dass kleine Gruppen nicht besser als große Institutionen seien, solange die Kontrolle bei den Aufsichtspersonen verbleibe.

Gleichviel, ob man das selbstbestimmte Leben behinderter Menschen anhand positiver Kriterien definiert, wie die an der Entstehung des Vertragstextes beteiligte ISL Deutschland e. V.[126], oder ob man, wie die Autoren der vorgenannten Studie, Situationen fehlender Selbstbestimmung beschreibt: Ohne Zweifel ist es das Ziel der UN-BRK, behinderten Menschen ein Leben in größtmöglicher Selbstbestimmung zu ermöglichen. Ebenso wird aus der Studie deutlich, dass die für die Überwachung der Umsetzung der UN-BRK zuständigen Organe den Stand der Umsetzung am Vorhandensein bzw. Fehlen eben dieser Kriterien messen. Deshalb bilden sie auch im Rahmen dieser Arbeit den Maßstab für die „richtige" Umsetzung der Konvention.

2. *Inklusion*

a) *Wortbedeutung und Verwendung in der UN-BRK*

Der Begriff der Inklusion werde in der Behindertenpädagogik seit Anfang der 1990er Jahre verwendet und habe durch die sog. Erklärung von Salamanca von 1994 an Bedeutung gewonnen, schreibt der Erziehungswissenschaftler Volker *van der Locht*.[127] Die Wortbedeutung: „Einschluss", die nach heutigem Verständnis die Zugehörigkeit von Menschen mit Behinderung zur Gesellschaft bezeichnen solle, weise aber ursprünglich in eine ganz andere Richtung, sie beziehe sich nämlich auf mittelalterliche Klöster: Dort hätten sich Mönche zum Zwecke der Meditation eingeschlossen, also von der Gemeinschaft getrennt; diese Wortbedeutung von Inklusion zeige sich in „Klause" und „Kloster".[128] Der Begriff der Inklusion löste die Bezeichnung „Integration" ab, die bisher in Deutschland für die Eingliederung behinderter Menschen gebraucht wurde. „Integration" wird zwar weiterhin verwendet, wird aber nunmehr auf Menschen mit Migrationshintergrund bezogen und hat durch die zahlreichen Flüchtlinge, die Deutschland insbesondere 2015 und 2016 erreichten, an Aktualität gewonnen.

---

126 Liste der beteiligten Nichtregierungsorganisationen (NGOs) siehe www.brk-allianz.de/index.php/m-beteilgtengos.html?start=40.

127 *van der Locht* in: Newsletter Behindertenpolitik v. September 2008, Ausgabe 33, S.2, siehe www.bioskop-forum.de/files/newsletter-pdf-archiv/newsletter_33.pdf.

128 *van der Locht* in: Newsletter Behindertenpolitik v. September 2008, Ausgabe 33, S.3, wie vorherige Fußnote.

Den Unterschied zwischen Integration im Sinne der Eingliederung Behinderter und Inklusion veranschaulicht die folgende Grafik[129].

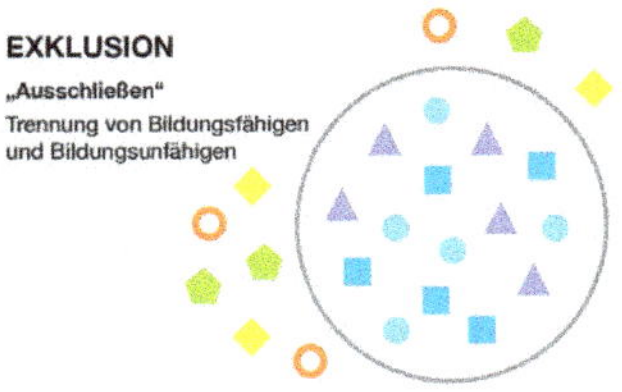

Exklusion = „Ausschließen": Trennung von Bildungsfähigen und Bildungsunfähigen (in der Originalabbildung auf den Bereich der Schule bezogen, allgemein in der Gesellschaft: Trennung von Behinderten und Nichtbehinderten, Anm. d. Verf.).

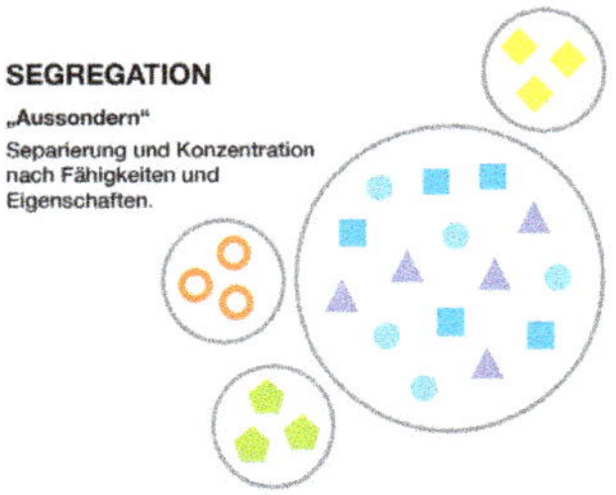

Segregation = „Aussondern": Separierung und Konzentration nach Fähigkeiten und Eigenschaften.

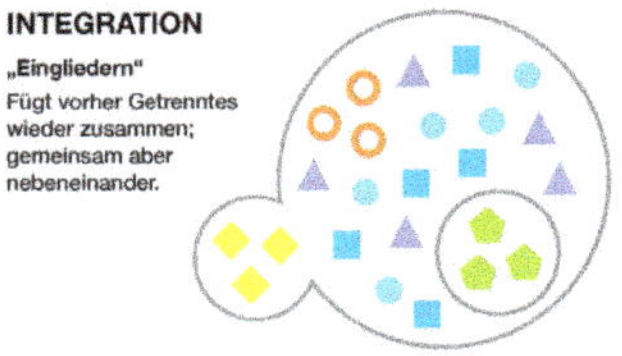

Integration = „Eingliedern": Fügt vorher Getrenntes wieder zusammen; gemeinsam aber nebeneinander.

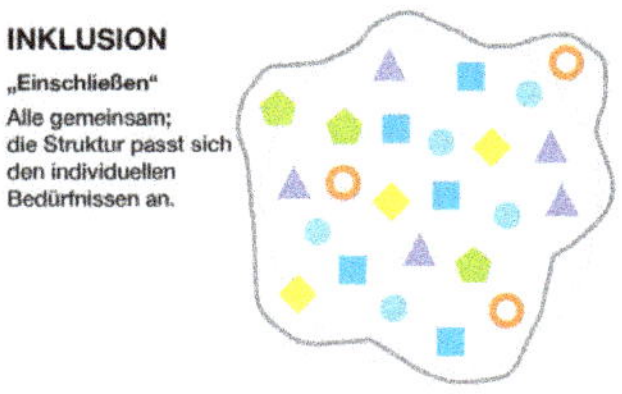

Inklusion = „Einschließen": Alle gemeinsam; die Struktur passt sich den individuellen Bedürfnissen an.
(selbst wenn dabei auf die runde „Idealform" verzichtet werden muss, Anm. d. Verf.)

Abbildung: Unterschied zwischen Inklusion und Integration

129 Grafik (einschl. Beschriftung): Was ist Inklusion? von *Robert Aehnelt*, siehe Ende der Seite www.inklusionsfakten.de [CC-BY-SA-3.0], via *Wikimedia* Commons; die Beschriftung wird im Text wiederholt, damit sie barrierefrei lesbar ist; die Grafik wurde für die Druckversion nachgezeichnet von Anke Raum.

Zu sehen ist der Weg von der Exklusion (obere Figur), bei der Menschen mit unterschiedlichen Behinderungen (dargestellt durch die roten, gelben und grünen Symbole) außen vor bleiben, über die Segregation (zweite Abbildung), bei der sie weiterhin ausgeschlossen und nach Behinderungsarten getrennt sind, und die Integration (dritte Abbildung), bei der es einige wenige schaffen, sich den Nichtbehinderten (in blau dargestellt) anzupassen, hin zum Idealbild der Inklusion (untere Figur), bei der zahlreiche Individuen (ob bunt oder blau, verschieden geformt) sich inmitten der Gesellschaft bewegen und die Lebenswirklichkeit sich ihren Bedürfnissen angepasst hat.

Ob die Inklusion diesen hohen Anspruch tatsächlich wird einlösen können, darf bezweifelt werden. Im Bereich der Bildung, für den die Grafik entworfen wurde, wird etwa kritisiert, dass am Ende doch Noten gegeben werden müssten, und das Bildungssystem ein Berechtigungswesen sei, in dem eben nur bestimmte Abschlüsse bestimmte Zugänge gewährten.[130] Auch auf gemeindlicher Ebene wird eine vollständige Inklusion aller Menschen mit Behinderung sicher eine Illusion oder ein unerreichbares Ideal bleiben. Dennoch erscheint es sinnvoll, sich zum Ziel zu setzen, dass die Gemeinde sich an die Bedürfnisse ihrer Bewohner anpassen solle, statt umgekehrt. Daher ist die Inklusion bei allen Zweifeln, die berechtigt sein mögen, als geeignetes Leitbild anzusehen. In der UN-BRK findet sich der Begriff „inclusion" übereinstimmend in Art. 3 Buchst. c) der englischen und der spanischen Sprachfassung (spanisch: inclusión). Die französische Sprachfassung verwendet an derselben Stelle „integration", während in der deutschen Übersetzung wohl zutreffend aber wenig eingängig „Einbeziehung" steht. Der Begriff „Einbeziehung" kehrt in Art. 19 Satz 1 UN-BRK und in Art. 19 b) UN-BRK wieder; an dieser Stelle weicht die französische Fassung insofern ab, als sie das Wort „s'insérer", also sich einfügen oder eingliedern, verwendet, was dem deutschen Begriff „Integration" entspricht. In Deutschland wurde der in der deutschen Fassung verwendete Begriff „integratives Schulsystem" in Art. 24 UN-BRK, dem Recht auf Bildung, besonders heftig kritisiert und diskutiert. Der überwiegende Teil der Literatur vertrat die Meinung, es müsse ein „inklusives Schulsystem" geschaffen werden.[131]

b) Erweitertes Verständnis von Inklusion

Gerade der Gedanke, dass diejenigen einbezogen sein sollen, die sonst am Rande der Gesellschaft stehen und weniger Möglichkeiten haben als andere, hat dazu geführt, dass einige Autoren ein weiteres Verständnis von Inklusion vertreten

---

130 *van der Locht* in: Newsletter Behindertenpolitik v. September 2008, Ausgabe 33, S.3, siehe www.bioskop-forum.de/files/newsletter-pdf-archiv/newsletter_33.pdf.

131 Dazu ausführlich: *Bernhard*, Bildungssystem, 63.

und den Begriff nicht nur auf Menschen mit Behinderung, sondern auf andere Benachteiligte beziehen. So führt z.B. *Barbara Brokamp*, die für ihr Praxishandbuch bewusst eine einfache Sprache wählt, zu diesem Punkt aus:

> „Sie [die UN-BRK, Anm. d. Verf.] verlangt, dass alle Menschen gleich gut behandelt werden und die gleichen Rechte haben. Das gilt nicht nur für Menschen mit Behinderungen. Auch andere Menschen sind damit gemeint, die oft weniger Chancen haben als andere: Menschen, die wegen ihres Geschlechts, ihrer Herkunft, ihrer Hautfarbe oder ihrer sozialen Stellung benachteiligt werden."[132]

Mag die Einbeziehung anderer Benachteiligungen im Sinne einer so verstandenen Inklusion durchaus sinnvoll erscheinen, so bleibt die Autorin doch eine Begründung, warum sich dieser Ansatz aus der UN-BRK ergeben solle, schuldig. Auf die Begriffskonfusion weist die Heinrich-Böll-Stiftung in einer Studie hin. Der Vorteil einer erweiterten Sichtweise sei, so die Autoren, dass ein breiteres Bündnis für die Inklusionsbemühungen gewonnen werden könnte, der Nachteil allerdings, dass der Begriff dadurch für behinderte Menschen seinen Wiedererkennungswert verliere. Jedenfalls sei in Texten und Vorträgen nicht immer auf Anhieb klar, ob es gerade um Menschen mit Behinderung gehe oder um alle, die vor strukturellen Barrieren stehen.[133] In dieser Arbeit wird unter Inklusion die Einbeziehung von Menschen mit Behinderung verstanden.

c) Inflationäre Verwendung des Begriffs der Inklusion

Ob mit der Übersetzung von „inclusion" in „Einbeziehung", wie Wocken meint,[134] eine Abschwächung des Wortlautes bezweckt werden sollte, mag man bezweifeln. Es könnte auch die Vermeidung von Fremdwörtern angestrebt worden sein. Zu beobachten ist jedoch, dass sich die Eindeutschung von „inclusion" in „Inklusion" wie in der Schattenübersetzung großer Beliebtheit erfreut. Innerhalb kurzer Zeit entwickelte sich „Inklusion" im deutschen Sprachraum zu einem gebräuchlichen Begriff, dessen sich jeder Akteur gern bedient, um nicht als altmodisch zu gelten.[135] Gerade deshalb stößt der Begriff Inklusion durchaus auch auf Kritik. Provokativ fragt *Sierck*: „Ist für behinderte Menschen in Zeiten

---

132 *Brokamp*, 18.

133 *Heinrich-Böll-Stiftung*, 30.

134 *Wocken, Hans*, Abschnitt „Vorspiel: Inklusion wird als Integration übersetzt" in: Über die Entkernung der Behindertenrechtskonvention, Ein deutsches Trauerspiel in 14 Akten, mit einem Vorspiel und einem Abgesang, Zeitschrift für Inklusion, siehe www.inklusion-online.net/index.php/inklusion-online/article/view/80/80.

135 Wie vorherige Fußnote.

der allseits proklamierten Inklusion das Paradies zum Greifen nahe? Oder ist es nicht vielmehr so: die Bemühungen um Integration sind gescheitert, deshalb versuchen wir es jetzt mit dem Ansatz der Inklusion."[136] Entweder, so folgerte er daraus, seien die Menschenrechte für behinderte Menschen ohne Bedeutung oder behinderte Menschen seien immer noch nicht als vollwertige gleichberechtigte Mitglieder der Gesellschaft akzeptiert, wofür vieles spreche.[137] Bei aller Begeisterung, mit der die Inhalte der UN-BRK scheinbar aufgenommen wurden, fällt ein inflationärer Gebrauch des Begriffs der Inklusion auf. Althergebrachte Strukturen der Behindertenhilfe werden neuerdings mit dem neuen Etikett versehen, egal ob sie die Ziele der UN-BRK tatsächlich verkörpern oder nicht. Als Beispiel seien Werkstätten für behinderte Menschen (WfbM) erwähnt, die man früher „beschützende Werkstätten" nannte, und auf die sich auch *Sierck* bezieht.[138] WfbM werden vor allem von der Lebenshilfe e. V. getragen. Dieser private, von Eltern behinderter Kinder gegründete Verein bietet seit über 50 Jahren eine Art „Vollversorgung" aus Betreuung, Wohnen, Arbeit und Freizeit für die (meistens geistig behinderten) Schützlinge an. Zur Zeit der Vereinsgründung wünschten sich die besorgten Eltern genau das für ihre Kinder; der Gedanke an eine gleichberechtigte Teilhabe lag noch sehr fern. Bis heute schaffen diese Einrichtungen eine Art „Sonderwelt", auf die die meisten oben benannten Merkmale der Institutionalisierung zutreffen. Die Monitoring-Stelle fordert deshalb langfristig die Abschaffung der WfbM.[139] Um auch im „Inklusionszeitalter" attraktiv zu bleiben, sind die Anbieter nunmehr gezwungen, den Aspekt der Inklusion besonders zu betonen. So gab sich beispielsweise die Lebenshilfe Hannover als eine der ersten Einrichtungen der Behindertenhilfe einen eigenen Aktionsplan.[140] Da die Angebote einen starken Wirtschaftsfaktor darstellen,[141] ist diese Strategie verständlich. Anzuerkennen ist immerhin, dass die traditionellen Anbieter sich tatsächlich einem neuen Denken öffnen müssen und bestrebt sind,

---

136 *Sierck/Radtke*, 4.

137 *Sierck/Radtke*, 4–5.

138 *Sierck/Radtke*, 53–55.

139 Siehe *Palleit, Leander*, Inklusiver Arbeitsmarkt statt Sonderstrukturen – Warum wir über die Zukunft der Werkstätten sprechen müssen, Deutsches Institut für Menschenrechte, *Monitoring-Stelle*, Positionen Nr. 2, S. 4, siehe http://www.institut-fuer-menschenrechte.de/fileadmin/user_upload/Publikationen/POSITION/Position__Inklusiver_Arbeitsmarkt_statt_Sonderstrukturen.pdf.

140 Siehe http://lebenshilfe-hannover.de/wp-content/uploads/2017/07/aktionsplan-lebenshilfe-hannover.pdf.

141 Diesen Aspekt benennt auch *Sierck, Sierck/Radtke*, 54.

ihre Angebote mehr als bisher an den Zielen der UN-BRK auszurichten. *Sierck* weist jedoch darauf hin, dass sich für die in WfbM beschäftigten behinderten Menschen dadurch nichts geändert habe.[142]

3. *Nichtdiskriminierung*

a) Allgemeines Prinzip

Das allgemeine Prinzip der „Nichtdiskriminierung" (englisch: „non-discrimination") – oder anders formuliert das Verbot der Diskriminierung – zählt zu den wichtigsten Grundsätzen des Übereinkommens. Die Nennung dieses Prinzips an hervorgehobener Stelle des Vertragstextes in Art 3 Buchst. b) UN-BRK, direkt nach dem Grundsatz der Menschenwürde, sowie die wiederholte Betonung dieses Grundsatzes im gesamten Vertragstext[143] unterstreichen seine Bedeutung. Er wird als „Herzstück der Konvention"[144] bezeichnet. Buchst. h) der Präambel stellt ausdrücklich klar, dass jede Diskriminierung aufgrund einer Behinderung eine Verletzung der Menschenwürde des behinderten Menschen darstellt.

b) Definition der Diskriminierung aufgrund von Behinderung

Eine Definition erfolgt in Art. 2 UN-BRK. Demnach

> „bedeutet ‚Diskriminierung aufgrund von Behinderung' jede Unterscheidung, Ausschließung oder Beschränkung aufgrund von Behinderung, die zum Ziel oder zur Folge hat, dass das auf die Gleichberechtigung mit anderen gegründete Anerkennen, Genießen oder Ausüben aller Menschenrechte und Grundfreiheiten im politischen, wirtschaftlichen, sozialen, kulturellen, bürgerlichen oder jedem anderen Bereich beeinträchtigt oder vereitelt wird. Sie umfasst alle Formen der Diskriminierung, einschließlich der Versagung angemessener Vorkehrungen".

Der letzte Satz stellt mit der Formulierung „alle Formen der Diskriminierung" klar, dass neben der unmittelbaren auch die mittelbare Diskriminierung verboten ist, ebenso ausdrücklich die Versagung angemessener Vorkehrungen (englisch: denial of reasonable accommodation).

---

142 *Sierck/Radtke*, 54 unten bis 55.

143 Siehe Präambel Buchst. c), h) und p), dieser mit Hinweis auf Mehrfachdiskriminierungen; Art. 2, Art. 3 Buchst. b), Art. 4 Abs. 1 Buchst. b) und e), Art. 5; Art. 23 Abs. 1; Art. 24 Abs. 1; Art. 24 Abs. 5, Art. 25, Art. 27 Abs. 1 Buchst. a), Art. 28 Abs. 1 und Abs. 2; Art. 29 Abs. 1 Buchst b).

144 *Degener*, Inklusionsmotor, RdJB 2/2009, 205.

c) *Konzept der angemessenen Vorkehrungen*

In Art. 2 UN-BRK werden im Anschluss an die Definition der Diskriminierung aufgrund von Behinderung die angemessenen Vorkehrungen definiert als

> „notwendige und geeignete Änderungen und Anpassungen, die keine unverhältnismäßige oder unbillige Belastung darstellen und die, wenn sie in einem bestimmten Fall erforderlich sind, vorgenommen werden, um zu gewährleisten, dass Menschen mit Behinderungen gleichberechtigt mit anderen alle Menschenrechte und Grundfreiheiten genießen oder ausüben können".

Das Konzept der angemessenen Vorkehrungen bezieht also ein pflichtwidriges Unterlassen in den Kreis der verbotenen Diskriminierungen ein. Das heißt, Menschen mit Behinderung werden auch dann diskriminiert, wenn ein Akteur, der eine Pflicht zum Handeln gehabt hätte, nichts für sie (bzw. dafür, dass sie ihre Menschenrechte genießen können) tut.[145] Angemessene Vorkehrungen kommen immer dann im Einzelfall zum Tragen, wenn Barrierefreiheit nicht in ausreichendem Maße vorhanden ist: Hält beispielsweise ein Restaurant keine Speisekarte in Brailleschrift vor, so sollte das Personal einem blinden Gast vorlesen, welche Speisen und Getränke zur Auswahl stehen; dies würde für den Gastwirt keine unbillige Belastung darstellen und momentan angemessen auf die Bedürfnisse des blinden Gastes eingehen. Gleichzeitig könnte dieses Ereignis zum Anlass genommen werden, eine Speisekarte in Braille ausdrucken zu lassen, um blinden Gästen künftig eine barrierefreie Lösung anbieten zu können. Angemessene Vorkehrungen sind sozusagen die zweitbeste Lösung, einerseits weil sie – anders als Barrierefreiheit – nicht von vornherein gegeben sind sondern erst überlegt und hergerichtet werden müssen, und andererseits, weil sie nur zu leisten sind, wenn sie keine unverhältnismäßige oder unbillige Belastung darstellen. Dafür haben solche Einzelmaßnahmen den Vorteil, dass mit ihnen unbürokratisch, schnell und angemessen auf die Bedürfnisse behinderter Menschen reagiert werden kann, auch wenn sie nicht von vornherein eingeplant worden waren. Im deutschen Recht werden bisher nur Arbeitgeber gem. § 81 Abs. 4 SGB IX zu angemessenen Vorkehrungen zugunsten behinderter Arbeitnehmer verpflichtet. Zwar kommt der Begriff dort nicht vor, jedoch enthält die Regelung inhaltlich eben jenes Konzept. Im BGG des Bundes sind angemessene Vorkehrungen nunmehr in § 7 Abs. 2 ausdrücklich geregelt. Im AGG ist das nicht der Fall. In den BGGen der Länder sieht es nicht sehr gut aus: angemessene Vorkehrungen regeln nur das BGG NRW[146] und das BGG LSA[147].

---

145 *Degener*, Inklusionsmotor, *RdJB* 2/2009, 205.

146 Siehe § 3 BGG NRW.

147 Siehe § 4 BGG LSA.

Eine konventionskonforme Auslegung der Gesetze ohne entsprechende Regelung wäre selbstverständlich möglich, verspricht aber nicht die größtmögliche Rechtssicherheit; daher ist *Welti* zuzustimmen, wenn er sich für eine Anpassung dieser Gesetze ausspricht.[148] Gerade auf der kommunalen Ebene, wo vielleicht die Mittel und Möglichkeiten für die beste Lösung im Sinne der Barrierefreiheit nicht immer gegeben sind, kann sich dieses Konzept bewähren, wenn behinderte Menschen in das Gemeindeleben einbezogen werden sollen. Erforderlich ist ein Bewusstsein der Beteiligten, dass eine Pflicht besteht, solche Lösungen umzusetzen. Guter Wille und eine gewisse Kreativität helfen, die jeweiligen Lösungen zu finden. Diese Voraussetzungen können und müssen durch Maßnahmen der Bewusstseinsbildung gefördert werden. Ebenso sollte auch das Bewusstsein geschult werden, dass sich nur um die zweitbeste Lösung handelt und nach Möglichkeit eine barrierefreie Lösung für die Zukunft angestrebt werden sollte.

d) Verbot der Diskriminierung

Art. 4 Abs. 1 Buchst. b) UN-BRK enthält das eigentliche Diskriminierungsverbot, das – Rechtsgeltung vorausgesetzt[149] – die Unterzeichnerstaaten verpflichtet,

> „b) alle geeigneten Maßnahmen einschließlich gesetzgeberischer Maßnahmen zur Änderung oder Aufhebung bestehender Gesetze, Verordnungen, Gepflogenheiten und Praktiken zu treffen, die eine Diskriminierung von Menschen mit Behinderungen darstellen".

Das Ziel der Nichtdiskriminierung ist erreicht, wenn Menschen mit Behinderung ihre Rechte „gleichberechtigt mit anderen", wie der Vertragstext immer wieder hervorhebt, wahrnehmen können. Die Gleichberechtigung darf dabei nicht nur formal gegeben sein, denn formale Gleichstellung ignoriert unterschiedliche Ausgangsbedingungen behinderter Menschen.[150] *Welti* meint, dies habe auch das *BVerfG* im Grunde erkannt, als es 1997 ausführte, dass Benachteiligung auch in einem Ausschluss von Entfaltungs- und Betätigungsmöglichkeiten durch die staatliche Gewalt gegeben sein könne, wenn dieser nicht durch eine auf die Behinderung bezogene Förderungsmaßnahme hinlänglich kompensiert werde.[151] Eine Karikatur von Hans Traxler illustriert anschaulich, dass rein formale Gleichstellung zu keinem sachgerechten Ergebnis führt: Traxlers

---

148 *Welti*, *ZRP* 2015, 184, 186.

149 Siehe dazu Kapitel 2, S. 91.

150 *Degener*, Inklusionsmotor, *RdJB* 2/2009, 205.

151 *Welti*, *ZRP* 2015, 184, 186; *BVerfG*, Beschl. v. 08.10.97, Az.: 1 BvR 9/97, BVerfGE 96, 288, Rn. 67, zit nach www.servat.unibe.ch/dfr/bv096288.html (= *NJW* 1998, 131, 132).

Karikatur zeigt eine Reihe von Tieren – Rabe, Affe, Geier, Elefant, Goldfisch im Glas, Robbe und Pudel –, die einem am Tisch sitzenden Herrn mit Brille, dem Prüfer, gegenüberstehen, im Hintergrund ein Baum; der Prüfer spricht zu den Tieren: „Zum Ziele einer gerechten Auslese lautet die Prüfungsaufgabe für Sie alle gleich: Klettern Sie auf den Baum!".[152] Es fällt, um kurz bei dem Bild zu verweilen, nicht leicht, sich für die bei dieser Aufgabe benachteiligten Prüflinge eine überzeugende barrierefreie Lösung oder passende angemessene Vorkehrungen vorzustellen – allenfalls könnte bei einer Gemeinschaftsleistung evtl. der Elefant den Baum umwerfen, und der Affe könnte das Goldfisch-Glas ins Geäst stellen. Jedenfalls aber verdeutlicht der Cartoon, dass die formale Gleichheit von der UN-BRK nicht gemeint sein kann, zumal der Vertragstext ausdrücklich die Verschiedenheit behinderter Menschen positiv hervorhebt, wie in Art. 3 Buchst. d) UN-BRK. Stattdessen folge die UN-BRK, wie *Degener* erklärt, einem substantiellen Gleichheitskonzept, das faktische und rechtliche Gleichheit, Gruppenidentität und Dominanzverhältnisse berücksichtige.[153] Dies lasse sich daraus ableiten, dass in der UN-BRK das Prinzip der Nichtdiskriminierung begleitet werde von den Grundsätzen der Inklusion, Chancengleichheit und Barrierefreiheit. Ähnlich wie auch in der rechtswissenschaftlichen Diskussion zur mittelbaren Diskriminierung sei das formale Gleichheitskonzept von einem substantiellen oder materiellen Gleichheitsverständnis abgelöst worden.[154]

e) Deutsche Regelungen zum Diskriminierungsverbot

Zur Umsetzung eines Diskriminierungsverbots sind mehrere Varianten denkbar; man kann behinderte Menschen z.B. auf verfassungsrechtlichem, strafrechtlichem, öffentlich-rechtlichem oder zivilrechtlichem Wege schützen.[155] In Deutschland hat man zunächst den verfassungsrechtlichen Weg gewählt: 1994 wurde das Grundgesetz ergänzt, indem ein Benachteiligungsverbot zugunsten behinderter Menschen in Art. 3 aufgenommen wurde.[156] Auch einfachgesetzlich wurden im öffentlichen Recht Maßstäbe gesetzt: Öffentlichen Trägern ist es durch das BGG des Bundes und die BGGe der Länder verboten, Menschen

---

152 Im Internet finden sich unter dem Suchbegriff Chancengleichheit zahlreiche Variationen dieses Cartoons, teils auch mit anderen Tieren, siehe z.B. www.2stein.com/schule/chancengleichheit.gif; Original von *Hans Traxler* siehe *Traxler, Hans,* Cartoons, 70/71.

153 *Degener*, Inklusionsmotor, RdJB 2/2009, 205.

154 Wie vorherige Fußnote.

155 Siehe zu den international verschiedenen Umsetzungswegen: *Degener*, Antidiskriminierungsrechte, *ZaöRV* 2005, 887.

156 Siehe G zur Änderung des Grundgesetzes v. 27.10.94, BGBl. I S. 3146.

mit Behinderung zu benachteiligen. Darüber hinaus sind die öffentlichen Träger verpflichtet, auf die Beseitigung bestehender Benachteiligungen hinzuwirken.[157] Die Gleichstellungsgesetze des Bundes und einiger Länder sehen außerdem den Abschluss von Zielvereinbarungen[158] vor, mit denen durch ein öffentlich-rechtliches Gesetz auch auf dem Gebiet des Zivilrechts Verbesserungen für Menschen mit Behinderung erreicht werden könnten. Diese Zielvereinbarungen bewähren sich aber in der Praxis nicht besonders gut, denn seitens der möglichen Partner besteht nur ein geringes Interesse an ihrem Abschluss.[159] Im Bereich des Zivilrechts hatte sich die deutsche Behindertenbewegung nach der Ergänzung von Art. 3 GG ein Antidiskriminierungsgesetz, das auch behinderte Menschen schützen sollte, als nächstes politisches Ziel vorgenommen – damals unter der Bezeichnung zivilrechtliches Antidiskriminierungsgesetz, kurz ZAG oder ADG, diskutiert.[160] Vorbild hierfür war der US-amerikanische „Americans with Disabilities Act", kurz ADA, der dort seit 1990 in Kraft war. Die US-Regierung hat für das Gesetz eine eigene Internetseite eingerichtet, auf der sie Informationen und technische Unterstützung zum „Americans with Disabilities Act" zur Verfügung stellt;[161] dort findet man den Gesetzestext einschließlich der bis 2009 erfolgten Änderungen.[162] In Deutschland kam den behinderten Menschen

157 **Bund**: § 1 und 7 BGG; **Baden-Württemberg**: § 1 Nr. 3, § 6 L-BGG; **Bayern**: Art. 1 Abs. 3, Art. 9 BayBGG; **Berlin**: §§ 1 bis 3 LGBG; **Brandenburg**: §§ 1, 3 Abs. 2, 4, 5 BbgBGG; **Bremen**: §§ 1, 3 und 6 BremBGG; **Hamburg**: § 1 und 6 HmbGGbM; **Hessen**: §§ 1, 4 und 9 HessBGG; **Mecklenburg-Vorpommern**: §§ 1, 5 und 7 LBGG M-V; **Niedersachsen**: §§ 1 und 4 NBGG; **Nordrhein-Westfalen**: §§ 1 bis 3 BGG NRW, mit der Besonderheit, dass § 3 BGG NRW die angemessenen Vorkehrungen i. S. d. UN-BRK ausdrücklich regelt; **Rheinland-Pfalz**: §§ 1 und 3 LGGBehM; **Saarland**: §§ 1 und 5 SBGG; **Sachsen**: §§ 1 und 4 SächsIntegrG; **Sachsen-Anhalt**: §§ 1, 4 und 8 BGG LSA, mit der Besonderheit, dass § 4 BGG LSA die angemessenen Vorkehrungen i. S. d. UN-BRK berücksichtigt; **Schleswig-Holstein**: §§ 1 und 2 Abs. 2 LBGG; **Thüringen**: §§ 1, 4 und 7 ThürGlG.

158 Siehe § 5 BGG; § 10 BbgBGG; §§ 9 LBGG M-V; §§ 5 BGG NRW; § 12 SBGG; § 14 SächsIntegrG; § 17 BGG LSA; § 15 ThürGlG; in den übrigen Ländern ist keine entsprechende Regelung vorgesehen.

159 Zu den wenigen Einträgen im Zielvereinbarungsregister siehe *Wenckebach/Welti*, VuR 2015, 209, 212.

160 Siehe Diskussionsentwurf eines Gesetzes zur Verhinderung von Diskriminierungen im Zivilrecht des BMJ v. 10.12.01, http://rsw.beck.de/docs/librariesprovider5/rsw-dokumente/Diskussionsentwurf-BMJ_1.

161 Siehe www.ada.gov/2010_regs.htm.

162 Siehe www.ada.gov/pubs/adastatute08.htm.

bei ihren Bestrebungen der Umstand zu Hilfe, dass ohnehin vier EU-Gleichbehandlungsrichtlinien[163] umzusetzen waren; die Richtlinien verlangten allerdings „nur", den Schutz vor Diskriminierung wegen Rasse und Herkunft sowie die Gleichbehandlung von Männern und Frauen und die Gleichbehandlung in Beschäftigung und Beruf sicherzustellen. Behinderung als Diskriminierungsgrund war in den Richtlinien ausdrücklich nicht vorgesehen. Von verschieden Seiten wurde Kritik geäußert, die Bundesregierung habe die Richtlinien übererfüllt.[164] Besonders einfach machte es sich der Deutsche Hotel- und Gaststättenverband (DEHOGA) e.V.: Er bezeichnete den Entwurf als überflüssig, zumal Diskriminierung in dieser Branche ohnehin keinen Platz habe.[165] Solcher Ablehnung zum Trotz sah die Behindertenbewegung, namentlich das Forum behinderter Juristinnen und Juristen, die politische Chance gekommen, im Zuge der anstehenden Gesetzgebung den seit längerem geforderten Diskriminierungsschutz für Menschen mit Behinderungen zu erreichen.[166] Die Bestrebungen waren erfolgreich, denn das Merkmal der Behinderung wurde in das im Jahr 2006 als Allgemeines Gleichbehandlungsgesetz (AGG)[167] verabschiedete Gesetz

163 Siehe Richtlinien 2000/43/EG des Rates v. 29.06.2000 zur Anwendung des Gleichbehandlungsgrundsatzes ohne Unterschied der Rasse oder der ethnischen Herkunft (ABl. EG Nr. L 180 S. 22) sowie 2000/78/EG des Rates v. 27.11.2000 zur Festlegung eines allgemeinen Rahmens für die Verwirklichung der Gleichbehandlung in Beschäftigung und Beruf (ABl. EG Nr. L 303 S. 16) sowie 2002/73/EG des Europäischen Parlaments und des Rates v. 23. 9.2002 zur Änderung der Richtlinie 76/207/EWG des Rates zur Verwirklichung des Grundsatzes der Gleichbehandlung von Männern und Frauen hinsichtlich des Zugangs zur Beschäftigung, zur Berufsbildung und zum beruflichen Aufstieg sowie in Bezug auf die Arbeitsbedingungen (ABl. EG Nr. L 269 S. 15) und 2004/113/EG des Rates v. 13.12.04 zur Verwirklichung des Grundsatzes der Gleichbehandlung von Männern und Frauen beim Zugang zu und bei der Versorgung mit Gütern und Dienstleistungen (ABl. EU Nr. L 373 S. 37).

164 Siehe z.B. Antrag der *FDP*-Fraktion v. 20.06.06, BT-Drucks. 16/1861, Seite 2; ablehnend auch die Stellungnahme der *Bundesvereinigung der Deutschen Arbeitgeberverbände (BDA)*, A.-Drs. 15(12)435-(18). ebenso die Stellungnahme des *Zentralverbandes des Deutschen Handwerks*, siehe A.-Drs 15(12)435-(23) und die Stellungnahme des *Deutschen Hotel- und Gaststättenverbandes (DEHOGA) e.V.*, A.-Drs. 15(12)435-(20).

165 Siehe Stellungnahme des *Deutschen Hotel- und Gaststättenverbandes (DEHOGA) e.V.*, A.-Drs. 15(12)435-(20), Seite 3.

166 Siehe deren zustimmende Stellungnahme im Rahmen der Anhörung im Deutschen Bundestag, A.-Drs. 15(12)435(2); ebenso zustimmend die Stellungnahme des *Paritätischen Wohlfahrtsverbandes – Gesamtverband e.V.*, A.-Drs. 15(12)435-(1).

167 Allgemeines Gleichbehandlungsgesetz (AGG) v. 14.08.06, BGBl. I S. 1897, verkündet als Art. 1 G zur Umsetzung europäischer Richtlinien zur Verwirklichung des

aufgenommen. Leider bedeutet dies nicht, dass es seitdem keine Diskriminierungen wegen einer Behinderung mehr vorkommen würden. Wie die Antidiskriminierungsstelle des Bundes im Dezember 2015 in einer Pressemitteilung bekanntgab, beziehe sich nahezu ein Drittel der Beratungsanfragen auf das Diskriminierungsmerkmal Behinderung. Demnach erlebten Menschen mit Behinderung noch immer besonders häufig ungerechtfertigte Benachteiligungen vor allem im Arbeitsleben. Diskriminierung aufgrund einer Behinderung sei der häufigste Beschwerdegrund bei der Antidiskriminierungsstelle des Bundes.[168]

f) Möglichkeit „exklusiver" Angebote

Ist jede Unterscheidung wegen eines möglicherweise zur Diskriminierung Anlass gebenden Merkmals verboten, so ist fraglich, ob es Angebote geben dürfte, die sich speziell und ausschließlich an die Menschen richten, die zu der von Diskriminierung betroffenen Gruppe gehören. Es ließe sich also fragen, ob z.B. Kurse speziell für Menschen mit Behinderung, bei denen diese unter sich sein sollen, überhaupt unter dem Gesichtspunkt der Nichtdiskriminierung erlaubt wären, oder ob dadurch nicht Menschen ohne Behinderung diskriminiert werden würden. Mit diesem Aspekt setzt sich *Jürgen Basedow* für den Bereich des europäischen Privatrechts auseinander; er findet dazu folgende naheliegenden Beispiele:

> „Ein allgemeines Verbot der Diskriminierung nach ethnischer Herkunft kann nicht der Gründung eines Berber-Zentrums in Paris oder eines türkischen Kulturvereins in Hamburg entgegengesetzt werden. Der Betreiber einer Schwulen-Kneipe sollte sein Geschäftsmodell entwickeln können, ohne dass ihm wegen des Ausschlusses heterosexueller Kunden ein allgemeines Prinzip entgegengehalten wird, das die Diskriminierung aufgrund sexueller Ausrichtung verbietet. Auch sollte es einem katholischen Kindergarten nicht durch das Verbot der Diskriminierung aus Gründen der Religion verwehrt sein, nur katholische Kinder aufzunehmen."[169]

Gerade eine multikulturelle Gesellschaft, so fährt *Basedow* fort, müsse Rückzugsräume ermöglichen, in denen bestimmte Angehörige der Gesellschaft ihre eigenen kulturellen Identitäten wieder fänden.[170] Dem ist im Hinblick auf Menschen mit Behinderung uneingeschränkt zuzustimmen. Auch sie haben eine Art

---

Grundsatzes der Gleichbehandlung v. 14.08.06 (BGBl. I S. 1897); Inkrafttreten gem. Art. 4 Satz 1 dieses G am 18.08.06.

168 Alle Zitate der Antidiskriminierungsstelle des Bundes, siehe www.antidiskriminierungsstelle.de/SharedDocs/Aktuelles/DE/_Archiv/2015/tag_menschen-Behinderungen_20151202.html?nn=6575436.

169 *Basedow*, *ZEuP* 2008, 230, 243.

170 Wie vorherige Fußnote.

kultureller Identität.[171] Um sich ihrer Identität als Menschen mit Behinderung und der Solidarität ihrer Mitstreiter zu versichern und zu spüren, dass sie in ihrer Situation nicht allein sind, brauchen sie hin und wieder Möglichkeiten zum Austausch in einem geschützten Rahmen. Oft können sie eine selbstbewusste Identität als Menschen mit Behinderung erst in einem solchen Rahmen entwickeln. In dieser Konstellation ist die sonst verpönte Gruppenbildung in „wir" und „die anderen" ausnahmsweise erwünscht, denn hier dient sie der Stärkung des Zusammengehörigkeitsgefühls und des Selbstbewusstseins von Menschen mit Behinderung.

4. Partizipation

a) Verstärkende Formulierungen im Vertragstext

Die englische Fassung der UN-BRK spricht in sehr vielen Textstellen von der Partizipation behinderter Menschen. Partizipation erscheint in folgenden Textstellen der UN-BRK (Hervorhebungen durch d. Verf.):

> Präambel Buchst. e) „**full and effective** participation in society on an equal basis with others"; gleichlautende Formulierung in Art. 1 Abs. 2; übersetzt: „volle, wirksame und gleichberechtigte Teilhabe an der Gesellschaft" – Präambel Buchst. k) „**participation** as equal members of society"; übersetzt: „Teilhabe als gleichberechtigte Mitglieder der Gesellschaft" – Präambel Buchst. m) „**full participation**"; übersetzt: „uneingeschränkte Teilhabe" – Präambel Buchst. y) „**participation** in the civil, political, economic, social and cultural spheres with equal opportunities"; übersetzt: „Teilhabe am bürgerlichen, politischen, wirtschaftlichen, sozialen und kulturellen Leben auf der Grundlage der Chancengleichheit" – Art. 3 Buchst. c) „**Full and effective** participation and inclusion in society"; übersetzt: „die volle und wirksame Teilhabe an der Gesellschaft und Einbeziehung in die Gesellschaft". – Art. 9 Abs. 1 „**participate fully** in all aspects of life"; übersetzt: „volle Teilhabe in allen Lebensbereichen" – Art. 19 „**full inclusion and participation** in the community"; übersetzt: " volle Einbeziehung in die Gemeinschaft und Teilhabe an der Gemeinschaft" – Art. 24 Abs. 1 Buchst. c) „**participate effectively** in a free society"; übersetzt: „wirkliche Teilhabe an einer freien Gesellschaft" Art. 24 Abs. 3 „**full and equal participation** in education and as members of the community"; übersetzt: „volle und gleichberechtigte Teilhabe an der Bildung und als Mitglieder der Gemeinschaft" – Art. 26 Abs. 1 „**full inclusion and participation** in all aspects of life" übersetzt: „volle Einbeziehung in alle Aspekte des Lebens und die volle Teilnahme an allen Aspekten des Lebens"; Art. 26 Abs. 1 Buchst. b) „**participation and inclusion** in the community and all aspects of society"; übersetzt: „Einbeziehung in die Gemeinschaft und Gesellschaft in allen ihren Aspekten sowie die Teilhabe daran" – Art. 29 Überschrift: „**Participation** in political and public life" übersetzt: „Teilhabe am politischen

171 Siehe dazu die Ausführungen zum kulturellen Modell von Behinderung, S. 58–59.

und öffentlichen Leben", Art. 29 Buchst. a) „can **effectively and fully participate** in political and public life on an equal basis with others" übersetzt: „gleichberechtigt mit anderen wirksamen und umfassenden politischen und öffentlichen Leben teilhaben können", Art. 29 Buchst. b) „can **effectively and fully participate** in the conduct of public affairs" und nochmals „**participation** in public affairs" übersetzt: gleichberechtigt mit anderen wirksam und umfassend an der Gestaltung der öffentlichen Angelegenheiten mitwirken können, und ihre Mitwirkung an den öffentlichen Angelegenheiten (…)" und in Abs. i) „**Participation** in non-governmental organizations and associations concerned with the public and political life of the country, and in the activities and administration of political parties"; übersetzt: „die Mitarbeit in nichtstaatlichen Organisationen und Vereinigungen die sich mit dem öffentlichen und politischen Leben ihres Landes befassen, und an den Tätigkeiten und der Verwaltung politischer Parteien" – Art. 30 Überschrift: **Participation** in cultural life, recreation, leisure and sport", Abs. 1 „to take part on an equal basis with others in cultural life"; übersetzt: „gleichberechtigt mit anderen am kulturellen Leben teilzunehmen"; Abs. 5 „**participate on an equal basis** with others in recreational, leisure and sporting activities"; übersetzt: „gleichberechtigte Teilnahme" sowie Buchst. a) „**participation, to the fullest extent possible**"; übersetzt: „so umfassend wie möglich teilzunehmen" Buchst. b) „**participate** in disability-specific sporting and recreational activities"; übersetzt: „teilzunehmen"; Buchst. d) „**participation** in play, recreation and leisure and sporting activities, including those activities in the school system"; übersetzt: „teilnehmen können". – Art. 33 Abs. 3 „be involved and **participate fully** in the monitoring process"; übersetzt: „wird in den Überwachungsprozess einbezogen und nimmt in vollem Umfang daran teil." – Art. 34 Abs. 4 „**participation** of experts with disabilities"; übersetzt: „Beteiligung von Sachverständigen mit Behinderungen".

Nur sehr selten steht der Ausdruck „participation" dabei für sich, meist wird er mit Adjektiven versehen, z.B. „full" oder „full and effective" participation, also „volle" oder „volle und wirksame" Partizipation, immer wieder ergänzt durch die Formulierung „on an equal basis with others", „gleichberechtigt mit anderen". Diese verstärkenden Beschreibungen der Partizipation bei beinahe jeder einzelnen Erwähnung dokumentieren den hohen Stellenwert des Begriffs, und lassen erahnen, dass den Akteuren Formen der Alibi-Beteiligung bekannt sind, die sie nach den Maßstäben der UN-BRK nicht genügen lassen wollten.

b) Verhältnis der Begriffe Partizipation, Teilhabe und Teilnahme zueinander

Die Partizipation von Menschen mit Behinderungen an gesellschaftlichen Vorgängen jeglicher Art sei ein menschenrechtliches Kernanliegen und Querschnittsthema der UN-BRK, heißt es in einer 2014 vom Deutschen Institut für Menschenrechte herausgegebenen Studie[172] – eine Aussage, der vermutlich

172 *Mißling/Ückert*, S. 36.

niemand widersprechen wird. Es ist allerdings nicht eindeutig, was unter dem Partizipationsbegriff zu verstehen ist; problematisch erscheint insbesondere, ob das in der halbamtlichen deutschen Übersetzung am häufigsten verwendete Wort „Teilhabe" dem Original „Partizipation" tatsächlich gerecht wird. Nach Aussage der Autoren sei dies nicht der Fall. Direkt im Anschluss an das obige Zitat fahren sie fort:

> „Der Partizipationsbegriff der UN-BRK geht über den deutschen Begriff der Teilhabe hinaus; er ist im Sinne umfänglicher Teilnahme zu verstehen. Umfasst wird hiervon politische Einflussnahme durch Interessenvertreter und Interessenvertreterinnen auf Gesetzgebungsvorhaben, aber auch die Mitwirkung von Betroffenen, Interessen- und Betroffenenverbänden an Entscheidungen auf Verwaltungsebene (...)"[173]

Der Begriff der Teilhabe ist spätestens seit 2001 im Rehabilitationsrecht geläufig, da er in der Bezeichnung des SGB IX vorkommt. Seine Bewertung fällt aber unterschiedlich aus: Nach dem obigen Zitat soll „Teilnahme", jedenfalls wenn sie „umfänglich" sei, ein Mehr an Partizipation gegenüber der „Teilhabe" bedeuten. Die Autoren interpretieren „Teilhabe" demnach wohl so, dass man nur einen gewissen Anteil innehabe, aber nicht voll teilnehme. Nach dem Sprachgefühl scheint es allerdings genau umgekehrt zu sein, nämlich „teilnehmen" im Sinne einer bloßen Anwesenheit zu verstehen. Die Verf. fühlt sich z.B. an ihr Schulzeugnis erinnert, das behinderungsbedingt im Fach Sport ein „teilgenommen" anstelle einer Note enthielt; man war also dabei – mehr aber auch nicht. Oder man reist zu einer Tagung; dann wird auf der Anmeldung danach unterschieden, ob man dort ein Referat hält, also einen aktiven Beitrag leistet, oder ob man einfach nur teilnimmt, um zuzuhören und Kontakte zu knüpfen. Teilnahme ist also nach Ansicht der Verf. nicht notwendigerweise mit Beteiligungsrechten und -möglichkeiten verbunden, während Teilhabe bedeutet, tatsächlich Anteil zu haben. Dieser subjektive Eindruck bestätigt sich beim Blick ins Bedeutungswörterbuch: das Stichwort „teilhaben" wird mit „Anteil haben (an etwas); (mit etwas) eng verbunden sein" beschrieben und – passend zur Partizipation – durch die Anwendungsbeispiele „an der Macht, an der Regierung teilhaben" ergänzt. Beim Stichwort „teilnehmen" nennt der Duden als sinnverwandt u. a. die Begriffe „mitmachen", „beiwohnen" und „dabei sein".[174] Dies spricht dafür, anders als Mißling und Ückert, im Hinblick auf Partizipationsmöglichkeiten die Teilnahme gegenüber der Teilhabe als den schwächeren Begriff anzusehen. Dass die beiden Autoren zur Erläuterung der von ihnen beschriebenen

---

173 *Mißling/Ückert*, S. 36.

174 *Duden*, Bedeutungswörterbuch, beide Stichworte S. 634.

„umfänglichen Teilnahme“ ausgerechnet die nach allgemeinem Verständnis ebenfalls schwächere Vokabel „Mitwirkung“ verwenden, trägt nicht zur Erklärung bei. Das Stichwort Partizipation erwähnt auch Wocken, der insgesamt eine Abschwächung des emanzipatorischen Gehalts der UN-BRK durch die halbamtliche deutsche Übersetzung beklagt, und in diesem Zusammenhang schreibt, für „Partizipation“ stünden die Begriffe „Mitwirkung“, „Mitarbeit“, „Teilhabe“ und „Teilnahme“.[175] In der Tat ist es auffällig, dass gerade beim eigentlichen „Partizipations-Artikel“ 29 UN-BRK (im englischen Original überschrieben mit „Participation in political and public life“) in der deutschen Übersetzung schwächere Begriffe verwendet werden, nämlich einmal der Begriff „Mitarbeit“ und zweimal „Mitwirkung“ anstelle der sonst bevorzugten „Teilhabe“. Ob man *Wocken* in seiner Ansicht Recht geben sollte, dass sowohl „Teilhabe“ als auch „Teilnahme“ und „Mitwirkung“ bewusste Abschwächungen von Partizipation seien,[176] ist nicht eindeutig. Möglich ist immerhin auch, dass in dem Artikel, in dem so oft von der Partizipation die Rede ist, bei der Übersetzung wegen der sprachlichen Abwechslung verschiedene Formulierungen benutzt wurden. Die Sensibilität dafür, wie wichtig es ist, den richtigen Ausdruck zu verwenden, fehlte den Übersetzern in diesem Fall augenscheinlich.

c) Grade der Partizipation

Unter dem Titel „Nichts über uns ohne uns!“ – Von der Alibi-Beteiligung zur Mitentscheidung!“ verfasste *Hans-Günter Heiden* für das Netzwerk Art. 3 eine Handreichung zur Umsetzung des Gebotes der Partizipation UN-Behindertenrechtskonvention.[177] Um den Grad der Einflussmöglichkeit behinderter Menschen auf die Prozesse bei der Umsetzung der UN-BRK darzustellen, griff er darin auf eine von unten nach oben zu lesende „Leiter der Partizipation“ zurück, die 1969 von der amerikanischen Sozialarbeiterin *Sherry Arnstein* beschrieben und später von weiteren Autoren im Hinblick auf unterschiedliche Themenfelder

---

175 *Wocken, Hans,* Abschnitt „Vorspiel: Inklusion wird als Integration übersetzt“ in: Über die Entkernung der Behindertenrechtskonvention, Ein deutsches Trauerspiel in 14 Akten, mit einem Vorspiel und einem Abgesang, Zeitschrift für Inklusion, siehe www.inklusion-online.net/index.php/inklusion-online/article/view/80/80.

176 Wie vorherige Fußnote.

177 *Heiden, Hans-Günter,* „Nichts über uns ohne uns!“ – Von der Alibi-Beteiligung zur Mitentscheidung!, eine Handreichung zur Umsetzung des Gebotes der Partizipation UN-Behindertenrechtskonvention, siehe www.nw3.de/attachments/article/115/Nichts%20%C3%BCber%20uns%20ohne%20uns%20-%20Von%20der%20Alibi-Beteiligung%20zur%20Mitentscheidung!.pdf.

abgewandelt wurde.[178] Da die ursprüngliche Version von *Arnstein* für den Bereich der Stadtentwicklung erdacht wurde, lohnt sich eine genauere, über die bloßen Stichworte hinausgehende Untersuchung ihrer Darstellung: *Arnstein* geht es um die Gruppe der mittellosen Bürger (have-nots), sie beschreibt Schwarze, Mexikaner, Puertoricaner, Indianer, Eskimos und Weiße, die eine Gegenwehr erführen, wenn sie ihre Beteiligungsrechte einforderten. Ausgehend von der Erfahrung, dass für sie Beteiligungsprozesse ohne eine Umverteilung der Macht („redistribution of power") nichts als leere Rituale und frustrierend seien, weil lediglich der Anschein erweckt werde, dass alle Seiten bedacht worden seien, stellt *Arnstein* folgende acht Sprossen auf ihrer Leiter der Bürgerbeteiligung vor:[179]

Tabelle 2: Leiter der Bürgerbeteiligung nach Arnstein

8.	Citizen Control (Macht/Kontrolle durch die Bürger)	Degree of Citizen Power
7.	Delegated Power (delegierte Macht)	(Bürger-Macht)
6.	Partnership (Partnerschaft)	
5.	Placation (Besänftigung)	Degree of Tokenism
4.	Consultation (Anhörung)	(Alibi-Politik)
3.	Informing (Information)	
2.	Therapy (Therapie)	Nonparticpiation
1.	Manipulation	(Nicht-Partizipation)

Je höher die Stufe, desto größer der Grad der Partizipation. Auf den Stufen 1 und 2 hätten die Beteiligten nichts zu sagen, sollten nur von den Mächtigen erzogen und geheilt werden. Es überrascht, dass im Zusammenhang mit nichtbehinderten Personen die Vokabeln „Therapie" und „Heilung" verwendet werden, die beim medizinischen Modell von Behinderung eine so wichtige Rolle spielen – ein Aspekt, der von *Oliver*[180] als Medizinisierung von Behinderung kritisiert wurde. *Arnstein* kennt Beispiele dafür offenbar auch bei Menschen ohne Behinderung; sie erwähnt Eltern, die in staatliche Programme gesteckt wurden, anstatt die nötige Hilfe für ihre Kinder zu erhalten. Machtlosigkeit werde in arroganter Weise mit geistiger Erkrankung gleichgesetzt, erläutert sie[181] und

178 Z.B. *Hart, Roger* Children's Participation: From Tokenism to Citizenship, herausgegeben 1992 von *UNICEF International Child Development Centre* in Florenz, S. 8, siehe www.unicef-irc.org/publications/pdf/childrens_participation.pdf.

179 *Arnstein*, 216; Tabelle entspricht der Abbildung Figure 2 „Eight Rungs on a Ladder of Citizen Partcipation", 217.

180 Siehe oben, S. 57.

181 *Arnstein*, 218.

benennt damit eine Gefahr, der behinderte Menschen oft ausgesetzt sind. Auf den Stufen 3, 4 und 5 würden die Beteiligten tatsächlich angehört und hätten auch eine Stimme, jedoch folge daraus nicht die Möglichkeit, den Status Quo zu verändern, da die Entscheidungsbefugnis bei den Mächtigen verbleibe. Information auf Stufe 3 sei ein erster wichtiger Schritt zur Bürgerbeteiligung, bilde aber zu oft eine Einbahnstraße.[182] Stufe 4 sei nach wie vor davon gekennzeichnet, dass für jemanden geplant werde.[183] Echte Bürgerbeteiligung beginne erst auf den obersten drei Sprossen der Leiter. Auf Stufe 6 könnten die Beteiligten immerhin mit den Mächtigen verhandeln, auf Stufe 7 hätten sie die Mehrheit der Sitze inne, und auf Stufe 8 das gesamte Management.[184] Partnerschaft im Sinne der Stufe 6 funktioniere am besten, wenn u. a. die Gruppen der Bürger über die finanziellen Ressourcen verfügten, um ihren Verhandlungsführern angemessene Honorare für ihre zeitraubenden Bemühungen zu bezahlen und wenn sie selbst auch Techniker, Rechtsanwälte und andere Experten anstellen und entlassen könnten.[185] Von solchen Voraussetzungen kann die deutsche und internationale Behindertenbewegung nur träumen, *Arnstein* zählt Beispiele aus der amerikanischen Stadtplanung auf, in denen dies gelang. Auf Stufe 7 wird die Macht auf Gremien delegiert, in denen die Bürger die Mehrheit der Sitze innehaben[186], in der Stufe 8 werden Projekte direkt von den Betroffenen geleitet und durchgeführt. Die Projekte, die *Arnstein* als Beispiele nennt, haben meistens staatliche Forschungs- und Fördergelder erhalten. *Arnstein* führt aus, ihre Typologie sei durchaus auf andere Bereiche als die der Stadtentwicklung übertragbar, wobei sie im Anschluss daran selbst darauf aufmerksam macht, dass ihre Typologie stark vereinfachend sei, und es in Wirklichkeit vielleicht 150 statt nur acht Grade der Partizipation geben könne.[187] Für die vorliegende Arbeit ist der Begriff der Partizipation ein Schlüsselbegriff, da den Beteiligungsrechten und -möglichkeiten behinderter Menschen auf der Ebene der kommunalen Planung ein entscheidendes Gewicht zukommt, deren Ressourcen sowohl in zeitlicher als auch in finanzieller Hinsicht aber beschränkt sind. Der Frage, wie Partizipation bei der Umsetzung der UN-BRK auf gemeindlicher Ebene konkret verwirklicht werden kann, wird ein eigener Abschnitt gewidmet werden.[188]

---

182 *Arnstein*, 219.
183 *Arnstein*, 221.
184 *Arnstein*, 217.
185 *Arnstein*, 221.
186 *Arnstein*, 222.
187 *Arnstein*, 223.
188 siehe unten, ab S. 257.

Im Rahmen einer in Nordrhein-Westfalen durchgeführten Untersuchung[189] über die Partizipationsmöglichkeiten von Menschen mit Behinderung auf kommunaler Ebene wurde die Leiter der Partizipation nach *Shelly Arnstein* folgendermaßen an die Arbeit der Behindertenbeiräte angepasst:

Tabelle 3: Angepasste Leiter der Bürgerbeteiligung

8.	Vetorecht	Partizipation
7.	Entscheidungsbereich	
6.	Mitbestimmung	
5.	Einladung zu Beratungen	Vorstufen zur Partizipation
4.	Anhörung	
3.	Information	
2.	Ritual	Keine Partizipation
1.	Instrumentalisierung	

Auf diese Unterscheidungen wird später im Rahmen der Verfahrensfragen zurückzukommen sein.[190]

C. Zusammenfassung des ersten Kapitels

Im ersten Kapitel wurden die Weichen für die weitere Untersuchung gestellt, indem die Bedeutung der wichtigsten Begriffe der UN-BRK – Selbstbestimmtes Leben behinderter Menschen, Inklusion, Nichtdiskriminierung, Partizipation – sowie das dem Übereinkommen zu Grunde liegende Bild von Behinderung erläutert wurden. Die Konvention hat zum Ziel, die überkommene Sicht auf Menschen mit Behinderung, für die das medizinische Modell von Behinderung steht, zu überwinden, ihre „Besonderung" in Einrichtungen der Behindertenhilfe zu beenden und ihnen als gleichberechtigte Bürger den Genuss der Menschenrechte und Grundfreiheiten in gleicher Weise zu ermöglichen, wie ihn auch Menschen ohne Behinderung genießen. Von herausragender Bedeutung – auch für die Umsetzung der UN-BRK auf kommunaler Ebene – ist der menschenrechtliche Ansatz der Konvention. Ein Behinderungsbegriff, der als sich

189 *LAG SELBSTHILFE NRW e.V.* (Hrsg.), Politische Partizipation von Menschen mit Behinderungen in den Kommunen stärken!, Abschlussbericht zum Projekt, Münster, 2015, Seite 40, siehe www.uni-siegen.de/zpe/publikationen/weitere/pdf/lag-abschluss-bericht_final-a_2015-12-02.pdf.

190 Siehe S. 257 ff.

stetig wandelnd verstanden wird und sich am kulturellen Modell von Behinderung orientiert, soll die Gruppenbildung in „behindert“ einerseits und „nichtbehindert“ andererseits aufheben und behinderte Menschen in der Öffentlichkeit sichtbar machen. Die Belange von Menschen mit den unterschiedlichsten Behinderungen sind, wenn die Bestimmungen der UN-BRK ernst genommen werden, in alle Planungen von Beginn an einzubeziehen, wobei auch die Bedürfnisse behinderter Frauen nicht vergessen werden dürfen. Getreu dem Motto „Nichts über uns ohne uns!“ muss die Umsetzung der UN-BRK auf allen staatlichen Ebenen, also auch in der Kommune, unter Beteiligung behinderter Menschen geschehen. Es soll nicht nur eine Alibi-Beteiligung sondern die volle Partizipation behinderter Menschen erreicht werden.

Kapitel 2: Völkerrechtliche Verpflichtungen aus der UN-BRK

Abstract: The second chapter is about Germany's commitments according to international law. It gives special attention to the controversial question, if the CRPD is binding for the Federal Laender of Germany in case of their exclusive jurisdiction.

Key words: commitments according to international law, Federal Laender of Germany, binding, exclusive jurisdiction

A. Wirksamkeit der UN-BRK im innerstaatlichen Recht

Erste Voraussetzung für die Wirksamkeit der UN-BRK sei, so formuliert es *Welti*, dass es sich bei der UN-BRK um eine für die Bundesrepublik Deutschland verbindliche Rechtsnorm handle.[191] Verbindlich ist eine Rechtsnorm, wenn sie Geltung erlangt hat, und nur dann kann sie überhaupt anwendbar sein. Rechtliche Geltung vorausgesetzt kann die Konvention entweder unmittelbar oder erst nach Umsetzung in innerstaatliches Recht anwendbar sein.

I. Geltung der UN-BRK auf Bundesebene

Rechtliche Gültigkeit im jeweiligen Mitgliedsstaat erlangt die UN-BRK durch die Ratifikation. Darunter versteht man die nach außen gerichtete verbindliche Erklärung eines Staates, durch den Vertrag völkerrechtlich gebunden zu sein.[192] Abgegeben wird die Erklärung vom Staatsoberhaupt, in Deutschland also vom Bundespräsidenten, jedoch erst nach Abschluss des verfassungsrechtlich vorgeschriebenen Zustimmungsverfahrens.[193] Der Bundespräsident hat bei der Ratifikation der UN-BRK gem. Art. 59 Abs. 1 Satz 2 GG die Organkompetenz, die Verbandskompetenz liegt gem. Art. 32 GG beim Bund. Das heißt, der Bundestag muss ein Gesetz beschließen, mit dem er der Ratifikation der UN-BRK

191 *Welti*, FS für *Kohte*, S. 639.

192 *v. Arnauld*, Völkerrecht, Rn. 199.

193 *v. Arnauld*, Völkerrecht, Rn. 199.

zustimmt. Dies hat er am 21. Dezember 2008 getan;[194] das Zustimmungsgesetz wird auch Transformationsgesetz, Ratifikationsgesetz oder Vertragsgesetz genannt.[195] Abgesehen von seiner oben beschriebenen Funktion der Ermächtigung des Bundespräsidenten zur Ratifikation entfaltet es noch weitere Wirkungen, darunter diejenige, dem Vertrag zu innerstaatlicher Geltung zu verhelfen. Diese Wirkung wird unterschiedlich beschrieben. Nach der sogenannten Transformationslehre werden völkerrechtliche Verträge durch Zustimmungsgesetze in nationales Recht umgewandelt oder inkorporiert.[196] Dieser Theorie liegt ein dualistisches Verständnis von Völkerrecht und nationalem Recht zugrunde, also die Vorstellung eines Nebeneinanders von beidem. Nach der heute überwiegend vertretenen Vollzugslehre brauchen völkerrechtliche Verträge dagegen nicht in das nationale Recht überführt zu werden. Sie bleiben vielmehr Rechtsnormen des Völkerrechts, deren Geltung und Anwendung durch das Zustimmungsgesetz lediglich angeordnet werden. Das Gesetz soll den Vollzugsbefehl oder Rechtsanwendungsbefehl enthalten.[197] Diese Lehre beruht auf einem monistischen Ansatz, dem das Völkerrecht allein genügt, um den Vorschriften Geltung innerhalb der Mitgliedsstaaten zu verschaffen. Praktische Auswirkungen ergeben sich aus diesen unterschiedlichen Lehren nicht.[198] *V. Bernstorff*[199] und ihm folgend *Aichele*[200] haben der Vollzugsbefehlslehre den Vorzug gegeben und aus ihr zugleich den Schluss gezogen, der Vollzugsbefehl gelte auch im landesrechtlichen Raum; ein eigener landesrechtlicher Vollzugsbefehl sei auch in den völkerrechtlichen Bereichen, die die ausschließliche Gesetzgebungskompetenz der

---

194 G zu dem Übereinkommen der Vereinten Nationen v. 13.12.06 über die Rechte von Menschen mit Behinderungen sowie zu dem Fakultativprotokoll v. 13.12.06 zum Übereinkommen der Vereinten Nationen über die Rechte von Menschen mit Behinderungen v. 21.12.08, BGBl. 2008 II, 1419; Unterzeichnung der Konvention und des Zusatzprotokolls am 30.03.07; Hinterlegung der Ratifizierungsurkunde am 24.02.09; in Kraft getreten am 26.03.09.

195 *Maunz/Dürig/Nettesheim GG* Art. 59 Rn. 90.

196 *Rauschning* in *BK*, Art. 59 Rn. 107, sieht diese Vorstellung als „inzwischen überwunden“ an.

197 Für die Vollzugslehre u.a. *Rauschning* in *BK*, Art. 59 Rn. 107; *Pernice* in: *Dreier*, Art. 59 Rn. 48; *Rojahn* in: *v. Münch*/Kunig, Art. 59, Rn. 36.

198 *Pernice* in: *Dreier*, Art. 59 Rn. 48 m. w. N.

199 *v. Bernstorff, RdJB* 2/2011, 203 (212).

200 *Aichele*, Stellungnahme der *Monitoring-Stelle* zur UN-BRK v. 11.08.10, S. 11; ebenso in: *AnwBl* 10/2011, S. 727.

Länder betreffen, nicht erforderlich. *Welti* lässt die Entscheidung zwischen der Transformationslehre und der Vollzugslehre offen, vertritt aber im Ergebnis die gleiche Auffassung wie *v. Bernstorff* und *Aichele*, dass die UN-BRK überall in der Bundesrepublik Deutschland, also sowohl bundesrechtlich als auch landesrechtlich, Geltung beanspruche. Er fasst seine Position prägnant in der folgenden Formulierung zusammen:

> „Unabhängig von dem Streit, ob Völkerrecht durch das Zustimmungsgesetz in deutsches Recht transformiert oder als deutsches Recht inkorporiert wird, besteht doch für die UN BRK kein Zweifel daran, dass dieser Akt wirksam und ohne Vorbehalt stattgefunden hat.“[201]

Diese Meinung, die den Vollzugsbefehl gleichsam automatisch als gegeben annimmt, umgeht elegant, aber wohl zu gewagt das Problem, dass nach dem Grundgesetz dem Bund die Gesetzgebungskompetenz zur Erteilung des Vollzugsbefehls fehlt.[202] Der Wortlaut des Art. 59 Abs. 2 GG lässt Raum sowohl für die Vollzugslehre als auch für die Transformationslehre. Das *BVerfG* entscheidet sich nicht für eine der beiden Lehren. Es führt aus, einerseits zeichne sich das Grundgesetz durch seine Völkerrechtsfreundlichkeit aus, andererseits erkläre es das Völkervertragsrecht mit Ausnahme der allgemeinen Regeln nicht für unmittelbar anwendbar sondern verlange „die Transformation in das innerstaatliche Recht durch einen zustimmenden Rechtsanwendungsbefehl“. Ohne eine solche förmliche Transformation nach Maßgabe des Grundgesetzes entfalte das Völkerrecht innerstaatlich keine Wirksamkeit.[203] Dabei spricht die Formulierung „nach Maßgabe des Grundgesetzes“ gegen die Annahme *v. Bernstorffs*, dass der Vollzugsbefehl auch im landesrechtlichen Raum gelte. In einem späteren Beschluss vom März 2011 spricht das *BVerfG*, ohne inhaltlich auf die Problematik einzugehen, von der „UN-Behindertenrechtskonvention (BRK), die in Deutschland Gesetzeskraft“ habe und als Auslegungshilfe für die Bestimmung von Inhalt und Reichweite der Grundrechte herangezogen werden könne,[204] und zwar in einem Fall, in dem es über die Anwendung des Maßregelvollzugsgesetzes von Rheinland-Pfalz zu entscheiden hatte – eine Materie in der Zuständigkeit des Landes. Dies könnte als Beleg für die These von *Aichele* und *v. Bernstorff* angesehen

201 *Welti*, FS für *Kohte*, S. 639.

202 Dazu sogleich noch ausführlicher.

203 *BVerfG*, Beschl. v. 14. 10. 04, Az.: 2 BvR 1481/04 (IStR 2005, 31).

204 *BVerfG*, Beschl. v. 23.03.11, Az.: 2 BvR 882/09 – Rn. 52, siehe www.bundesverfassungsgericht.de/SharedDocs/Entscheidungen/DE/2011/03/rs20110323_2bvr088209.html; das *BVerfG* nimmt Bezug auf BVerfGE 111, 307, 317 f., *Görgülü*-Beschl., Rn. 32.

werden; jedoch überwiegen aus den oben genannten Gründen die verfassungsrechtlichen Bedenken.

II. Geltung der UN-BRK auf Landesebene und kommunaler Ebene

Die Länder können von den Regelungsgehalten der UN-BRK in zweifacher Weise betroffen sein. Zum einen führen sie gem. Art 83 GG dem Grundsatz nach die Bundesgesetze als eigene Angelegenheiten aus, zum anderen kann die UN-BRK auch Regelungen auf Gebieten enthalten, die in die Gesetzgebungszuständigkeit der Länder gem. Art 70 GG fallen. Zu den von den Ländern als eigene Angelegenheiten auszuführenden Bundesgesetzen gehören zum Beispiel die Sozialgesetze, SGB I bis SGB XII. Nunmehr regelt Art. 21 Buchst. b) UN-BRK verbindlich, dass in Verwaltungsverfahren die Verwendung von Gebärdensprache, Brailleschrift und gegebenenfalls anderen Kommunikationsformen zu gestatten ist. Da die Länder hiervon nicht abweichen können, ergibt sich ein Zustimmungserfordernis des Bundesrates zur Ratifikation der UN-BRK aus Art. 84 Abs. 1 Satz 6 GG. Dies – und nicht Länderzuständigkeit in den Angelegenheiten, für die die Länder die Gesetzgebungskompetenz haben – ist der Grund, warum die Länder der UN-BRK zustimmen mussten.[205] Zwar verpflichtet die UN-BRK alle Untergliederungen des Vertragsstaates, jedoch trifft die Umsetzungspflicht völkerrechtlich nur die Vertragsparteien,[206] also die Bundesrepublik Deutschland, nicht aber die Länder. Aus diesem Grund ist fraglich, ob die Konvention auf Gebieten der ausschließlichen Länderzuständigkeit überhaupt Geltung erlangt, sofern die Länder die Regelungen nicht ausdrücklich in einer der Landesverfassung entsprechenden Weise in Geltung setzen.

1. *Bundeskompetenz kraft Sachzusammenhangs oder aus der Natur der Sache*

Theoretisch denkbar wäre eine Kompetenz des Bundes kraft Sachzusammenhangs oder aus der Natur der Sache.[207] Ein solcher Zusammenhang ist aber bei Art. 19 Buchst. c) UN-BRK, der ausdrücklich die Gemeinde-Ebene anspricht, nicht zu erkennen. Diese verfassungsrechtliche Lage ist problematisch für die Bundesrepublik Deutschland, da sie als Vertragspartner völkerrechtlicher

---

205 *Uerpmann-Wittzack, SDSRV* S. 40, unter Verweis auf die Begründung der Bundesregierung zum Entwurf des Zustimmungsgesetzes, BT-Drs. 16/10808, 7 sowie den Zustimmungsbeschluss des Bundesrates, BR-Drs. 945/08 v. 19.12.08.

206 Umkehrschluss aus Art. 34 WVK, *Hobe/Kimminich*, 194.

207 *BeckOK GG/Heintschel von Heinegg GG* Art. 32 Rn. 8.

Verträge dafür einstehen muss, dass die von ihr eingegangenen Verträge auf ihrem gesamten Staatsgebiet, also auch in Ländern und Gemeinden, eingehalten werden.

2. Lindauer Absprache

Eine praktische Lösung in dieser Frage sollte mit der sogenannten Lindauer Absprache, auch Lindauer Abkommen genannt, gefunden werden. Jedoch kann diese Lösung – wie zu zeigen sein wird – über die aus der verfassungsrechtlichen Kompetenzverteilung zwischen Bund und Ländern resultierenden Grenzen nicht hinweghelfen.

a) Vereinbarung zwischen Bund und Ländern

Im Falle von Verpflichtungen des Bundes, die in die alleinige Zuständigkeit der Länder fallen, einigten sich Bund und Länder auf folgenden modus vivendi: Der Bund verpflichtet sich den Ländern gegenüber, derartige Verträge nur dann zu schließen, wenn die Länder dem vorher zugestimmt haben. Im Gegenzug verpflichten sich die Länder dem Bund gegenüber, die getroffenen Regelungen in ihrer Zuständigkeit umzusetzen.[208] Seine verfassungsrechtliche Grundlage findet das Lindauer Abkommen in den Grundsätzen des bundesfreundlichen und des länderfreundlichen Verhaltens,[209] die aus dem Bundesstaatsprinzip des Art. 20 GG abgeleitet werden.[210] Damit scheint das Problem zunächst gelöst, jedoch eher auf einer praktischen als auf einer rechtlichen Ebene. Eine Einigung wurde nämlich nicht erzielt, vielmehr soll das Lindauer Abkommen einen offenen Dissens überbrücken. Das wird gleich zu Beginn der Absprache bekräftigt: In Nr. 1 heißt es dazu ausdrücklich: „Der Bund und die Länder halten an ihren bekannten Rechtsauffassungen (…) fest".[211] Bund und Länder haben sich also nur über das Verfahren, in der Sache jedoch gerade nicht geeinigt. An Regelungen, auf welche Weise völkerrechtliche Vorgaben auf Landesebene anwendbar sein sollen und wie sie umgesetzt werden sollen, fehlt es. Von *Papier* wird hervorgehoben, das Lindauer Abkommen funktioniere hervorragend, was man daran ablesen könne, dass das *BVerfG* noch nie über derartige Streitigkeiten zu entscheiden gehabt habe.[212] In dem auf einem Festvortrag beruhenden Beitrag sagt *Papier*

---

208 *Maunz/Dürig/Nettesheim GG* Art. 32 Rn. 72.

209 Die Lindauer Absprache sei „nichts anderes als eine Konkretisierung" des Grundsatzes der Bundestreue, so *Heintschel von Heinegg* in *BeckOK* GG zu Art. 32 Rn. 11.

210 *BeckOK* GG/*Huster*/*Rux* GG Art. 20 Rn. 36.

211 zit. nach: *BeckOK* GG/*Heintschel von Heinegg* GG Art. 32 Rn. 10.1.

212 *Papier, DÖV* 2003, 265 (268).

außerdem, noch nie das *BVerfG* bemüht zu haben, sei ein Qualitätsmerkmal.[213] Wenn die Länder zuvor ihr Einverständnis mit dem Abschluss des Vertrags gegeben hätten, könne erwartet werden, dass sie die vom Bund eingegangene völkerrechtliche Verpflichtung auch innerstaatlich umsetzten und damit gegenüber dem auswärtigen Staat erfüllen würden, fährt *Papier* fort.[214] Tatsächlich ist der Fall, dass Länder die Umsetzung eines völkerrechtlichen Vertrages verweigert hätten, noch nie eingetreten; das heißt, die Lindauer Absprache entfaltet in der Praxis tatsächlich die von *Papier* beschriebene befriedende Wirkung.[215] Denkbar ist dennoch, dass Länder zwar ihren Willen zur Umsetzung eines völkerrechtlichen Vertrages bekunden, die Umsetzung dann aber doch unterbleibt, hinter den Möglichkeiten zurückbleibt oder schleppend verläuft. In solchen Fällen könnte es sich bei der positiven Annahme von *Papier* um einen Trugschluss handeln. Konstellationen, in denen völkerrechtliche Verträge dadurch verletzt werden, dass ihre Inhalte auf Länderebene nicht umgesetzt werden, sind keineswegs ausgeschlossen. So könnte im schlechtesten Fall die Entwicklung auch bei der UN-BRK verlaufen. Es käme dann zwar zu keiner Bund-Länder-Streitigkeit, jedoch blieben die Vollzugsdefizite beim völkerrechtlichen Vertrag bestehen. Die Lindauer Absprache entfaltet schon deshalb keine Rechtswirkungen, weil sie nicht rechtsverbindlich ist, da sie nie unterzeichnet wurde.[216] Im Text (Nr. 1) wurde im Gegenteil betont, dass die Beteiligten an ihren unterschiedlichen Rechtsauffassungen festhalten.[217] Diese sollen im Folgenden kurz dargestellt und bewertet werden:

b) Unterschiedliche Rechtsauffassungen bei völkerrechtlichen Verpflichtungen des Bundes im verfassungsrechtlichen Zuständigkeitsbereich der Länder

In der Staatsrechtslehre umstritten bleibt die Frage völkerrechtlicher Verpflichtungen im Zuständigkeitsbereich der Länder trotz des Lindauer Abkommens.[218]

---

213 *Papier, DÖV* 2003, 265.

214 *Papier, DÖV* 2003, 265 (268).

215 Unter Berufung auf *Papier, DÖV* 2003, 265 (269): *Bernhard*, Bildungssystem, 148.

216 *Kempen* in: *v. Mangoldt/Klein/Starck*, GG II, Art. 32 Rn. 60.

217 *BeckOK* GG/*Heintschel von Heinegg* GG Art. 32 Rn. 10.1.

218 *BeckOK* GG/*Heintschel von Heinegg* GG Art. 32 Rn. 9; *Wollenschläger* („Vertragsschlussrecht des Bundes denkbar, aber umstritten"), in: *Dreier* Art. 32 Rn. 3.

(1) Berliner Lösung

Die sogenannte Berliner Lösung, ursprünglich vertreten vom Bund und Berlin,[219] ist ein zentralistischer Ansatz. Diese Meinung spricht sowohl die Kompetenz zum Vertragsabschluss als auch die zur Transformation in innerstaatliches Recht dem Bund zu. Letztere wird dabei als Annexkompetenz zu Art. 32 Abs. 1 GG verstanden.[220] Nach dieser Auffassung würde ein völkerrechtlicher Vertrag – die Einhaltung der Lindauer Absprache vorausgesetzt – bereits mit der Ratifikation auch in den Ländern Rechtsgeltung erlangen.

(2) Süddeutsche Lösung

Nach der föderalistischen süddeutschen Auffassung, die in den Anfangsjahren der Bundesrepublik Deutschland von den Ländern Baden-Württemberg, Bayern, Hessen, Nordrhein-Westfalen und Rheinland-Pfalz vertreten wurde,[221] sollen die Länder selbst – und nicht der Bund – völkerrechtliche Verträge ratifizieren, wenn der Regelungsgegenstand in ihren Zuständigkeitsbereich fällt. Da in der UN-BRK ganz unterschiedliche Lebens- und Kompetenzbereiche geregelt sind, würde dies bedeuten, dass zusätzlich zur Bundesrepublik Deutschland auch alle 16 Bundesländer die UN-BRK ratifizieren müssten. Eine „(eingeschränkte) föderalistische Ansicht“[222] vertritt *Rojahn*: Nach dieser dürfe der Bund Verträge zwar auch über solche Gegenstände abschließen, die in die ausschließliche Zuständigkeit der Länder fielen, jedoch sei er „in der Intensität der Regelung eingeschränkt“.[223] Lediglich eine „Bemühensverpflichtung, (…) auf die Länder einzuwirken, d.h. sie zu Maßnahmen anzuhalten oder ihnen ein Tätigwerden nahe zulegen“ könne der Bund völkerrechtlich eingehen.[224]

(3) Norddeutsche Lösung

Zwischen den genannten Auffassungen nimmt die norddeutsche Lösung, vertreten von Bremen, Hamburg, Niedersachsen und Schleswig-Holstein, eine vermittelnde Position ein.[225] Nach ihr sollen für den Vertragsabschluss der Bund,

---

219 *Bernhard*, Bildungssystem, 107.
220 *BeckOK* GG/*Heintschel von Heinegg* GG Art. 32 Rn. 9.2
221 *Bernhard*, Bildungssystem, 107.
222 *Rojahn* in: *v. Münch/Kunig*, GG I, Art. 32, Rn. 42, Klammern im Original.
223 *Rojahn* in: *v. Münch/Kunig*, GG I, Art. 32, Rn. 42.
224 *Rojahn* in: *v. Münch/Kunig*, GG I, Art. 32, Rn. 42.
225 *Bernhard*, Bildungssystem, 107.

für die Transformation der Vorschriften in innerdeutsches Recht die Länder zuständig sein.

c) Bewertung der Rechtsauffassungen zur Lindauer Absprache

Für die Berliner Lösung sprechen Einheits- und Effizienzgesichtspunkte.[226] Sie würde zu einer Geltung der UN-BRK auf Landesebene führen. Eine Umsetzungspflicht der Länder wäre somit gegeben. Dagegen wird jedoch argumentiert, es sei nicht akzeptabel, dass der Bund durch den Abschluss völkerrechtlicher Verträge Kompetenzen an sich ziehen könne, die ihm vom Grundgesetz nicht zugewiesen seien; die Auffassung sei daher abzulehnen.[227] Es wird eine Aushöhlung des bundesstaatlichen Prinzips „von außen her" befürchtet.[228] Außerdem widerspreche die norddeutsche Lösung auch der Systematik des Art. 32 GG, der zwischen Außenhandeln und innerstaatlicher Gesetzgebungskompetenz unterscheide.[229] In seiner 2016 veröffentlichten Dissertation setzte sich *Thomas Bernhard* intensiv mit dem hier behandelten Problem auseinander.[230] Er wies ausführlich nach, dass *Nettesheim* die Berliner Lösung zwar dem Namen nach ablehnt, ihrem Inhalt nach diese aber gerade annimmt.[231] *Bernhard* folgt der Berliner Lösung insoweit, als er ein „Ingeltungsetzen" der UN-BRK auf Länderebene durch die Ratifikation behauptet.[232] Seine Argumentation überzeugt jedoch letztlich nicht; denn durch sie wird – mit Blick auf das gewünschte Ergebnis – eine verfassungsrechtlich nicht erklärbare, den grundgesetzlichen Kompetenzvorschriften widersprechende und nach der hier vertretenen Auffassung auch nicht zu begründende Geltung der UN-BRK auf Länderebene konstruiert.

Der Vorteil der süddeutschen Lösung liegt darin, dass nach ihr die Kompetenzen der Länder vollständig gewahrt blieben und ebenfalls ein Auseinanderfallen von völkerrechtlicher Verpflichtung und innerstaatlicher Umsetzungskompetenz vermieden würde. Auch nach der von *Rojahn* vertretenen eingeschränkten Variante dieser Ansicht[233] hätte der Bund nicht alleine sondern nur neben den Ländern die in der UN-BRK festgeschriebenen Verpflichtungen eingehen dürfen. Beide Erscheinungsformen der süddeutschen Lösung sind jedoch im

---

226 *Wollenschläger*, diese Lösung ablehnend, in: *Dreier* Art. 32 Rn. 36.
227 *Kempen* in: *v. Mangoldt/Klein/Starck*, GG II, Art. 32 Rn. 54.
228 *Rojahn* in: *v. Münch/Kunig*, GG I, Art. 32, Rn. 42.
229 *Wollenschläger* in: *Dreier* Art. 32 Rn. 36.
230 *Bernhard*, Bildungssystem, Zweites Kapitel, beginnend auf S. 99.
231 *Bernhard*, Bildungssystem, 123–126.
232 *Bernhard*, Bildungssystem, 144.
233 *Rojahn* in: *v. Münch/Kunig*, GG I, Art. 32, Rn. 42.

Ergebnis abzulehnen. Ihnen zu folgen, hieße, wie gerade das Beispiel der UN-BRK zeigt, einerseits die verfassungsrechtliche Kompetenz des Bundes zum Abschluss völkerrechtlicher Verträge gemäß Art. 32 Abs. 1 GG einzuschränken und andererseits die Verhandlungen zu völkerrechtlichen Verträgen äußerst kompliziert zu gestalten. Tatsächlich ist ein solches Verfahren absolut unüblich; kein Bundesland oder keine sonstige staatliche Untergliederung hat eigenständig diese oder eine andere Menschenrechtskonvention ratifiziert.[234]

Die norddeutsche Lösung hat den Nachteil, dass die Kompetenzen zum Vertragsabschluss und zur Transformation in innerdeutsches Recht auseinanderfallen; diesen nehmen ihre Vertreter hin. In dem Fall, in dem der Bund sich – wie im Lindauer Abkommen vorgesehen und bei der UN-BRK ordnungsgemäß erfolgt – vorab und rechtzeitig versichert, dass die Länder zur Transformation bereit sind, werden auf diese Weise die Grundsätze des länderfreundlichen und bundesfreundlichen Verhaltens konkretisiert.[235] Zugleich kann der Bund, wenn er die Zustimmung der Länder hat, gegenüber den auswärtigen Vertragspartnern die völkerrechtlichen Verpflichtungen eingehen, ohne gegen den auch im Völkerrecht geltenden Grundsatz von Treu und Glauben zu verstoßen.[236] Nach allem erscheint die norddeutsche Lösung unter verfassungsrechtlichen Gesichtspunkten am überzeugendsten, sodass sie auch von der Verf. vertreten wird, auch wenn sich daraus für die vorliegende Themenstellung ergibt, dass die UN-BRK durch ihre Ratifikation in Bayern im Bereich der ausschließlichen Landesgesetzgebungskompetenzen keine Rechtsgeltung erlangt hat.

3. Rechtsprechung zur Frage der Geltung der UN-BRK

Das *OVG Lüneburg*[237] und ihm folgend der *Hessische Verwaltungsgerichtshof*[238] kamen beim Beschluss über die Zuweisung eines behinderten Kindes zu einer Sonderschule zu demselben Ergebnis, nämlich dass die UN-BRK in Hessen, jedenfalls solange es keine Umsetzungsgesetze des Landes gebe, keine Rechtsgeltung erlangt habe. Damit scheide ebenso eine unmittelbare Anwendbarkeit der UN-BRK aus; die Tatsache, dass der *Hess. VGH* diese auch mangels Bestimmtheit

234 *Bernhard*, Bildungssystem, 109; der aktuelle Stand der Ratifikation kann eingesehen werden unter https://treaties.un.org/Pages/ViewDetails.aspx?src=TREATY&mtdsg_no=IV-15&chapter=4&lang=en.

235 *BeckOK GG/Heintschel von Heinegg* GG Art. 32 Rn. 11

236 *BeckOK GG/Heintschel von Heinegg* GG Art. 32 Rn. 11

237 *OVG Lüneburg*, Beschl. v. 16.09.10, Az.: 2 ME 278/10, Leitsatz, zit. nach juris.

238 *Hess. VGH*, Beschl. v. 12. 11.09, Az.: 7 B 2763/09, Leitsätze 1 und 2, zit. nach juris.

des Art. 24 UN-BRK verneint, kann deshalb nur als hilfsweises Argument verstanden werden. Die Beschlüsse stießen in der Literatur teils auf Kritik, wobei aber von keinem der Autoren den hier ausgeführten verfassungsrechtlichen Bedenken hinsichtlich der Geltung der UN-BRK in den Ländern ausreichend Rechnung getragen wurde. *Dörschner* befasst sich ausführlich mit Veröffentlichungen der Kritiker *Riedel/Arend*, *Banafsche*, *Lachwitz*, *Aichele*, *Rasch*, *Eichholz* und *v. Bernstorff*, bleibt aber – wie die Verf. – bei ihrer verfassungsrechtlichen Auffassung, nämlich, dass UN-BRK im Land nicht gilt, sofern sie nicht verfassungsgemäß in Landesrecht transformiert wurde, was ebenso eine unmittelbare Anwendbarkeit der UN-BRK ausschließt;[239] *Marwege* vertritt die Ansicht, im Bildungsbereich brauche der Streit nicht entschieden zu werden, da ohnehin alle Länder dabei seien, die UN-BRK umzusetzen, und die Umsetzung also nur noch eine Frage der Zeit sei.[240]

4. *Einschätzung der Länder zur Frage der Geltung der UN-BRK*

Die für die Umsetzung der UN-BRK interessante Frage, ob die Länder von einer Geltung der Konvention auf Gebieten ihrer eigenen Gesetzgebungszuständigkeit ausgehen, untersuchte *Dörschner* im Rahmen ihrer 2014 veröffentlichten Dissertation. Sie fragte bei den Ländern an, ob [im jeweiligen Bundesland] die Notwendigkeit gesehen werde bzw. ob es Bestrebungen gebe, die Konvention neben dem Vertragsgesetz des Bundes zusätzlich im Rahmen eines Ländervertragsgesetzes in die [Landes-]Rechtssphäre einzubeziehen, um ihr umfassende Geltung zu verschaffen oder ob man davon ausgehe, dass hierfür bereits das Vertragsgesetz des Bundes ausreichend sei.[241] Während die Länder Baden-Württemberg, Bremen, Nordrhein-Westfalen, Saarland, Sachsen-Anhalt Schleswig-Holstein und Thüringen die Frage nicht beantworteten, hielten Hamburg, Sachsen, Bayern, Berlin und Mecklenburg-Vorpommern eine Umsetzung durch ein Landesgesetz ausdrücklich oder implizit nicht für notwendig. In Hessen und in Rheinland-Pfalz war jeweils ein Landtagsbeschluss gefasst worden, die Konvention durch einen Aktionsplan umzusetzen.[242] Für Rheinland-Pfalz weist *Dörschner* mit Recht darauf hin, dass ein Landtagsbeschluss den Anforderungen des Art. 101 der Landesverfassung nicht genüge.[243] Die Länder Niedersachsen

239 *Dörschner*, 173–177.
240 *Marwege*, 229.
241 *Dörschner*, 168–170 mit Fn. 899.
242 *Dörschner*, 168–170.
243 *Dörschner*, 169, Fn. 900, m. w. N.

und Brandenburg wollen kein Ländervertragsgesetz erlassen, wobei das Land Brandenburg zuvor ein Rechtsgutachten zu dieser Frage in Auftrag gegeben hatte.[244] Stellt man das Ergebnis von *Dörschners* Umfrage der oben dargestellten in der Rechtsprechung vertretenen Meinung gegenüber, so fällt der Gegensatz ins Auge. *Dörschner* bescheinigt den Ländern deshalb zu Recht mangelndes Problembewusstsein.[245]

5. Zwischenergebnis

Das Problem der Geltung bzw. fehlenden Geltung völkerrechtlicher Verträge auf Gebieten der Länderzuständigkeit wird in der Literatur gesehen und unterschiedlich bewertet, je nachdem, welcher der genannten Lösungen man folgt. Die Politik scheint nach dem oben Gesagten eher unbewusst der Berliner Lösung zu folgen. Man geht mehrheitlich davon aus, das Problem sei durch das Lindauer Abkommen einer Lösung zugeführt worden, und die Länder seien aus der UN-BRK verpflichtet. Dies trifft aber nach der bisherigen Rechtsprechung hierzu mangels Rechtsgeltung nicht zu. Aus einem konsequent föderalistischen Blickwinkel müsste man das Lindauer Abkommen sogar als verfassungswidrig bezeichnen, da den Ländern Mitwirkungsrechte eingeräumt werden, die ihnen nach dem Grundgesetz nicht zustehen. Die zentralistische Sichtweise ist von diesem Argument ähnlich betroffen, kann es jedoch entschärfen, da die Mitwirkungsrechte der Länder lediglich auf einer Sollvorschrift beruhen und nicht zwingend sind. Die norddeutsche Lösung hat zwar das Argument des Auseinanderfallens wichtiger Kompetenzen gegen sich, dürfte aber der vom Grundgesetz vorgegebenen Kompetenzverteilung am ehesten entsprechen. Eine Änderung des Grundgesetzes über die Kompetenzverteilung in derartigen Fällen könnte hier für Klarheit sorgen, ist jedoch gescheitert, zuletzt 1992.[246]

Es gäbe eine naheliegende Möglichkeit, die Geltung der Vorschriften der UN-BRK in den Ländern zu erreichen: Die Länder müssten durch ihre Landtage entsprechend ihren jeweiligen Landesverfassungen Gesetze erlassen, in denen – analog der Ratifikation der Konvention durch die Bundesrepublik Deutschland – der Wille zum Ausdruck käme, die UN-BRK solle in dem jeweiligen Land geltendes Recht sein. *Dörschner* fordert in ihrer Schlussbetrachtung zu Recht, dass dies „ohne Umschweife" geschehen müsse; sie betont, dass es hierfür

244 *Dörschner*, 168–170.
245 *Dörschner*, 170.
246 Zu Reformvorschlägen siehe z.B. *Wollenschläger* in: *Dreier* Art. 32 Rn. 5; *Maunz/Dürig/Nettesheim* GG Art. 32 Rn. 75.

nicht zu spät sei; selbst eine langjährige politische Praxis im Umgang mit Menschenrechten könne geändert werden.[247] Auf diese Weise würde die UN-BRK den Rang einfachen Landesrechts erhalten. Hieraus würde sich eindeutig eine Umsetzungspflicht der Länder ergeben. Dies ist aber bedauerlicherweise in keinem Bundesland geschehen.[248] Die Länder bedienen sich ebenso wie der Bund des Mittels der Aktionspläne, um die UN-BRK in ihrer Zuständigkeit umzusetzen. Es spricht in der Tat viel dafür, zur Umsetzung der UN-BRK Aktionspläne zu erstellen, jedoch ist dies keineswegs ein Argument gegen die Schaffung eines entsprechenden Landesgesetzes, denn beide – und ggf. noch weitere – Maßnahmen könnten ohne weiteres parallel verlaufen.

Festzuhalten ist, dass nach der hier vertretenen Auffassung die UN-BRK ohne entsprechende derartige Gesetze keine rechtliche Geltung in den Bundesländern erlangen kann, soweit sie Gebiete der ausschließlichen Länderzuständigkeit betrifft. Für die Kommunen kann nichts anderes gelten.

B. Gesetzgebungsvorschlag zur Rechtsgeltung der UN-BRK in Bayern

Zur Lösung dieses Problems schlägt die Verf. eine Ergänzung des BayBGG durch folgende neue Vorschrift vor:

> Art. 1a
> Geltung der UN-Behindertenrechtskonvention
> [1]Der Freistaat Bayern bekennt sich zu den Zielen des Übereinkommens der Vereinten Nationen über die Rechte von Menschen mit Behinderungen (UN-Behindertenrechtskonvention). [2]Die UN-Behindertenrechtskonvention ist in Bayern geltendes Recht.

Die vorgeschlagene Regelung enthält die Ingeltungsetzung der UN-BRK im Freistaat Bayern. Dieser Schritt ist konsequent angesichts der Tatsache, dass der Freistaat Bayern selbst einen Aktionsplan erstellt hat und somit eindeutig zum Ausdruck bringt, dass er die Umsetzung der UN-BRK auf seinem Gebiet anstrebt. Die Tatsache, dass der Freistaat Bayern den Schritt der Ingeltungsetzung bisher nicht gegangen ist, dürfte darin begründet sein, dass seit 2004 gem. Art. 83 Abs. 3, 2. Var. BV die Verpflichtung gilt, für einen Ausgleich der durch die Übertragung neuer Aufgaben entstehenden Kosten zu sorgen; es sollte wohl vermieden werden, eine Kostentragungspflicht auszulösen.

---

247 *Dörschner*, 230.
248 *Bernhard*, Bildungssystem, 116.

C. Rang der UN-BRK im innerstaatlichen Recht

I. Rang völkerrechtlicher Verträge allgemein

Die Frage, welchen Rang völkerrechtliche Verträge innerhalb der nationalen Rechtsordnung einnehmen, stellt sich einerseits, wenn man der Transformationslehre folgt,[249] andererseits aber auch nach der Vollzugslehre für unmittelbar anwendbare Vertragsnormen.[250] Es wird allgemein davon ausgegangen, dass völkerrechtliche Verträge mit der Ratifikation den Rang einfachen Bundesrechts erlangen.[251] Dies folgt aus Art. 59 Abs. 2 Satz 1 GG, wonach die verfassungsrechtlich vorgesehene Zustimmung zu dem völkerrechtlichen Vertrag in der Form eines Bundesgesetzes zu erteilen ist.[252] Verfassungsrang könnte ihnen nur dann zukommen, wenn es sich bei den Bestimmungen um allgemeine Regeln des Völkerrechts oder Völkergewohnheitsrecht handeln würde.[253] Beides trifft aber auf die UN-BRK nicht zu. Nicht einmal die EMRK genießt in Deutschland offiziell Verfassungsrang, wenngleich das *BVerfG* ihrer herausragenden Bedeutung dadurch Rechnung trägt, dass es die deutschen Grundrechte im Lichte der EMRK und der Rechtsprechung des *EGMR* auslegt.[254]

II. Rang des europäischen Rechts

Die Bundesrepublik Deutschland ist sozusagen doppelt an die UN-BRK gebunden, nämlich nicht nur durch ihre eigene Unterzeichnung, sondern auch in ihrer Eigenschaft als Mitglied der Europäischen Union[255], denn auch die EU

249 *Rauschning* in *BK*, Art. 59 Rn. 107.

250 *Rojahn* in: *v. Münch/Kunig*, Art. 59, Rn. 44.

251 *BeckOK GG/Pieper GG* Art. 59 Rn. 41.

252 *Grabenwarter, Christoph*, Nationale Grundrechte und Rechte der EMRK, in: Handbuch der Grundrechte, § 169 Rn. 10 und 12.

253 *Rauschning* in *BK*, Art. 59 Rn. 107.

254 *Grabenwarter, Christoph*, Nationale Grundrechte und Rechte der EMRK, in: Handbuch der Grundrechte, § 169 Rn. 10 und 12.

255 *Dörschner*, S. 21, weist auf folgendes hin: Partei der UN-BRK ist nach dem Inkrafttreten des Vertrags von Lissabon v. 01.12.09 nicht (mehr) die Europäische Gemeinschaft (EG), sondern die Europäische Union (EU), siehe Vertrag von Lissabon zur Änderung des Vertrages über die Europäische Union und des Vertrags zur Gründung der europäischen Gemeinschaft, ABl. EU Nr. 306 v. 17.12.07, 1; korrekt wäre es daher, wie *Dörschner*, je nach Zeitpunkt von der EG bzw. EU zu sprechen und sich je nachdem auf Vorschriften von EGV oder AEUV zu beziehen; zur Vereinfachung wird in dieser Arbeit die Bezeichnung EU gewählt und werden Vorschriften des AEUV zitiert.

hat die UN-BRK unterzeichnet, allerdings im Unterschied zur Bundesrepublik Deutschland (noch) nicht das Fakultativprotokoll[256]. Art. 42 bis 44 der Konvention, die vorsehen, dass eine „Organisation der regionalen Integration“ die Konvention unterzeichnen könne, seien von Anfang an auf die EU ausgerichtet gewesen; dies schon deshalb, weil der EU als einziger solcher Organisation von ihren Mitgliedern Hoheitsrechte übertragen worden seien.[257] Rechtsgrundlage für den Abschluss der Konvention sei Art 216 Abs. 1, Var. 2 AEUV. Auch habe die EU gem. Art. 5 Abs. 2 Satz 1, Abs. 2 EUV einer gemeinschaftsrechtlichen Kompetenzzuweisung bedurft; diese habe sich nach Ansicht der EU-Kommission aus Art. 19 AEUV ergeben, der die Ermächtigung zum Ergreifen geeigneter Vorkehrungen zur Bekämpfung von Diskriminierungen u. a. aufgrund einer Behinderung enthält. Um ihren Kampf gegen Diskriminierungen effektiver führen zu können, wollte die EU der Konvention beitreten.[258]

Für die Bundesrepublik Deutschland bedeutet der Beitritt der EU zur UN-BRK, dass sie nicht nur der Völkergemeinschaft gegenüber zur Umsetzung der UN-BRK verpflichtet ist sondern im Innenverhältnis zur EU auch die Europäische Union bei der Umsetzung der UN-BRK unterstützen muss. Selbst kann die EU Umsetzungsmaßnahmen nur insoweit ergreifen, als es hierfür eine Kompetenzzuweisung gibt; denn sie kann nur solche Angelegenheiten regeln, für die ihr von den Mitgliedsstaaten Kompetenzen übertragen wurden. Ist dies nicht der Fall, so gilt die UN-BRK insoweit auch nicht innerhalb der EU.[259] In Angelegenheiten, die das Bildungswesen oder das Zusammenleben der Bevölkerung auf kommunaler Ebene betreffen, ergibt sich somit das gleiche Problem zwischen der EU und ihren Mitgliedsländern, das soeben für Deutschland zwischen dem Bund und den Ländern skizziert wurde. Denn ebenso, wie es im deutschen Recht an einer verfassungsrechtlichen Grundlage für Umsetzungsmaßnahmen des Bundes fehlt, fehlt es auf europäischer Ebene auch an einer Kompetenzzuweisung an die EU durch die Mitgliedsländer. Im Zusammenhang mit der Durchführung von Unionsrecht, insbesondere mit dem Recht auf Freizügigkeit der Unionsbürger, kann sich *Dörschner* allerdings eine direkte Berufung auf das Diskriminierungsverbot des AEUV vorstellen.[260] Auf Art. 19 UN-BRK übertragen wäre dies etwa der Fall, dass einem behinderten Menschen direkt bei der

---

256 Siehe https://treaties.un.org/Pages/ViewDetails.aspx?src=TREATY&mtdsg_no=IV-15-a&chapter=4&clang=_en.

257 *Dörschner*, S. 21, Fn. 130 m. w. N.

258 *Dörschner*, 28.

259 *Dörschner*, 204, m. w. N.

260 Siehe *Dörschner*, 216.

Einreise in einen EU-Staat vorgeschrieben werden würde, seinen Wohnsitz in einer stationären Einrichtung zu nehmen. Dann könnte er sich als EU-Bürger direkt auf das Diskriminierungsverbot berufen, weil die EU eine Kompetenz im Zusammenhang mit der Freizügigkeit ihrer Bürger hat. In anderen Fällen wird ein Kläger, der sich in seiner Eigenschaft als EU-Bürger auf die UN-BRK beruft, ebenso scheitern, wie wenn er sich auf die Geltung der UN-BRK beispielsweise in Bayern berufen würde. Faktisch kann die EU dagegen sehr wohl Einfluss nehmen, zum Beispiel über Programme: Würden Programmmittel zur Arbeitsmarktintegration in den Mitgliedsstaaten bereitgestellt, könne dies den Charakter der Behindertenpolitik eines Landes beeinflussen, auch wenn die EU keine direkten, gesetzgeberischen Kompetenzen besitze, betonten *Kathrin Lingnau* und *Anne Waldschmidt* in einem Vortrag.[261]

III. Verfassungsrang

Hätten die Bestimmungen der UN-BRK Verfassungsrang erlangen sollen, so hätte es einer Änderung des Grundgesetzes bedurft. Dann wäre die Rechtslage eindeutig, alle staatlichen Untergliederungen in Deutschland wären an die Konvention gebunden, entgegenstehendes Bundes- oder Landesrecht könnte im Zweifel gem. Art. 93 Abs. 1 Nr. 2 GG oder im Rahmen einer Verfassungsbeschwerde gem. Art. 93 Abs. 1 Nr. 4a GG vom *BVerfG* für nichtig oder für mit dem Grundgesetz unvereinbar erklärt werden gem. § 31 Abs. 2 BVerfGG.

IV. Einfaches Bundesrecht

Im Rang einfachen Bundesrechts können die Bestimmungen der UN-BRK auf widersprechendes bereits bestehendes Bundesrecht treffen, sodass ein Konflikt über die Frage entstehen kann, welches Recht anwendbar sei. Der Rang des einfachen Bundesrechts bedeutet aber nicht, dass die UN-BRK selbst ein Bundesgesetz wäre, das gem. Art. 31 GG Landesrecht brechen würde. Dies überzeugt, denn sonst könnte der Bund durch den Abschluss völkerrechtlicher Verträge

261 *Lingnau* und *Waldschmidt*: Vortrag „Soziale Teilhabe in Europa: aktuelle Entwicklungen in der Behindertenpolitik“ auf der internationalen Tagung „Mit Behinderung in Europa; 13. Internationale ökumenische Fachtagung zur Pastoral mit Menschen mit geistiger Behinderung am 23.-27. März 2009 in Aachen, S. 25, siehe http://idis.uni-koeln.de/wp-content/uploads/waldschmidt-lingnau-2009_-soziale-telhabe-in-europa_de.pdf.

eine Gesetzgebungskompetenz auch in den Bereichen erlangen, in denen sie ihm nach dem Grundgesetz nicht zustünde.[262]

D. Umsetzungspflicht der Länder aus anderen rechtlichen Gesichtspunkten auch ohne rechtliche Geltung der UN-BRK

Von der Rechtsgeltung zu unterscheiden ist die Frage, ob sich für die Länder trotz fehlender rechtlicher Geltung der UN-BRK aus verfassungsrechtlichen Gesichtspunkten eine Pflicht zur Umsetzung der UN-BRK ergeben könnte.

I. (Keine) Gesetzgebungspflicht aufgrund der Gesetzgebungskompetenz

Von der Gesetzgebungskompetenz der Länder auf eine sich hieraus ergebende Umsetzungsverpflichtung zu schließen, ist nicht statthaft. Art. 70 Abs. 1 GG regle nicht eine Umsetzungspflicht,[263] ebenso gebe die Vorschrift kein subjektives Recht auf Gesetzgebung, wie *Heintzen* im Bonner Kommentar betont.[264]

II. Bundestreue bzw. Grundsatz des bundesfreundlichen Verhaltens

1. Grundsatz der Bundes- und Landestreue

Ein möglicher Ansatzpunkt für eine Umsetzungsverpflichtung seitens der Länder könnte der Grundsatz der Bundestreue bzw. des bundesfreundlichen Verhaltens der Länder sein.[265] Dies ist ein anerkannter, ungeschriebener Grundsatz, der aus dem Bundesstaatsprinzip des Art. 20 GG abgeleitet wird.[266] Das *BVerfG* formuliert ihn so, „dass sowohl der Bund als auch die Länder bei der Wahrnehmung ihrer Kompetenzen die gebotene und ihnen zumutbare Rücksicht auf das Gesamtinteresse des Bundesstaates und auf die Belange der Länder nehmen".[267] Mit dem Wort „Bundestreue" wird dieser Grundsatz also nur zur Hälfte beschrieben, denn er beruht auf Gegenseitigkeit. Neben der Bundestreue

---

262 *Hartwig*, *ZaöRV* 2013, Bd. 73, 735, 744–745, unter Hinweis auf Beschl. d. *BVerwG* v. 13.12.10.

263 *Heintzen*, in: *BK* (109. EL, 2003), Art. 70 Rn. 44.

264 *Heintzen*, in: *BK* (109. EL, 2003), Art. 70 Rn. 50.

265 Dafür *Heintzen*, in: *BK* (109. EL, 2003), Art. 70 GG Rn. 63 und Rn. 50; ebenso *Kreutz*, in: *Kreutz u. a.*, Art. 24 UN-BRK Rn. 5.

266 Statt vieler: *Bauer*, in: *Dreier* Art. 20 Rn. 45.

267 *BVerfG*, Urt. v. 22.03.95, Az.: 2 BvG 1/89, *juris* Rn. 117 = BVerfGE 92, 203, 230.

umfasst er auch die Landestreue, verlangt also nicht nur von den Ländern, die Interessen des Bundes zu wahren, sondern umgekehrt auch vom Bund, die Interessen der Länder angemessen zu berücksichtigen. Daraus folgt, dass der Bund sich einem Land gegenüber nur dann auf den Grundsatz der Bundestreue berufen kann, wenn er sich seinerseits landestreu verhalten hat. So läge der Fall hier, da der Bund – wie in der Lindauer Absprache vorgesehen – vorab die Zustimmung der Länder zur Ratifizierung der UN-BRK eingeholt hat.

2. *Positive Gesetzgebungspflicht*

Von einigen Autoren wird vertreten, das Rücksichtnahmegebot der Bundestreue ziehe Gesetzgebungspflichten nach sich.[268] Im Fall der Umsetzung völkerrechtlicher Verträge in der Gesetzgebungszuständigkeit der Länder ist *Degenhardt* der Ansicht, „nur ganz ausnahmsweise" seien „positive Gesetzgebungspflichten aus dem Grundsatz der Bundestreue abzuleiten. Nach vorheriger Absprache zwischen Bund und Ländern seien diese Pflichten auf ein verfassungsrechtlich rezipiertes Verbot des *venire contra factum proprium* zurückzuführen".[269] Dies klingt in der Tat einleuchtend, mag man sich doch fragen, wozu das in der Lindauer Absprache vorgesehene Prozedere durchgeführt werden sollte, wenn anschließend die Länder eine Umsetzung des völkerrechtlichen Vertrages unter Hinweis auf dessen mangelnde Rechtsgeltung innerhalb ihres Zuständigkeitsbereiches verweigern könnten. Bemerkenswert ist, dass eine derart begründete Verweigerung in der Praxis noch nie vorgekommen ist. Insofern entfaltet die Lindauer Absprache tatsächlich die bereits oben beschriebene befriedende Wirkung.[270]

3. *Ablehnende Meinungen in der Literatur*

Im Schrifttum wird eine Umsetzungspflicht aus dem Gesichtspunkt der Bundestreue dennoch überwiegend abgelehnt: Zwar ist man sich einig, dass die Bundestreue im Bereich der auswärtigen Beziehungen von erheblicher Bedeutung sei und die Länder die Verpflichtungen einhalten müssten, die sich aus vom Bund

---

268 Dafür speziell im Hinblick auf die UN-BRK: *Kotzur* und *Richter*, Anmerkungen zur Geltung und Verbindlichkeit der Behindertenrechtskonvention im deutschen Recht, in: *Welke*, S. 91, Rn. 19; ebenso *Krajewski*, Völkerrecht § 5, Rn. 65; allgemein hält auch *Hartmut Bauer* in seiner Habilitationsschrift Gesetzgebungspflichten der Länder zur Erfüllung völkerrechtlicher Verträge für möglich, Bundestreue, S. 329–330.

269 *Degenhardt*, in: *Sachs*, Art. 70, Rn. 66.

270 Unter Berufung auf *Papier*, *DÖV* 2003, 265 (269): *Bernhard*, Bildungssystem, 148.

geschlossenen völkerrechtlichen Verträgen ergäben.[271] Jedoch sind die meisten Autoren der Meinung, der Grundsatz der Bundestreue würde überdehnt werden, wenn dadurch die verfassungsmäßige Kompetenzverteilung zwischen Bund und Ländern unterlaufen werden könnte.[272] Die Bundestreue sei akzessorisch zu einer bestehenden Kompetenz oder Pflicht,[273] könne aber selbst keine Kompetenz begründen[274] oder verschieben.[275] *Bethge* ergänzt, dem Prinzip der Bundestreue fehle eine eigenständige kompetenzbegründende Funktion.[276]

Rux geht im Zusammenhang mit Art. 24 UN-BRK auf das Problem ein. Ausdrücklich sieht er die Landesgesetzgeber „trotz des Grundsatzes der Bundestreue und ungeachtet der völkerrechtlichen Verbindlichkeit der BRK für die Bundesrepublik Deutschland aufgrund der – nach den Vorgaben der jeweiligen Landesverfassung – kompetenzwidrigen Zustimmung der Landesregierung zur BRK" bisher nicht in der Pflicht, den Vorrang des inklusiven Unterrichts in das jeweilige Landesschulgesetz zu übernehmen. Selbst wenn man davon ausgehe, dass sich aus Art. 24 BRK an und für sich ein Rechtsanspruch auf diskriminierungsfreien Zugang zu den allgemeinen Schulen herleiten ließe, werde dieser Rechtsanspruch erst mit der Transformation durch den jeweiligen Landesgesetzgeber wirksam.[277] Diese verfassungsrechtlichen Bedenken erscheinen insgesamt so schwerwiegend, dass nach Ansicht der Verf. eine Umsetzungspflicht der Länder aus dem Gesichtspunkt der Bundestreue nicht hergeleitet werden kann.

4. *Hilfsweise: Wirkung der Bundestreue auf kommunaler Ebene*

Folgte man entgegen der hier vertretenen Meinung der Ansicht, dass die Länder aus dem Gesichtspunkt der Bundestreue zur Umsetzung der UN-BRK verpflichtet wären, so könnte dieses Ergebnis nicht ohne weiteres auf die Kommunen übertragen werden. Vielmehr stellte sich dann die Frage, ob die Verpflichtung zur Bundestreue für Kommunen in gleicher Weise gelten würde wie für die Länder. Mit dieser Frage setzte sich *Hartmut Bauer* in seiner Habilitationsschrift

---

271 *Maunz/Dürig/Grzeszick*, Art. 20 Rn. 129; *BeckOK GG/Huster/Rux* GG Art. 20 Rn. 37; *Sodan/Ziekow*, Grundkurs Öffentliches Recht, § 8, Rn. 37.

272 *Maunz/Dürig/Grzeszick*, Art. 20 Rn. 129.

273 Siehe *Maunz/Schmidt-Bleibtreu/Klein/Bethge*, BVerfGG, § 69 Rn. 23.

274 *Heintzen*, in: *BK* (109. EL, 2003), Art. 70 Rn. 60; *Heintzen* spricht sich dagegen aus, Pflichten der Länder zur Koordinierung ihrer Gesetzgebung mit Kompetenzen zu begründen, *Heintzen*, in: *BK* (109. EL, 2003), Art. 70 Rn. 63.

275 *Maunz/Dürig/P. Kirchhof* GG Art. 3 Rn. 169.

276 Siehe *Maunz/Schmidt-Bleibtreu/Klein/Bethge*, BVerfGG § 69 Rn. 23.

277 *BeckOK GG/Huster/Rux GG* Art. 20 Rn. 38.1.

ausführlich auseinander.[278] Er wies nach, dass eine „Bundestreue der Gemeinden" zunächst abgelehnt wurde,[279] dann aber vereinzelt sogar Eingang in die Rechtsprechung der Verwaltungsgerichte fand.[280] *Bauer* belegte anhand mehrerer Entscheidungen des *BVerfG*, dass sich der Grundsatz der Bundestreue auf das Verhältnis zwischen Bund und Ländern beziehe und sich folglich auch darauf beschränken sollte[281], auch wenn die Gemeinden staatsrechtlich „Teile" der Länder darstellten und an das Verfassungsrecht gebunden seien.[282] Den überzeugenden Argumenten von *Bauer* ist zu folgen, mit dem Ergebnis, dass aus dem Gesichtspunkt der Bundestreue eine Verpflichtung der Gemeinden zur Umsetzung der UN-BRK nicht hergeleitet werden kann.

III. Selbstverpflichtung der Länder durch Zustimmung zum Vertragsgesetz

Eine Umsetzungspflicht der UN-BRK seitens der Länder könnte sich auch daraus ergeben, dass die Länder sich im Rahmen der Lindauer Absprache durch ihre Zustimmung zur Ratifizierung der UN-BRK selbst zur Umsetzung verpflichtet haben. Problematisch an der Beteiligung der Länder ist, wie Rux im Nebensatz zusammenfasst,[283] dass die Zustimmung der Länder im Bundesrat eingeholt wurde, der Bundesrat aber ein Bundesorgan und kein Organ der Länder ist. Zugestimmt haben dementsprechend die Landesregierungen, aber nicht die Landtage, wie es verfassungsrechtlich erforderlich gewesen wäre. Hätten sie dies getan, hätte die UN-BRK entsprechend der jeweiligen Landesverfassung – im Fall von Bayern gemäß Art. 70 Abs. 1 und Abs. 3 BV[284] – Gesetzeskraft und somit Rechtsgeltung in Bayern erlangt. Ist dies jedoch nicht der Fall, kann aus der Selbstverpflichtung eines Landes keine Umsetzungspflicht des Landes hergeleitet werden, weil die Selbstverpflichtung dann nicht verfassungsgemäß zustande gekommen ist.

---

278 *Hartmut Bauer*, Bundestreue, 297–302.
279 *Hartmut Bauer*, Bundestreue, 298.
280 *Hartmut Bauer*, Bundestreue, 299.
281 *Hartmut Bauer*, Bundestreue, 300.
282 *Hartmut Bauer*, Bundestreue, 301.
283 *BeckOK GG/Huster/Rux GG* Art. 20 Rn. 38.1.
284 Parallelvorschriften gibt es auch in anderen Landesverfassungen für ausdrückliche, allgemeine Gesetzesvorbehalte: Art. 34 a, 58 VerfBW; Art. 59 Abs. 1 BerlVerf; Art. 2 Abs. 2 HessVerf; Art. 41 NdsVerf; Art. 2 VerfRHPf; Art. 2 SaarlVerf, Quelle: PdK Bayern, Verfassung des Freistaates Bayern, BV Art. 70, Formelle Gesetze.

IV. Zwischenergebnis

Eine Rechtspflicht Bayerns, die UN-BRK auf Landesebene umzusetzen, lässt sich aus keinem rechtlichen Gesichtspunkt herleiten. Den weiteren Ausführungen in dieser Arbeit zur Umsetzung der UN-BRK in Bayern – insbesondere auf gemeindlicher Ebene – liegt also die Auffassung zugrunde, dass Umsetzungsmaßnahmen auf freiwilliger Basis erfolgen. Damit besteht auch keine Möglichkeit, die staatlichen Organe auf dem Rechtsweg zu bestimmten Maßnahmen oder Unterlassungen zu zwingen. Die Freiwilligkeit spricht jedoch nicht gegen eine weitere vertiefte rechtliche Untersuchung des Themas, zumal es bereits einen tatsächlichen Stand der Umsetzung der UN-BRK auf Landes- und Gemeindeebene gibt. Es spricht viel dafür, dass diese Maßnahmen, auch wenn sie freiwillig erfolgen, nicht der Beliebigkeit anheim gegeben werden sollten, sondern, dass durch nachvollziehbare formale und inhaltliche Vorgaben die Umsetzung der Konvention in bayerischen Gemeinden erleichtert und gefördert werden kann. Die Länder sind gefordert, in ihrer Zuständigkeit Gesetze zu schaffen oder zu ändern; zum Teil ist dies bereits geschehen.[285] Von Art. 19 UN-BRK könnte, weil es hier um Deinstitutionalisierung geht, auch das Heimrecht betroffen sein.

E. Unmittelbare Anwendbarkeit der UN-BRK

Man unterscheidet zwischen Anwendbarkeit der UN-BRK nach Umsetzung in nationales Recht bzw. Landesrecht und unmittelbarer Anwendbarkeit der Konvention. Über ihre unmittelbare Anwendbarkeit kann keine pauschale Aussage getroffen werden. Vielmehr ist für jede Vorschrift danach zu fragen, ob sie self-executing ist oder nicht. Self-executing und damit unmittelbar anwendbar sind Vorschriften, die bestimmt genug sind, um aus sich heraus, ohne vorherigen gesetzgeberischen Umsetzungsakt vollzogen zu werden. Ist dies der Fall, so ist die Vorschrift sofort und unmittelbar von allen Trägern öffentlicher Gewalt anzuwenden. Da die Rechtsgeltung der UN-BRK auf Bundesebene durch das Zustimmungsgesetz herbeigeführt wurde, kann hier eine unmittelbare Anwendbarkeit gegeben sein. Dabei kommt es auf den Inhalt der jeweiligen Vorschriften an.[286] Teile einer Vorschrift können self-executing sein, andere nicht. So ist zum Beispiel innerhalb des Art. 19 UN-BRK der Buchstabe a), die Wahlfreiheit behinderter Menschen hinsichtlich ihrer Wohnform sowie die Bestimmung,

---

285 Beispiel: G zur Änderung des Bayerischen Gesetzes über das Erziehungs- und Unterrichtswesen v. 20.07.11, GVBl. S. 313.

286 *v. Arnauld*, Völkerrecht, Rn. 503.

dass behinderte Menschen nicht verpflichtet seien, in bestimmten Wohnformen zu leben, self-executing,[287] die Buchstaben b) und c) sind es dagegen mangels Bestimmtheit nicht.[288] Die wichtigste aus sich selbst heraus vollziehbare Vorschrift der UN-BRK ist das Diskriminierungsverbot des Art. 5 Abs. 2 UN-BRK, das vom Bund bzw. seinen Trägern öffentlicher Gewalt zu beachten ist.

> „Die Vertragsstaaten verbieten jede Diskriminierung aufgrund von Behinderung und garantieren Menschen mit Behinderungen gleichen und wirksamen rechtlichen Schutz vor Diskriminierung, gleichviel aus welchen Gründen."

Der Grundsatz der Nichtdiskriminierung durchzieht die UN-BRK gleichsam wie ein roter Faden. Er kommt in mehreren Vorschriften vor, darunter Art. 4 Abs. 1 UN-BRK, in welchem die Unterzeichner-Staaten sich verpflichten,

> „die volle Verwirklichung aller Menschenrechte und Grundfreiheiten für alle Menschen mit Behinderungen ohne jede Diskriminierung aufgrund von Behinderung zu gewährleisten und zu fördern".

Vorschriften, die zu unbestimmt sind, um unmittelbar aus sich selbst heraus angewendet zu werden, die also non-self-executing sind, bedürfen zu ihrer Anwendung der vorherigen Umsetzung in Bundesrecht oder in Landesrecht. Dazu gehört ohne Zweifel auch der in dieser Arbeit zu untersuchende Art. 19 Buchst. c) UN-BRK, der – sinnvollerweise – den größtmöglichen Spielraum für seine Umsetzung lässt. In seiner deutschen Übersetzung lautet Art. 19 UN-BRK:

> „Unabhängige Lebensführung[289] und Einbeziehung in die Gemeinschaft
> Die Vertragsstaaten dieses Übereinkommens anerkennen das gleiche Recht aller Menschen mit Behinderungen, mit gleichen Wahlmöglichkeiten wie andere Menschen in der Gemeinschaft zu leben, und treffen wirksame und geeignete Maßnahmen, um Menschen mit Behinderungen den vollen Genuss dieses Rechts und ihre volle Einbeziehung in die Gemeinschaft und Teilhabe an der Gemeinschaft zu erleichtern[290], indem sie unter anderem gewährleisten, dass

---

287 *Trenk-Hinterberger* in *Kreutz u. a.*, Art. 19 Rn. 7 und 9.

288 *Trenk-Hinterberger* in *Kreutz u. a.*, Art. 19 Rn. 10–12.

289 Die Schattenübersetzung verwendet anstelle von „Unabhängige Lebensführung" den von der deutschen Behindertenbewegung geprägten Begriff „Selbstbestimmt Leben", siehe www.netzwerk-artikel-3.de/attachments/article/93/093_schattenuebersetzung-endgs.pdf; zum Selbstbestimmten Leben behinderter Menschen siehe auch die Ausführungen im ersten Kapitel, S. 69.

290 Laut Schattenübersetzung „ermöglichen", wie vorherige Fußnote.

a) Menschen mit Behinderungen gleichberechtigt[291] die Möglichkeit haben, ihren Aufenthaltsort zu wählen und zu entscheiden, wo und mit wem sie leben, und nicht verpflichtet sind, in besonderen Wohnformen zu leben;
b) Menschen mit Behinderungen Zugang zu einer Reihe von gemeindenahen Unterstützungsdiensten zu Hause und in Einrichtungen sowie zu sonstigen gemeindenahen Unterstützungsdiensten haben, einschließlich der persönlichen Assistenz, die zur Unterstützung des Lebens in der Gemeinschaft und der Einbeziehung in die Gemeinschaft sowie zur Verhinderung von Isolation und Absonderung von der Gemeinschaft notwendig ist;
c) gemeindenahe Dienstleistungen[292] und Einrichtungen für die Allgemeinheit Menschen mit Behinderung auf der Grundlage der Gleichberechtigung zur Verfügung stehen und ihren Bedürfnissen Rechnung tragen.“

Wie gezeigt erfolgte aber keine Umsetzung der gesamten UN-BRK in Landesrecht, daher fehlt es im Bereich der ausschließlichen Länderzuständigkeit bereits an einer Rechtsgeltung der UN-BRK[293], sodass auch kein Raum für deren unmittelbare Anwendung im Bereich der Länder bleibt. Damit kommt in den Ländern auch das Diskriminierungsverbot nicht unmittelbar zur Anwendung.

F. Umsetzung und Durchsetzung der UN-BRK auf Bundesebene

I. Nationaler Aktionsplan (NAP)

Für seinen eigenen Zuständigkeitsbereich hat der Bund den Nationalen Aktionsplan (NAP) als Instrument zur Umsetzung der UN-BRK gewählt.[294] Der erste NAP wurde im Auftrag der Bundesregierung von der *Prognos AG* evaluiert.[295] In dem Forschungsbericht heißt es gleich zu Beginn, es sei Auftrag des NAP,

---

291 Laut Schattenübersetzung „gleichberechtigt mit anderen“, wie vorherige Fußnote.

292 In der Schattenübersetzung heißt es statt „gemeindenahe Dienstleistungen“ „Dienste in der Gemeinde“, wie vorherige Fußnote.

293 *VGH Kassel*, Urt. v. 12.11.09, Az.: 7 B 2763/09.

294 *BMAS*, Unser Weg in eine inklusive Gesellschaft, Der Nationale Aktionsplan der Bundesregierung zur Umsetzung der UN-Behindertenrechtskonvention, www.bmas.de/SharedDocs/Downloads/DE/PDF-Publikationen/a740-nationaler-aktionsplan-barrierefrei.pdf?__blob=publicationFile&v=2.

295 *BMAS*, Sozialforschung, Forschungsbericht 446, Evaluation des Nationalen Aktionsplans der Bundesregierung zur Umsetzung der UN-Behindertenrechtskonvention, www.bmas.de/SharedDocs/Downloads/DE/PDF-Publikationen/forschungsbericht-f446.pdf;jsessionid=66EB9BB111B3686791FD82E3A44E27AC?__blob=publicationFile&v=2.

Aktivitäten zur Umsetzung der UN-BRK zu koordinieren, *die in der Zuständigkeit des Bundes liegen.*[296] Die Maßnahmen würden überwiegend von Bundesministerien verantwortet. Insgesamt umfasse der NAP 242 Maßnahmen, die zwölf thematischen Handlungsfeldern zugeordnet seien. Hinzu kämen Maßnahmen aus dem Bereich Bewusstseinsbildung.[297] Der konkrete Weg zur Umsetzung der Rechte behinderter Menschen werde in der UN-BRK nicht vorgeschrieben; eine Verpflichtung, nationale Aktionspläne zu entwickeln, bestehe nicht. Insofern ließen sich aus dem Vertragstext auch keine direkten Anforderungen an dieses Instrument ableiten. Da der NAP in Deutschland jedoch das zentrale Instrument der Bundesregierung zur Umsetzung der Rechte aus der UN-BRK auf bundesstaatlicher Ebene darstelle, solle er sich nach Ansicht von *Prognos AG* an den Vorgaben der UN-BRK orientieren.[298]

II. Weitere Möglichkeiten des Bundes, die Erfüllung seiner völkerrechtlichen Verpflichtungen sicherzustellen

1. Gesetzgebung im Kompetenzbereich des Bundes

Im Bereich seiner ihm vom Grundgesetz zugewiesenen Gesetzgebungskompetenzen kann der Bund zur Umsetzung der UN-BRK selbst Gesetze schaffen oder ändern. Dies betrifft zum Beispiel die in den Sozialgesetzbüchern geregelten Inhalte, wie etwa die Pflegeversicherung nach SGB XI und Eingliederungshilfe für Menschen mit Behinderung nach SGB XII, die unter anderem das Wohnen (Art. 19 Buchst. a UN-BRK) sowie Pflege und Assistenz behinderter Menschen (Art. 19 Buchst. b UN-BRK) regeln. Sie sind Gegenstände der konkurrierenden Gesetzgebung des Bundes gemäß Art. 74 Abs. 1 Nr. 7 GG, nämlich öffentliche Fürsorge (ohne Heimrecht). Unter öffentlicher Fürsorge wird schon seit der Weimarer Reichsverfassung, in der sie noch „örtliche Armenpflege" hieß, die kollektive Unterstützung bei individueller Bedürftigkeit verstanden.[299] Das gesamte deutsche Sozialrecht wird üblicherweise hierunter subsumiert. Zur Umsetzung von Art. 19 Buchst. a) und b) UN-BRK besteht Änderungsbedarf beim Wunsch- und Wahlrecht nach § 8 SGB IX n. F. sowie beim Kriterium der unverhältnismäßigen Mehrkosten gem. § 9 Abs. 2 Satz 3 SGB XII n. F.[300] Da

296 Hervorhebung durch d. Verf., Evaluation, S. 1, wie vorherige Fußnote.

297 Evaluation S. 1, wie vorherige Fußnote.

298 Evaluation, S. 13, wie vorherige Fußnote.

299 Statt vieler: *Beck*OK GG/*Seiler* GG Art. 74 Rn. 23.

300 Dafür auch *Trenk-Hinterberger* in *Kreutz u. a.*, Art. 19 Rn. 13; ebenso *Banafsche* in *Welke*, Art. 19, Rn. 39.

eine Änderung aber unterblieben ist, sind die Vorschriften konventionskonform dahingehend auszulegen, dass eine Heimunterbringung gegen den Willen des Betroffenen stets unzumutbar ist. Auch auf diese Weise könnte dem Recht behinderter Menschen, ihre Wohnform zu wählen, Rechnung getragen werden. Diese Auslegung müsste auch von den Behörden der kommunalen Ebene vorgenommen werden; in Bayern sind die Bezirke für die Eingliederungshilfe und die Hilfe zur Pflege zuständig.

2. Gesetzgebung im Kompetenzbereich von Ländern und Gemeinden

Keine Gesetzgebungskompetenz hat der Bund dagegen bei der Umsetzung von Art. 19 Buchst. c) UN-BRK, der den hier behandelten Bereich der Kommunen betrifft. Zwar wird der Begriff der öffentlichen Fürsorge nach der Rechtsprechung des *BVerfG* „nicht eng" ausgelegt.[301] Aber auch bei großzügiger Auslegung passt die Definition der öffentlichen Fürsorge im Sinne von Art. 74 Abs. 1 Nr. 7 GG nicht zu den in Art. 19 Buchst. c) genannten Zielen der UN-BRK, denn hier geht es gerade nicht darum, dass die Allgemeinheit hilft, ein Einzelschicksal abzumildern, sondern darum, auf allen staatlichen Ebenen einen gleichberechtigten, diskriminierungsfreien Zugang zu öffentlichen Einrichtungen herzustellen. Der im ersten Kapitel behandelte Paradigmenwechsel wird relevant: Behinderung wird nicht als Einzelschicksal sondern als gesellschaftliche Aufgabe verstanden. Ohne Kompetenztitel im Grundgesetz hat der Bund verfassungsrechtlich keine Möglichkeit durch Akte eigener Gesetzgebung dafür Sorge zu tragen, dass Art. 19 Buchst. c) UN-BRK umgesetzt wird. Es ist dem Bund gem. Art. 84 Abs. 1 Satz 7 GG ausdrücklich verboten, den Gemeinden und Gemeindeverbänden durch Bundesgesetz Aufgaben zu übertragen. Art. 19 UN-BRK besagt, dass die Konvention auch und gerade auf der gemeindlichen Ebene umzusetzen ist. Völkerrechtlich kann die Bundesrepublik Deutschland sich ihrer vertraglichen Verpflichtung nicht mit dem Hinweis auf fehlende bzw. anderweitig geregelte Zuständigkeiten entziehen, sie muss vielmehr die Einhaltung ihrer völkerrechtlichen Verpflichtung aus Art. 19 UN-BRK sicherstellen. Nach deutschem Verfassungsrecht kann sie dies aber nicht durch eine direkte Übertragung von Aufgaben an die Gemeinden erreichen. Denkbar wäre, den Kommunen zweckgebundene Fördermittel des Bundes zur Verfügung zu stellen, um Anreize für die Schaffung der in Art. 19 Buchst. c) erwähnten Einrichtungen und Dienste zu geben. Die Realität sieht allerdings eher so aus, dass Bund und

301 BVerfGE 88, 203, 329 f = *NJW* 1993, 1751, 1772.

Länder betonen, jede staatliche Ebene müsse ihre Verpflichtungen aus der UN-BRK eigenständig erfüllen.

3. *Einflussmöglichkeiten des Bundes auf Länder und Kommunen*

Einen „Umweg" über die Länder, dass der Bund diese informell anhalte, Gesetze zur Umsetzung der UN-BRK zu erlassen, die dann auch die Kommunen zur Umsetzung der UN-BRK verpflichten könnten, kann der Bund ebenfalls nicht nehmen; denn die Länder trifft, wie oben gezeigt, keine Gesetzgebungspflicht aus der UN-BRK. Allenfalls könnte der Bund versuchen, die Länder dazu zu bewegen, dass sie in jeweils verfassungsgemäßer Weise die gesamte UN-BRK auf Landesebene in Geltung setzen. Würden dem alle Länder folgen, könnte eine flächendeckende gesetzliche Verpflichtung aller staatlichen Ebenen in Deutschland aus der UN-BRK erreicht werden. Ob die Länder dies tun würden, ist fraglich. Es wird aber ohnehin keine Notwendigkeit dafür gesehen, da die Politik allgemein davon ausgeht, dass die Zustimmung der Länder nach der Lindauer Absprache ausreicht, um deren Umsetzungswillen zu bekunden. Eine Möglichkeit wäre, einen informellen Austausch zwischen der Beauftragten der Bundesregierung für die Belange behinderter Menschen, den Behindertenbeauftragten der Länder und denen der Gemeinden als feste Institution einzurichten.[302] Auf diese Weise würde der Bund regelmäßig mitbekommen, welche Pläne auf der Ebene der Länder und Gemeinden diskutiert und in Kraft gesetzt werden, welche Anstrengungen konkret unternommen werden, um die UN-BRK jeweils umzusetzen und wie weit die Bemühungen fortgeschritten sind. Dies würde ihm helfen, dem Ausschuss für die Rechte behinderter Menschen korrekt über den Stand der Umsetzung in Deutschland zu berichten. Allerdings ist auch zu berücksichtigen, dass die Verpflichtung zu regelmäßiger Gremienarbeit eine starke Belastung gerade der oft ehrenamtlich arbeitenden kommunalen Behindertenbeauftragten zur Folge hätte, die nicht von allen geleistet werden kann.

---

302 Zwischen den Behindertenbeauftragten der Länder und der Beauftragten der Bundesregierung für die Belange von Menschen mit Behinderungen gibt es informelle Treffen, zuletzt traf man sich im Juni 2016 in Saarbrücken, siehe Pressemitteilung v. 07.06.16, www.behindertenbeauftragte.de/SharedDocs/Pressemitteilungen/DE/2016/PM12_SaarbrueckerErklaerung.html.

G. Zusammenfassung des zweiten Kapitels

Grundlage für das zweite Kapitel ist die Erkenntnis, dass die völkerrechtlichen Verpflichtungen aus der UN-BRK ausschließlich die Bundesrepublik Deutschland, also den Bund, betreffen. Die Arbeit hat gezeigt, dass die föderalen Strukturen in Deutschland es der Bundesrepublik Deutschland erschweren, die Erfüllung ihrer völkerrechtlichen Verpflichtungen aus der UN-BRK sicherzustellen. Als Hemmschuh für die Umsetzung der UN-BRK erweist sich insbesondere der Umstand, dass die Länder auf Gebieten ihrer ausschließlichen Gesetzgebungskompetenz keine Verpflichtung zur Gesetzgebung haben, weil eine Gesetzgebungskompetenz keine Gesetzgebungsverpflichtung nach sich zieht. Davon sind so wichtige Bereiche wie die inklusive Schule für behinderte Kinder, aber auch die hier zu behandelnde Umsetzung der UN-BRK auf kommunaler Ebene betroffen. Erschwerend kommt hinzu, dass in den Ländern die UN-BRK keine Rechtsgeltung hat, weil keines der Länder den Inhalt der Konvention in verfassungsgemäßer Weise in das Landesrecht inkorporiert hat. Das führt dazu, dass nicht einmal die Teile des Übereinkommens, die nach dem Völkerrecht unmittelbar anwendbar wären, in den Ländern überhaupt Rechtsgeltung erlangt haben. Eine unmittelbare Berufung behinderter Personen auf das wichtige Diskriminierungsverbot ist deshalb in den Ländern nicht möglich. Die Behörden und Gerichte der Länder können sich insoweit darauf berufen, nicht an die UN-BRK gebunden zu sein, und sie machen zum Teil von dieser Möglichkeit Gebrauch. Daher bleiben lediglich Möglichkeiten der finanziellen Förderung sowie informelle Möglichkeiten des Bundes zur Einflussnahme auf Länder und Kommunen. Zugleich wird der Hinweis auf fehlende Gesetzgebungskompetenzen vom Bund als Ausrede für die mangelnde Umsetzung der UN-BRK in Deutschland benutzt. An der völkerrechtlichen Verpflichtung, für die Umsetzung zu sorgen, ändert dies jedoch nichts.

Kapitel 3: Umsetzung des Art. 19 UN-BRK mittels Aktionsplänen

Abstract: The third chapter is about the requirements that are laid down in the CRPD, such as acceptance of the right of persons with disabilities to live independently and the freedom of choice, where and with whom they want to live. This chapter is about disabled people's possibilities to be included in the community. It discusses the question whether an action plan is an appropriate mean of implementation of the CRPD.

Key words: requirements laid down in the CRPD, acceptance of the right on independent living, inclusion in the community, action plan, means of implementation

A. Anforderungen des Art. 19 UN-BRK

Bei der Umsetzung von Art. 19 UN-BRK stellt sich die Frage, was konkret von den Unterzeichnerstaaten geleistet werden muss. Völkerrechtlich ist von Bedeutung, um welche Art von Verpflichtung es sich dabei handelt, denn die Konvention verfolgt einen ganzheitlichen Ansatz des Menschenrechtsschutzes mit staatlichen Achtungs-, Schutz-, und Gewährleistungspflichten,[303] die sich in der konkreten Anforderung an die Vertragsstaaten unterscheiden. In einem föderalen Staat wie Deutschland kommt die weitere Frage hinzu, welche staatliche Ebene die jeweilige Umsetzungsverpflichtung zu erfüllen hat.

I. Anerkennung des Rechts auf ein selbstbestimmtes Leben

Die Vertragsstaaten haben mit der Unterzeichnung der UN-BRK zugesagt, das Recht von Menschen mit Behinderung auf ein selbstbestimmtes Leben[304] anzuerkennen, nämlich

303 *Degener,* Implementierung der UN-BRK – das Menschenrechtsmodell umsetzen, Vortrag auf der Konferenz „Inklusive Gemeinwesen planen“ am 27./28. März 2014 an der Universität Siegen, siehe http://inkluplan.uni-siegen.de/documentation/thursday/plenary/degener-_speaking_notes_siegen.pdf S. 3.

304 Wie im ersten Kapitel dargestellt, ist „selbstbestimmt leben“ der seit langem etablierte Fachausdruck für das englische „independent living“; diesen verwendet d. Verf. daher entsprechend der Schattenübersetzung anstelle von „unabhängige Lebensführung“, siehe www.netzwerk-artikel-3.de/dokum/schattenuebersetzung-endgs.pdf.

> „das gleiche Recht aller Menschen mit Behinderungen, mit gleichen Wahlmöglichkeiten wie andere Menschen in der Gemeinschaft zu leben, (...)"

Während man nach früherem Verständnis Menschenrechte traditionell als Abwehrrechte des Bürgers gegenüber dem Staat betrachtete und daraus folgerte, dass aus ihnen keine unmittelbaren Leistungsansprüche gegenüber dem Staat ableitbar seien, hat sich dieses Verständnis inzwischen gewandelt.[305] Die staatlichen Verpflichtungen erstrecken sich nach der heute vorherrschenden Meinung in drei Dimensionen; es gilt also die Achtungspflicht (obligation to respect oder duty to respect), die Schutzpflicht (obligation to protect oder duty to protect) und die Erfüllungs- oder Gewährleistungspflicht (obligation to fulfil oder duty to fulfil). Diese drei Pflichten bilden die sogenannte menschenrechtliche Pflichtentrias. Diese Pflichtentrias gilt auch für das Recht auf ein selbstbestimmtes Leben von Menschen mit Behinderung aus Art. 19 UN-BRK, das also alle staatlichen Organe respektieren, schützen und gewährleisten müssen.[306]

1. Achtungspflicht

Das Recht auf ein selbstbestimmtes Leben behinderter Menschen zu respektieren, bedeutet, dass der Staat selbst es nicht verletzen darf, es sei denn, ein Eingriff könnte gerechtfertigt werden.[307] Würde also ein behinderter Mensch vom zuständigen Sozialhilfeträger aus Kostengründen zum Umzug in ein Heim aufgefordert werden, so würde sich die Frage stellen, ob die fiskalischen Erwägungen als Gründe des Allgemeinwohls ausreichen würden, um diesen Eingriff in das Recht des behinderten Menschen auf ein selbstbestimmtes Leben zu rechtfertigen.

---

305 Statt vieler: *Krajewski*, Völkerrecht § 12, Rn. 41.

306 *Degener*, Implementierung der UN-BRK – das Menschenrechtsmodell umsetzen, Vortrag auf der Konferenz „Inklusive Gemeinwesen planen" am 27./28. März 2014 an der Universität Siegen, siehe http://inkluplan.uni-siegen.de/documentation/thursday/plenary/degener-_speaking_notes_siegen.pdf S. 12.

307 Statt vieler: *Krajewski*, Völkerrecht § 12, Rn. 42.

2. *Schutzpflicht*

Das Recht auf ein selbstbestimmtes Leben zu schützen, beinhaltet die Pflicht, Beeinträchtigungen durch Dritte – also Private – abzuwehren.[308] Art. 19 UN-BRK verlangt von den Unterzeichnerstaaten, dass sie

> „wirksame und geeignete Maßnahmen (treffen), um Menschen mit Behinderungen den vollen Genuss dieses Rechts und ihre volle Einbeziehung in die Gemeinschaft und Teilhabe an der Gemeinschaft zu erleichtern"[309]
> oder – an dieser Stelle weicht die Schattenübersetzung von der halbamtlichen deutschen Übersetzung des Vertragstextes ab –
> „zu ermöglichen[310]".

Die englische und die französische Sprachfassung verwenden an dieser Stelle übereinstimmende Begriffe, nämlich „facilitate" bzw. „faciliter". Während das französische „faciliter" eindeutig mit „erleichtern" ins Deutsche zu übersetzen ist,[311] kann das englische „to facilitate" im Deutschen sowohl die Bedeutung „erleichtern" als auch „ermöglichen" als auch „fördern" annehmen.[312] Angesichts der Bedeutungsunterschiede ist es nachvollziehbar, warum sich die Verfasser der Schattenübersetzung für das deutlich stärkere „ermöglichen" entschieden haben.

Nach den Ausführungen von *Degener* bedeute die Schutzpflicht für ein selbstbestimmtes Leben behinderter Menschen unter anderem, dass Bewohner von Einrichtungen nicht durch die Betreiber von einem Auszug abgehalten werden dürften. Die Betreiber müssten vielmehr aktiv über Möglichkeiten des selbstbestimmten Lebens in der Gemeinde aufklären und ihre Bewohner dazu befähigen.[313] Die UN-BRK verlangt also demzufolge von den Betreibern solcher

---

308 *Krajewski*, Völkerrecht § 12, Rn. 44.

309 Halbamtliche deutsche Übersetzung der UN-BRK, siehe BGBl 2008 II, S. 1419 ff.

310 Schattenübersetzung, siehe www.netzwerk-artikel-3.de/dokum/schattenuebersetzung-endgs.pdf.

311 Siehe z.B. http://de.pons.com/%C3%BCbersetzung/franz%C3%B6sisch-deutsch/faciliter.

312 Siehe z.B. den Eintrag im Online Wörterbuch www.dict.cc/englisch-deutsch/to+facilitate.html.

313 *Degener*, Implementierung der UN-BRK – das Menschenrechtsmodell umsetzen, Vortrag auf der Konferenz „Inklusive Gemeinwesen planen" am 27./28. März 2014 an der Universität Siegen, siehe http://inkluplan.uni-siegen.de/documentation/thursday/plenary/degener-_speaking_notes_siegen.pdf S. 12–13.

Einrichtungen, sich selbst letztlich überflüssig zu machen. Dies unterstreichen die Forderungen von *Albrecht Rohrmann* und *Erik Weber*:

> „Für jede einzelne stationäre Einrichtung muss ein Aktionsplan entwickelt werden, wie diese aufgelöst oder so gestaltet werden kann, dass die Wohnmöglichkeiten dort der Logik des privaten Wohnens folgen und damit dem Anspruch auf ein selbstbestimmtes Leben entsprechen. Dazu gehören mindestens ein eigener, abgeschlossener Wohnbereich und ein Mietvertrag, der nicht an die Erbringung von Unterstützungsleistungen gekoppelt ist."[314]

Die Forderung ist konsequent; aus nachvollziehbaren Gründen wird dies jedoch kaum ein Betreiber aus voller Überzeugung wollen. Ein der Verf. namentlich bekannter Mitarbeiter einer Regensburger Einrichtung äußerte der Verf. gegenüber vor einigen Jahren in einem persönlichen Gespräch, ihm sei bewusst, dass es in seiner Gruppe sehr wohl behinderte Menschen gebe, die mit der entsprechenden Unterstützung eigenständig außerhalb der Einrichtung leben könnten, doch wenn er sie verstärkt in dieser Richtung berate, mache er sich letztlich selbst überflüssig. Deutlicher Widerstand ist zu erwarten, und der von Art. 19 UN-BRK geforderte Prozess der Deinstitutionalisierung wird – wenn überhaupt – nur sehr schleppend verlaufen.

3. *Gewährleistungspflicht*

Die weitestgehende Verpflichtung ist schließlich die Erfüllungs- oder Gewährleistungspflicht. Sie verpflichtet den Staat auf allen Ebenen zur Bereitstellung von Infrastruktur, die behinderten Menschen ein Leben in der Gemeinschaft ermöglicht.[315] Diese Pflicht kommt in Art. 19 Buchst. b) zum Ausdruck, wonach die Vertragsstaaten gewährleisten, dass

> „b) Menschen mit Behinderungen Zugang zu einer Reihe von gemeindenahen Unterstützungsdiensten zu Hause und in Einrichtungen sowie zu sonstigen gemeindenahen Unterstützungsdiensten haben, einschließlich der persönlichen Assistenz, die zur Unterstützung des Lebens in der Gemeinschaft und der Einbeziehung in die Gemeinschaft sowie zur Verhinderung von Isolation und Absonderung von der Gemeinschaft notwendig ist;"

---

314 *Rohrmann/Weber*, S. 233.

315 *Degener*, Implementierung der UN-BRK – das Menschenrechtsmodell umsetzen, Vortrag auf der Konferenz „Inklusive Gemeinwesen planen" am 27./28. März 2014 an der Universität Siegen, siehe http://inkluplan.uni-siegen.de/documentation/thursday/plenary/degener-_speaking_notes_siegen.pdf S. 13.

Mit der Frage, wie dies insbesondere auf kommunaler Ebene konkret bewerkstelligt werden kann, werden sich dieses und die folgenden Kapitel dieser Arbeit befassen.

II. Verbot der erzwungenen Institutionalisierung

Man darf wohl ohne Übertreibung sagen, dass sich in Buchst. a) und b) die größte Sorge vieler Menschen mit Behinderung widerspiegelt, nämlich Angst vor Abschiebung in eine Einrichtung und einem Leben in unfreiwilliger Isolation.

1. Typische Gefahrenlage für Menschen mit Behinderung

Art. 19 UN-BRK sei, so führte *Degener* im März 2014 in einem Vortrag aus, als Weiterentwicklung des Völkerrechts zu sehen.[316] Wie alle Menschenrechtsquellen sei auch die UN-BRK die Antwort auf eine kollektiv als Menschenrechtsverletzung wahrgenommene Ungerechtigkeit, nämlich die Institutionalisierung und Aussonderung von Menschen mit Behinderungen in Heimen und Anstalten und die Exklusion aus dem alltäglichen Leben in der Gemeinde.[317] Als vergleichendes Beispiel führt *Degener* die Unterdrückung der Frau an, ein Thema, bei dem mit der Frauenrechtskonvention von 1979[318] ebenfalls eine Weiterentwicklung des Völkerrechts stattgefunden habe.[319] Art. 19 UN-BRK weist somit auf eine typische Gefahrenlage im Leben von Menschen mit Behinderung hin, die umso brisanter wird, je mehr die Betroffenen im Alltag auf die Hilfe anderer angewiesen sind. Dies gilt nicht nur für ein Leben im Heim, sondern ebenso für das Leben in der Familie, denn auch dort kann es ohne die notwendige Unterstützung leicht

---

316 *Degener*, Implementierung der UN-BRK – das Menschenrechtsmodell umsetzen, Vortrag auf der Konferenz „Inklusive Gemeinwesen planen“ am 27./28. März 2014 an der Universität Siegen, siehe http://inkluplan.uni-siegen.de/documentation/thursday/plenary/degener-_speaking_notes_siegen.pdf, S. 10.

317 Wie vorherige Fußnote.

318 Deutscher Text siehe www.institut-fuer-menschenrechte.de/fileadmin/user_upload/PDF-Dateien/Pakte_Konventionen/CEDAW/cedaw_de.pdf.

319 *Degener*, Implementierung der UN-BRK – das Menschenrechtsmodell umsetzen, Vortrag auf der Konferenz „Inklusive Gemeinwesen planen“ am 27./28. März 2014 an der Universität Siegen, siehe http://inkluplan.uni-siegen.de/documentation/thursday/plenary/degener-_speaking_notes_siegen.pdf, S. 10.

zu einer Isolation behinderter Familienmitglieder kommen.[320] Nicht selten vereinsamen auch die betreuenden Angehörigen.[321]

2. *Streitpunkt subjektives öffentliches Recht aus Art. 19 Buchst. a)*

Aus der typischen Gefahrenlage ergibt sich die zentrale Forderung des Art. 19 UN-BRK, nämlich dass

> „a) Menschen mit Behinderungen gleichberechtigt die Möglichkeit haben, ihren Aufenthaltsort zu wählen und zu entscheiden, wo und mit wem sie leben, und nicht verpflichtet sind, in besonderen Wohnformen zu leben;"

In Buchst. a) wird die Sorge behinderter Menschen, sie könnten zu einem Leben in Einrichtungen gezwungen werden, direkt angesprochen. *Minou Banafsche* weist in ihrer Kommentierung zu Art. 19 UN-BRK überzeugend darauf hin, dass neben stationären Einrichtungen und Heimen, wie man sie heute kennt, künftig noch andere „besondere Wohnformen" für Menschen mit Behinderung entstehen könnten, von denen ebenfalls infrage stünde, ob in ihnen eine Institutionalisierung behinderter Menschen erfolge.[322] Sofern solche Wohnformen den Grundsätzen eines selbstbestimmten Lebens widersprächen, wäre dies zu bejahen, und wären auch diese durch Art. 19 UN-BRK verboten. Die Vorschrift enthält das Verbot eines solchen Zwanges, von dem allerdings umstritten ist, ob es self-executing sei, also ein im Zweifel einklagbares subjektives öffentliches Recht garantiere. Einige Autoren, die sich eingehend mit der UN-BRK beschäftigt haben, sprechen sich dafür aus: *Trenk-Hinterberger* argumentiert mit der Freizügigkeit sowie dem Diskriminierungsverbot und beruft sich außerdem darauf, dass „Maßnahmen" und nicht „angemessene Vorkehrungen" verlangt würden.[323] *Banafsche* stützt ihre Argumentation auf den Normzweck und die Konventionsziele.[324] Auch *Masuch* ist der Meinung, das „Wohnrecht aus Art. 19 UN-BRK" lasse sich ohne Weiteres bei der Anwendung von SGB II, IX und XII einlösen.[325]

---

320 Besonders krasse Fälle gehen durch die Presse wie im Oktober 2016, als bekannt wurde, dass in Bayreuth ein behinderter Mann jahrzehntelang sein Elternhaus nicht verlassen hatte, siehe www.sueddeutsche.de/bayern/familientragoedie-mann-jahrzehntelang-isoliert-1.3191010.

321 Mehr Austausch wünschen sich nach einer Studie der Techniker Krankenkasse 44 % der befragten pflegenden Angehörigen, siehe Pflegestudie der TK, S. 14.

322 *Banafsche*, Art. 19, in: *Welke*, S. 153, Rn. 9.

323 *Trenk-Hinterberger* in *Kreutz u. a.*, Art. 19 Rn. 7 und 9.

324 *Banafsche*, Art. 19, in: *Welke*, S. 156, Rn. 19 f. sowie 24.

325 *Masuch, Peter*, „Die UN-Behindertenrechtskonvention anwenden!" Diskussionsforum Rehabilitations- und Teilhaberecht der *Deutschen Vereinigung für Rehabilitation*

Münning tritt dieser Meinung mit erkennbarer Absicht[326] entgegen; er wendet ein, die Vertragsstaaten seien nach Art. 19 UN-BRK nur zu „wirksamen und geeigneten Maßnahmen“ verpflichtet, die sie also erst noch zu treffen hätten; dazu könne nicht automatisch, ohne weiteren Vollzugsakt, gehören, behinderten Menschen ein Leben außerhalb von Einrichtungen, egal zu welchen Kosten, zu ermöglichen.[327] Es ist tatsächlich kaum vorstellbar, dass dies in allen Vertragsstaaten für alle betroffenen behinderten Menschen, die von zu Hause oder aus einer Einrichtung ausziehen möchten, sofort möglich wäre. *Degener* nimmt im Zusammenhang mit der persönlichen Assistenz an, dass ein Mehrkostenvorbehalt gegen Art. 19 UN-BRK verstoße,[328] lässt aber offen, ob es sich bei Art. 19 um ein bürgerliches oder ein soziales Recht handle: einerseits sei die Freizügigkeit ein bürgerliches Freiheitsrecht, andererseits spreche der Zugang zu sozialen Diensten aber für ein soziales Recht. *Degener* erkennt an, dass selbst bürgerliche und politische Rechte je nach der wirtschaftlichen Situation eines Landes nur schrittweise umgesetzt werden könnten.[329] Auch bei einer Pflicht zur schrittweisen Umsetzung müsse aber, so fährt *Degener* fort, die Achtungspflicht in jeden Fall erfüllt werden, was den Ausbau und Neubau von Heimen und Anstalten auf jeden Fall als unvereinbar mit der UN-BRK erscheinen lasse.[330] Da vor allem

---

(DVfR), Forum D, Diskussionsbeitrag Nr. 5/2012, S. 4, siehe www.reha-recht.de/fileadmin/download/foren/d/2012/D5-2012_UN-Behindertenrechtskonvention_anwenden.pdf; der Autor war bis September 2016 Präsident des *BSG*.

326 *Matthias Münning* ist Sozialdezernent des Landschaftsverbandes Westfalen-Lippe (LWL), eines überörtlichen Trägers der Eingliederungshilfe für Menschen mit Behinderung; die Landschaftsverbände weisen die Besonderheit auf, dass sie zugleich sowohl Anbieter entsprechender Leistungen für Menschen mit Behinderung als auch Kostenträger sind; die Argumentation erfolgt also, anders als bei den zuvor genannten Autoren, aus der Sicht des Kostenträgers.

327 *Münning, Matthias*, Mehrkostenvorbehalt ade?, Subjektiv-öffentliche Rechte aus Art. 19 der UN-BRK?, Diskussionsforum Rehabilitations- und Teilhaberecht der *Deutschen Vereinigung für Rehabilitation (DVfR)*, Forum D, Diskussionsbeitrag Nr. 32/2013, S. 4, siehe www.reha-recht.de/fileadmin/download/foren/d/2013/D32-2013_Subjektiv-%C3%B6ffentliche_Rechte_aus_UN-BRK.pdf.

328 *Degener*, Implementierung der UN-BRK – das Menschenrechtsmodell umsetzen, Vortrag auf der Konferenz „Inklusive Gemeinwesen planen“ am 27./28. März 2014 an der Universität Siegen, siehe http://inkluplan.uni-siegen.de/documentation/thursday/plenary/degener-_speaking_notes_siegen.pdf, S. 12.

329 *Degener*, wie vorherige Fußnote, S. 13–14.

330 *Degener*, Implementierung der UN-BRK – das Menschenrechtsmodell umsetzen, Vortrag auf der Konferenz „Inklusive Gemeinwesen planen“ am 27./28. März 2014 an der Universität Siegen, siehe http://inkluplan.uni-siegen.de/documentation/thursday/plenary/degener-_speaking_notes_siegen.pdf, S. 14.

dieser Aspekt für die kommunale Ebene von Bedeutung ist, braucht die Streitfrage nach dem Vorliegen eines subjektiven öffentlichen Rechtes hier nicht unbedingt entschieden zu werden.[331] Es bleibt jedenfalls festzuhalten, dass es selbst bei Verneinung eines subjektiven öffentlichen Rechtes aus Art. 19 Buchst. a) UN-BRK für Behörden seit Inkrafttreten der UN-BRK deutlich schwieriger geworden sein dürfte, behinderte Menschen gegen deren Willen in ein Heim zu zwingen; denn wenn der Betroffene den Umzug in ein Heim ablehnt, ist die Zumutbarkeit dieses Umzugs schon nach SGB XII in höchstem Maße fraglich, dies aber umso mehr, wenn das Zumutbarkeitskriterium des § 13 Abs. 1 S. 4 und 5 SGB XII im Lichte des Art. 19 UN-BRK auszulegen ist. Hätte sich eine Gemeinde in einem Aktionsplan die Deinstitutionalisierung zum Ziel gesetzt, so würde sie in gravierender Weise gegen ihre eigenen Maßstäbe verstoßen, wenn das zuständige Sozialamt dann etwa einen behinderten Menschen aus Kostengründen zum Umzug in ein Heim zwingen würde. Nach Ansicht der Verf. geht daher eine Schutzwirkung von Art. 19 Buchst. a) UN-BRK selbst dann aus, wenn man das Vorliegen eines subjektiven öffentlichen Rechtes verneinte. In diesem Sinne äußert sich auch *Luthe*, der – mit ähnlichen Argumenten wie *Münning* – eine unmittelbare Anwendung von Art. 19 Buchst. a) UN-BRK ablehnt.[332]

III. Anforderungen an die lokale Infrastruktur

1. Anerkennung der Wahlfreiheit von Menschen mit Behinderung

Art. 19 Buchst. b) UN-BRK enthält am Ende eine ausdrückliche Warnung vor Isolation und Absonderung, macht jedoch mit der Formulierung „zu Hause und in Einrichtungen" zugleich deutlich, dass es im Sinne der Wahlfreiheit Unterstützung für ein Leben außerhalb, ebenso aber auch in einer Einrichtung geben muss, wenn behinderte Menschen sich hierfür entschieden haben.

2. Persönliche Assistenz

Persönliche Assistenz ist eine mit besonders viel Freiheit verbundene Möglichkeit des Lebens in der Gemeinschaft und der Inklusion. Es handelt sich um eine staatlich finanzierte individuelle personelle Unterstützung behinderter Menschen in allen alltäglichen Dingen; diese kann, muss aber nicht in allen Fällen rund um die Uhr erforderlich sein. Diese Form der Hilfe steht behinderten

---

331 Als behinderte Frau mit Assistenzbedarf könnte die Verf. dabei schwerlich die notwendige Objektivität wahren.

332 *Luthe, Ernst-Wilhelm*, Einige Anmerkungen zur Behindertenrechtskonvention, Die Sozialgerichtsbarkeit 2013, 391, 393.

Menschen tatsächlich nicht in allen Unterzeichnerstaaten zur Verfügung; sie ist für viele Menschen, insbesondere diejenigen mit einer schweren Behinderung, jedoch eine essentielle Voraussetzung, um ihr Leben eigenständig gestalten zu können. Ihre Befürchtung ist daher, ihnen könnte diese Möglichkeit aufgrund von Sparmaßnahmen oder durch Erbringung von Hilfeleistungen an mehrere behinderte Personen gemeinsam[333] weggenommen werden. Der sogenannte Mehrkostenvorbehalt, wonach Leistungen zur persönlichen Assistenz nur gewährt werden, wenn dies keine unverhältnismäßigen Mehrkosten verursacht,[334] wirke sich als indirektes Verbot des selbstbestimmten Lebens behinderter Menschen aus und verstoße somit gegen die Pflicht des Vertragsstaates, das Recht auf selbstbestimmtes Leben zu respektieren.[335] Zur staatlichen Schutzpflicht gehöre es nach *Degeners* Ausführungen auch, Beeinträchtigungen des Rechts auf selbstbestimmtes Leben durch Private abzuwehren.

3. *Auf kommunaler Ebene zu schaffende Angebote*

Einen klaren Hinweis, dass sich die Forderungen zum selbstbestimmten Leben gerade auch an die kommunale Ebene richten, gibt Buchst. c), der bestimmt, dass

> „c) gemeindenahe Dienstleistungen[336] und Einrichtungen für die Allgemeinheit Menschen mit Behinderungen auf der Grundlage der Gleichberechtigung zur Verfügung stehen und ihren Bedürfnissen Rechnung tragen."

Die Schattenübersetzung verwendet hier statt „gemeindenahe Dienstleistungen" „Dienste und Einrichtungen in der Gemeinde".[337] Die Formulierung soll verdeutlichen, dass es sich um die bereits in der Gemeinde bestehenden Dienste und Einrichtungen handeln sollte, die auch für behinderte Menschen nutzbar sein sollen. Gemeint sind sowohl Dienste der persönlichen Assistenz als auch andere Unterstützungsdienste.

Die Buchstaben b) und c) können unstreitig nicht ohne weiteres insgesamt als self-executing bezeichnet werden, da offen bleibt, ob die dort genannten Infrastrukturen tatsächlich schon vorhanden sind. Zweifelhaft ist dies nicht nur in

---

333 Siehe § 116 Abs. 2 SGB IX in der ab 01.01.18 geltenden Fassung.

334 Siehe Mehrkostenvorbehalt in § 13 Abs. 1 Satz 3 SGB XII a. F.

335 *Degener*, Implementierung der UN-BRK – das Menschenrechtsmodell umsetzen, Vortrag auf der Konferenz „Inklusive Gemeinwesen planen" am 27./28. März 2014 an der Universität Siegen, siehe http://inkluplan.uni-siegen.de/documentation/thursday/plenary/degener-_speaking_notes_siegen.pdf, S. 12.

336 Halbamtliche deutsche Übersetzung der UN-BRK, siehe BGBl 2008 II, S. 1419 ff.

337 Siehe www.netzwerk-artikel-3.de/dokum/schattenuebersetzung-endgs.pdf.

solchen Unterzeichnerstaaten, die gemeinhin als Entwicklungsländer bezeichnet werden; auch in Deutschland, besonders in ländlichen Gebieten, fehlt es oft an geeigneten Angeboten. Sofern in einer Gemeinde bereits Unterstützungsdienste oder Dienste der persönlichen Assistenz vorhanden sind, wäre wohl der diskriminierungsfreie Zugang zu diesen ein subjektives öffentliches Recht, das ohne weiteren Vollzugsakt direkt angewendet werden könnte. Die typische Problemlage ist aber, dass solche Dienste nicht oder nicht in ausreichender Zahl – immerhin spricht Art. 19 UN-BRK von einer „Reihe von gemeindenahen Unterstützungsdiensten"[338] – existieren. Die Forderung der UN-BRK ist konsequent, denn ohne bedarfsgerechte Angebote kann es tatsächlich keine Wahlfreiheit geben. Der Konventionstext stellt bewusst auf diese „Reihe" von Diensten ab, weil erfahrungsgemäß die Wahlmöglichkeiten behinderter Menschen erheblich eingeschränkt sind, wenn ein Anbieter in einer Region eine gewisse Monopolstellung einnimmt. Das führt dazu, dass viele behinderte Menschen, zumindest wenn ihr Behinderungsbild dem vorhandenen Angebot entspricht, von den Behörden genötigt werden, dieses auch in Anspruch zu nehmen und daher gewissermaßen „automatisch" in solchen Einrichtungen landen. Gibt es in einer Gemeinde also nicht genügend Angebote, das kann auch heißen, nicht genügend verschiedene Angebote, dann könnte die Verpflichtung, Zugang zu solchen Einrichtungen zu gewähren, nur schrittweise erfüllt werden. Entsprechend den in Deutschland üblichen Versorgungsstrukturen wird die Gemeinde in aller Regel nicht selbst einen Assistenzdienst einrichten, obwohl dies natürlich denkbar wäre. Üblicherweise werden solche Dienste von kirchlichen oder gemeinnützigen Einrichtungen (Diakonie, Caritas, AWO etc.) oder von privaten Vereinen (in Regensburg u.a. PHÖNIX e.V., ALB e.V.) oder Genossenschaften (z.B. Assistenzgenossenschaft Hamburg) getragen. Eine weitere Möglichkeit ist, dass behinderte Menschen selbst als Arbeitgeber ihrer Assistenten auftreten (sog. Arbeitgebermodell). Diese Personengruppe könnte mit einem Beratungsangebot und Dienstleistungen (Lohnbüro etc.) wirksam unterstützt werden. Die Aufgabe der Gemeinde wäre es, attraktive Rahmenbedingungen, wie etwa barrierefreie Wohnungen für die Nutzer solcher Dienste sowie preisgünstige und attraktiv gelegene Büroräume für die Anbieter zur Verfügung zu stellen, um

338 Darauf weist auch *Degener* ausdrücklich hin, siehe Implementierung der UN-BRK – das Menschenrechtsmodell umsetzen, Vortrag auf der Konferenz „Inklusive Gemeinwesen planen" am 27./28. März 2014 an der Universität Siegen, siehe http://inkluplan.uni-siegen.de/documentation/thursday/plenary/degener-_speaking_notes_siegen.pdf, S. 13.

potentiellen Anbietern die Ansiedlung und den Start zu erleichtern. Die Festlegung in einem kommunalen Aktionsplan könnte den Ausgangspunkt hierfür bilden.

IV. Maßnahmen der Bewusstseinsbildung

Außerdem sind die Kommunen zum Teil Kostenträger für die u. a. in Art. 19 UN-BRK gemeinten Assistenzleistungen, sodass in kommunalen Behörden die Entscheider über den zu bewilligenden Assistenzbedarf behinderter Menschen sitzen. Auf dieser Ebene könnte durch eine entsprechende Bewusstseinsbildung bei den Behördenmitarbeitern viel im Sinne „wirksamer und geeigneter Maßnahmen“ getan werden, „um Menschen mit Behinderungen den vollen Genuss ihres Rechts auf ein selbstbestimmtes Leben und ihre volle Einbeziehung in die Gemeinschaft und Teilhabe an der Gemeinschaft zu erleichtern“. Denn auch bei bestehendem Rechtsanspruch auf eine Assistenzleistung muss dieses Recht von behinderten Menschen oft in zähen Auseinandersetzungen mit Behörden erkämpft und mitunter sogar vor Gericht erstritten werden.[339]

B. Umsetzung der UN-BRK mittels Aktionsplänen

In der Wahl ihrer Mittel, wie die Verpflichtung aus Art. 19 UN-BRK umzusetzen sei, sind die Vertragsstaaten frei; von den Vereinten Nationen werden Aktionspläne empfohlen.[340] Auch die Bundesregierung hat den Weg gewählt, die von der UN-BRK geforderten „wirksamen und geeigneten Maßnahmen“ in einem Aktionsplan zu verankern,[341] ihr folgend die Länder[342] und zahlreiche Kommunen[343]. Somit kann der Aktionsplan, auch wenn er bei weitem nicht der einzige Weg zur Umsetzung der UN-BRK ist, als zentrales Instrument der Umsetzung der UN-BRK gelten. Er soll deshalb in diesem Kapitel näher vorgestellt werden.

---

339 Siehe z.B. *LSG Niedersachsen-Bremen*, Urt. v. 28.01.10, Az.: L 8 SO 233/07, https://sozialgerichtsbarkeit.de/sgb/esgb/show.php?modul=esgb&id=129860&s0=&s1=&s2=&words=&sensitive.

340 Dazu gleich mehr.

341 Siehe Aktionsplanverzeichnis.

342 Siehe Aktionsplanverzeichnis.

343 Siehe Aktionsplanverzeichnis sowie ergänzend www.gemeinsam-einfach-machen.de/GEM/DE/AS/Aktionsplaene/Aktionsplaene_Landkreise_Kommunen_Staedte/aktionsplaene_landkreise_kommunen_staedte_node.html.

I. Exkurs: Aktionspläne zu aktuellen politischen Themen:

Zunächst ist festzustellen, dass es sich bei Aktionsplänen um ein relativ neues Instrument der Politik handelt. Sie werden in Deutschland auf Bundesebene insbesondere seit 2010/11 als Mittel der Politikgestaltung eingesetzt. Die Bandbreite der behandelten Themen ist groß. Neben dem vom BMAS 2011 veröffentlichten Nationalen Aktionsplan (NAP)[344] und seiner Fortschreibung „NAP 2.0" von 2016[345] der Bundesregierung zur Umsetzung der UN-Behindertenrechtskonvention mit dem Titel „Unser Weg in eine inklusive Gesellschaft", wurden weitere Nationale Aktionspläne[346] zu aktuellen Themen aus so gut wie allen Politikbereichen erarbeitet:

> NAP Integration der Bundesregierung für Menschen mit Migrationshintergrund vom Januar 2012[347]; Nationaler Aktionsplan Energieeffizienz (NAPE) „Mehr aus Energie machen" des Bundesministeriums für Wirtschaft und Energie (BMWi) vom Dezember 2014[348]; „NAP 2015 – 2020 zur Elimination der Masern und Röteln in Deutschland"[349] und „Aktionsplan 2013–2015 zur Verbesserung der Arzneimitteltherapiesicherheit in Deutschland"[350] vom Bundesgesundheitsministerium; NAP Pflanzenschutz zur nachhaltigen Anwendung von Pflanzenschutzmitteln[351] und Aktionsplan zur stofflichen Nutzung nachwachsender Rohstoffe[352] vom Bundesministerium für Ernährung und

---

344 Siehe www.bmas.de/SharedDocs/Downloads/DE/PDF-Publikationen/a740-nationaler-aktionsplan-barrierefrei.pdf;jsessionid=CEC134E716F8DAA3D98AFA27E7521CE3?__blob=publicationFile&v=2.

345 Veröffentlicht im Juni 2016; siehe www.bmas.de/SharedDocs/Downloads/DE/PDF-Schwerpunkte/inklusion-nationaler-aktionsplan-2.pdf?__blob=publicationFile&v=4.

346 Außer auf nationaler Ebene werden Aktionspläne auch auf allen anderen Ebenen, von international bis lokal zur Politikgestaltung genutzt; gerade darin liegt einer ihrer Vorteile.

347 Siehe www.bundesregierung.de/Content/DE/_Anlagen/IB/2012-01-31-nap-gesamt-barrierefrei.pdf;jsessionid=B826E869B65459FD84C453A7B4B73FB5.s3t1?__blob=publicationFile&v=5; der Titel dieses Aktionsplans ist zugleich ein Beispiel für den Bedeutungswandel des Begriffs „Integration" – früher im Zusammenhang mit behinderten Menschen, jetzt bei Menschen mit Migrationshintergrund.

348 Siehe www.bmwi.de/Redaktion/DE/Downloads/M-O/nationaler-aktionsplan-energieeffizienz-nape.pdf?__blob=publicationFile&v=4.

349 Siehe https://www.gmkonline.de/documents/Aktionsplan_Masern_Roeteln_2.pdf.

350 Siehe https://www.akdae.de/AMTS/Aktionsplan/Aktionsplan-2016-2019/Aktionsplan-AMTS-2016-2019.pdf.

351 Siehe www.nap-pflanzenschutz.de//fileadmin/user_upload/_imported/fileadmin/SITE_MASTER/content/Dokumente/Startseite/Bundesanzeiger.pdf.

352 Siehe www.bmel.de/SharedDocs/Downloads/Broschueren/AktionsplanNaWaRo.pdf?__blob=publicationFile.

Landwirtschaft; Aktionsplan gegen Steuerbetrug, trickreiche Steuervermeidung und Geldwäsche[353] des Bundesfinanzministeriums; der nur eine DIN-A-4 Seite umfassende Aktionsplan der Bundesregierung zum Verbraucherschutz im Finanzmarkt von 2014[354], Aktionsplan Güterverkehr und Logistik[355] des Bundesministeriums für Verkehr und digitale Infrastruktur (BMVI), Nationaler Aktionsplans für Wirtschaft und Menschenrechte[356] des Auswärtigen Amtes, Aktionsplan Individualisierte Medizin[357] und Nationaler Aktionsplan zur Umsetzung des Weltaktionsprogramms der UNESCO für nachhaltige Entwicklung in Deutschland[358] des Bundesministeriums für Bildung und Forschung.

Im Juni 2017 wurde ein „Nationaler Aktionsplan gegen Rassismus – Positionen und Maßnahmen zum Umgang mit Ideologien der Ungleichwertigkeit und den darauf bezogenen Diskriminierungen"[359] beschlossen. Die Aufzählung Nationaler Aktionspläne aus Deutschland, ohne Anspruch auf Vollständigkeit, mag als Einstieg in diesen Themenkomplex für einen ersten Eindruck von der thematischen Vielfalt und aktuellen Beliebtheit von Aktionsplänen genügen.

II. Aktionspläne der Bundesregierung zur Umsetzung der UN-BRK

Das BMAS veröffentlichte 2011 den Nationalen Aktionsplan (NAP) der Bundesregierung zur Umsetzung der UN-Behindertenrechtskonvention mit dem Titel „Unser Weg in eine inklusive Gesellschaft"[360] sowie 2016 dessen Fortschreibung „NAP 2.0"[361]. Die zwölf Handlungsfelder, die schon der erste NAP umfasste, finden sich im zweiten NAP wieder, nämlich „Arbeit und Beschäftigung", „Bildung", „Prävention, Rehabilitation, Gesundheit und Pflege", „Kinder,

---

353 Siehe www.bundesfinanzministerium.de/Content/DE/Standardartikel/Themen/Steuern/Weitere_Steuerthemen/Informationsaustausch/2017-02-23-Aktionsplan.html.

354 Siehe www.bundesfinanzministerium.de/Content/DE/Downloads/Finanzmarktpolitik/Aktionsplan-Kleinanleger.pdf?__blob=publicationFile&v=3.

355 Siehe https://www.bmvi.de/SharedDocs/DE/Publikationen/G/aktionsplan-gueterverkehr-und-logistik.pdf?__blob=publicationFile.

356 Siehe https://www.auswaertiges-amt.de/blob/267630/.../161221-nap-dl-data.pdf.

357 Siehe https://www.bmbf.de/pub/Aktionsplan_Individualisierte_Medizin.pdf.

358 Siehe https://www.bmbf.de/files/Nationaler%20Aktionsplan%20BNE%202017.pdf.

359 Siehe https://www.bmfsfj.de/blob/jump/116798/nationaler-aktionsplan-rassismus-data.pdf.

360 Siehe www.bmas.de/SharedDocs/Downloads/DE/PDF-Publikationen/a740-nationaler-aktionsplan-barrierefrei.pdf;jsessionid=CEC134E716F8DAA3D98AFA27E7521CE3?__blob=publicationFile&v=2.

361 Veröffentlicht im Juni 2016; siehe www.bmas.de/SharedDocs/Downloads/DE/PDF-Schwerpunkte/inklusion-nationaler-aktionsplan-2.pdf?__blob=publicationFile&v=4.

Jugendliche, Familie und Partnerschaft", „Frauen", „Ältere Menschen", „Bauen und Wohnen", „Mobilität", „Kultur und Freizeit", „Gesellschaftliche und politische Teilhabe", „Persönlichkeitsrechte" und „Internationale Zusammenarbeit". Ergänzt wurde „Bewusstseinsbildung" als dreizehntes Handlungsfeld im NAP 2.0.[362] Unverändert blieben die sieben Querschnittsthemen: Assistenzbedarf, Barrierefreiheit, Gender Mainstreaming, Gleichstellung, Migration, Selbstbestimmtes Leben sowie Vielfalt von Behinderung.

1. Stellungnahme der Behindertenverbände

Die Staatenberichtsprüfung für Deutschland zur UN-BRK wurde begleitet von der BRK-Allianz, einem Zusammenschluss von 78 Organisationen der Zivilgesellschaft, die im Wesentlichen das Spektrum der behindertenpolitisch arbeitenden Verbände in Deutschland repräsentieren. In der Allianz vertreten sind Selbstvertretungsverbände von Menschen mit Behinderungen, der Behindertenselbsthilfe und der Sozialverbände, ebenso u.a. Wohlfahrtsverbände, Fachverbände der Behindertenhilfe und der Psychiatrie.[363] Die Allianz hatte in ihrem Parallelbericht aus dem Jahr 2013 am ersten NAP kritisiert, der NAP liste zwar mehr als 200 einzelne Maßnahmen auf, diese seien jedoch meist wenig ehrgeizig, berücksichtigten teilweise nicht die speziellen Belange von Menschen mit Behinderung oder seien nicht direkt mit Blick auf die Konvention entwickelt worden.[364] Vielen Maßnahmen des Aktionsplanes, so wurde weiter bemängelt, fehlten verbindliche Zielsetzungen und zeitliche Komponenten zur Umsetzung. Dies verhindere die Messung des Erfolges und damit die Überprüfbarkeit der Umsetzung.[365] Zum NAP 2.0 nahm die BRK-Allianz insgesamt bislang noch nicht Stellung. Die Interessenvertretung Selbstbestimmt Leben Deutschland e.V., die in der BRK-Allianz vertreten ist, begrüßte zwar die Neuauflage des Aktionsplans und lobte einige sinnvolle Maßnahmen, übte aber deutliche Kritik an zahlreichen Maßnahmen. Kernpunkte der Kritik waren eine gewisse Willkürlichkeit in der Auswahl von Maßnahmen sowie bei der Beteiligung behinderter Menschen und, dass die Bundesregierung ihre bisherige Politik unbeirrt fortsetze und nur darum bemüht sei, einen guten Eindruck zu hinterlassen. Wie die

---

362 Siehe NAP 2.0, S. 7 und S. 219, wie vorherige Fußnote.

363 BRK-Allianz, Erster Bericht der Zivilgesellschaft zur Umsetzung der UN-Behindertenrechtskonvention in Deutschland, S. 3, siehe www.brk-allianz.de/attachments/article/93/beschlossene_fassung_final_endg-logo.pdf.

364 BRK-Allianz, wie vorherige Fußnote, S. 5.

365 Wie vorherige Fußnote.

Monitoring-Stelle – dazu sogleich – kritisiert der Verein besonders die Stabilisierung der Werkstätten für Menschen mit Behinderung (WfbM).

2. *Stellungnahme der Monitoring-Stelle*

Die Monitoring-Stelle lobte den NAP 2.0 als „Quantensprung" in konzeptioneller Hinsicht gegenüber dem ersten NAP.[366] Der Plan habe bei vielen Punkten die menschenrechtlichen Fragestellungen aufgenommen und enthalte Maßnahmen zur Verbesserung in vielen Lebensbereichen. Er setze sich mit den Ergebnissen der Staatenprüfung vom März 2015 auseinander und biete überdies einen anspruchsvollen konzeptionellen Rahmen.[367] Gleichwohl konstatiert die Stellungnahme auch, Deutschland bleibe bei der Umsetzung der Konvention hinter seinen Möglichkeiten zurück,[368] wofür der Text das Festhalten an Werkstätten für Menschen mit Behinderung, mangelnden Schutz der Persönlichkeitsrechte sowie die noch zu geringen Verbesserungen beim Zugang zur Justiz als Beispiele anführt.[369]

III. Aktions- und Maßnahmenpläne der Länder

Auch auf der Ebene der Länder spielen Aktionspläne bei der Umsetzung der UN-BRK die Hauptrolle, sie sind das politische Instrument hierzu. Es fehlt zwar an Landesgesetzen, die der Konvention zur Rechtsgeltung im Land verhelfen würden, wie im zweiten Kapitel dargestellt. Somit besteht für die Länder keine Rechtspflicht, einen Aktionsplan zu erstellen, andererseits sind sie nicht daran gehindert, dies für ihren Bereich zu tun. In der Tat sahen sich Länder, die lange Zeit keinen Aktionsplan und nicht einmal einen Entwurf dazu hatten, durchaus politischem Druck ausgesetzt. Eines dieser Länder war Sachsen: Das Land handelte sich dafür die wenig schmeichelhafte Bezeichnung „Schlusslicht" ein, und im Internet ist u.a. noch immer zu lesen:

---

366 Monitoring-Stelle UN-Behindertenrechtskonvention, Stellungnahme v. Juli 2016, Kommentar zum Nationalen Aktionsplan 2.0 der Bundesregierung zur Umsetzung der UN-Behindertenrechtskonvention, Seite 2, siehe www.institut-fuer-menschenrechte.de/fileadmin/user_upload/Publikationen/Stellungnahmen/Stellungnahme_Kommentar_zum_Nationalen_Aktionsplan_2_0_der_Bundesregierung_zur_Umsetzung_der_UN_BRK.pdf.

367 Wie vorherige Fußnote.

368 Wie vorherige Fußnote.

369 Wie vorherige Fußnote, S. 3 f.

> „15 Bundesländer sowie der Bund haben bereits Aktions- oder Maßnahmenpläne zur Umsetzung der UN-Behindertenrechtskonvention (UN-BRK) geplant oder veröffentlicht. Nur die Staatsregierung in Sachsen hält es nicht für erforderlich, sich für ein besseres Wohlergehen der behinderten Bürgerinnen und Bürger einzusetzen."[370]

Derartige Kritik war gewiss nicht förderlich für das Image des Landes. Dies gilt selbst dann, wenn – wie im zitierten Beispiel – der Vorwurf inhaltlich falsch war, weil zum Zeitpunkt der Veröffentlichung auch andere Länder noch im Verzug waren, nämlich Niedersachsen und Schleswig-Holstein, die ihre Aktionspläne damals ebenfalls noch nicht erstellt hatten.[371] Der Umstand, dass alle Länder inzwischen Aktionspläne haben, zeigt, dass der politische Druck seine Wirkung entfaltet hat, und dies vielleicht effektiver, als es im Falle einer Rechtspflicht zur Erstellung eines Aktionsplans eine Klage vermocht hätte. Die Länder haben sich also ohne Ausnahme, wie der Bund, ebenfalls für Aktionspläne entschieden, Unterschiede bestehen lediglich in der Bezeichnung.[372] Was die Inhalte betrifft, so ist festzustellen, dass Aktionspläne keineswegs überwiegend neue Maßnahmen beinhalten, im Gegenteil: beispielsweise enthält der bayerische Aktionsplan zu 2/3 Maßnahmen, die bereits vorher „in identischer oder ähnlicher Form" existierten.[373]

---

370 Die SPD-Abgeordnete *Hanka Kliese* zitiert unter der Überschrift, Sachsen sei bundesweites Schlusslicht bei der Umsetzung der UN-BRK, mit diesen Sätzen auf ihrer offenbar nicht aktuellen Internetseite eine Erklärung von *Dagmar Neukirch*, der Sprecherin für Behindertenpolitik der SPD-Fraktion im Sächsischen Landtag, siehe www.hanka-kliese.de/news/article/sachsen-ist-bundesweites-schlusslicht-bei-umsetzung-der-un-behindertenrechtskonvention.html; dieses und ähnliche Beispiele im Internet zeugen davon, dass Informationen zum Stand der Umsetzung der UN-BRK nicht immer aktuell gehalten werden.

371 Stand 31.01.2017, inzwischen sind auch in diesen Ländern Aktionspläne in Kraft getreten, siehe Aktionsplanverzeichnis.

372 Siehe Aktionsplanverzeichnis.

373 *Prognos AG*, Studie v. 14.07.2016 im Auftrag des Bayerischen Staatsministeriums für Arbeit und Soziales, Familie und Integration (StMAS), Evaluation des Bayerischen Aktionsplans zur Umsetzung der UN-Behindertenrechtskonvention, Endbericht, S. 22, siehe https://www.prognos.com/uploads/tx_atwpubdb/20161028_Prognos_endbericht_evaluation_final.pdf.

IV. Unterstützende Maßnahmen auf Länderebene

1. Beratende Gremien mit behinderten Interessenvertretern

Um wiederum die Umsetzung der Aktionspläne zu begleiten, wurden auf Länderebene neue Gremien geschaffen, denen Menschen mit Behinderung als Interessenvertreter angehören; solche Gremien gibt es allerdings nicht in allen Ländern.[374] In Mecklenburg-Vorpommern wurde der dort bereits seit 2000 bestehende Integrationsförderrat mit dieser Aufgabe betraut, der die Landesregierung bei der Herstellung gleichwertiger Lebensverhältnisse für Menschen mit und ohne Behinderung berät. Seit 2006 versieht er seine Aufgaben auf der Grundlage des Behindertengleichstellungsgesetztes des Landes.[375] Die Bezeichnung der Gremien unterscheidet sich von Land zu Land, wie die nachfolgende Aufzählung zeigt: In Bremen existiert ein Landesteilhabebeirat, der die Umsetzung des Aktionsplans begleitet.[376] In Nordrheinwestfalen gibt es einen Inklusionsbeirat, dem sechs Fachbeiräte zuarbeiten.[377] Im Saarland wurde ein Bündnis für Inklusion gegründet, und dort tagen Runde Tische zu einigen Handlungsfeldern des Aktionsplans.[378] Das Land Berlin hat eine Monitoring-Stelle eingerichtet, die als Projekt beim Deutschen Institut für Menschenrechte angesiedelt ist.[379]

2. Zielvereinbarungen und Förderprogramme

Der Freistaat Sachsen fördert Maßnahmen der Barrierefreiheit im Dorf nach der sog. LEADER-Richtlinie[380]. Regionale Aktionspläne enthielten Anreize, Wohnungen barrierefrei auszubauen, öffentliche Freiräume barrierefrei zu gestalten oder konzeptionelle Vorarbeiten über Dorfumbaupläne zu realisieren, heißt es dazu erläuternd.[381] Ein anderes Instrument wählte das Land Hessen: dort schloss

374 In den nicht genannten Ländern waren keine vergleichbaren Gremien zu finden bzw. beschränken sich die Maßnahmen auf die schulische Inklusion gem. Art. 24 UN-BRK, die nicht Gegenstand dieser Arbeit sein soll.

375 Siehe www.integrationsfoerderrat.de/ueber_uns/.

376 Siehe https://www.behindertenbeauftragter.bremen.de/themen/un_behindertenrechtskonvention/der_landesteilhabebeirat-12186.

377 Siehe www.mais.nrw/inklusionsbeirat-und-fachbeirate.

378 Siehe www.saarland.de/73526.htm.

379 Siehe www.institut-fuer-menschenrechte.de/monitoring-stelle-un-brk/laenderprojekte/berlin.

380 Förderrichtlinie LEADER v. 15.12.14 (SächsABl.SDr. 2015 S. 13), zuletzt geänd. durch Richtlinie v. 19.10.16 (SächsABl. S. 1362), enthalten in der Verwaltungsvorschrift v. 10.12.15 (SächsABl.SDr. S. 429).

381 Siehe www.smul.sachsen.de/laendlicher_raum/5686.htm.

die Landesregierung Zielvereinbarungen mit zehn Landkreisen und Städten ab, die Modellregionen für die Umsetzung der UN-BRK werden sollen.[382] Für die Kommunen sind die Maßnahmen der Länder insofern bedeutsam, als sie Vorbildcharakter haben, wenn sich die Gemeinde entschließt, etwa ihrerseits Zielvereinbarungen mit einzelnen Akteuren abzuschließen oder neue Gremien einzurichten. Außerdem können die Interessenvertreter in den Länder-Gremien Ansprechpartner für kommunale Akteure, insbesondere die kommunalen Behindertenbeauftragten, sein und zur besseren Vernetzung der Beteiligten beitragen.

3. *Handreichungen für Kommunen*

In einigen Ländern wurden Handreichungen für Kommunen zur Umsetzung der UN-BRK erarbeitet, so beispielsweise für Baden-Württemberg,[383] Berlin,[384] Nordrhein-Westfalen,[385] Rheinland-Pfalz,[386] das Saarland[387] und Niedersachsen[388].

a) Entstehung teils aus der Selbstbestimmt-Leben-Bewegung

Wie die UN-BRK selbst wurden einige dieser Handreichungen von Akteuren der Selbstbestimmt-Leben-Bewegung initiiert: In Rheinland-Pfalz hat beispielsweise das Sozialministerium die Handreichung herausgegeben. Das Land veröffentlichte bereits 2010 – noch vor dem Bund – seinen ersten Aktionsplan

382 Siehe www.brk.hessen.de/aw/home/~bka/Modellregionen/.

383 Städtetag Baden-Württemberg, „Lebensraum Stadt. Inklusion kommunal.", siehe www.staedtetag-bw.de/media/custom/2295_78876_1.PDF?1466155557.

384 Veröffentlicht von der Friedrich-Ebert-Stiftung vor dem Hintergrund der Erfahrungen in Berlin, siehe http://library.fes.de/pdf-files/studienfoerderung/12106.pdf.

385 Arbeitshilfe NRW, siehe Literaturverzeichnis oder Internet, www.uni-siegen.de/zpe/projekte/inklusivegemeinwesen/inklusive_gemeinwesen_planen_final.pdf.

386 Veröffentlicht v. Ministerium für Soziales, Arbeit, Gesundheit und Demografie, siehe https://bm.rlp.de/fileadmin/bm/Bildung/Inklusion/Leifaden_Inklusion.pdf.

387 Veröffentlicht v. Ministerium für Soziales, Gesundheit, Frauen und Familie, siehe www.saarland.de/dokumente/thema_soziales/Broschuere_KommunalerLeitfaden.pdf.

388 Veröffentlicht v. damaligen Behindertenbeauftragten des Landes, *Karl Finke*, siehe http://archiv.behindertenbeauftragter-niedersachsen.de/behindertenpolitik_bblni/pics/Entwurfsfassung_Handreichung.pdf; dieser hat auch eine Handreichung für Behindertenbeauftragte herausgegeben, siehe http://archiv.behindertenbeauftragter-niedersachsen.de/broschueren_bblni/pics/Broschuere-38_Teil1-2.pdf.

und kann somit als Vorreiter in Sachen Umsetzung der UN-BRK gelten. Dort haben sich Akteure der Selbstbestimmt-Leben-Bewegung zu einem frühen Zeitpunkt in die Landespolitik eingebracht, namentlich *Matthias Rösch*, der derzeitige Behindertenbeauftragte des Landes, sowie sein Vorgänger im Amt, *Ottmar Miles-Paul*. *Matthias Rösch* ist Rollstuhlfahrer und Diplom-Psychologe; er war von 1996 bis 2002 Berater, Projektleiter und Geschäftsführer im Zentrum für Selbstbestimmtes Leben behinderter Menschen (ZSL) in Mainz und wechselte dann ins rheinland-pfälzische Sozialministerium, wo er das Referat „Gleichstellung und Selbstbestimmung/Barrierefreiheit" leitete, bis er im Jahr 2013 das Amt des Behindertenbeauftragten übernahm.[389] *Ottmar Miles-Paul*, sehbehinderter Sozialpädagoge, Autor und PR-Berater, forschte schon bei einem Studienaufenthalt in Berkeley (USA) in den 1980er Jahren zum selbstbestimmten Leben behinderter Menschen.[390] 1990 gründete er zusammen mit anderen behinderten Menschen einen Dachverband für die bereits vorhandenen Zentren für selbstbestimmtes Leben, die Interessenvertretung Selbstbestimmt Leben (ISL) Deutschland e.V. *Miles-Paul* war von 1993 bis 1999 deren Geschäftsführer und anschließend als Lobbyist für die Interessen behinderter Menschen freiberuflich tätig, ehe er 2008 das Amt des rheinland-pfälzischen Behindertenbeauftragten übernahm.[391] Auch in Niedersachsen wurde die Handreichung vom Sozialministerium herausgegeben. Dort hatte von 1990 bis 2014 der blinde SPD-Politiker *Karl Finke* das Amt des Behindertenbeauftragten inne. Er war damit einer der ersten Behindertenbeauftragten, die selbst behindert sind und aus der Selbstbestimmt-Leben-Bewegung kommen. *Karl Finke* war am Aufbau der „Arbeitsgemeinschaft Selbst Aktiv – Menschen mit Behinderung in der SPD" beteiligt und ist deren Bundesvorsitzender.[392]

389 Zur Person und Vita v. *Matthias Rösch* siehe https://inklusion.rlp.de/de/landesbeauftragter-landesteilhabebeirat/, dort bitte dem Link „Zur Person" folgen; genauere Angabe war zum letzten Abrufzeitpunkt aus technischen Gründen nicht möglich.

390 Die Ergebnisse seiner Forschung beschrieb *Ottmar Miles-Paul* in seinem in dieser Arbeit zitierten, 1992 erschienenen Buch „Wir sind nicht mehr aufzuhalten", siehe Literaturverzeichnis.

391 Daten zur Person und Vita von *Ottmar Miles-Paul* entnommen aus einem Zeitzeugen-Interview des Bildungs- und Forschungsinstituts zum selbstbestimmten Leben Behinderter (bifos), ohne Paginierung, siehe www.zeitzeugen-projekt.de/images/PDF/Miles-Paul_Interview.pdf.

392 Siehe http://zukunftsregion-hannover.de/content/461575.php.

b) Wesentliche Inhalte der Handreichungen

Die Handreichungen wollen dabei unterstützen, sozusagen die Menschenrechte behinderter Menschen von der völkerrechtlichen Ebene der UN-BRK auf die gemeindliche Ebene, also in das Zuhause der Bürger, zu transportieren. Einige informieren eher allgemein wie die der Konrad-Adenauer-Stiftung,[393] andere nehmen konkret den Aktionsplan und dessen Erstellung in den Blick.[394] Die Berliner Handreichung stellt die Inklusionswerkstatt als Methode vor.[395] Die Niedersächsische Handreichung fordert die Kommune zu einer inklusiven Haltung und zu bestimmten Beschlüssen und Aktionen auf, ohne dies ausdrücklich in das Aktionsplankonzept einzukleiden, ähnlich die Arbeitshilfe NRW in wesentlich ausführlicherer Form.[396] In der Arbeitshilfe NRW werden Fortschritte festgestellt: dort heißt es, die Ergebnisse des zugrunde liegenden Forschungsprojekts zeigten deutlich, dass das Thema Inklusion auf den kommunalpolitischen Agenden angekommen sei. Hinsichtlich der konkreten Bedeutung und der Verknüpfung mit Fragen der Umsetzung der UN-Behindertenrechtskonvention herrsche hingegen noch erhebliche Unsicherheit.[397] Die Beseitigung oder Reduzierung eben dieser Unsicherheit ist das erklärte Ziel dieser Handreichungen, die deshalb durchweg in einem Zuversicht signalisierenden Tonfall geschrieben sind. Manchmal wird der Leser oder die Leserin direkt angesprochen. So rät zum Beispiel der rheinland-pfälzische Leitfaden:

> „Auch wenn ein Aktionsplan zunächst noch Lücken hat, wichtig ist, dass Sie anfangen. Ein Aktionsplan lebt davon, dass Sie an ihm kontinuierlich weiter arbeiten. Was zunächst fehlt, kann später ergänzt werden. Hauptsache, der Aktionsplan verstaubt nicht in einer Schublade."[398]

Die Handreichungen haben gemeinsam, dass sie den Inklusionsgedanken erklären[399] und Verständnis dafür wecken möchten, dass es sich bei der Erstellung des

---

393 *Grüber, Katrin*, Zusammen leben ohne Barrieren, siehe Literaturverzeichnis.

394 So die rheinland-pfälzische und die baden-württembergische Handreichung, siehe https://bm.rlp.de/fileadmin/bm/Bildung/Inklusion/Leifaden_Inklusion.pdf und www.staedtetag-bw.de/media/custom/2295_78876_1.PDF?1466155557.

395 Siehe http://library.fes.de/pdf-files/studienfoerderung/12106.pdf.

396 Siehe http://archiv.behindertenbeauftragter-niedersachsen.de/behindertenpolitik_bblni/pics/Entwurfsfassung_Handreichung.pdf und Arbeitshilfe NRW.

397 Arbeitshilfe NRW, S. 18.

398 Siehe https://bm.rlp.de/fileadmin/bm/Bildung/Inklusion/Leifaden_Inklusion.pdf, S. 10.

399 Z.B. Niedersächsische Handreichung, S. 5, siehe http://archiv.behindertenbeauftragter-niedersachsen.de/behindertenpolitik_bblni/pics/Entwurfsfassung_Handreichung.

Aktionsplans um einen Prozess handelt, bei dem man darauf achten muss, dass er weder ins Stocken gerät noch in unnötiger Eile etwas vom Zaun gebrochen wird. Die Wichtigkeit einer breiten Beteiligung wird betont, und diese benötigt nun einmal Zeit, was sich aber auch als Vorteil herausstellen kann. Die Handreichungen enthalten strategische Ratschläge, da es ohne eine vernünftige Strategie kaum möglich sein wird, einen Plan – gleich welchen – in die Tat umzusetzen.[400] Es wird darauf hingewiesen, wie wichtig es sei, stets die richtigen Ansprechpartner und möglichen Verbündeten zu finden. Um auch unter den „Entscheidern" Verbündete zu haben, wird empfohlen, das Aktionsplanverfahren innerhalb der Verwaltung relativ „hoch aufzuhängen", sodass das Anliegen dort bekannt ist und verstanden wird. Die Berliner Handreichung formuliert etwa, Ziel sei es, eine Initiative durch die Stadtpolitik anzuregen, um die diskutierten Probleme aktiv und *mit Rückendeckung der verantwortlichen Politikerinnen und Politiker* anzugehen.[401] Der Aktionsplan wird dadurch zu einem gemeinsamen Anliegen, es wird klar, dass es nicht um einzelne Personen oder eine Personengruppe und nicht um ein Randproblem geht. Um die praktische Handhabung des Verfahrens zu erleichtern, gibt es Muster, Checklisten und Übersichten, die dazu anregen, Abläufe oder Ergebnisse in bestimmte Formulare einzutragen, um einen Überblick zu erhalten.[402] Positive Beispiele, die bekannt sind, werden als Ermutigung und Vorbild für mögliche Nachahmer erwähnt.[403] Auch dies ist eine strategische Vorgehensweise, denn so können die Akteure unter Umständen bei ablehnenden Reaktionen ihrer Ansprechpartner mit den positiven Beispielen kontern, also etwa wenn sie ein „Das geht nicht" zu hören bekommen, antworten, in der Gemeinde XY gehe es nachweislich sehr wohl. Wenn man diejenige Gemeinde vor Ort kennt und die Bedingungen etwa vergleichbar sind, kann dies ein starkes Argument sein.

---

pdf; saarländische Handreichung, S. 4, siehe www.saarland.de/dokumente/thema_soziales/Broschuere_KommunalerLeitfaden.pdf.

400 Arbeitshilfe NRW, S. 39 f.

401 Siehe http://library.fes.de/pdf-files/studienfoerderung/12106.pdf, S. 2, Hervorhebung durch d. Verf.

402 Z.B. Städtetag Baden-Württemberg, „Lebensraum Stadt. Inklusion kommunal.", S. 10 ff. siehe www.staedtetag-bw.de/media/custom/2295_78876_1.PDF?1466155557.

403 Siehe z.B. die saarländische Handreichung, S. 4, siehe www.saarland.de/dokumente/thema_soziales/Broschuere_KommunalerLeitfaden.pdf.

V. Umsetzung von Inklusion in Kommunen

Aus den gleichen Gründen wie die Länder trifft auch die Kommunen keine Rechtspflicht zur Umsetzung der UN-BRK. Gleichwohl gibt es im Bereich der Kommunen Bemühungen zur Verwirklichung von Inklusion, die zum Teil nicht erst auf die Verabschiedung der UN-BRK zurückgehen, sondern wesentlich weiter zurückreichen.

1. Vor Inkrafttreten der UN-BRK

a) In Deutschland: Zentren für selbstbestimmtes Leben

Behinderte Menschen erkannten, dass mit Beharrungsvermögen und dem entsprechenden politischen Willen auf der lokalen Ebene viel für ihre Gleichstellung und Teilhabe erreicht werden kann: In Deutschland gründeten sie in Bremen, Hamburg, Köln, Kassel und Erlangen in den 1980er Jahren die ersten Zentren für selbstbestimmtes Leben (ZSL).[404] 1990 wurde der Dachverband Interessenvertretung Selbstbestimmt Leben (ISL) Deutschland e.V., ins Leben gerufen; er ist zugleich der deutsche Zweig der 1980 gegründeten internationalen Selbstvertretungsbewegung behinderter Menschen „Disabled Peoples´ International – DPI".[405] Im Jahr 1990 und während der ersten Hälfte Jahrzehnts entstanden sowohl in den alten als auch in den neuen Bundesländern weitere solcher Zentren,[406] die sich für Verbesserungen mit der Zielrichtung der Inklusion besonders

---

404 SL (= Selbstbestimmt Leben) Bremen, gegründet 1980 unter dem Namen Krüppelselbsthilfe e. V., siehe www.slbremen-ev.de/index.php?menuid=17&reporeid=13; al (= autonom leben) Hamburg, gegründet 1983, siehe www.autonomleben.de/geschichte.html; fab (= Verein zur Förderung der Autonomie Behinderter), gegründet 1987 in Kassel, siehe www.fab-kassel.de/wir.html#wer_wir_sind; ZSL Köln, gegründet 1987, siehe www.zsl-koeln.de/wer-wir-sind; ZSL Erlangen, gegründet 1989, siehe https://www.zsl-erlangen.de/willkommen.

405 Siehe http://isl-ev.de/index.php?option=com_content&view=category&layout=blog&id=45&Itemid=415 und http://www.dpi.org/.

406 Z.B. asl (= Arbeitsgemeinschaft für Selbstbestimmtes Leben Schwerstbehinderter) Berlin, gegründet 1992 in Berlin (West), siehe http://asl-berlin.de/der-verein/; BZSL, gegründet 1990 in Berlin (Ost), siehe http://www.bzsl.de; VbA (= Verbund behinderter ArbeitgeberInnen) gegründet 1990 in München, www.vba-muenchen.de/verein; PHÖNIX, gegründet 1990 in Regensburg unter dem Namen „Vorsicht Behinderung!", siehe www.phoenix-regensburg.de/verein.html, Jenaer ZSL, gegründet 1991 siehe www.jzsl.de/news/1/324147/nachrichten/25-jahre-jenaer-zentrum-f%C3%BCr-selbstbestimmtes-leben-behinderter-menschen-e.v..html; ZSL Mainz, gegründet 1993, siehe http://www.zsl-mz.de/verein; WüSL – Selbstbestimmt Leben Würzburg, gegründet 1995, siehe http://wuesl.de/index.php/verein/verein-wusl/.

auf lokaler Ebene einsetzten und dies bis heute tun. 2001 gründeten Menschen mit Lernschwierigkeiten die Selbstvertretungsorganisation Mensch zuerst – Netzwerk People First Deutschland e.V.[407] Die inzwischen erreichte Verbesserung der Infrastruktur für behinderte Menschen führt dazu, dass behinderte Menschen heute weniger den Druck verspüren, derartige Interessenvertretungen zu gründen und sich lokal und politisch zu engagieren.[408]

b) Europaweit: Die „Barcelona-Erklärung" vom März 1995

Einen wichtigen Meilenstein auf dem Weg zur Inklusion markiert die so genannte Barcelona-Erklärung, die im März 1995 Im Rahmen des Europäischen Kongresses „Die Stadt und die Behinderten" in Barcelona, Spanien, verabschiedet wurde.[409] Darin verständigten sich die teilnehmenden Städte auf eine Präambel sowie Vereinbarungen und Selbstverpflichtungen im Hinblick auf die Rechte von Menschen mit Behinderungen. Später schlossen sich weitere europäische Städte der Barcelona-Erklärung an und unterzeichneten sie. In Deutschland traten eine Reihe von Städten und Kommunen der Barcelona-Erklärung bei, darunter Berlin, Hannover, Münster, Erlangen, in Baden-Württemberg u.a. Universitätsstadt Tübingen, Aalen, Schwäbisch Gmünd, Konstanz und Mannheim.[410]

2. Nach Inkrafttreten der UN-BRK

Der Umsetzungsprozess findet auch auf kommunaler Ebene statt. Die bereits aufgestellten kommunalen Aktionspläne sind auf der Internetseite

---

407 siehe www.menschzuerst.de/pages/startseite/wer-sind-wir/verein.php.

408 Ab 2002 vergleichsweise wenige Neugründungen z.B. als Ausgründungen bestehender Vereine wie das ZSL Stuttgart, gegründet 2002, siehe www.aktive-behinderte.de/geschichte-des-zsl.html und ZSL Bad Kreuznach, gegründet 2004, siehe www.zsl-bad-kreuznach.org/index.php/verein/vereinsgeschichte; ZSL Nord, gegründet 2016 in Hamburg, siehe www.zsl-nord.de.

409 Veröffentlicht z.B. von der Stadt Erlangen, siehe www.erlangen.de/Portaldata/1/Resources/080_stadtverwaltung/dokumente/amt_50/Erklaerung_von_Barcelona_(2).pdf; nicht zu verwechseln mit dem ebenfalls oft so bezeichneten EU-Rechtsakt „Erklärung von Barcelona und Partnerschaft Europa-Mittelmeer" v. *November 1995*, siehe http://eur-lex.europa.eu/legal-content/DE/TXT/HTML/?uri=URISERV:r15001&from=DE.

410 Städtetag Baden-Württemberg, „Lebensraum Stadt. Inklusion kommunal.", Seite 7, siehe www.staedtetag-bw.de/media/custom/2295_78876_1.PDF?1466155557.

www.gemeinsam-einfach-machen.de/ veröffentlicht.[411] Auf sie und ihre Inhalte wird im fünften Kapitel dieser Arbeit näher einzugehen sein.

C. Charakteristika eines Aktionsplans

I. Definition des Aktionsplans

In Ermangelung einschlägiger juristischer Literatur muss auf allgemeine Definitionen zurückgegriffen werden:

1. Online-Lexikon Wikipedia

> „Ein Aktionsplan listet einzelne erforderliche Handlungsschritte zur Erreichung von Zielen auf. Als staatliches Politikinstrument verwendet, enthält ein Aktionsplan den Problembeschrieb und den Handlungsbedarf, legt die zu erreichenden Ziele fest, priorisiert sie oder setzt Schwerpunkte und bündelt bestehende oder neue Maßnahmen zur Erreichung dieser Ziele. Ein Aktionsplan wird partizipativ und mittels Einbindung nicht-staatlicher Akteure entwickelt. Mit der Verabschiedung eines Aktionsplans äußern die Akteure öffentlich ihren politischen Willen, die verabschiedeten Maßnahmen innerhalb einer bestimmten Zeit umzusetzen. Aktionspläne finden sich in allen Politikbereichen und auf internationaler (...), europäischer (...), nationaler (...) und lokaler Ebene (...)."[412]

2. Definition eines Menschenrechts-Aktionsplans der Monitoring-Stelle

> „Ein Aktionsplan ist ein strategisch ausgerichtetes Handlungsprogramm des Staates oder eines anderen Verantwortungsträgers. Er enthält eine Beschreibung der Probleme, die durch den Plan behoben werden sollen, legt konkrete Ziele sowie Maßnahmen fest, mit denen diese Ziele erreicht werden können. Darüber hinaus regelt er die koordinierte Ausführung, Evaluation und Fortentwicklung dieser Maßnahmen. Ein Aktionsplan ist das Ergebnis eines transparenten und partizipativen Arbeitsprozesses und ist öffentlich zugänglich.
> Das Besondere an einem Menschenrechts-Aktionsplan ist seine enge Rückbindung an die bestehenden menschenrechtlichen Verpflichtungen der Bundesrepublik

411 Genaue Fundstelle siehe www.gemeinsam-einfach-machen.de/GEM/DE/AS/Aktionsplaene/Aktionsplaene_Landkreise_Kommunen_Staedte/aktionsplaene_landkreise_kommunen_staedte_node.html.

412 Online-Lexikon Wikipedia, siehe https://de.wikipedia.org/wiki/Aktionsplan; als Beispiele werden genannt: Internationaler Aktionsplan zur Frage des Alterns von 1982, EU-Aktionsplan FLEGT von 2002, Nationaler Energieeffizient-Aktionsplan, Österreich bis 2017, Aktionsplan für sicheren Fahrradverkehr in Kopenhagen, 2007–2012.

> Deutschland. Ein Menschenrechts-Aktionsplan – als ein langfristig angelegter Prozess – soll dafür sorgen, dass die Menschenrechte, etwa von Menschen mit Behinderungen, eingehalten und umgesetzt werden.“[413]

Beim Vergleich der beiden Definitionen fällt eine weitgehende Übereinstimmung auf: die Definition von Wikipedia ist einerseits allgemeiner gehalten, andererseits aber auch ausführlicher, indem sie zusätzlich die Priorisierung der Ziele als Inhalte des Aktionsplans nennt. Die sehr ähnliche Definition der Monitoring-Stelle ist lediglich ergänzt um die Aspekte der Evaluierung und Fortschreibung und geht in einem zweiten Absatz speziell auf Menschenrechte sowie die Rechte behinderter Menschen ein. Beide Definitionen charakterisieren den Aktionsplan als etwas Tatsächliches. Die Handreichung des baden-württembergischen Städtetages stellt mit Bezug auf kommunale Aktionspläne ergänzend dazu fest, verbindend sei bei aller Unterschiedlichkeit der Herangehensweisen die Überzeugung, dass das Konzept sich nicht auf unverbindliche Absichtserklärungen beschränke, sondern konkrete Handlungen beschreibe, die sich umsetzen und überprüfen ließen. Wesentlich am Aktionsplan sei also, dass er nicht für die Schublade gemacht, sondern gelebte kommunale Praxis sei – es gehe somit um die Verschränkung von Planung einerseits sowie Umsetzung und Praxis andererseits.[414]

II. Der Aktionsplan als Instrument der rechtlichen Gestaltung

Die Definitionen des Aktionsplans haben gezeigt: Der Aktionsplan, gleichviel auf welcher staatlichen Ebene, ist ein modernes, politisches Planungsinstrument. Zugleich haben Pläne aber auch rechtlichen Charakter, wie Josef Heinrich Kaiser schon 1966 in der Überschrift zur Einleitung zum 2. Band seines dreibändigen Werks „Planung“ deutlich herausstellte. Für ihn ist ein Plan – auch aber nicht nur – ein „Aktionsmodell“, wie der Untertitel seiner Einleitung besagt, sondern auch ein „Institut des Rechtsstaats“.[415] Der Plan „als Institut unserer Rechtsordnung“ verkörpere einen Typ sowohl gesetzgeberischen wie gouvernementalen und administrativen Handelns. Seine Funktion sei es nicht, die freiheitliche

---

413 *Palleit, Leander*, in: Aktionspläne zur Umsetzung der UN-Behindertenrechtskonvention, Deutsches Institut für Menschenrechte, Monitoring-Stelle, Positionen Nr. 2, S. 1, siehe www.institut-fuer-menschenrechte.de/uploads/tx_commerce/positionen_nr_2_aktionsplaene_zur_umsetzung_der_un_behindertenrechtskonvention_01.pdf.

414 Städtetag Baden-Württemberg, „Lebensraum Stadt. Inklusion kommunal.“, S. 38, siehe www.staedtetag-bw.de/media/custom/2295_78876_1.PDF?1466155557.

415 *Kaiser*, Planung II, S. 11.

Gesellschaftsordnung zu beeinträchtigen, sondern zu gewährleisten, so wie das Institut der Enteignung ebenfalls das Grundrecht des Eigentums nicht gefährde, sondern eine Bedingung für seine Gewährleistung sei.[416] *Kaiser* betont im Vorwort zum 2. Band, dass die bisherigen Erkenntnisse über Planung durchaus dazu geeignet seien, sie „von einem in den anderen Planungsbereich zu übertragen".[417] Ebenso lassen sich *Kaisers* Ausführungen von der damaligen in die heutige Zeit übertragen, denn nach wie vor werden Pläne aufgestellt, um ein bestimmtes Ziel darzustellen und dessen Erreichung sowohl mit politischen als auch mit rechtlichen Mitteln durchzusetzen; es kennzeichnet Pläne, dass sie dabei Tatsächliches mit Rechtlichem verbinden. *Kaiser* wählt als Beispiel den Haushaltsplan und bezeichnet ihn als „Supermaßnahmegesetz" – es sei der „normative Plan einer Aktion", nach dem sich Gesetzgeber und Exekutive zu richten hätten.[418] Ein Aktionsplan allein, so fährt *Kaiser* fort, bedeute wenig ohne Aktion, ohne Fähigkeit und Bereitschaft zu planvollem Handeln, nach dem Wirtschaft und Gesellschaft verlangten. Der Plan sei – hier zitiert *Kaiser Konrad Huber* – „auf Vollzug angelegt, sein Zweck sei, erfüllt zu werden, und nicht zu gelten".[419] Treffender könnte man es für einen Aktionsplan zur Umsetzung der UN-BRK nicht ausdrücken, denn allein davon, dass er fertiggestellt wird und nun „gilt", hat sich die Situation behinderter Menschen vor Ort – möglicherweise mit Ausnahme der Bewusstseinsbildung – noch nicht verbessert.

III. Der Aktionsplan als Prozess – am Beispiel der kommunalen Ebene

Der Prozess eines Aktionsplanes kann allgemein in folgende fünf Phasen[420] unterteilt werden: Vorbereitung (1.), Entwicklung (2.), Umsetzung (3.), Monitoring (4.), Evaluierung und Weiterentwicklung (5.). Diese bilden auch auf Gemeindeebene einen sinnvollen Ablauf.

416 *Kaiser*, Planung II, S. 13.
417 *Kaiser*, Planung II, S. 8.
418 *Kaiser*, Planung II, S. 18.
419 *Kaiser*, Planung II, S. 18.
420 *Palleit, Leander*, in: Aktionspläne zur Umsetzung der UN-Behindertenrechtskonvention, Deutsches Institut für Menschenrechte, Monitoring-Stelle, Positionen Nr. 2, S. 2, siehe www.institut-fuer-menschenrechte.de/uploads/tx_commerce/positionen_nr_2_aktionsplaene_zur_umsetzung_der_un_behindertenrechtskonvention_01.pdf.

1. *Vorbereitung*[421]

Zur Vorbereitung zählen ein Beschluss zur Umsetzung der UN-BRK, die Bestimmung eines ressortübergreifend besetzten Lenkungsgremiums in der Gemeindeverwaltung sowie die notwendige Öffentlichkeitsarbeit, um den Beschluss und seine Bedeutung bekannt zu machen. Am Beginn eines Aktionsplanprozesses steht der Wille, die Ziele der UN-BRK in einer Gemeinde umzusetzen, dokumentiert durch einen entsprechenden Beschluss. Um entsprechendes politisches Gewicht zu erhalten, sollte der Beschluss auf höchster Ebene getroffen werden, in der Gemeinde also vom Gemeinderat oder Stadtrat. Der Beschluss könnte lauten:

> „Die Verwaltung wird beauftragt, einen kommunalen Aktionsplan zur Umsetzung der UN-Behindertenrechtskonvention zu erarbeiten".

Sodann sollte ein Lenkungsgremium bestimmt werden, das hoch angesiedelt und ressortübergreifend zusammengesetzt ist. Nicht im Sinne der UN-BRK wäre es, die Erstellung des Aktionsplans etwa an das Sozialamt, den Behindertenbeauftragten oder den Behindertenbeirat zu delegieren.[422] Dadurch würde der Eindruck entstehen, der Aktionsplan gehe nur die „Fachleute für Behinderte" etwas an – eine falsche Annahme, der das im ersten Kapitel vorgestellte überkommene medizinische Modell von Behinderung zu Grunde liegt. Ist der Beschluss gefasst und in der Gemeinde intern entschieden, welche Organe sich mit seiner Umsetzung befassen sollen, so muss Öffentlichkeitsarbeit geleistet werden, um den Beschluss und seine Bedeutung für die Gemeinde bekannt zu machen.[423] Neben Gemeindeblatt und Lokalzeitungen sollte das Internet frühzeitig genutzt werden. Die Bekanntmachung des Beschlusses zu einem Aktionsplan via Internet erhöht die direkte Beteiligung behinderter Menschen, weil viele von ihnen das Internet mit den notwendigen Hilfsmitteln auch alleine, ohne personelle Hilfe nutzen können. Die Öffentlichkeitsarbeit sollte zum Ausdruck bringen, dass die

---

421 Siehe Rheinland-Pfälzisches Ministerium für Soziales, Arbeit, Gesundheit und Demografie, Unsere Gemeinde wird inklusiv! – Ein Leitfaden für die Erstellung kommunaler Aktionspläne zur Umsetzung der UN-Behindertenrechtskonvention, https://bm.rlp.de/fileadmin/bm/Bildung/Inklusion/Leifaden_Inklusion.pdf; die Darstellung in dieser Arbeit orientiert sich an diesem Inklusions-Leitfaden, denn er eignet sich wegen der Vorreiterrolle des Landes Rheinland-Pfalz als Leitlinie für das hier zu behandelnde Thema.

422 Siehe Inklusions-Leitfaden des rheinland-pfälzischen Sozialministeriums (wie vorherige Fußnote), S. 13.

423 Wie vorherige Fußnote, S. 13.

Zivilgesellschaft ausdrücklich einbezogen werden soll und es sich bei der Inklusion eben nicht um eine Aufgabe nur für „Betroffene“ und „Fachleute“ handelt.

2. Entwicklung

Die Entwicklungsphase ist sozusagen die „Input-Phase“ im Aktionsplanprozess. Sie sollte die meiste Zeit in Anspruch nehmen, weil hier Probleme und Ressourcen identifiziert und mögliche Lösungsansätze gesammelt werden. Es kommt nicht darauf an, diese Phase möglichst zügig abzuschließen, um rasch Ergebnisse vorweisen zu können; es kann im Gegenteil sogar von Vorteil sein, wenn die Phase lange dauert, wenn dies dazu führt, dass viele Vorschläge gesammelt werden und alle Akteure ausreichend Gelegenheit haben, ihre Anliegen und Ideen in den Prozess der Erstellung eines Aktionsplans einzubringen. In dieser Phase ist eine breite Beteiligung besonders wichtig, denn sie sorgt dafür, dass der Aktionsplan inhaltlich möglichst viele Aspekte berücksichtigen und schließlich von einem breiten Bündnis gemeindlicher Akteure getragen sein wird. Wer an einem Prozess aktiv mitarbeiten konnte und dafür Zeit investiert hat, wird sich später stärker für die Umsetzung der beschlossenen Maßnahmen einsetzen, als ein Unbeteiligter, der meint, das Thema Behinderung betreffe ihn nicht. Wichtigste Beteiligte bzw. zu Beteiligende sind neben Menschen mit Behinderungen und ihren Verbänden der Gemeinderat, die kommunalen Beiräte (Behindertenbeirat, Seniorenbeirat, etc.), alle Amtsleiter der Gemeinde, Menschenrechtsorganisationen, wenn vorhanden, kommunale Gruppen wie Kirchengemeinden, Verbände, Vereine, Vertreter von Bildungseinrichtungen, Universitäten oder Hochschulen, engagierte Unternehmen vor Ort sowie lokale und regionale Medien.[424] Häufig werden in einer ersten Veranstaltung die zu bearbeitenden Handlungsfelder festgelegt und im Anschluss daran Fachforen oder Arbeitsgruppen (in Regensburg: „Inklusionszirkel“, in Würzburg: „Bürgerwerkstätten“) zu den genannten Themen gebildet. Die Entwicklungsphase ist somit geprägt von barrierefreien Diskussionsveranstaltungen zu verschiedenen Themen.[425] Um insbesondere die Bürger mit und ohne Behinderung zum Einbringen ihrer Ideen zu motivieren, sollten die Diskussionen in einer möglichst offenen Atmosphäre, einem Klima der Akzeptanz, stattfinden, in dem Bürger, Verwaltung und andere Experten auf Augenhöhe miteinander sprechen. Der

424 Aufzählung entnommen aus dem Inklusions-Leitfaden des rheinland-pfälzischen Sozialministeriums, S. 13, wie vorherige Fußnote.

425 Inklusions-Leitfaden des rheinland-pfälzischen Sozialministeriums, S. 13, wie vorherige Fußnote.

Einsatz eines professionellen Moderators kann sinnvoll sein. Denkverbote sollte es nicht geben, Totschlag-Argumente, die eine Idee von vornherein abwerten oder zerstören, nach dem Motto: „Das geht nicht, das können wir nicht finanzieren." sind zu vermeiden. Es soll darüber diskutiert werden, was man erreichen möchte, welche Ressourcen man dafür zur Verfügung hat, welche Personen oder Institutionen dazu einen Beitrag leisten könnten, aber auch, welche Hindernisse der Umsetzung einer Maßnahme möglicherweise im Wege stehen.[426] Um alle Beteiligten gebührend zu Wort kommen zu lassen und die komplexen Themen umfassend behandeln zu können, werden mehrere Diskussionstermine erforderlich sein. Üblicherweise werden im Rahmen der Diskussionen bereits erste Aufgaben verteilt, die erledigt werden müssen, um das Thema voranzutreiben. Sie können beispielsweise die Feststellung des Ist-Zustandes betreffen. Zwischenergebnisse inklusive der Zuständigkeiten und Verantwortlichkeiten werden schriftlich festgehalten und veröffentlicht, um den Prozess transparent zu gestalten. Zu erfahren, was in der Zwischenzeit passiert ist, motiviert engagierte Bürger, sich in weiteren Entwicklungsschritten ebenfalls zu beteiligen. In dieser Phase sollte auch über eine Priorisierung der geforderten Maßnahmen diskutiert werden, um bereits eine mögliche Reihenfolge der Maßnahmen im nächsten Schritt, der Umsetzung, zu erhalten. Ergebnis der Entwicklungsphase ist der fertig formulierte Aktionsplan. Nach der hier vertretenen Ansicht sollten die dafür geeigneten Teile des Aktionsplans vom Gemeinderat in der Form einer örtlichen Satzung beschlossen werden. So könnte zum Beispiel eine Gemeinde, die noch keinen Behindertenbeauftragten hat, als Ziel im Aktionsplan vorsehen, einen Beauftragten zu ernennen; hierüber könnte eine gemeindliche Satzung beschlossen werden. Zusätzlich zur offiziellen Bekanntmachung sollten alle medialen Möglichkeiten der Bekanntgabe genutzt werden.

3. Umsetzung

In der Umsetzungsphase ist vor allem die Verwaltung gehalten, die im Aktionsplan angekündigten Maßnahmen umzusetzen bzw. einzuleiten. Je nach Art der beschlossenen Maßnahmen kann die Umsetzung unterschiedliche Zeitspannen

---

426 Darstellung angelehnt an die Methode der sog. zielorientierten Projektplanung (ZOPP), siehe z.B.: www.zeitpfeil.org/static/common/download.php/save/123/Projektmanagement_ZOPP.pdf; als Hindernisse können fehlende Finanzmittel selbstverständlich erörtert werden, das Argument soll nur nicht die Idee von vornherein ausschalten; denn es können auch Vorschläge zur Beschaffung fehlender Finanzmittel entwickelt werden.

in Anspruch nehmen. Auch andere Beteiligte, etwa Bildungseinrichtungen, Vereine oder Private, haben in dieser Phase den von ihnen versprochenen bzw. geforderten Beitrag zur Umsetzung des Aktionsplans zu leisten.

4. Monitoring

Die Monitoring-Phase begleitet die Umsetzung, ist also nicht nachgeschaltet, sondern läuft parallel zu dieser. Der Begriff des Monitoring findet in verschiedenen Zusammenhängen Verwendung. Das Online-Lexikon Wikipedia liefert folgende Definition, die sich teils auf technische Vorgänge bezieht, im Übrigen aber auch auf die Abläufe im Prozess des Aktionsplans zutrifft:

> „Monitoring ist ein Überbegriff für alle Arten der unmittelbaren systematischen Erfassung (Protokollierung), Messung, Beobachtung oder Überwachung eines Vorgangs oder Prozesses mittels technischer Hilfsmittel (zum Beispiel Langzeit-EKG) oder anderer Beobachtungssysteme. Dabei ist die wiederholte regelmäßige Durchführung ein zentrales Element der jeweiligen Untersuchungsprogramme, um anhand von Ergebnisvergleichen Schlussfolgerungen ziehen zu können (...). Eine Funktion des Monitorings besteht darin, bei einem beobachteten Ablauf bzw. Prozess steuernd einzugreifen, sofern dieser nicht den gewünschten Verlauf nimmt (...). Monitoring ist deshalb ein Sondertyp des Protokollierens."[427]

Auf den Aktionsplanprozess bezogen bedeutet dies, dass ein geeignetes Beobachtungssystem benötigt wird, anhand dessen regelmäßig festgestellt werden kann, ob die im Aktionsplan vorgesehenen Maßnahmen zur Erreichung der angestrebten Ziele führen. Ein solches Beobachtungssystem könnte zum Beispiel darin bestehen, dass bereits im Aktionsplan Personen aus den Inklusionszirkeln dazu bestimmt werden, bestimmte Aspekte zu beobachten und zu dokumentieren. Ihre Ergebnisse bringen sie in die Inklusionszirkel ein, die sich auch nach Fertigstellung des Aktionsplans regelmäßig treffen, um sich darüber auszutauschen, inwiefern die angestrebten Ziele erreicht wurden oder nicht. Wiederum ist auf eine breite Beteiligungsmöglichkeit zu achten, das Monitoring darf wie die Entwicklung einerseits nicht ausschließlich den sogenannten Experten überlassen werden, andererseits ist die Anwesenheit der Verantwortlichen unerlässlich, damit die Rückmeldung sowohl von den Bürgern als auch aus der Verwaltung ihr Ziel wirklich erreicht und nicht versandet. Wird festgestellt, dass die Ziele nicht zufriedenstellend erreicht wurden, so muss wie in der Entwicklungsphase diskutiert werden, warum dies nicht gelungen ist, und welche Maßnahmen zu ergreifen wären, um die Ziele in Zukunft doch noch zu erreichen. Dementsprechend

---

427 Siehe https://de.wikipedia.org/wiki/Monitoring.

ist der Aktionsplan anzupassen. Die beim Monitoring gewonnenen Ergebnisse können die Grundlage der nächsten Phase, der Evaluierung, bilden.

5. Evaluierung und Fortentwicklung des Plans

Unter Evaluierung verstehe man laut Online-Lexikon Wikipedia die Bewertung bzw. Begutachtung von Projekten, Prozessen und Organisationseinheiten. Im Allgemeinen lasse sich als Evaluation auch die grundsätzliche Untersuchung begreifen, ob und inwieweit etwas geeignet erscheine, einen angestrebten Zweck zu erfüllen. Anwendungsbereiche der Evaluation seien etwa Bildung, Soziale Arbeit, Verwaltung, Wirtschaft oder Politikberatung. Für eine Evaluation würden Daten methodisch erhoben und systematisch dokumentiert, um die Untersuchung, das Vorgehen und die Ergebnisse nachvollziehbar und überprüfbar zu machen. Standardverfahren zur internen und externen Datenerfassung seien Befragung, Beobachtung, Monitoring, Test, Fragebogen, und Materialanalyse. Die Bewertung erfolge durch den Vergleich der ermittelten Ist-Werte mit vorher explizit festgelegten, operationalisierten und begründeten Soll-Werten anhand festgelegter Indikatoren.

Die Schwierigkeit bei der Evaluation eines Aktionsplanprozesses in einer Gemeinde besteht in dem letztgenannten Punkt, dass nämlich ein Vorher-Nachher-Vergleich anzustellen ist, der nur möglich ist, sofern vorher festgelegte Soll-Werte vorhanden sind, an denen das Ergebnis des Prozesses gemessen werden kann. Diese Anforderung stellt die Gemeinden, die ja anfangs ergebnisoffen von den vielfältigen, unsortierten Ideen und Verbesserungsvorschlägen der Beteiligten ausgehen, regelmäßig vor Probleme, wie das folgende Zitat zeigt:

> „Politik und Verwaltungsspitzen fordern inzwischen fast regelmäßig, dass nicht nur Ergebnisse festgestellt, sondern auch Wirkungen gemessen und ausgewiesen werden. Tatsächlich findet das noch immer selten statt. Dementsprechend gibt es – nicht nur in den Kommunen – bisher wenig Erfahrung mit der Messung von Wirksamkeit. Bei vielen Programmen und Maßnahmen enden die „Ressourcen" (Personalkapazität, Know-how, Geld) bei den Ergebnissen. Damit ist der Output gemeint, das, was geleistet wurde. Da Ziele oft benennen, was geleistet werden soll (oder sehr allgemein formuliert sind), und da Ziele ja Ausgangspunkt von Planung sind (sein sollen), müsste es selbstverständlich sein, die Erreichung von Zielen festzustellen. Tatsächlich ist es ein Fortschritt, auch in der Kommunalpolitik".[428]

Für die Durchführung einer Evaluierung spricht, dass Politiker, wenn es keine messbaren Ergebnisse gibt, erfahrungsgemäß dazu neigen, punktuell ihre Erfolge

---

428 *Kuhn-Friedrich* in: *Lampke*, Örtliche Teilhabeplanung, S. 105.

herauszustellen, sich in der Folge mit dem Erreichten zufrieden zu geben, problematischen Punkten aber auszuweichen. Eine Evaluierung könnte hier für mehr Klarheit sorgen. Dagegen spricht, dass eine Evaluierung zusätzliche Ressourcen erfordert, die dann an anderer Stelle fehlen würden. Entscheidet man sich trotz der genannten Probleme für eine Evaluation, so müssten sowohl die Kriterien als auch die Art und Weise des Messens hierfür partizipativ in der Entwicklungsphase des Aktionsplanprozesses festgelegt werden. Die Beteiligten müssten die Frage beantworten, an welchen Kriterien sie es festmachen würden, ob eine konkrete Forderung erfüllt worden sei und wie man dies messen könne. Lautete eine Forderung zum Beispiel „Verbesserung" des Zugangs zu einem Gebäude mit einer schweren Türe, so müsste darüber diskutiert werden, ob das Ziel bereits als erfüllt angesehen werden solle, wenn für behinderte Menschen ein anderer Eingang vorgesehen werden würde, der eine Automatiktüre hat; oder wenn eine Klingel angebracht würde, auf deren Betätigung hin ein Angestellter die Türe aufhielte; oder ob es ausreichen würde, den Türschließer leichter einzustellen; oder ob das Ziel erst mit dem Einbau eines automatischen Türöffners erreicht wäre. In ähnlicher Weise müsste die Antwort für jede Forderung individuell gefunden werden. Dies würde zwar einigen Diskussionsbedarf verursachen, aber, wie das Beispiel zeigt, auch viel Klarheit in den Aktionsplanprozess bringen.

IV. Typischer Aufbau eines Aktionsplans

1. Leitbild

Ein Leitbild sollte am Anfang des Aktionsplanes stehen, da man Maßnahmen nur dann sinnvoll planen kann, wenn das Ziel klar vor Augen ist. Das Leitbild sollte die Vorstellung von einem inklusiven Zusammenleben von Menschen mit und ohne Behinderung in der Gemeinde beschreiben. Am Leitbild sind das Ziel und die Durchführung jeder Maßnahme zu messen. Nur wenn eine Maßnahme dem Leitbild entspricht, sollte sie in den Aktionsplan aufgenommen werden.

2. Handlungs- und Politikfelder

Handlungs- und Politikfelder bilden sozusagen die Überschriften im inhaltlichen Teil des Aktionsplans. Wie die UN-BRK selbst soll auch dieser alle Lebensbereiche, die behinderte Menschen betreffen, abbilden. Handlungs- und Politikfelder, mitunter auch Handlungsempfehlungen oder Leitlinien genannt, sind die Bereiche, in denen die Gemeinde tätig werden soll bzw. Maßnahmen ergreifen will, um das Inklusionsziel zu erreichen. Das Instrument des Aktionsplans lässt aufgrund seiner hohen Variabilität den Gemeinden die Freiheit, ihre Schwerpunkte individuell nach den Gegebenheiten und Bedarfslagen des jeweiligen Ortes zu bestimmen. Typischerweise werden sie wie folgt gewählt:[429] „Bildung, Erziehung, Familie“, „Arbeit/Personalentwicklung“, „Bauen und Wohnen“, „Freizeit, Kultur und Sport“, „Schutz der Persönlichkeitsrechte von Menschen mit Behinderung“, „Interessenvertretung/gesellschaftliche Teilhabe“, „Gesundheit einschließlich Pflege und Assistenz“, „Mobilität, Barrierefreiheit, Verkehr“, „barrierefreie Kommunikation und Information, Öffentlichkeitsarbeit“, „Bewusstseinsbildung“. Mitunter findet man für Themen, die sich unter keine der Überschriften einordnen lassen, auch das Handlungsfeld „Sonstiges“. Nicht jeder Aktionsplan muss aber zwingend alle diese Bereiche enthalten. So wurden beispielsweise im Berliner Bezirk Charlottenburg-Wilmersdorf[430] nur die drei Handlungsfelder „Teilnahme am Arbeitsleben“, „Bewusstseinsbildung“ und „Barrierefreiheit“ behandelt.[431] Denkbar wäre ohne weiteres, bei der Fortschreibung des Planes neue Handlungsfelder hinzuzunehmen, falls neue Bedarfe entstehen oder sich neue Möglichkeiten auftun. Richtigerweise ist Bewusstseinsbildung eines der Kernthemen, die in keinem Aktionsplan fehlen sollten. Der Zuschnitt der Handlungs- und Politikfelder fällt durchaus unterschiedlich aus: Im Aktionsplan des Landkreises Unterallgäu[432] erhielt das „Bürgerschaftliche Engagement“ ebenso ein eigenes Handlungsfeld wie der Behindertenbeauftragte, dessen Position damit offenbar gestärkt werden sollte. Der Aktionsplan der Kreisstadt Hofheim am Taunus[433] beinhaltet ein Handlungs- und Politikfeld „Frauen mit Behinderung“, ähnlich der Aktionsplan der Stadt München[434] mit dem Handlungsfeld „spezielle Zielgruppen“. Im Münchener Aktionsplan werden zusätzlich zu den genannten die Themenfelder „Recht, Freiheit, soziale und finanzielle Sicherheit,

429 Die Aufzählung orientiert sich am Inklusions-Leitfaden des rheinland-pfälzischen Sozialministeriums, S. 10–11; dieser enthält die wichtigsten Handlungsfelder, die sich in anderen Aktionsplänen, etwa den im Aktionsplanverzeichnis genannten, wiederfinden; siehe: Rheinland-Pfälzisches Ministerium für Soziales, Arbeit, Gesundheit und Demografie, Unsere Gemeinde wird inklusiv! – Ein Leitfaden für die Erstellung kommunaler Aktionspläne zur Umsetzung der UN-Behindertenrechtskonvention, https://bm.rlp.de/fileadmin/bm/Bildung/Inklusion/Leifaden_Inklusion.pdf.

430 Siehe Aktionsplanverzeichnis.

431 Anders und untypisch der Aktionsplans des Berliner Bezirks Lichtenberg-Schönhausen, der keine Handlungsfelder beinhaltet, sondern nach den zuständigen Ämtern und Referaten aufgeteilt ist, siehe Aktionsplanverzeichnis.

432 Siehe Aktionsplanverzeichnis.

433 Siehe Aktionsplanverzeichnis.

434 Siehe Aktionsplanverzeichnis.

Diskriminierungsverbot“ sowie „Statistik und Datensammlung“ behandelt.[435] Ebenso bildet „Selbstbestimmt Leben“ dort ein eigenes Handlungsfeld, während es im rheinland-pfälzischen Leitfaden als Querschnittsaufgabe erscheint. Eine grundsätzliche Perspektive nimmt der Aktionsplan der Stadt Magdeburg[436] ein, indem er in Leitlinie 1 die Aspekte „Lebensstandard, Grundsicherung/sozialer Schutz und soziale Infrastruktur“ behandelt. Im Magdeburger Aktionsplan werden zu den jeweiligen Leitlinien die Artikel der UN-BRK zitiert, auf die sich die Maßnahmen beziehen. Dies verdeutlicht die Rückbindung des Aktionsplans an den Vertragstext der UN-BRK.

3. Konkrete Umsetzungsmaßnahmen

Den jeweiligen Handlungs- und Politikfeldern werden die konkreten, in den Inklusionszirkeln herausgearbeiteten Maßnahmen zugeordnet, mit denen bestimmte Inklusionsziele erreicht werden sollen. Dargestellt werden die Maßnahmen meist in einer Tabelle, in die Ziele, Maßnahmen, Zuständigkeiten, Zeitrahmen und Bewertungsindikatoren eingetragen werden. So lässt sich leicht erfassen, wer bis wann welche Maßnahme umgesetzt haben soll, und woran die Umsetzung gemessen werden soll. Die Tabelle ist zugleich Ablaufplan und Maßstab, um den Fortgang der Umsetzung zu kontrollieren. Fehlen konkrete Maßnahmen, Fristen und Zuständigkeiten, wie zum Beispiel im Aktionsplan des Bezirks Schwaben[437], so dürfte der Nutzen eines solchen Plans sich auf die Dokumentation des guten Willens beschränken.

4. Evaluierung und Fortentwicklung

Üblicherweise enthalten Aktionspläne auch den Punkt „Evaluation und Fortentwicklung“, weil nachvollziehbar gemacht werden soll, inwiefern die Maßnahmen ihr Ziel erreicht haben. Hierzu kann auf die obigen Ausführungen im Punkt 2. e) verwiesen werden.

435 Siehe Aktionsplanverzeichnis.
436 Siehe Aktionsplanverzeichnis.
437 Siehe Aktionsplanverzeichnis.

D. Rechtliche Einordnung von Aktionsplänen

I. Empfehlung von Aktionsplänen durch die Vereinten Nationen

Menschenrechte formulieren einen universellen Geltungsanspruch, der sich aus der Würde des Menschen herleitet.[438] Menschenrechtliche Ziele sollen am besten überall auf der Welt umgesetzt werden; das hierfür verwendete Mittel muss möglichst variabel sein, damit es in jedem Land, unabhängig von den dortigen Gegebenheiten, der Rechtslage und den Organisationsstrukturen Anwendung finden kann. Da Aktionspläne diese Voraussetzung erfüllen, werden sie für die Erreichung menschenrechtlicher Ziele als geeignet angesehen. Den Staaten wird ihre Aufstellung empfohlen, aber auch nichtstaatliche Verantwortungsträger sind als mögliche Adressaten angesprochen. Das Handbuch des UN-Hochkommissars für Menschenrechte führt dazu aus:

> „The national action plan concept implies that there are certain general principles that will be applicable to many, if not all, countries. But it has always been central to the national action plan approach that each country starts from its own political, cultural, historical and legal circumstances. There is no single approach that can be applied to all countries. Each has to develop proposals suited to its own situation. This is embodied in the recommendation of the World Conference, which says what a national action plan is, but leaves it up to States to decide what to do“.[439]

Gerade in seiner unbestimmten Form liegt also ein wesentlicher Vorteil des Aktionsplans, weil er, wie im Handbuch beschrieben, auf viele, wenn nicht gar alle Staaten angewendet werden kann. Jeder Staat bestimmt – ausgehend von der tatsächlichen, kulturellen, politischen, wirtschaftlichen und rechtlichen Situation im Land – die notwendigen Umsetzungsschritte selbst. Ob dazu rechtliche Veränderungen für nötig erachtet werden, und welche Rechtsformen für die Umsetzung gewählt werden, bleibt bewusst ebenso offen wie die Frage, welche staatliche (oder nichtstaatliche) Ebene oder Institution die jeweiligen Maßnahmen zu ergreifen habe. Bestehen innerhalb eines Staates unterschiedliche Strukturen oder Ebenen, so lässt sich der Aktionsplan in der gleichen Weise

---

438 Deutsches Institut für Menschenrechte, www.institut-fuer-menschenrechte.de/themen/entwicklungspolitik/basiswissen/menschenrechte/, unter Hinweis auf Art. 1 Satz 1 AEMR: „Alle Menschen sind frei und gleich an Würde und Rechten geboren. (…)“ und Art. 2 Abs. 1 AEMR: „Jeder hat Anspruch auf alle in dieser Erklärung verkündeten Rechte und Freiheiten, (…)“, UN Doc. A/RES/217 A (III).

439 United Nations, Office Of The United Nations High Commissioner For Human Rights, Handbook on National Human Rights Plans of Action, v. 29.08.02, S. 8, siehe www.ohchr.org/Documents/Publications/training10en.pdf.

wiederum auf jede dieser Strukturen oder Ebenen anwenden, in Deutschland eben auf Bund, Länder und Gemeinden, aber ebenso auf Private, etwa auf Unternehmen. Um die menschenrechtlichen Ziele möglichst überall und umfassend zu erreichen, ist seitens des Staates besonders darauf zu achten, dass keine „Verschiebebahnhöfe" in der Weise entstehen, dass jede Ebene sich auf die Zuständigkeit, den Umsetzungswillen und entsprechende Maßnahmen einer anderen Ebene verlässt und sich am Ende an der tatsächlichen Situation nichts ändert. Diese Gefahr sieht der Ausschuss für die Rechte von Menschen mit Behinderungen gerade für Deutschland, weshalb er in seinen Abschließenden Bemerkungen immer wieder die Länderebene oder ausdrücklich die Bundes-, Länder- und Kommunalebene, Kommunalbehörden oder Kommunalverwaltung benennt.[440] Die Möglichkeit, dass irgendwo ein „Traumland der Barrierefreiheit" existierte, das die Konvention unterzeichnen könnte, ohne irgendwelche Umsetzungsmaßnahmen zu ergreifen, weil in dem Land alle Vorgaben hinsichtlich der Rechte behinderter Menschen bereits erfüllt wären, ist zwar theoretisch denkbar; das Aktionsplan-Konzept der Vereinten Nationen geht jedoch von der realistischeren Voraussetzung aus, dass dies in keinem Land tatsächlich der Fall sein wird:

> „The national action plan concept also recognizes that no country has a perfect human rights record".[441]

II. Mögliche rechtliche Auswirkungen des Aktionsplans

1. Selbstbindungswille der federführenden Organisation

Zu den Charakteristika des Aktionsplans gehört die Frage, ob er neben tatsächlichen auch rechtliche Wirkungen entfalte. In Betracht kommt eine Selbstbindung des Aktionsplans an die in ihm festgeschriebenen Ziele, und zwar Selbstbindung derjenigen Institution, unter deren Federführung der Aktionsplan erstellt wurde. Eine solche wird man dem Aktionsplan zusprechen müssen, denn würde man diese nicht annehmen, so wäre der gesamte Aktionsplan sinnentleert, und

---

440 Ausschuss für die Rechte von Menschen mit Behinderungen, Abschließende Bemerkungen, UN Doc. CRPD/C/DEU/CO/1, III A Nr. 8 (a); Nr. 11, Nr. 13 c), III A Nr. 6; Nr. 8 (b); Nr. 14 (c) Nr. 26 (c), hier zit. nach der nichtamtlichen deutschen Übersetzung der Monitoring-Stelle, siehe www.institut-fuer-menschenrechte.de/fileadmin/user_upload/PDF-Dateien/UN-Dokumente/CRPD_Abschliessende_Bemerkungen_ueber_den_ersten_Staatenbericht_Deutschlands.pdf.

441 United Nations, Office Of The United Nations High Commissioner For Human Rights, Handbook on National Human Rights Plans of Action, v. 29.08.02, S. 8, siehe www.ohchr.org/Documents/Publications/training10en.pdf.

der nicht unerhebliche zeitliche und personelle Aufwand für seine Erstellung wäre in keiner Weise zu rechtfertigen. Wäre kein Selbstbindungswille gegeben, käme dies einer Verhöhnung der mitwirkenden Akteure gleich – im Hinblick auf die Menschenwürde wäre dies das genaue Gegenteil des angestrebten Ziels. Der Aktionsplan bietet durch die große Gestaltungsfreiheit, die er beinhaltet, grundsätzlich die Möglichkeit, dem gesamten Aktionsplan oder Teilen daraus eine bestimmte Rechtsform zu geben, also etwa ein Bundesgesetz, ein Landesgesetz oder eine gemeindliche Satzung zu beschließen. Dadurch würde die federführende Institution ihren Selbstbindungswillen dokumentieren.

Auf kommunaler Ebene sollte der Aktionsplan das behindertenpolitische oder besser „inklusive" Entwicklungskonzept der Gemeinde darstellen, ein Leitbild, das Eingang in alle künftigen Planungen findet und bei allen künftigen Maßnahmen berücksichtigt wird. In diesem Sinne beschreibt es zum Beispiel auch die nordrhein-westfälische Arbeitshilfe für Kommunen, die betont, die Entwicklung eines inklusiven Gemeinwesens biete den Kommunen die Chance, unterschiedliche Planungen in der Raumordnung, im Bau- und Verkehrsbereich, im Sozial- und Jugendbereich und auch in der Bildung und Erziehung durch eine gemeinsame Leitorientierung zu verbinden.[442] Die Arbeitshilfe hebt die gestiegene Bedeutung einer strategischen Vorgehensweise hervor.[443] Bei dieser Strategie gehe es – wobei die Arbeitshilfe ihrerseits aus dem nordrhein-westfälischen Handbuch für moderne Sozialplanung zitiert – darum, „die Politik- und Handlungsfelder einer Kommune [...] planerisch zu integrieren und in der Umsetzung aufeinander zu beziehen." Das heiße für Sozialpolitik, dass sie Teil einer integrierten Stadtentwicklungspolitik sein müsse.[444] Mit solchen strategischen Planungen können Gemeinden negativen Entwicklungen in der Gemeinde vorbeugen: Erstens würde dem Eindruck entgegen getreten werden, Inklusion gehe nur behinderte Menschen und Fachleute an, zweitens könnte die Gefahr vermindert werden, die Belange behinderter Menschen bei künftigen Planungen zu übersehen; dies würde Kosten für spätere Nachrüstungen und Umbauten sparen. Drittens könnte durch eine inklusive Gestaltung einer Gemeinde ein attraktives Umfeld auch für Senioren und Familien geschaffen werden; dies würde den Zuzug in die Gemeinde attraktiv machen, zum Beispiel

442 Arbeitshilfe NRW, S. 9.

443 Arbeitshilfe NRW, S. 19.

444 Moderne Sozialplanung, Handbuch NRW, Seite 27, siehe Literaturverzeichnis oder https://broschueren.nordrheinwestfalendirekt.de/herunterladen/der/datei/handbuch-sozialplanung-pdf/von/moderne-sozialplanung/vom/mais/1033.

für Personen, die erwerbstätig sind und sowohl ihre Kinder als auch ihre Eltern gut versorgt wissen möchten.

2. *Berücksichtigung des Aktionsplans im Rahmen der örtlichen Bauleitplanung*

Barrierefreiheit darf als eines der wichtigsten Handlungsfelder in keinem kommunalen Aktionsplan fehlen, denn behinderte Menschen werden nur am Leben in der Gemeinde teilhaben können, wenn sie die Orte, an denen sich das Leben abspielt, auch tatsächlich erreichen können. Zur Beseitigung der baulichen Barrieren bzw. Herstellung barrierefreier Bauten und Anlagen stellt die örtliche Bauleitplanung ein geeignetes Rechtsinstrument dar.

a) *Planungshoheit der Gemeinde*

Gerade im Bereich des Baurechts kommt der örtlichen Ebene eine entscheidende Bedeutung zu, denn die Bauleitplanung ist gemäß § 2 Abs. 1 Satz 1 BauGB eine eigene Angelegenheit der Gemeinden, die erforderlichenfalls gemäß § 1 Abs. 3 BauGB Bauleitpläne aufzustellen haben. Das *BVerfG* führte in seinem Beschluss zum Stadtverband Saarbrücken aus, das Recht der Bauleitplanung sei dem Bodenrecht zuzurechnen und liege damit in der Kompetenz des Bundes. Der Bundesgesetzgeber habe, da er eine aktive Beteiligung der örtlichen Gemeinschaft an der Planung wünschte, die Zuständigkeit für die Planung in den eigenen Initiativraum der Gemeinden gegeben. Sowohl die Initiative als auch die Verantwortung für die Bauleitplanung liege somit im örtlichen Bereich. Es sei anzunehmen, dass man dort die bestehenden Strukturen und die Bedürfnisse der Gemeinde besser kenne, als dies ortsfernere kommunale oder staatliche Institutionen vermöchten.[445]

b) *Bedürfnisse der behinderten Menschen gem. § 1 Abs. 6 Nr. 3 BauGB*

Fraglich ist, inwiefern das im Aktionsplan beschriebene Leitbild und die dort ggf. festgeschriebenen Maßnahmen im Rahmen des Belangs der „Bedürfnisse behinderter Menschen" gemäß § 1 Abs. 6 Nr. 3 BauGB in die örtliche Bauleitplanung einfließen könnten. Die gesetzliche Formulierung kann nicht automatisch gleichgesetzt werden mit den Inklusionszielen der UN-BRK oder des Aktionsplans. Denn im Baurecht spielt der Fürsorgegedanke noch eine große

---

445 *BVerfG*, Beschl. v. 09.12.87, Az.: 2 BvL 16/84, Rn. 45 und 46, zit. nach juris.

Rolle, während es bei der Inklusion gerade nicht um Fürsorge geht, sondern darum, dass Maßnahmen nicht allein den behinderten Menschen sondern allen Menschen in der Gemeinschaft zugutekommen. Der Fürsorgegedanke überwiegt in der Kommentarliteratur zum BauGB. *Schrödter* und *Wahlhäuser* etwa nennen „hilfsbedürftige Personen", für die Alters- und Pflegeheime[446] geplant werden. *Dirnberger* sieht die Bedürfnisse behinderter Menschen offenbar ausschließlich „im Zusammenhang mit dem Gesundheitswesen durch die Festsetzung von Flächen für Krankenhäuser oder Sanatorien".[447] Gedacht ist also an Institutionen, die eher dem im ersten Kapitel dargestellten überkommenen Behinderungsbild entsprechen und nicht gerade ein Sinnbild der Inklusion darstellen. Wenn Autoren in ihrer Kommentierung überhaupt keine Ausführungen zu den Bedürfnissen behinderter Menschen machen,[448] unterstellen sie damit wohl, dass allgemein bekannt sei, was die Bedürfnisse behinderter Menschen sind. Dies spricht „ohne Worte" ebenfalls mehr für ein traditionelles Bild von Behinderung als für innovative Ansätze. Auch in der Darstellung von *Battis* steht der Fürsorgegedanke im Vordergrund, wenn er „Familien, Alleinerziehende, junge und alte Menschen, Behinderte und andere Personen, die nach ihren persönlichen Lebensumständen besonderer Hilfe und Einrichtungen bedürfen" bei der Aufstellung von Bauleitplänen besonders berücksichtigt wissen will. Deren Belangen könne „durch die Bauleitplanung insbesondere durch die Ausweisung von Gemeinbedarfsflächen entsprochen werden (§ 5 Abs. 2 Nr. 2, § 9 Abs. 1 Nr. 5), wie z.B. Altenheime, Kinderheime, Kindergärten, Erziehungsanstalten, Sanatorien, Spielplätze (§ 9 Abs. 1 Nrn. 4 und 11), verkehrsberuhigte Straßen (§ 9 Abs. 1 Nr. 11)".[449] *Gierke* erwähnt ebenfalls Behinderteneinrichtungen,[450] und zwar wie *Battis*[451] unter Hinweis darauf, dass die Bedürfnisse behinderter Menschen lediglich einen Unterfall der „sozialen und kulturellen Bedürfnisse der Bevölkerung" bildeten. Aus den Bedürfnissen, so fährt *Gierke* fort, resultiere der Bedarf, den die Gemeinde für das Plangebiet zu ermitteln und festzusetzen habe.[452] Der Ansatz von *Söfker* scheint inklusiver zu sein: Er unterscheidet in

---

446 *Schrödter/Wahlhäuser* in: *Schrödter*, § 1 Rn. 367; *Gierke* in *Brügelmann* Bd. 1, § 1 Rn. 600 .

447 *BeckOK* BauGB/*Dirnberger* BauGB § 1 Rn. 93.

448 *Gaentzsch* in: Berliner Kommentar zum BauGB, § 1 Rn. 62; *Jäde/Dirnberger* § 1 Rn. 70–72.

449 *Battis/Krautzberger/Löhr/Battis* BauGB § 1 Rn. 58.

450 *Gierke* in *Brügelmann* Bd. 1, § 1 Rn. 599.

451 *Battis/Krautzberger/Löhr/Battis* BauGB § 1 Rn. 58.

452 *Gierke* in *Brügelmann* Bd. 1, § 1 Rn. 600.

seiner Darstellung nicht zwischen den Bevölkerungsgruppen, also den Familien, jungen und alten Menschen und den Behinderten. Sie alle hätten „spezifische Anforderungen an die Baugebietsstruktur z.B. kurze, überschaubare Wege von den Wohnungen zu Infrastruktureinrichtungen des privaten und öffentlichen Bereichs, wie etwa Schulen, Kindergärten, Altenbegegnungsstätten, Ärzte".[453] Dazu gehöre auch eine bestimmte Verkehrsinfrastruktur, vor allem die Bedienung mit öffentlichen Verkehrsmitteln, aber auch die Sicherheit im Verkehr, vor allem der Kinder. Die Bauleitplanung könne hier die raumbezogenen Voraussetzungen durch entsprechende Flächenausweisungen schaffen. Soweit durch bestimmte städtebauliche Planungen und Maßnahmen die Belange von Familien, jungen und alten Menschen sowie Behinderten berührt würden, etwa bei städtebaulichen Umstrukturierungen auf Grund von förmlichen Sanierungsmaßnahmen, bedeuteten diese Belange die Verpflichtung, auf sie Rücksicht zu nehmen.[454]

Die ausführlicheren Darstellungen in der Kommentarliteratur zeigen, dass die Bauleitplanung einer Gemeinde sich am aktuellen Bedarf und an den zu erwartenden Entwicklungen orientieren muss. Hat eine Gemeinde einen Aktionsplan erstellt, so enthält dieser sowohl eine Erhebung des Ist-Zustandes als auch eine Beschreibung der Infrastruktur, die die Beteiligten sich wünschen würden. Damit verfügt die Gemeinde über eine ideale Grundlage für künftige Planungen inklusive aktuellen Aussagen über die Bedürfnisse ihrer Bürger mit und ohne Behinderung. Die Maßnahmen des Politikfeldes „Bauen und Wohnen" beschreiben somit aktuell den in der Gemeinde bestehenden Bedarf und sollten – in Abwägung mit den weiteren Belangen und innerhalb des im BauGB vorgesehenen Verfahrens – in der örtlichen Bauleitplanung berücksichtigt werden. Dafür spricht, dass die Formulierung „Bedürfnisse behinderter Menschen" auslegungsbedürftig ist, weil ihre Bedeutung sich im Laufe der Zeit, einem veränderten gesellschaftlichen Verständnis folgend, wandeln kann. Einen derartigen Bewusstseinswandel strebt die UN-BRK an, wie im ersten Kapitel dargestellt, und hat ihn teilweise schon bewirkt. Ist also in einer Gemeinde ein Aktionsplan vorhanden, der bauliche Maßnahmen für ein gemeinschaftliches Wohnen von Menschen mit und ohne Behinderungen vorsieht, so ist das Regelbeispiel des § 1 Abs. 6 Nr. 3 BauGB im Lichte der UN-BRK dahingehend auszulegen, dass behinderte Menschen in dieser Gemeinde das Bedürfnis haben, in der Gemeinschaft mit nichtbehinderten Menschen zu leben. Somit würde auch

---

453 EZBK/*Söfker* BauGB § 1 Rn. 127.
454 EZBK/*Söfker* BauGB § 1 Rn. 127.

das Miteinander von Menschen mit und ohne Behinderung, wie es im gemeindlichen Aktionsplan dargestellt wird, einen berücksichtigenswerten Belang innerhalb der Bauleitplanung darstellen. Die dafür benötigten Flächen sind dann im Bebauungsplan auszuweisen.

c) Flächen für besonderen Wohnbedarf gem. § 9 Abs. Nr. 8 BauGB

Behinderte Menschen gelten als „Personengruppe mit besonderem Wohnbedarf" im Sinne von § 9 Abs. 1 Nr. 8 BauGB. Zwar erscheint die in der Vorschrift angedeutete „Besonderung" behinderter Menschen im Lichte der UN-BRK auf den ersten Blick problematisch, zumal nach der Rechtsprechung des BVerwG die begünstigte Personengruppe genau zu bezeichnen ist.[455] Dennoch ist es ganz im Sinne eines Aktionsplans, eine solche Festsetzung zu treffen, wenn etwa im Bereich „Bauen und Wohnen" die Schaffung von barrierefreiem Wohnraum vorgesehen ist, um einer Institutionalisierung behinderter Menschen in der Gemeinde vorzubeugen oder eine schrittweise Deinstitutionalisierung zu ermöglichen. Die vom BVerwG geforderte Voraussetzung, der besondere Wohnbedarf müsse gerade in den baulichen Besonderheiten der Wohnungen (nicht allein im geringen Einkommen der Bewohner) bestehen,[456] ist bei der barrierefreien Ausgestaltung gegeben. Das BVerwG erkannte außerdem die Gefahr der „Besonderung" der Bewohner, nämlich der Ghettobildung, und bestimmte, dass bei der Festsetzung derartiger Flächen diese nicht zu groß gewählt werden dürften.[457] Bei höherem Bedarf an barrierefreien Wohnungen, etwa, weil es in der Gemeinde viele Senioren gibt, die aufgrund zunehmender körperlicher Beeinträchtigungen eine barrierefreie Wohnung brauchen, sollten deshalb mehrere kleinere solcher Flächen anstelle einer größeren festgesetzt werden. Die Errichtung eines Mehrgenerationenhauses, eine typische Aktionsplan-Maßnahme aus dem Politikfeld „Bauen und Wohnen", unterfällt der Vorschrift des § 9 Abs. 1 Nr. 8 BauGB, denn Großfamilien haben ebenso wie Menschen mit Behinderung einen höheren Platzbedarf, stellen also ebenfalls gewisse bauliche Anforderungen.[458]

455 *BVerwG* Beschl. v. 17.12.92, Az.: 4 N 2/91 (= BVerwGE 91, 318–327), zit. nach juris Rn. 40.

456 *BVerwG* Beschl. v. 17.12.92, Az.: 4 N 2/91 (= BVerwGE 91, 318–327), zit. nach juris Rn. 24 und 39.

457 *BVerwG* Beschl. v. 17.12.92, Az.: 4 N 2/91 (= BVerwGE 91, 318–327), zit. nach juris Rn. 23 und 27; dem *BVerwG* folgend z.B. *Gierke* in *Brügelmann Bd. 2*, § 9 Rn. 182; ebenso *Gaentzsch* in: Berliner Kommentar zum BauGB, § 9 Rn. 30.

458 Gierke in *Brügelmann Bd. 2*, § 9 Rn. 181.

III. Besonderheiten des Aktionsplans gegenüber anderen Plänen im öffentlichen Recht

1. Fehlende Rechtsgrundlage

Die aus dem öffentlichen Recht bekannten Pläne verfügen regelmäßig über eine Rechtsgrundlage; so finden etwa der Bebauungsplan und der Flächennutzungsplan ihre Rechtsgrundlage im BauGB. Im Gegensatz dazu gibt es keine Rechtsgrundlage für die meisten der unter A. vorgestellten Aktionspläne.[459] Die UN-BRK selbst kann – mangels Rechtsgeltung in den Ländern und Kommunen – nicht als Rechtsgrundlage für Aktionspläne dienen. Das Fehlen einer Rechtsgrundlage ist insofern problematisch, als es das Fehlen von Verfahrensvorschriften und das Fehlen von Vorschriften für den Rechtsschutz nach sich zieht. Jedoch wäre es nach der in dieser Arbeit vertretenen Ansicht ohne weiteres möglich und wünschenswert, eine solche Rechtsgrundlage zu schaffen, in Bayern etwa im BayBGG; allerdings ist dies eine Frage des politischen Willens.

Für die Schaffung einer Rechtsgrundlage spricht, dass durchaus Aktionspläne existieren, die auf einer Rechtsgrundlage beruhen. Ein Beispiel ist der NAP Pflanzenschutz zur nachhaltigen Anwendung von Pflanzenschutzmitteln[460] des Bundesministeriums für Ernährung und Landwirtschaft mit einer Rechtsgrundlage in §§ 4 und 5 des Gesetzes zum Schutz der Kulturpflanzen (Pflanzenschutzgesetz – PflSchG).[461] Den Begriff des Aktionsplans definiert das Gesetz nicht, sondern setzt ihn voraus. Der in Klammern gesetzte Begriff Aktionsplan kürzt

---

459 Eine Ausnahme bildet der NAP Pflanzenschutz, dazu gleich mehr.

460 Siehe www.nap-pflanzenschutz.de//fileadmin/user_upload/_imported/fileadmin/SITE_MASTER/content/Dokumente/Startseite/Bundesanzeiger.pdf.

461 Zum besseren Verständnis hier der Gesetzeswortlaut:

§ 4 Aktionsplan zur nachhaltigen Anwendung von Pflanzenschutzmitteln

(1) Die Bundesregierung beschließt einen Aktionsplan zur nachhaltigen Anwendung von Pflanzenschutzmitteln im Sinne des Artikels 4 Absatz 1 der Richtlinie 2009/128/EG (Aktionsplan). Der Aktionsplan wird unter Mitwirkung der Länder und Beteiligung von Verbänden, die sich mit Pflanzen oder Pflanzenerzeugnissen, dem Pflanzenschutz, dem Verbraucherschutz, der Wasserwirtschaft oder dem Umwelt- und Naturschutz befassen, erstellt. Der Aktionsplan umfasst auch unter Berücksichtigung bereits getroffener Risikominderungsmaßnahmen quantitative Vorgaben, Ziele, Maßnahmen und Zeitpläne zur Verringerung der Risiken und Auswirkungen der Anwendung von Pflanzenschutzmitteln auf die Gesundheit von Mensch und Tier sowie auf den Naturhaushalt. Die Zielvorgaben betreffen die Bereiche Pflanzenschutz, Anwenderschutz, Verbraucherschutz und Schutz des Naturhaushaltes.

nur die genaue Bezeichnung des gemeinten Aktionsplans ab, ist also keine Legaldefinition. Aus § 4 PflSchG geht hervor, dass die Erstellung des Aktionsplans zum Zwecke der Umsetzung einer EU-Richtlinie[462] erfolgt. Das Gesetz macht, teils unter Bezugnahme auf den Wortlaut der EU-Richtlinie, bestimmte Vorgaben für den Aktionsplan: Es enthält Vorschriften über Mitwirkungsrechte an der Erstellung des Aktionsplans sowie Angaben über seine Inhalte, Ziele, Maßnahmen

---

(2) Die Bundesregierung macht den Entwurf des Aktionsplans in geeigneter Weise bekannt und berücksichtigt für die Ausarbeitung und Änderung des Aktionsplans das Ergebnis der Öffentlichkeitsbeteiligung in angemessener Weise. Die abschließende Erstellung des Aktionsplans erfolgt unter Mitwirkung der Länder.

(3) Die Bundesregierung macht den Aktionsplan im Bundesanzeiger oder elektronischen Bundesanzeiger bekannt.

(4) Die Bundesregierung überprüft den Aktionsplan mindestens alle fünf Jahre. Die Absätze 1 bis 3 gelten entsprechend.

§ 5 Mitwirkung von Bundesbehörden am Aktionsplan zur nachhaltigen Anwendung von Pflanzenschutzmitteln

An der Erarbeitung des Aktionsplans im Sinne des § 4 wirken das Bundesamt für Verbraucherschutz und Lebensmittelsicherheit und das Julius Kühn-Institut im Rahmen ihrer jeweiligen Zuständigkeiten sowie das Bundesinstitut für Risikobewertung zu Fragen im Hinblick auf die Gesundheit von Mensch und Tier und das Umweltbundesamt zu Fragen im Hinblick auf den Naturhaushalt mit. Die in Satz 1 genannten Bundesbehörden wirken im Rahmen ihrer nach diesem Gesetz übertragenen Verwaltungsaufgaben an der Umsetzung des Aktionsplans mit.

462 Siehe ABl. L 309/71 v. 24.11.09; Art. 4 der Richtlinie sowie Abs. 5 der Erwägungsgründe der Richtlinie 2009/128/EG des europäischen Parlaments und des Rates v. 21. Oktober 2009 über einen Aktionsrahmen der Gemeinschaft für die nachhaltige Verwendung von Pestiziden; letzterer lautet: „Um die Umsetzung dieser Richtlinie zu erleichtern, sollten die Mitgliedstaaten nationale Aktionspläne verabschieden, mit denen quantitative Vorgaben, Ziele, Maßnahmen, Zeitpläne und Indikatoren zur Verringerung der Risiken und Auswirkungen der Verwendung von Pestiziden auf die menschliche Gesundheit und die Umwelt festgelegt werden und die Entwicklung und Einführung eines integrierten Pflanzenschutzes sowie von alternativen Konzepten oder Techniken zur Verringerung der Abhängigkeit von der Verwendung von Pestiziden gefördert wird. Die Mitgliedstaaten sollten die Verwendung von Pflanzenschutzmitteln, die besonders bedenkliche Wirkstoffe enthalten, überwachen sowie Zeitpläne und Ziele für die Einschränkung ihrer Verwendung festlegen, insbesondere wenn dies ein geeignetes Instrument zur Erreichung von Zielvorgaben zur Verringerung der Risiken ist. Die nationalen Aktionspläne sollten mit den Durchführungsplänen im Rahmen anderer einschlägiger Gemeinschaftsvorschriften koordiniert werden und könnten dazu genutzt werden, die im Rahmen anderer Gemeinschaftsvorschriften angestrebten Ziele in Bezug auf Pestizide zu bündeln“.

und Zeitpläne. Ergänzt werden diese Vorgaben um Vorschriften zur Bekanntgabe des Entwurfs, zur Berücksichtigung des Ergebnisses der Beteiligung und zur Bekanntgabe der Erstellung des Aktionsplans. Auch die Überprüfung des Aktionsplans ist geregelt, ebenso wie die Mitwirkung von Bundesbehörden. Ähnliches wäre auch für Aktionspläne zur Umsetzung der UN-BRK denkbar.

Ein weiteres Beispiel für einen auf einer Rechtsgrundlage beruhenden „Aktionsplan" findet sich in § 47 Abs. 2 BImschG.[463] Während im europäischen Umweltrecht Maßnahmenpläne, z.B. Luftreinhaltepläne, einen allgemeinen, längerfristigen Ordnungsrahmen zur Erreichung von Umweltqualitätszielen beinhalten, dienen Aktionspläne dazu, bei Erreichen bestimmter Schädlichkeitswerte kurzfristige Maßnahmen zu koordinieren.[464] Die Kurzfristigkeit der Maßnahmen unterscheidet die früher so genannten Aktionspläne im Sinne des § 47 Abs. 2 BImSchG von Aktionsplänen zur Umsetzung der UN-BRK, denn diese sind stets auf langfristige gesellschaftliche Veränderungen angelegt.

2. *Partizipativer Charakter*

Das partizipative Element ist kennzeichnend für den Aktionsplan und zugleich einer seiner großen Vorteile. Auch das Baurecht kennt Bürgerbeteiligung, jedoch ist hierfür charakteristisch, dass betroffenen Bürgern Abwehrrechte eingeräumt werden, z.B. Nachbarn bei Unterschreitung von Abstandsflächen; Bürgern, die keine Verletzung eigener Rechte gelten machen können, steht diese Möglichkeit nicht offen. Anders als das Bebauungsplanverfahren ist das Aktionsplanverfahren nicht auf Abwehr oder Beschleunigung ausgerichtet, sondern muss möglichst einladend gestaltet werden. Das gesamte Verfahren sollte von Anfang an sehr offen sein. Eines Abwehrrechtes gegen die im Aktionsplan vorgesehenen Maßnahmen bedarf es nicht. Es wäre zwar denkbar, dass eine im Aktionsplan verzeichnete Maßnahme Nachteile oder Verpflichtungen für einen Bürger mit sich bringe, etwa, dass er verpflichtet werden würde, als Bauherr eine Rampe zu bauen oder als Betreiber eines Kinos eine Induktionsanlage zu installieren; doch ergäben sich diese Verpflichtungen nicht direkt aus dem Aktionsplan, sondern müssten zur Umsetzung des Aktionsplans in rechtmäßiger Weise per

---

463 In der bis Anfang August 2010 geltenden Fassung sprach die Vorschrift von einem „Aktionsplan". Mit deren ab 06.08.10 geltenden Neuregelung wurde dieser in „Plan für kurzfristig zu ergreifende Maßnahmen" umbenannt, ohne dass dies eine inhaltliche Änderung bedeuten sollte; dazu die Änderung des Begriffs bedauernd: *Sparwasser/ Engel, NVwZ* 2010, 1513.

464 *Sparwasser/Engel, NVwZ* 2010, 1513, 1514.

Verwaltungsakt festgesetzt und ordnungsgemäß bekannt gegeben werden. Die im jeweiligen Verwaltungsverfahren vorgesehenen Rechtsbehelfe ermöglichten es dem Bürger, sich gegen den Eingriff in seine Rechte zu wehren. Spezieller Regelungen im Aktionsplan für diesen Fall bedarf es daher nicht.

3. *Besonderes Gewicht der Beteiligungsmöglichkeit von Menschen mit Behinderung*

Der partizipative Charakter des Aktionsplans muss naturgemäß besonders die Beteiligung von Menschen mit Behinderung einschließen. Schließlich soll ja gerade nicht über deren Köpfe hinweg entschieden werden. Anders als beim Bebauungsplan liegt der Schwerpunkt hier nicht auf dem Beteiligungsrecht im Sinne eines Abwehrrechtes, sondern vielmehr auf der Beteiligungsmöglichkeit. Darunter ist die Möglichkeit zu verstehen, im Austausch mit anderen Bürgern der Gemeinde die Situation in einer Gemeinde kritisch zu reflektieren und ggf. auch Missstände anzuprangern, um dann in einem weiteren Schritt konstruktive Vorschläge zur Verbesserung der Lebensumstände aller Bürger, insbesondere aber derjenigen mit Behinderung zu unterbreiten. Problematisch kann dabei sein, ob und wie behinderte Menschen ihre Rechte tatsächlich wahrnehmen können, oder ob es ihnen an den tatsächlichen Möglichkeiten hierzu fehlt. Dieser Aspekt muss sich sehr deutlich in der Ausgestaltung des Beteiligungsverfahrens widerspiegeln. Einer der wichtigen Aspekte dabei ist, dass von Anfang bis zum Ende des Prozesses auf Barrierefreiheit in ihren verschiedenen Ausprägungen geachtet werden muss.[465] In der Praxis wird Barrierefreiheit oftmals vergessen, aus Ignoranz für überflüssig erachtet oder auf bestimmte Aspekte (zum Beispiel Zugänglichkeit für Rollstuhlfahrer) fälschlicherweise verengt. Dies geschieht in aller Regel nicht aus bösem Willen, um behinderte Menschen auszusperren, sondern aufgrund von mangelnder Vertrautheit mit dem Thema Behinderung, fehlendem Wissen darüber oder Gleichgültigkeit demgegenüber. Gesetzliche Regelungen für das Beteiligungsverfahren sind nötig, weil die genannten Fehler durch Einhaltung von Verfahrensvorschriften, womit die Verantwortlichen vertraut sind, zuverlässig verhindert werden könnten.

---

465 Dazu mehr im nächsten Kapitel.

IV. (Kein) Rechtsschutz im Zusammenhang mit Aktionsplänen

1. Mögliche Klageziele

Für Rechtsbehelfe im Zusammenhang mit Plänen im Allgemeinen sind mehrere Varianten denkbar, von denen Max Imboden die drei gängigen auf einer Tagung der Staatsrechtlehrer im Oktober 1959 wie folgt beschrieb:

> „(Das) geltende Recht (kennt) drei verfahrensmäßige Grundtypen zur Überprüfung des Planes: Der Plan kann Gegenstand direkter gerichtlicher Anfechtung sein; er kann bei Anlass seiner späteren Anwendung vorfrageweise überprüft werden; schließlich kann die Nachprüfung in ein Verfahren verwiesen sein, das primär Merkmale der Verwaltungsaufsicht trägt."[466]

Die drei von *Imboden* genannten Varianten haben gemeinsam, dass sie sich auf einen bestehenden Plan beziehen, der zu Fall gebracht werden soll, indem festgestellt wird, dass der Plan rechtswidrig sei. Es wird sich also um Pläne handeln, die eine Belastung für den Bürger enthalten oder ihm ein bestimmtes Handeln unmöglich machen. Dies würde auch auf die früher so genannten Aktionspläne im Sinne des § 47 Abs. 2 BImSchG zutreffen, die z.B. Fahrverbote enthalten. Beim Aktionsplan zur Umsetzung der UN-BRK wird sich die Situation regelmäßig anders darstellen. Auch hier sind mehrere Varianten denkbar. An erster Stelle ist das Szenario der Untätigkeit, die größte Befürchtung von Menschen mit Behinderung im Zusammenhang mit der Umsetzung der UN-BRK, zu nennen. Rechtsschutz wäre für den Fall vonnöten, dass eine Kommune weder einen Aktionsplan erstellt noch die Absicht hat, dies zu tun. In diesem Fall wäre das Klageziel, eine Kommune dazu zu zwingen, einen örtlichen Aktionsplan zur Umsetzung der UN-BRK zu erstellen bzw. das Aktionsplanverfahren einzuleiten. Als weitere Variante wäre denkbar, dass in einer Gemeinde im Aktionsplanverfahren, etwa bei der Beteiligung behinderter Menschen oder hinsichtlich der Barrierefreiheit Fehler gemacht wurden und ein Bürger deswegen Klage erheben könnte. Weiterhin wäre denkbar, dass ein Aktionsplan inhaltlich hinter den Erwartungen von Bürgern zurückbleibt und sie deswegen Klage erheben könnten. Dies schließt die Möglichkeit ein, wegen der Ungeeignetheit von Maßnahmen oder wegen zum Beispiel methodischer Fehler bei der Evaluierung zu klagen. Einmal abgesehen von dem eher unwahrscheinlichen Fall, dass ein Bürger der Meinung ist, er möchte lieber gar keinen Aktionsplan haben als den vorhandenen fehlerhaften, sind diese Varianten denkbarer Klagen nicht darauf

---

466 *Imboden*, Der Plan als verwaltungsrechtliches Institut, S. 132; v. d. Verf. an die neue Rechtschreibung angepasst.

gerichtet, einen vorhandenen Plan zu Fall zu bringen, sondern im Gegenteil darauf gerichtet, überhaupt einen Plan zu bekommen oder einen bereits vorhandenen Plan nachzubessern. Wären etwa Fehler bei der Beteiligung oder der Barrierefreiheit gemacht worden, so würde der klagende Bürger am ehesten das Interesse verfolgen, dass die unterbliebenen oder mit Barrieren behafteten Beteiligungsformen korrekt nachgeholt werden und gegebenenfalls in der Folge dieses Prozesses der Plan auch inhaltlich ergänzt werden sollte. Eine Nachbesserung wäre auch das Ziel, wenn sich die Klage gegen Fehler bei der Evaluierung richten würde.

2. *Klage auf Erstellung des Aktionsplans bzw. Einleitung des Aktionsplanverfahrens*

a) Statthafte Klageart

Die Überlegungen hinsichtlich des Klageziels führen zu der Frage, welche Klageart zu wählen wäre. Es handelt sich weder bei dem Aktionsplan selbst noch bei dem Verfahren zu seiner Erstellung um Verwaltungsakte, so dass als statthafte Klageart die allgemeine Leistungsklage in Betracht kommt. Diese Klageart wird zwar in der VwGO nicht ausdrücklich geregelt,[467] sie wird jedoch in §§ 43 Abs. 2, 111 und 113 Abs. 4 VwGO vorausgesetzt und ist allgemein anerkannt.[468] Verfassungsrechtlich spreche das Gebot effektiven Rechtsschutzes nach Art. 19 Abs. 4 GG dafür, eine Klage nicht nur gegen, sondern auch auf jede behördliche Maßnahme einzuräumen.[469]

b) Zulässigkeit der Klage

Schon im Bereich der der Zulässigkeit einer Klage auf Erstellung eines Aktionsplans bzw. Einleitung des Aktionsplanverfahrens stellt sich allerdings das erste Problem bei dem Punkt „Klagebefugnis“, denn überwiegend wird für die allgemeine Leistungsklage, obwohl es nicht ausdrücklich gesetzlich geregelt ist, das Vorliegen der Klagebefugnis § 42 Abs. 2 VwGO analog verlangt.[470] Ein klagender Bürger müsste also eine mögliche Verletzung in einem eigenen Recht geltend machen;[471] er müsste darlegen, er habe einen Rechtsanspruch,

467 *Schoch/Schneider/Bier/Wahl*, VwGO, § 42 Rn. 33, 31. EL, Stand: Juni 2016.

468 Siehe z.B. *Redeker/v. Oertzen* § 42 Rn. 32.

469 *Schmidt, Thorsten Ingo*, Das System der verwaltungsgerichtlichen Klagearten, DÖV 2011, 169, 173.

470 Schoch/Schneider/Bier/Wahl, VwGO, § 42 Rn. 33, 31. EL, Stand: Juni 2016.

471 Statt vieler: Redeker/v. Oertzen § 42 Rn. 43.

ein subjektives öffentliches Recht, auf Erstellung eines örtlichen Aktionsplans durch die Gemeinde. Fraglich ist also, ob sich ein subjektives öffentliches Recht zugunsten des Bürgers aus der UN-BRK ableiten ließe. Die Grundlage hierfür könnte Art. 19 UN-BRK bilden, wonach „wirksame und geeignete Maßnahmen" für das Leben mit gleichen Wahlmöglichkeiten in der Gemeinschaft zu treffen sind. Die gemeindliche Ebene wird ausdrücklich in den Buchstaben b) und c) angesprochen: nach Buchst. b) ist zu gewährleisten, dass „Menschen mit Behinderungen Zugang zu einer Reihe von gemeindenahen Unterstützungsdiensten zu Hause und in Einrichtungen sowie zu sonstigen gemeindenahen Unterstützungsdiensten haben, (...)", und nach Buchstabe c) muss gewährleistet werden, dass „gemeindenahe Dienstleistungen und Einrichtungen für die Allgemeinheit Menschen mit Behinderungen auf der Grundlage der Gleichberechtigung zur Verfügung stehen und ihren Bedürfnissen Rechnung tragen."[472] Aktionspläne sind, wie gezeigt wurde, durchaus der richtige Weg, um solche wirksamen und geeigneten Maßnahmen zu verankern. Fraglich ist jedoch, ob sich aus dieser Vorschrift ein subjektives öffentliches Recht für den einzelnen Bürger ableiten lässt. Dies wäre dann anzunehmen, wenn die Vorschrift self-executing wäre, also selbstausführend, das heißt vom Gericht direkt ohne weiteren Umsetzungsakt anwendbar wäre.[473] Für das Recht behinderter Menschen gem. Art. 19 Buchst. a) UN-BRK, ihren Aufenthaltsort zu wählen und zu entscheiden, wo und mit wem sie leben möchten, ist dies zu bejahen; die Vorschrift wird – im Hinblick auf ihr Ziel der Deinstitutionalisierung – vor allem so verstanden, dass behinderte Menschen gegenüber Behörden den Einzug oder Umzug in eine stationäre Einrichtung verweigern können, wenn sie dort nicht wohnen wollen.[474] Die Buchstaben b) und c) dieser Vorschrift können dagegen nicht ohne weiteres insgesamt als self-executing bezeichnet werden, da nicht gesagt ist, ob die dort genannten Infrastrukturen tatsächlich schon überall vorhanden sind. In dem hier angenommenen Fall der Untätigkeit einer Gemeinde würde es wohl vorrangig darum gehen, dass solche Dienste nicht oder nicht in ausreichender Zahl existieren. Gibt es in einer Gemeinde nicht genügend Angebote oder nicht genügend verschiedene Angebote, dann könnte die Verpflichtung, Zugang zu solchen Einrichtungen zu gewähren, nur schrittweise erfüllt werden, indem die betroffene Gemeinde zunächst damit beginnen würde, (ggf. weitere) derartige Dienste zu schaffen und einzurichten.

---

472 Halbamtliche deutsche Übersetzung der UN-BRK, siehe BGBl 2008 II, S. 1419 ff.

473 *Trenk-Hinterberger* in *Kreutz u. a.*, Einführung Rn. 33.

474 *Trenk-Hinterberger* in *Kreutz u. a.*, Art. 19 Rn. 9.

Dies wäre eine Verpflichtung, die nur progressiv und schrittweise im Rahmen der Zuständigkeit und der jeweiligen Möglichkeiten der Gemeinde zu erfüllen wäre. In diesem Fall wäre die Vorschrift aber nicht self-executing und würde einem Bürger folglich auch kein subjektives öffentliches Recht einräumen. Somit würde die Klage auf Erstellung eines örtlichen Aktionsplans bereits an der Klagebefugnis scheitern und wäre damit nicht zulässig.

c) Hilfsweise: Begründetheit einer Leistungsklage

Nach den vorherigen Ausführungen wäre die Frage nach der Begründetheit einer allgemeinen Leistungsklage nur hilfsweise zu stellen. Begründet wäre die Klage, wenn eine Pflicht der Kommune zur (korrekten) Erstellung von Aktionsplänen bestünde. Eine derartige Pflicht ist aber nach den Ausführungen im 2. Kapitel zu verneinen, denn wenn schon die Länder keine Rechtspflicht zur Umsetzung der UN-BRK trifft, so muss dies erst recht für die Kommunen gelten. Diese Erkenntnis bedeutet zugleich, dass auch kein Anspruch auf die korrekte Beteiligung von Bürgern mit Behinderungen und ebenfalls kein Anspruch auf bestimmte im Aktionsplan festzuschreiben der Maßnahmen eingeklagt werden kann.

d) Zwischenergebnis

Eine allgemeine Leistungsklage auf Erstellung eines Aktionsplans wäre statthaft, aber weder zulässig noch begründet. Ohnehin ist mehr als fraglich, ob eine solche Klage für den Fall, dass der Bürger obsiegen würde, tatsächlich zu dem gewünschten Erfolg führen könnte. Wie die vorherigen Ausführungen, insbesondere zu den in den Handreichungen ausgesprochenen Empfehlungen gezeigt haben, entstehen Aktionspläne in einem Prozess, der von Respekt, Verhandlungen auf Augenhöhe und einem breiten Bündnis von Beteiligten getragen sein sollte. Entscheidend ist dabei vor allem der Wille, die Umsetzung der UN-BRK in der Gemeinde tatsächlich voranzutreiben. Fehlt er, so sind Zwangsmaßnahmen wenig Erfolg versprechend. Würde eine Kommune im Klagewege gegen den erklärten Willen der Verantwortlichen dazu gezwungen werden, einen solchen Prozess einzuleiten und auch zu leiten und voranzubringen, so ist mehr als fraglich, ob das Ergebnis im Sinne der UN-BRK tatsächlich überzeugen könnte. Die Kläger hätten womöglich in der Gemeinde den Ruf von Rechthabern oder gar Querulanten und würden sich mit ihrem Anliegen – nicht anders als vor Klageerhebung – einer unsichtbaren Mauer der Ablehnung gegenübersehen.

E. Zusammenfassung des dritten Kapitels

Als Ergebnis des Kapitels lässt sich folgendes festhalten: Die UN-BRK verlangt von den Unterzeichnerstaaten und deren staatlichen Ebenen die Anerkennung des Rechts auf ein selbstbestimmtes Leben. Sie verbietet die erzwungene Institutionalisierung behinderter Menschen und stellt Anforderungen an die lokale Infrastruktur, um – auch auf kommunaler Ebene – Wahlfreiheit für Menschen mit Behinderung zu schaffen. Um diese Wahlfreiheit sicherzustellen, kann je nach örtlichen Gegebenheiten auch die Schaffung neuer Angebote, einschließlich solcher der persönlichen Assistenz notwendig sein. Als Querschnittsaufgabe sind Maßnahmen der Bewusstseinsbildung erforderlich.

Aktionspläne sind ein geeignetes Mittel, um die genannten Anforderungen der UN-BRK umzusetzen. Der Bund entschied sich hierfür ebenso wie die Länder, die daneben noch verschiedene weitere unterstützende Maßnahmen vorgesehen haben. Auch die Kommunen, die diesem Beispiel gefolgt sind, haben sich ein behindertenpolitisches, inklusives Leitbild im Sinne der UN-BRK gegeben, und werden die im Aktionsplan festgelegten Inklusionsziele beispielsweise in ihren Bebauungsplänen berücksichtigen. Aktionspläne sind ein Mittel sowohl der politischen als auch der rechtlichen Gestaltung, da sie Tatsächliches mit Rechtlichem verbinden. Sie folgen einem typischen Prozess, der nicht mit der Veröffentlichung des Aktionsplans endet, da der Zweck eines Aktionsplans ist, erfüllt zu werden, und nicht, zu gelten. Die Umsetzungsphase wird somit niemals als beendet bezeichnet werden, da sie idealerweise in die Evaluierung und Fortentwicklung mündet, wodurch neue Bedarfe erkannt und neue Ziele hervorgebracht werden, sodass der Prozess, wie ein Inklusionskreislauf, von vorne beginnen kann. Dadurch wird im Idealfall eine stetige Weiterentwicklung des Umsetzungsprozesses der UN-BRK in der Gesellschaft bzw. der örtlichen Gemeinschaft erreicht.

Mangels Rechtsgeltung der UN-BRK in den Ländern und auf kommunaler Ebene gibt es keinen Rechtsschutz für Bürger im Zusammenhang mit Aktionsplänen. Erfolgversprechender für die Bürger ist es, die im Aktionsplan festgelegten Ziele mit den Mitteln des politischen Drucks zu verfolgen.

Kapitel 4: Die Rolle des Behindertenbeauftragten bei der Umsetzung der UN-BRK

Abstract: The fourth chapter is about the role of the commissioner for the disabled. This chapter discusses the questions, whether it is necessary and whether it is possible according to constitutional law to make the existence of a commissioner for the disabled mandatory at each local community in Germany.

Key words: commissioner for the disabled, mandatory, constitutional law, local community, costs, novel tasks

A. Einführung: Der Behindertenbeauftragte – eine Schlüsselfigur der Behindertenpolitik

I. Das Amt in seinen Anfängen und seine Prägung durch die ersten Amtsinhaber mit Behinderung

Das Amt des Behindertenbeauftragten hat im Bund, in manchen Ländern und in einigen Kommunen eine lange Tradition. Anlass für die Schaffung des Amtes war das von der Generalversammlung der Vereinten Nationen im Jahr 1976 für das Jahr 1981 ausgerufene internationale Jahr der Behinderten.[475] Der damalige Bundeskanzler *Helmut Schmidt* berief den Parlamentarischen Staatssekretär *Hermann Buschfort* als erste Person in das Ehrenamt eines Behindertenbeauftragten der Bundesregierung.[476] Landesregierungen folgten diesem Beispiel: Im Jahr 2000 gab es bereits in neun Ländern Behindertenbeauftragte,[477] von denen

475 Siehe UN Doc. A/RES/31/123 v. 16.12.76.

476 Die Angaben zum Zeitpunkt der Amtsübernahme gehen auseinander; richtig ist vermutlich das in der Wikipedia-Biografie von *Hermann Buschfort* angegebene Jahr 1979, siehe https://de.wikipedia.org/wiki/Hermann_Buschfort und nicht das beim Wikipedia-Eintrag der Behindertenbeauftragten unter https://de.wikipedia.org/wiki/Beauftragter_der_Bundesregierung_f%C3%BCr_die_Belange_behinderter_Menschen#Amtsinhaber angegebene Jahr 1981, das lediglich den Anlass bildete.

477 Landesbehindertenbeauftragte wurden erstmals bestellt in Berlin 1978, im Saarland 1987, in Schleswig-Holstein 1988, in Hamburg, Niedersachsen und in

einige wegen ihrer Persönlichkeit und ihres Engagements besonders in Erinnerung blieben, wie zum Beispiel der Rollstuhlfahrer *Wolfgang Gütlein*, ehemaliger Beauftragter des Saarlandes; er wurde 1987 bundesweit als erster Mensch mit einer Schwerbehinderung zum Beauftragten einer Landesregierung berufen. Er dürfte der langjährigste Behindertenbeauftragte eines Landes gewesen sein, denn er übte das Amt bis Ende 2016 aus.[478] Besonders um die Interessen behinderter Menschen verdient gemacht hat sich auch *Karl Finke*, der blind ist und 1990 als erster das Amt des niedersächsischen Behindertenbeauftragten übernahm.[479] Noch im selben Jahr legte er einen Entwurf für Landesgesetz zur Gleichstellung behinderter Menschen vor, das allerdings erst 2007, 17 Jahre später, in Kraft trat. *Karl Finke* blieb bis 2014 im Amt und hinterließ ein umfangreiches Archiv[480] seiner Behindertenpolitik. In Bayern war *Ina Stein*, die aufgrund der Folgen einer Kinderlähmung gehbehindert ist, die erste Amtsinhaberin, die selbst eine Behinderung hatte. Über sie schreibt der Behindertenbeauftragte der Landeshauptstadt München, *Oswald Utz*, in seinem ersten Tätigkeitsbericht, sie sei „eine [Formulierung im Original, nach Ansicht d. Verf. richtigerweise: einer] der Motoren für das Bayerische Gesetz zur Gleichstellung, Integration und Teilhabe von Menschen mit Behinderung" gewesen.[481] Auf kommunaler Ebene gibt es ebenfalls langjährige, engagierte Behindertenbeauftragte, wie etwa *Karl-Heinz Marx*, der 1999 zum ehrenamtlichen Behindertenbeauftragten der Stadt Würzburg berufen wurde[482] und das Amt aktuell noch innehat.[483] Sie alle haben

---

Mecklenburg-Vorpommern (dort zuständig: Bürgerbeauftragter) jeweils 1990, in Brandenburg und Rheinland-Pfalz 1991, in Sachsen-Anhalt 1992, und in Bayern 1995, siehe *BAR*, Handbuch Behindertenbeauftragte/Behindertenbeiräte, S. 13, online verfügbar unter https://www.bar-frankfurt.de/fileadmin/dateiliste/publikationen/arbeitsmaterialien/downloads/Arbeitsmaterial_Behindertenbeirat.pdf.

478 Siehe https://web.archive.org/web/20161125133217/www.sr.de/sr/home/nachrichten/politik_wirtschaft/guetlein_verabschiedung100.html.

479 Siehe die Mitteilung anlässlich seiner Verabschiedung im Jahr 2014: www.blindenverband.org/wir-aktuell/nachrichten/artikelansicht?entry=1406.

480 Siehe http://archiv.behindertenbeauftragter-niedersachsen.de.

481 Siehe S. 10 des Berichts, https://www.ris-muenchen.de/RII/RII/DOK/SITZUNGSVORLAGE/1502110.pdf.

482 Siehe https://www.mainpost.de/regional/wuerzburg/Behinderte-Behindertenbeauftragte-Ehrenamtliches-Engagement;art735,8397285.

483 Siehe www.wuerzburg.de/de/themen/gesundheit-soziales/menschenmitbehinderung/behindertenbeauftragter-der-stadt-wrzburg/index.html.

auf ihre Weise, die behinderten Amtsinhaber ganz besonders durch ihr positives Rollenvorbild, dem Amt zu Bekanntheit und Glaubwürdigkeit verholfen. Sie haben einen wichtigen Beitrag geleistet, nicht nur die tatsächliche, sondern mit Hilfe der Gleichstellungsgesetze auch die rechtliche Situation von Menschen mit Behinderung zu verbessern. Nicht zuletzt haben sie versucht, einen Bewusstseinswandel im Sinne der Zugehörigkeit behinderter Menschen zur Gemeinschaft bereits lange vor dem Inkrafttreten der UN-BRK herbeizuführen. Mit dem oder der Behindertenbeauftragten steht also eine Institution zur Verfügung, die in der Behindertenpolitik eine wichtige Rolle spielt, sodass es naheliegend erscheint, diese im Zuge der Umsetzung der UN-BRK zu stärken und als bereits vorhandene Anlaufstelle einzubinden.

II. Die Entwicklung des Amtes des Behindertenbeauftragten vor und nach Inkrafttreten des BGG

1. Erster Behindertenbericht der Bundesregierung

Bereits vor Inkrafttreten des BGG wurde das Amt des Behindertenbeauftragten von der Politik positiv bewertet. Im Ersten Bericht der Bundesregierung über die Lage der Behinderten von 1984[484] wird die Rolle des Behindertenbeauftragten auf allen staatlichen Ebenen hervorgehoben. Dort heißt es:

> „Grundsätzlich bewährt hat sich auch die Einsetzung von Behindertenbeauftragten beim Bund, bei einigen Ländern und in vielen Kommunen. Bedeutung haben diese als Anlaufstelle für Behinderte, die bei ihren Bemühungen um berufliche und gesellschaftliche Eingliederung besondere Schwierigkeiten haben. Die Beauftragten wirken dabei als Mittler zwischen Behinderten und Behörden, Rehabilitationsträgern oder sonstigen Stellen, um auf diese Weise schnell zu helfen. Wichtig ist auch ihr ressort- und sachgebietsübergreifendes Wirken, indem sie die vielfältigen Belange Behinderter in die verschiedenen Politik- und Aufgabenbereiche hineintragen.“[485]

Die *Bundesarbeitsgemeinschaft für Rehabilitation* (*BAR*), deren Handbuch aus dem Jahr 2000 über Behindertenbeauftragte und Behindertenbeiräte soweit ersichtlich die einzige ausführliche Quelle zum Thema ist, greift diese Ausführungen auf und ergänzt, das Amt des Behindertenbeauftragten mache es möglich, dass Anliegen an einer Stelle innerhalb der Bundesregierung vorgebracht

484 Siehe BT-Drucks. 10/1233.
485 Siehe BT-Drucks. 10/1233, Seite 4, Textziffer 7.

werden könnten, die nach Lösungen suche, Antworten aus den verschiedenen Politikbereichen bündele und mit eigenen Stellungnahmen versehe. Der Beauftragte übe insofern eine „Scharnierfunktion“ zwischen Betroffenen und politisch bzw. fachlich Verantwortlichen aus.[486] Diese Beschreibung hat nichts an Aktualität eingebüßt.

2. *Zweiter Behindertenbericht der Bundesregierung*

Im Zweiten Bericht der Bundesregierung über die Lage der Behinderten und die Entwicklung der Rehabilitation von 1989[487] wurde die entsprechende Passage auf folgenden Wortlaut verkürzt:

> „Zur Verbesserung der Koordination von Sozialleistungen und sonstigen Hilfen zur Eingliederung Behinderter haben sich auch bewährt
> — die Einsetzung des Beauftragten der Bundesregierung für die Belange der Behinderten wie auch die Berufung von Behindertenbeauftragten bei einigen Ländern und in vielen Kommunen,
> — [...]“[488]

Die in Teilen wortgleiche, jedoch deutlich verkürzte Wiederholung lässt darauf schließen, dass die Rolle des Beauftragten innerhalb der Legislaturperiode zumindest nicht an Bedeutung gewonnen hat. Der Text vermittelt eher den Eindruck, dem zuständigen Ministerium sei zum Behindertenbeauftragten nichts Neues eingefallen. Dabei wären für den Berichtszeitraum immerhin zwei neue Landesbehindertenbeauftragte[489] zu vermelden gewesen, aber ihre Ernennung wird im Bericht nicht erwähnt. Es werden keine Aussagen darüber getroffen, inwiefern sich die Behindertenbeauftragten bewährt hätten, welche Verbesserungen zugunsten von Menschen mit Behinderung sie erreicht hätten, und ob gegebenenfalls neue Aufgaben oder Herausforderungen auf sie zukämen; dies hätte man erwarten können, wenn dem Amt tatsächlich die im Ersten Behindertenbericht herausgestellte Bedeutung zuteilwerden sollte. Es ist nicht bekannt, wie ernst der Behindertenbeauftragte mit seinen Anliegen von den

---

486 Siehe *BAR*, Handbuch Behindertenbeauftragte, S. 10.
487 Siehe BT-Drucks. 11/4455.
488 Siehe BT-Drucks. 11/4455, Seite 4, Textziffer 1.6.
489 Die Ernennungen erfolgten im Saarland 1987 und in Schleswig-Holstein 1988, Nachweise siehe Fußnote 477.

verantwortlichen Politikern tatsächlich genommen wurde – nicht auszuschließen, dass er eine Alibi-Funktion zu erfüllen hatte.

3. *Dritter und Vierter Behindertenbericht der Bundesregierung*

Ähnlich uninspiriert, weil zum Teil aus dem Ersten Bericht übernommen, aber immerhin wieder ausführlicher, lautet die entsprechende Passage aus dem Dritten Bericht der Bundesregierung über die Lage der Behinderten und die Entwicklung der Rehabilitation von 1994[490]:

> „Ähnliche Aufgaben — neben anderen — haben die auf Bundesebene und in vielen Ländern bestellten Behindertenbeauftragten. Der Beauftragte der Bundesregierung für die Belange der Behinderten ist der zentrale Ansprechpartner für behinderte Menschen und deren Familien, Angehörige sowie die Behindertenverbände und -organisationen. Der Beauftragte wirkt als Mittler zwischen Behinderten und Behörden, Rehabilitationsträgern und sonstigen Stellen. Sein ressortübergreifendes Wirken, das in erster Linie sensibilisierenden, beratenden und vorschlagenden Charakter hat, gibt ihm die Möglichkeit, die vielfältigen Belange Behinderter in die verschiedenen Politik- und Aufgabenbereiche hineinzutragen. Daneben hat er die Aufgabe, die Behindertenpolitik der Bundesregierung transparent zu machen sowie die Akzeptanz für diese Politik bei den Betroffenen wie bei Nichtbehinderten zu erhöhen. Hauptanliegen ist es, die Probleme behinderter Mitbürger allen in der Gesellschaft bewusst zu machen, um dadurch die Bereitschaft zu erzeugen, behinderungsbedingte Nachteile auf allen Ebenen — sowohl im Erwerbsleben wie im gesellschaftlichen Bereich — ausgleichen zu helfen.“[491]

Positiv fällt die Betonung der Bewusstseinsbildung auf: sie bringt einen neuen Aspekt in die Beschreibung des Amtes. Abermals nicht erwähnt werden die in der Zwischenzeit neu ernannten – immerhin fünf – Landesbehindertenbeauftragten,[492] und erstaunlicherweise sind die kommunalen Behindertenbeauftragten überhaupt nicht mehr aufgezählt. Ob sie für weniger bedeutend erachtet oder, was wahrscheinlicher sein dürfte, schlicht vergessen wurden, lässt sich nicht feststellen. Die Wiedergabe der entsprechenden Passage im Vierten Bericht der Bundesregierung über die Lage der Behinderten und die Entwicklung der Rehabilitation von 1997[493] ist verzichtbar, weil der Abschnitt weitgehend wortgleich

490 Siehe BT-Drucks. 12/7148.

491 Siehe BT-Drucks. 12/7148, Seite 6, Textziffer 1.9, Zitat wurde v. d. Verf. an die neue Rechtschreibung angepasst.

492 Die Ernennungen erfolgten in Hamburg, Niedersachsen und in Mecklenburg-Vorpommern (dort zuständig: Bürgerbeauftragter) jeweils 1990, in Brandenburg und Rheinland-Pfalz 1991, in Sachsen-Anhalt 1992, Nachweise siehe Fußnote 477.

493 Siehe BT-Drucks. 13/9514.

aus dem vorherigen Bericht übernommen wurde, wiederum unter Weglassen der kommunalen Behindertenbeauftragten.[494]

4. Das Amt nach Inkrafttreten des BGG

Mit dem Gesetz zur Gleichstellung von Menschen mit Behinderungen (Behindertengleichstellungsgesetz – BGG) vom 27.04.2002 wurde das Amt des Behindertenbeauftragten der Bundesregierung auf eine gesetzliche Grundlage gestellt.[495] Dies geschah nach einem Regierungswechsel in Deutschland und zugleich im Vorfeld des Europäischen Jahres der Menschen mit Behinderungen. Das Amt des Beauftragten erfuhr dadurch eine erhebliche Aufwertung, insbesondere wurde der Beauftragte gleichsam eingebunden in ein System der Behindertenpolitik.

III. Das Amt in Zeiten der UN-BRK

Schon die wenigen eingangs genannten Beispiele zeigen, dass der oder die Behindertenbeauftragte eine Schlüsselfigur ist, wenn es um die Gleichstellung, nach heutigem Verständnis im Sinne der UN-BRK um die Inklusion von Menschen mit Behinderung, geht. Ist die beauftragte Person selbst behindert, so kommt sie in aller Regel aus einer Selbsthilfevereinigung[496] oder einer Organisation des selbstbestimmten Lebens behinderter Menschen[497] und hat das Amt übernommen, weil sie im Sinne der Menschen mit Behinderung etwas bewegen wollte. Wird eine nichtbehinderte Person in das Amt berufen, handelt es sich in aller Regel um jemanden mit Erfahrung in der Behindertenarbeit.[498] Somit bringt der Behindertenbeauftragte eine hohe persönliche Motivation zur Umsetzung der

---

494 Siehe BT-Drucks. 13/9514, Seite 7, Textziffer 1.12.

495 Bei Inkrafttreten § 14 BGG; dieser wurde durch die Änderung im Dezember 2016 zu § 17 BGG, siehe Fußnote 1 zu § 17 G zur Gleichstellung von Menschen mit Behinderungen (Behindertengleichstellungsgesetz – BGG) v. 27.04.02, BGBl I S. 1468, zuletzt geänd. durch G v. 23.12.16, BGBl I S. 3234, geänd. durch G v. 17.7.17, BGBl. I S. 2541).

496 *Ina Stein* hatte 1973 einen Club für behinderte und nicht behinderte Jugendliche gegründet; sie berichtete darüber in der BR-Sendung *Alpha-Forum*, siehe www.br.de/fernsehen/ard-alpha/sendungen/alpha-forum/ina-stein-gespraech100~attachment.pdf?version=f62ff.

497 Z.B. *Matthias Rösch*, Landesbeauftragter in Rheinland-Pfalz, siehe https://inklusion.rlp.de/de/landesbeauftragter-landesteilhabebeirat/, dort bitte dem Link „Zur Person" folgen; genauere Angabe war zum letzten Abrufzeitpunkt aus technischen Gründen nicht möglich.

498 Z. B. *Elisabeth Veldhues*, Behindertenbeauftragte von NRW: Sie ist Vorstandsmitglied im *CeBeeF, Club der Behinderten und ihrer Freunde* im Kreis Steinfurt, sowie Mitglied

UN-BRK auf seiner jeweiligen Ebene mit in sein Amt. Für die Bekanntheit und Vernetzung der Behindertenbeauftragten selbst erweist es sich als Vorteil, dass es sich um kein neues Amt handelt, das erst mit der UN-BRK eingeführt worden wäre und zunächst einmal bekannt gemacht werden müsste. Gerade von den langjährigen Amtsinhabern ist anzunehmen, dass sie – jeweils auf ihrer Ebene – sowohl innerhalb der Verwaltung als auch unter Menschen mit Behinderung gut bekannt sind. Wer den Behindertenbeauftragten nicht kennt, wird zumindest wissen, dass es einen Behindertenbeauftragten gibt, der als Ansprechpartner in allen Fragen fungiert, die behinderte Menschen betreffen. Wie sinnvoll es sei, bestehende Strukturen zu stärken, betonte *Valentin Aichele* in einem Referat anlässlich einer Tagung im Jahr 2012: Er forderte starke Institutionen und wirksame Verfahren für die Aufsicht, Förderung und Kontrolle der Umsetzung.[499] *Aichele* führte dazu aus:

> „Mit Blick auf dieses Ziel [gemeint ist: starke Institutionen und wirksame Verfahren im o.g. Sinne zu haben, Anm. d. Verf.] sollten im Bund wie in den Ländern die vorhandenen behinderungsspezifischen Strukturen gestärkt werden. So sollte etwa das Mandat der Behindertenbeauftragten klar benannt, deren Ausstattung in Anbetracht der mit der UN-BRK gewachsenen Verantwortung ausgebaut sowie die Bedingungen für deren unabhängige Aufgabenerfüllung deutlich verbessert werden."[500]

Zu den bereits vorhandenen „behinderungsspezifischen Strukturen" gehört, wie von *Aichele* hervorgehoben wird, neben den Behindertenbeiräten also vor allem der Behindertenbeauftragte. Die Tatsache, dass das Amt, wenn auch nicht flächendeckend, auf allen staatlichen Ebenen bereits existiert und im Allgemeinen eine hohe Akzeptanz genießt, ist als großer Vorteil zu betrachten, weil somit auf allen Ebenen bereits mögliche Multiplikatoren für die Umsetzung der UN-BRK zur Verfügung stehen. Gerade Behindertenbeauftragte und Behindertenbeiräte sind wichtige Multiplikatoren in Sachen der Bewusstseinsbildung, die

---

im Beirat des Hospizes *„Haus Hannah"*, Emsdetten, siehe http://veldhues.de/lebenslauf.

499 *Aichele*, Vorschläge zur Reform des Behindertengleichstellungrechts in Bund und Ländern im Lichte der UN-BRK, in: „In Zukunft Barrierefrei?! 10 Jahre Behindertengleichstellungsgesetz (BGG)", Tagungsdokumentation zur Veranstaltung am 29.11.2012 des Beauftragten der Bundesregierung für die Belange behinderter Menschen und des *Bundesverbandes Selbsthilfe Körperbehinderter e.V.*, https://www.behindertenbeauftragter.de%2FSharedDocs%2FPublikationen%2FDE%2FInZukunftBarrierefrei_Doku_cm.pdf%3F__blob%3DpublicationFile&usg=AFQjCNEFOvmYskG2QCe5O2bikETkMeuQQ, S. 11.

500 Wie vorherige Fußnote.

die UN-BRK ausdrücklich verlangt. Dies gilt in beide Richtungen: zum einen sollten die Personen selbst regelmäßig an Maßnahmen der Bewusstseinsbildung teilnehmen, damit sie stets auf dem Laufenden bleiben, zum anderen sollten sie geeignete Maßnahmen in ihrem Bereich konzipieren, organisieren und durchführen um das Gelernte und ihre Erfahrungen an andere Personen weitergeben und somit zur allgemeinen Bewusstseinsbildung beitragen zu können.

B. Die Behindertenbeauftragten des Bundes und der Länder – ein Rechtsvergleich

Sowohl Bund als auch Länder[501] haben auf der Grundlage ihrer Gesetze zur Gleichstellung von Menschen mit Behinderung[502] Beauftragte für die Belange

---

501 Alle Länder mit einer Ausnahme: in Mecklenburg-Vorpommern ist der sog. Bürgerbeauftragte insbesondere für die Belange von Menschen mit Behinderung zuständig, siehe www.buergerbeauftragter-mv.de/fuer-menschen-mit-behinderungen.

502 **Bund**: G zur Gleichstellung von Menschen mit Behinderungen (Behindertengleichstellungsgesetz – BGG) v. 27.04.02, BGBl I S. 1468, zuletzt geänd. durch G v. 23.12.16, BGBl. I S. 3234, geänd. durch G v. 17.7.17, BGBl. I S. 2541); **Baden-Württemberg**: LandesG zur Gleichstellung von Menschen mit Behinderungen (Landes-Behindertengleichstellungsgesetz, L-BGG v. 17.12.14, GBl. v. 30.12.14, S. 819; **Bayern**: Bayerisches G zur Gleichstellung, Integration und Teilhabe von Menschen mit Behinderung (Bayerisches Behindertengleichstellungsgesetz – BayBGG v. 09.07.03, GVBl. S. 419, zuletzt geänd. durch G v. 09.01.18, GVBl. S. 2; **Berlin**: G über die Gleichberechtigung von Menschen mit und ohne Behinderung (LGBG) v. 17.09.99, GVBl. S. 178, in der ab 25.06.06 geltenden Fassung, GVBl. S. 975, zuletzt geänd. durch G v. 19.12.17, GVBl. S. 695; **Brandenburg**: G des Landes Brandenburg zur Gleichstellung von Menschen mit Behinderungen (BbgBGG) v. 11.02.13, GVBl. I/13 Nr. 05, 413, zuletzt geänd. durch G v. 11.03.13, GVBl. I/13 Nr. 05; **Bremen**: Bremisches G zur Gleichstellung von Menschen mit Behinderung (BremBGG) v. 23.12.03, BremGBl. 2003, 413, zuletzt geänd. durch Geschäftsverteilung des Senats v. 02.08.16, BremGBl. S. 434; **Hamburg**: Hamburgisches G zur Gleichstellung behinderter Menschen (HmbGGbM) v. 21.03.05, HmbGVBl. I 2005, 75; **Hessen**: Hessisches G zur Gleichstellung von Menschen mit Behinderungen (HessBGG) v. 23.12.04, GVBl. I 2004, 482, zuletzt geänd. durch G v. 13.12.12, GVBl. I S. 622; **Mecklenburg-Vorpommern**: G zur Gleichstellung, gleichberechtigten Teilhabe und Integration von Menschen mit Behinderungen (LBGG M-V) v. 10.07.06, GVOBl. M-V 2006, 539, zuletzt geänd. durch G v. 24.10.12, GVOBl. M-V S. 474; **Niedersachsen**: Niedersächsisches Behindertengleichstellungsgesetz (NBGG) v. 25.11.07, Nds. GVBl. 2007, 661, zuletzt geänd. durch G v. 03.04.14, Nds. GVBl. 2014, 90; **Nordrhein-Westfalen**: G des Landes Nordrhein-Westfalen zur Gleichstellung von Menschen mit Behinderung (Behindertengleichstellungsgesetz Nordrhein-Westfalen – BGG NRW) v. 16.12.03,

von Menschen mit Behinderung bestellt. Das muss allerdings nicht bedeuten, dass das Amt jeweils erst mit dem Inkrafttreten dieser Gesetze – die ältesten traten 2002 und 2003 in Kraft[503] – entstanden ist. Es hat vielmehr in manchen Ländern eine deutlich längere Tradition. Die Gleichstellungsgesetze, die entsprechende eine Regelung enthalten, gestalten die Bestellung des Behindertenbeauftragten als Mussvorschrift aus, mit Ausnahme des BGG NRW, denn dort ist die Vorschrift zur Bestellung eines Beauftragten[504], § 11 BGG NRW, als Sollvorschrift ausgestaltet; tatsächlich hat das Land aber eine Beauftragte. In fast allen Ländern sind strenge Voraussetzungen für die Abberufung des Beauftragten normiert, die ihn davor schützen, etwa abberufen zu werden, weil er politisch unbequem wird.[505] Ein Vergleich der Vorschriften über die Beauftragten ist insofern interessant, als es bisher noch keine Literatur über das Amt des Behindertenbeauftragten gibt und sich hieraus Erkenntnisse über unterschiedliche rechtliche Gestaltungsmöglichkeiten gewinnen lassen. Dann kann untersucht werden, welche Modelle ggf. auf die kommunale Ebene übertragen werden könnten.

SGV. NRW v. 23.12.03, S. 201, zuletzt geänd. durch G v. 14.06.16, SGV. NRW. S. 442; **Rheinland-Pfalz**: LandesG zur Gleichstellung behinderter Menschen (LGGBehM) v. 16.12.02, GVBl. 2002, 481; **Saarland**: G zur Gleichstellung von Menschen mit Behinderungen im Saarland (Saarländisches Behindertengleichstellungsgesetz – SBGG) v. 26.11.03, Amtsbl. 2003, S. 2987, zuletzt geänd. durch G v. 15.07.15, Amtsbl. I S. 632; **Sachsen**: G zur Verbesserung der Integration von Menschen mit Behinderungen im Freistaat Sachsen (SächsIntegrG) v. 28.05.04, SächsGVBl. S. 196, 197, geänd. durch G v. 14.07.05, SächsGVBl. S. 167; **Sachsen-Anhalt**: Behindertengleichstellungsgesetz Sachsen-Anhalt BGG LSA v. 16.12.10, GVBl. LSA 2010, 584; **Schleswig-Holstein**: Landesbehindertengleichstellungsgesetz LBGG v. 16.12.02, GVOBl. S. 264, zuletzt geänd. durch G v. 18.11.08, GVOBl. S. 582; **Thüringen**: Thüringer G zur Gleichstellung und Verbesserung der Integration von Menschen mit Behinderungen (ThürGIG) v. 16.12.05, GVBl. 2005, 383, zuletzt geänd. durch G v. 18.11.10, GVBl. S. 340.

503 Siehe vorherige Fußnote.

504 Damit ist in dieser Arbeit der oder die Beauftragte für die Belange von Menschen mit Behinderung gemeint, auch als (der oder die) Behindertenbeauftragte bezeichnet; zur Amtsbezeichnung gleich mehr.

505 Siehe z.B. Art. 17 Abs. 1 Satz 4 BayBGG.

I. Bestellung, Berufung, Wahl des Beauftragten

1. Amtsbezeichnung

Auch wenn mit dem Behindertenbeauftragten überall das Gleiche gemeint ist, unterscheidet sich die korrekte Amtsbezeichnung der Beauftragten doch im Bund und von Land zu Land.

Im Bund heißt sie „Beauftragte oder Beauftragter der Bundesregierung für die Belange von Menschen mit Behinderungen". In Bayern lautet sie „Amt des Beauftragten der Bayerischen Staatsregierung für die Belange von Menschen mit Behinderung", in Sachsen „Beauftragter der Sächsischen Staatsregierung für die Belange von Menschen mit Behinderungen", im Saarland „Landesbeauftragter oder Landesbeauftragte für die Belange von Menschen mit Behinderungen", in Niedersachsen, Berlin und Schleswig-Holstein „Landesbeauftragte oder Landesbeauftragter für Menschen mit Behinderungen" in Baden-Württemberg und in Brandenburg „Amt der oder des Beauftragten der Landesregierung für die Belange von Menschen mit Behinderungen", in Nordrhein-Westfalen und Hessen „Beauftragte oder Beauftragter für die Belange der Menschen mit Behinderung", in Sachsen-Anhalt besonders ausführlich im Gesetz bezeichnet als „die Beauftragte der Landesregierung von Sachsen-Anhalt für die Belange der Menschen mit Behinderungen – Landesbehindertenbeauftragte oder der Beauftragte der Landesregierung von Sachsen-Anhalt für die Belange der Menschen mit Behinderungen – Landesbehindertenbeauftragter", in Bremen und Rheinland-Pfalz „Beauftragte oder Beauftragter des Landes für die Belange behinderter Menschen", in Hamburg „Senatskoordinatorin oder Senatskoordinator für die Gleichstellung behinderter Menschen" und in Thüringen schlicht „Beauftragter für Menschen mit Behinderungen".

In dieser Arbeit soll die Bezeichnung „Beauftragte" oder „Behindertenbeauftragter" nicht nur für die so bezeichneten weiblichen und männlichen Beauftragten sondern auch für den Senatskoordinator oder die Senatskoordinatorin für die Gleichstellung behinderter Menschen in Hamburg gelten.

2. Zuständigkeit

Die Behindertenbeauftragte der Bundesregierung wird gem. § 17 BGG von der Bundesregierung bestellt. Abgesehen vom LBGG M-V, weil das Land als einziges keinen Behindertenbeauftragten hat, enthalten alle Gleichstellungsgesetze der Länder Regelungen darüber, welche Person oder welches Gremium den Beauftragten ins Amt bestellt, beruft oder wählt. Bestellung oder Berufung – der Unterschied liegt wohl allein in der Bezeichnung – erfolgen durch die Landesregierung[506], den

506 Baden-Württemberg gem. § 13 L-BGG, Brandenburg gem. § 13 BbgBGG, Hessen gem. § 18 HessBGG, Niedersachsen gem. § 10 NBGG, Nordrhein-Westfalen gem.

Senat[507] oder den Ministerpräsidenten[508]. Bestellung oder Berufung ist der Regelfall; in zwei Ländern, Bremen und Schleswig-Holstein, wird der Beauftragte ins Amt gewählt.[509]

3. *Vorschlagsrecht*

In den Gleichstellungsgesetzen von Schleswig-Holstein, Bremen, Brandenburg und Sachsen-Anhalt ist ein Vorschlagsrecht[510] geregelt: In Schleswig-Holstein, wo der Beauftragte vom Landtag gewählt wird, liegt das Vorschlagsrecht gem. § 4 Abs. 2 S. 4 LBGG bei den Fraktionen. Das Land hat somit, wenn man so will, die demokratischste Regelung, gehört jedoch zugleich zu den Ländern, die keine Beteiligung behinderter Menschen an dieser Wahl vorsehen. In Bremen, wo der Beauftragte von der Bürgerschaft gewählt wird, liegt das Vorschlagsrecht gem. § 14 Abs. 1 BremBGG beim Präsidenten der Bürgerschaft. In Brandenburg hat gem. § 13 BbgBGG das für Soziales zuständige Mitglied der Landesregierung das Vorschlagsrecht, in Sachsen-Anhalt ebenfalls das für Behindertenpolitik zuständige Ministerium gem. § 20 Abs. 1 BGG LSA. In Niedersachsen liegt nach § 10 NBGG das Vorschlagsrecht beim Landesbeirat. Nur in diesem Land ist mit dem Vorschlagsrecht eine Beteiligung behinderter Menschen verbunden.

4. *Beteiligungsrechte*

In den meisten Landesgesetzen, wie im BGG, sind keine Beteiligungsrechte im Zusammenhang mit der Bestellung des Beauftragten vorgesehen.[511] Bremen ist das einzige Land, in dem ein solches Recht den nach § 12 BremBGG verbandsklageberechtigten Behindertenverbänden zusteht; sie haben gem. § 14 Abs. 1 BremBGG das Recht, zu dem Vorschlag des Präsidenten der Bürgerschaft Stellung zu nehmen, also ein Anhörungsrecht. Abgesehen von dieser Regelung

§ 13 BGG NRW, Rheinland-Pfalz gem. § 11 LGGBehM, Saarland gem. § 16 SBGG, Sachsen-Anhalt gem. § 20 BGG LSA.

507 Berlin gem. § 5 LGBG, in Hamburg gem. § 13 HmbGGbM.

508 Bayern gem. Art. 17 BayBGG, Sachsen gem. § 10 SächsIntegrG, Thüringen gem. § 16 ThürGIG.

509 Bremen gem. § 14 BremBGG: Wahl durch die Bürgerschaft; Schleswig-Holstein gem. § 4 LBGG: Wahl durch den Landtag.

510 Kein Vorschlagsrecht: Bund, Baden-Württemberg, Bayern, Hamburg, Hessen, Niedersachsen, Nordrhein-Westfalen, Rheinland-Pfalz, Saarland, Sachsen, Thüringen.

511 Keine Beteiligungsrechte: Bund, Bayern, Hamburg, Hessen, Niedersachsen, Nordrhein-Westfalen, Rheinland-Pfalz, Saarland, Sachsen, Thüringen.

stehen Beteiligungsrechte, soweit sie vorgesehen sind, den Landesbeiräten für Menschen mit Behinderung zu; in der Regel haben sie ein Anhörungsrecht. Nur in Berlin wird gem. § 5 LGBG der Beauftragte im Einvernehmen mit dem Landesbeirat für Menschen mit Behinderung benannt, was eine Willensübereinstimmung voraussetzt, dem Landesbeirat also ein Vetorecht einräumt. In Baden-Württemberg wird gem. § 13 L-BGG ebenfalls der Landesbeirat beteiligt, jedoch erfolgt die Bestellung des Beauftragten nur im Benehmen, sodass der Beirat hier nur ein Anhörungsrecht hat. Eine Entscheidung im „Benehmen" verlangt im Gegensatz zu einer solchen im „Einvernehmen" keine Willensübereinstimmung. Es bedeutet nicht mehr als die gutachtliche Anhörung der anderen Behörde, die dadurch Gelegenheit erhält, ihre Vorstellungen in das Verfahren einzubringen.[512] Ebenso ist es in Sachsen-Anhalt geregelt gem. § 20 Abs. 1 BGG LSA. In Brandenburg hat gem. § 13 BbgBGG der Landesbehindertenbeirat ein nicht näher benanntes Beteiligungsrecht, das mangels anderer Regelungen im Sinne eines Anhörungsrechtes zu verstehen ist. Ein Anhörungsrecht hat nach § 10 NBGG auch der Landesbeirat in Niedersachsen.

5. Zwischenergebnis

Keinen Einfluss auf die Auswahl der Person des Behindertenbeauftragten haben behinderte Menschen im Bund und in den Ländern Bayern, Hamburg, Hessen, Nordrhein-Westfalen, Rheinland-Pfalz, Saarland, Sachsen, Schleswig-Holstein, Thüringen und Mecklenburg-Vorpommern. In Niedersachsen und in Berlin haben sie mittelbar über die Landesbehindertenbeiräte den größten Einfluss – wenn auch auf unterschiedliche Weise – in Niedersachsen über das Vorschlagsrecht und in Berlin über das Vetorecht. In Brandenburg, Bremen, Baden-Württemberg und Sachsen-Anhalt beschränkt sich ihre Beteiligung auf ein Anhörungsrecht. In Bremen gilt die Besonderheit, dass dieses Recht von den Behindertenverbänden wahrgenommen wird.

II. Rechtsstellung des Behindertenbeauftragten

1. Unabhängigkeit und Weisungsungebundenheit des Amtes

Der vergleichende Blick in die Gleichstellungsgesetze des Bundes und der Länder zeigt, dass die Unabhängigkeit und Weisungsungebundenheit des

512 Siehe *BVerwG*, Urt. v. 29.04.93, *NVwZ* 1993, 890.

Behindertenbeauftragten ein wichtiger Gesichtspunkt ist, der in vielen[513], allerdings nicht in allen[514] Gleichstellungsgesetzen, normiert ist. Das BGG des Bundes erwähnt beispielsweise Unabhängigkeit des Behindertenbeauftragten nicht. In Ermangelung von Kommentarliteratur zum Behindertenbeauftragten bietet sich ein Vergleich mit dem Patientenbeauftragten an, dessen Amt dem des Behindertenbeauftragten nachgebildet wurde.[515] *Scholz* führt dazu aus, der Patientenbeauftragte solle weisungsunabhängig die Interessen von Patienten politisch geltend machen [...].[516] Ebenso soll der Behindertenbeauftragte weisungsunabhängig Interessen von Menschen mit Behinderung politisch geltend machen, selbst wenn dies im Gesetz nicht ausdrücklich erwähnt ist, denn nur dann kann er seine Aufgaben, insbesondere die Politik zu beraten und auf die Einhaltung des Gleichstellungsgesetzes hinzuwirken, sinnvoll erfüllen. Das gleiche gilt für die Behindertenbeauftragten derjenigen Länder, in denen die Unabhängigkeit und Weisungsungebundenheit des Amtes nicht ausdrücklich bestimmt sind.

2. *Ausgestaltung des Amtes als Haupt- oder Ehrenamt*

Die Ausgestaltung des Amtes als Haupt- oder Ehrenamt ist von Land zu Land unterschiedlich. In den meisten Ländern – wie im Bund – sind keine Regelungen vorgesehen, was beide Varianten ermöglicht. In Sachsen-Anhalt (§ 20 Abs. 1 BGG LSA), und Schleswig-Holstein (§ 4 LBGG, hier ist der Beauftragte Beamter auf Zeit) ist jeweils gesetzlich geregelt, dass es sich um ein Hauptamt handelt, während die Gleichstellungsgesetze von Hamburg (§ 13 HmbGGbM), Hessen (§ 18 Abs. 5 Satz 3 HessBGG) und Sachsen (§ 10 Abs. 5 SächsIntegrG) ein Ehrenamt vorsehen. In den übrigen Ländern ohne entsprechende Regelungen sind die Behindertenbeauftragten teilweise ehrenamtlich und teilweise hauptamtlich tätig. Ehrenamtlich bekleidet das Amt – neben der Beauftragten der

513 In **Bayern**, siehe Art. 17 Abs. 1 Satz 3 BayBGG; in **Niedersachsen**, siehe § 10 Abs. 1 Satz 3 NBGG; in **Sachsen-Anhalt**, siehe § 20 Abs. 4 BGG LSA; in **Schleswig-Holstein**, siehe § 6 LBGG; in **Brandenburg**, siehe § 13 Satz 5 BbgBGG; in **Bremen**, siehe § 14 Abs. 3 BremBGG; in **Hessen**, siehe § 18 Abs. 1 Satz 3 HessBGG; in **Berlin:** „fachlich eigenständig", siehe § 5 Abs. 1 Satz 4 LGBG; in **Sachsen**, siehe § 10 Abs. 1 Satz 4 SächsIntegrG; in **Baden-Württemberg**, siehe § 13 Abs. 1 Satz 2 L-BGG; in **Hamburg**, dort heißt es im Gesetz: „aus einer unabhängigen Position heraus", siehe § 13 Abs. 2 HmbGGbM und in **Thüringen**, siehe § 16 Abs. 2 ThürGIG.

514 Nicht erwähnt im Bund, im Saarland, in Nordrhein-Westfalen und in Rheinland-Pfalz.

515 Siehe BT-Drs. 15/1525 S. 133 sowie *BeckOK* SozR/*Scholz*, SGB V § 140 h Rn. 2; *Becker/Kingreen/Kaempfe*, SGB V § 140 h Rn. 1; KassKomm/*Hess*, SGB V § 140 h Rn. 3.

516 *BeckOK* SozR/*Scholz*, SGB V § 140 h Rn. 1.

Bundesregierung – die Landesbeauftragte in Baden-Württemberg[517]. Hauptamtlich tätig sind dagegen die Beauftragten von Brandenburg[518], Bremen[519] Bayern[520], Niedersachsen[521], Rheinland-Pfalz[522] und Thüringen[523]. Die Behindertenbeauftragte des Saarlandes ist ehrenamtlich tätig, was insofern bemerkenswert ist, als ihr Amtsvorgänger eine hauptamtliche Stelle innehatte.[524] Denkbar ist auch die Konstellation, dass die beauftragte Person das Ehrenamt vorzieht und es deshalb so ausgestaltet wird. Die ehemalige bayerische Behindertenbeauftragte *Ina Stein* hatte sich 2002 bewusst für das Ehrenamt entschieden; sie berichtete in der *BR*-Sendung *Alpha-Forum*, dass sie gefragt, worden war, wie sie das Amt ausüben wolle.[525] Insgesamt wird man sagen können, dass der Trend bei den Beauftragten der Länder in Richtung Hauptamt geht. Jedenfalls die hauptamtlichen Beauftragten, die eine entsprechende Anfrage d. Verf. beantwortet haben, befürworten die Tätigkeit im Hauptamt mit Nachdruck.[526] Die bayerische Behindertenbeauftragte, *Irmgard Badura*, seit September 2014 hauptamtlich, führte dazu in ihrem dritten Tätigkeitsbericht aus, durch diese Statusverbesserung sei es ihr deutlich besser möglich, die große Zahl an Kontakten zu den Menschen mit Behinderung, ihren Verbänden sowie zu den Vertretern der Staatsregierung zu pflegen.

---

517 Siehe www.baden-wuerttemberg.de/de/service/presse/pressemitteilung/pid/stephanie-aeffner-neue-landes-behindertenbeauftragte/.

518 Verf. fragte b. d. Beauftragten an, Auskunft wie beschrieben per E-Mail am 22.03.17.

519 Verf. fragte b. d. Beauftragten an, Auskunft wie beschrieben per E-Mail am 23.03.17.

520 Siehe http://web.archive.org/web/20160831192252/http://www.stmas.bayern.de/presse/pm1409-224.php.

521 Verf. fragte b. d. Beauftragten an, Auskunft wie beschrieben per E-Mail am 23.03.17.

522 Siehe https://inklusion.rlp.de/de/landesbeauftragter-landesteilhabebeirat.

523 Siehe http://www.kobinet-nachrichten.org/de/1/nachrichten/31848/Th%C3%BCringens-Behindertenbeauftragter-neu.htm?search=leibiger.

524 Siehe http://www.saarbruecker-zeitung.de/saarland/saarbruecken/saarbruecken/saarbruecken/Saarbruecken-Behinderte-Behindertenbeauftragte-Ehrenamtliches-Engagement-Kritik-Ministerien-Politische-Konflikte-Selbsthilfe;art446398,6189503.

525 Siehe www.br.de/fernsehen/ard-alpha/sendungen/alpha-forum/ina-stein-gespraech100~attachment.pdf?version=f62ff.

526 In diesem Sinne äußerten sich gegenüber d. Verf. auf Nachfrage: *Elisabeth Veldhues*, Beauftragte der Landesregierung von NRW per E-Mail v. 11.04.17, *Matthias Rösch*, Beauftragter der Landesregierung von Rheinland-Pfalz per E-Mail v. 10.04.17, *Kai Steuck* im Auftrag des bremischen Behindertenbeauftragten per E-Mail v. 27.03.17, *Anke Zwink* im Auftrag des brandenburgischen Behindertenbeauftragten per E-Mail v. 22.03.17.

Das Hauptamt sei aus ihrer Sicht die Grundlage dafür, die Vielzahl an Aufgaben überhaupt bewältigen zu können.[527]

III. Behinderteneigenschaft des Beauftragten

Ist der Behindertenbeauftragte selbst ein Mensch mit Behinderung, so trägt dies dem Grundsatz der Selbstvertretung behinderter Menschen in besonderer Weise Rechnung. Mit einer solchen Besetzung wird eine Wertschätzung gegenüber Menschen mit Behinderung zum Ausdruck gebracht, indem Wert darauf gelegt wird, dass sie ihre Anliegen auf politischer Ebene selbst vertreten. Die Bundesarbeitsgemeinschaft für Rehabilitation formulierte diesen Gedanken wie folgt:

> „Die politische Botschaft lautet: behindertes Leben ist der jeweilige Regierung so wichtig, dass sie Menschen mit Behinderung mit hohen Kompetenzen ausgestattet und in die jeweiligen politischen Entscheidungsprozesse mit einbezieht."[528]

Das Amt erlangt durch die Ernennung einer Persönlichkeit mit Behinderung eine zusätzliche Glaubwürdigkeit. Daher ist die Frage, ob der Behindertenbeauftragte selbst eine Behinderung hat, durchaus von Bedeutung. Dementsprechend wird sie in einigen Gleichstellungsgesetzen geregelt. Dabei ist fraglich, ob Bedenken hinsichtlich des Gleichbehandlungsgrundsatzes bestehen – eine ähnliche Problematik, wie sie sich bei Vorschriften ergibt, nach denen die kommunale Frauenbeauftragte eine Frau sei. Etwa ist § 5a NGO nicht geschlechtsneutral formuliert, sondern bezieht sich ausdrücklich auf Frauen. Das *BAG* hatte nach AGG über die Frage einer geschlechtsspezifischen Benachteiligung eines männlichen Bewerbers auf die nur für weibliche Bewerberinnen ausgeschriebene Stelle einer Frauenbeauftragten zu entscheiden. Das *BAG* ließ § 5a NGO nicht generell als Rechtfertigung für die Nichteinstellung des Mannes gelten, sondern prüfte im Einzelfall, ob das Geschlecht eine unabdingbare Voraussetzung für die Erfüllung der Aufgabe sei. In dem genannten Fall bejahte das *BAG* dies, weil eine Zusammenarbeit mit muslimischen Frauen speziell zum Anforderungsprofil der ausgeschriebenen Stelle gehörte.[529] Im Hinblick auf die Behinderteneigenschaft des Behindertenbeauftragten stellt sich das Problem, wenn überhaupt, nur in abgeschwächter Form, denn es handelt es sich um Sollvorschriften, von denen ohnehin abgewichen werden kann, wenn eine Bewerberin oder ein Bewerber

---

527 Tätigkeitsbericht der bayerischen Behindertenbeauftragten für den Zeitraum 01.09.2014 bis 31.12.2015, S. 4, siehe www.behindertenbeauftragte.bayern.de/imperia/md/content/stmas/behindertenbeauftragte/taetigkeitsbericht_barrfrei.pdf.

528 Siehe *BAR*, Handbuch Behindertenbeauftragte, S. 40.

529 *BAG*, Urt. v. 18.03.10, Az.: 8 AZR 77/09, Rn. 30 ff., zit. nach *juris*.

ohne Behinderung für die Stelle besser geeignet ist. Ziel ist die Selbstvertretung behinderter Menschen sowie eine Sensibilisierung der politisch Verantwortlichen, die sich gut überlegen sollen, ob sie wirklich keine Bewerberin oder keinen Bewerber mit Behinderung für das Amt finden können. Die Sollvorschrift sorgt für einen zusätzlichen Begründungsaufwand, durch den der beabsichtigte Effekt erzielt wird.

1. Rechtsgrundlagen

Die Gleichstellungsgesetze von Bremen, Niedersachsen und Schleswig-Holstein sehen jeweils eine Regelung vor, wonach der Beauftragte selbst eine Behinderung haben soll.[530] Die drei Länder haben dem Erfordernis entsprochen: In Bremen übt mit *Joachim Steinbrück* ein blinder Mann das Amt aus,[531] in Niedersachsen mit *Petra Wontorra* eine Rollstuhlfahrerin[532] als Nachfolgerin des blinden *Karl Finke*. Der schleswig-holsteinische Behindertenbeauftragte *Ulrich Hase* ist gehörlos.[533] Die Frage, ob der Beauftragte selbst eine Behinderung haben soll, stellt sich in gleicher Weise auf der kommunalen Ebene. Falls man sich, gleich auf welcher Ebene, für eine solche Regelung entscheidet, ist es sinnvoll, sie als Sollvorschrift auszugestalten, weil eine Behinderung an sich keine – alleinige – Qualifikation für ein Amt sein kann. Dafür, eine behinderte Person in das Amt zu berufen, spricht aber, dass behinderte Menschen, die sich in der Behindertenpolitik engagieren, neben den eigenen Erfahrungen, die sie in das Amt einbringen können, oft ein großes Erfahrungswissen haben, weil sie gut vernetzt sind und viele Menschen mit anderen Behinderungen und deren Problemlagen kennen. Bevorzugt solche erfahrenen Personen in das Amt zu berufen, entspricht dem in der UN-BRK beschriebenen Grundsatz der Partizipation[534] und kann dem Ansehen und der Effektivität des Amtes nur förderlich sein. Den behinderten Bürgern, für deren Belange der Beauftragte zuständig ist, vermittelt eine behinderte Person im Amt außerdem ein positives Rollenvorbild und die Gewissheit, von einem der ihren vertreten zu werden. Gäbe es in allen

---

530 § 14 Abs. 2 BremBGG: „Die beauftragte Person soll möglichst ein Mensch mit Behinderung sein."; § 10 Abs. 1 Satz 2 NBGG sowie gleichlautend § 4 Abs. 2 Satz 3 LBGG (SH): „Die oder der Landesbeauftragte soll ein Mensch mit Behinderung sein."

531 Siehe www.behindertenbeauftragter.bremen.de.

532 Siehe www.behindertenbeauftragter-niedersachsen.de.

533 Siehe www.behindert-barrierefrei.de/schleswig-holstein-ulrich-hase-wurde-als-landesbeauftragter-fuer-menschen-mit-behinderungen-einstimmig-wiedergewaehlt.

534 Siehe erstes Kapitel, S. 83.

Gleichstellungsgesetzen eine Sollvorschrift, so wären die Vorschlagsberechtigten in jedem Land gehalten, gründlich zu überlegen, ob sie nicht doch eine geeignete behinderte Person vorschlagen könnten. Fände sich keine, so müssten im Rahmen der Anhörungen überzeugende Gründe hierfür vorgebracht werden. Hätten alle Gleichstellungsgesetze eine solche Vorschrift, kämen womöglich öfter als bisher Menschen mit Behinderung in das Amt. In Mecklenburg-Vorpommern, wo es nicht einmal einen Behindertenbeauftragten gibt, wird man wohl kaum eine Veranlassung sehen, eine Person mit Behinderung in das Amt des Bürgerbeauftragten zu berufen.

2. Tatsächliche Situation in Bund und Ländern

Im Bund sowie in über der Hälfte der Länder wurde trotz Fehlens entsprechender Vorschriften eine Persönlichkeit mit Behinderung in das Amt berufen: Behindertenbeauftragte des Bundes ist *Verena Bentele*, die blind ist, ebenso wie ihr Thüringischer Amtskollege *Joachim Leibiger*[535] und die Behindertenbeauftragte des Saarlandes, *Christa Maria Rupp*[536]. In Bayern hat mit *Irmgard Badura* eine beinahe blinde Frau das Amt inne.[537] Ebenfalls beinahe blind ist ihr brandenburgischer Amtskollege *Jürgen Dusel*.[538] Die Senatskoordinatorin für die Gleichstellung von Menschen mit Behinderung in Hamburg, *Ingrid Körner*, hat selbst zwar keine Behinderung, hat aber eine Tochter mit Down-Syndrom, ist also ebenfalls mit vielen Problemen behinderter Menschen vertraut.[539] Der Behindertenbeauftragte von Rheinland-Pfalz, *Matthias Rösch*, ist auf den Rollstuhl angewiesen,[540] ebenso wie *Stephanie Aeffner*, seine Amtskollegin aus Baden-Württemberg.[541] Von den übrigen hier nicht genannten Beauftragten der Länder ist nichts veröffentlicht. Ob sie eine Behinderung haben oder nicht, lässt sich nicht feststellen, da es unsichtbare Behinderungen gibt und selbst bei einer sichtbaren Behinderung

---

535 Siehe https://www.behindertenbeauftragte.de/DE/DieBeauftragte/Lebenslauf/Lebenslauf_node.html;jsessionid=5D3E662A63ABF089983A1130147588FB.2_cid345 und https://www.thueringen.de/th10/bb/lebenslauf/index.aspx.

536 Siehe www.saarland.de/lfb.htm.

537 Siehe www.behindertenbeauftragte.bayern.de/person.php.

538 Siehe http://www.masgf.brandenburg.de/cms/detail.php/bb1.c.263182.de.

539 Siehe www.hamburg.de/skbm/4477142/vita/.

540 Siehe https://inklusion.rlp.de/de/landesbeauftragter-landesteilhabebeirat/, dort bitte dem Link „Zur Person" folgen; genauere Angabe war zum letzten Abrufzeitpunkt aus technischen Gründen nicht möglich.

541 Siehe www.baden-wuerttemberg.de/de/service/presse/pressemitteilung/pid/stephanie-aeffner-neue-landes-behindertenbeauftragte/.

niemand gezwungen ist, diese zu erwähnen. So findet sich beispielsweise auf der Internetseite der Behindertenbeauftragten des Berliner Bezirks Steglitz-Zehlendorf, *Eileen Moritz*, keinerlei Hinweis darauf, dass Frau *Moritz* Rollstuhlfahrerin ist und der Selbstbestimmt-Leben-Bewegung nahesteht.[542]

IV. Aufgaben, Befugnisse und Rechte des Beauftragten

1. Vorbemerkung

Über die Aufgaben, Befugnisse und Rechte, die mit dem Amt des Behindertenbeauftragten verbunden sind, gibt es kaum Literatur. Daher müssen die wesentlichen Kriterien direkt aus den Gleichstellungsgesetzen erarbeitet werden. Die Aussagen sind für die Beauftragten auf allen Ebenen relevant, da die Unterschiede nicht besonders groß ausfallen. Ergänzend wird auf Kommentarliteratur zum Patientenbeauftragten der Bundesregierung zurückgegriffen, da dessen Position nach dem Vorbild des Behindertenbeauftragten geschaffen wurde.[543]

2. Aufgaben

a) Ausrichtung am Ziel des Gleichstellungsgesetzes

Jedes Gleichstellungsgesetz enthält einen Katalog an Aufgaben des Behindertenbeauftragten. Sie sind unterschiedlich formuliert und mehr oder weniger ausführlich aufgezählt. Inhaltlich orientieren sie sich jeweils an dem Ziel des Gleichstellungsgesetzes, das in den Landesgesetzen in § 1 bzw. Art. 1 definiert wird. Die am häufigsten verwendete Formulierung lautet:

> „Ziel des Gesetzes ist es, Benachteiligungen von behinderten Menschen zu beseitigen und zu verhindern sowie die gleichberechtigte Teilhabe von behinderten Menschen am Leben in der Gesellschaft zu gewährleisten und ihnen eine selbstbestimmte Lebensführung zu ermöglichen."

Als Beispiel wurde der Wortlaut des bremischen Gleichstellungsgesetzes, § 1 BremBGG, gewählt. Gleichlautend oder mit nur sehr geringfügigen Abwandlungen formulieren es die anderen Ländergleichstellungsgesetze in ihrer Eingangsvorschrift. Die Zitation aller Vorschriften erscheint verzichtbar, weil die Unterschiede jeweils sehr gering sind. § 1 L-BGG BW enthält die modernste

---

542 Siehe https://www.berlin.de/ba-steglitz-zehlendorf/politik-und-verwaltung/beauftragte/menschen-mit-behinderung/artikel.600923.php; Frau *Moritz* ist d. Verf. persönlich bekannt.

543 Siehe BT-Drs. 15/1525 S. 133 sowie *BeckOK* SozR/*Scholz*, SGB V § 140 h Rn. 2; *Becker/Kingreen/Kaempfe*, SGB V § 140 h Rn. 1; KassKomm/*Hess*, SGB V § 140 h Rn. 3.

Formulierung, erwähnt die Umsetzung der Konvention und zitiert Art. 1 Abs. 1 UN-BRK. Demnach ist Ziel des Gesetzes, „den vollen und gleichberechtigten Genuss aller Rechte durch alle Menschen mit Behinderungen zu fördern, zu schützen und zu gewährleisten". In den meisten Gesetzen wird das Ziel, Benachteiligungen von Frauen mit Behinderung abzubauen nochmals eigens erwähnt.[544] In der Zusammenschau der Gleichstellungsgesetze der Länder ergibt sich folgender Aufgabenkatalog:

b) Hinwirken auf Einhaltung der Gesetzesziele und Politikberatung

Der Behindertenbeauftragte des Landes hat, sozusagen als Hauptaufgabe, auf die Einhaltung der Ziele des Gesetzes hinzuwirken, ebenso darauf, dass die öffentlichen Stellen ihre Verpflichtungen aus diesem Gesetz erfüllen.[545] Er berät die jeweilige Landesregierung und den Landtag in behinderungspolitischen Fragen.[546]

c) Bearbeitung von Einzelfällen

Näherer Betrachtung bedarf die Frage, ob der Behindertenbeauftragte Einzelfallberatungen übernehmen soll, denn nicht jedes BGG sieht die Bearbeitung von Anfragen einzelner Bürger durch den Beauftragten vor. In einigen Gesetzen steht nichts darüber,[547] doch da er in Eigeninitiative tätig werden kann, wird man dem Beauftragten die Übernahme von Einzelfallberatungen, mag sie auch nicht vorgesehen sein, jedenfalls nicht verwehren können. Etlichen Gesetzen zufolge obliegt dem Beauftragten dagegen sogar ausdrücklich eine Ombudsfunktion, er soll also gerade Beratung im Einzelfall anbieten.[548] § 20 Abs. 2 Satz 1 BGG LSA spricht davon, dass der Beauftragte zwischen den Beteiligten vermittle[549], eine Tätigkeit, die nur bei einer Beratung im Einzelfall vorkommen wird. Ebenfalls für Einzelfallberatung spricht die Formulierung, dass jeder Bürger sich an

---

544 Besonders hervorgehoben z.B. in § 2 SBGG, §§ 4 und 14 Abs. 1 Satz 2 L-BGG BW.

545 Siehe z.B. § 11 Abs. 1 NBGG, § 16 Abs. 1 Nr. 1 SBGG.

546 Siehe z.B. § 16 Abs. 1 Nr. 2 SBGG.

547 Keine Aussage im NBGG, im BBG NRW.

548 Ausdrücklich in § 14 Abs. 2 L-BGG BW; § 18 Abs. 2 Nr. 3 HessBGG; im Saarland soll er „Anlaufstation" gem. § 16 Abs. 1 Nr. 5 SBGG sein; in Thüringen „Ansprechpartner für die individuellen und allgemeinen Probleme von Menschen mit Behinderungen, ihrer Angehörigen" gem. §§ 17 Abs. 1 Nr. 4 ThürGIG; in Rheinland-Pfalz soll er „Eingaben prüfen", siehe § 11 Abs. 2 Satz 2 LGGBehM.

549 Ebenso § 13 Abs. 2 HmbBGG.

den Beauftragten mit seinen Anliegen wenden könne.[550] In Bayern und Sachsen heißt es, der Beauftragte „bearbeitet die Anregungen von einzelnen Betroffenen".[551] Diese Formulierung schließt nach Ansicht d. Verf. Einzelfallberatungen jedenfalls nicht aus, weil „Anregungen" sich begrifflich sowohl auf Einzelfälle als auch auf allgemeine Sachverhalte beziehen können.

d) Interventionen aus Eigeninitiative

Da er unabhängig ist, also keines Auftrages bedarf, kann der Beauftragte aus eigener Initiative Missstände, die ihm bekannt geworden sind, aufgreifen und mit den ihm zu Gebote stehenden Mitteln auf deren Beseitigung hinwirken.

e) Öffentlichkeitsarbeit und Gremienarbeit

In manchen Gesetzen wird dem Behindertenbeauftragten ausdrücklich Öffentlichkeitsarbeit[552] und Gremienarbeit[553] aufgetragen, doch auch wenn dies nicht ausdrücklich bestimmt ist, fallen diese Punkte typischerweise in sein Aufgabengebiet. Sie gehören zur Bewusstseinsbildung, einem wichtigen Anliegen der UN-BRK, dem mit Art. 8 ein ausführlicher Artikel gewidmet ist. Mitunter wird dem Beauftragten die Zusammenarbeit mit den kommunalen Beauftragten in sein Pflichtenheft geschrieben[554] – dies ist eine typische Aufgabe, die er im Sinne einer besseren Vernetzung auch ohne ausdrückliche Bestimmung im Gesetz übernehmen wird.

f) Behindertenbeirat, Zielvereinbarungsregister

In manchen Ländern richtet der Beauftragte den Behindertenbeirat ein und ist von Amts wegen dessen Vorsitzender[555]. Ob er dort ein Stimmrecht hat, ist unterschiedlich geregelt[556], ist aber für die Aufgabenbeschreibung nicht von Bedeutung. In manchen Ländern führt der Beauftragte ein Zielvereinbarungsregister.[557]

---

550 Siehe § 15 Abs. 4 BremBGG; § 5 Abs. 3 LBGG SH; § 14 Abs. 3 BbgBGG; § 5 Abs. 5 LGBG (Berlin).

551 Siehe Art 17 Abs. 2, 2. Spiegelstrich BayBGG; gleichlautend § 10 Abs. 2 Nr. 3 SächsIntegrG.

552 Z.B. § 16 Abs. 1 Nr. 6 und 7 SBGG.

553 Z.B. § 16 Abs. 1 Nr. 9 und 10 SBGG.

554 Siehe § 14 Abs. 5 BbgBGG.

555 Z.B. § 15 Abs. 2 L-BGG BW, § 12 Abs. 1 NBGG, § 17 Abs. 1 Satz 1 SBGG; nicht in Hessen.

556 Stimmrecht gem. § 15 Abs. 2 L-BGG BW.

557 Z.B. § 12 Abs. 5 SBGG, § 3 Abs. 5 Satz 1 HessBGG.

g) *Tätigkeitsbericht*

Last but not least obliegt dem Behindertenbeauftragten eine Berichtspflicht gegenüber den politisch Verantwortlichen.[558] Die Berichtspflicht kann spiegelbildlich als Recht des Beauftragten verstanden werden, da der Tätigkeitsbericht eine gute Möglichkeit bietet, Kritik gebündelt und öffentlichkeitswirksam vorzubringen.[559]

h) *Zusammenfassung*

Insgesamt sind die Aufgaben des Beauftragten von Land zu Land zwar in unterschiedlicher Ausführlichkeit geregelt, in der Sache aber unterscheiden sie sich kaum. Eine zusätzliche Aufgabe, die seine Amtskollegen nicht zugewiesen bekommen haben, hat allerdings der Behindertenbeauftragte von Hessen, nämlich durch geeignete Maßnahmen auf die Erfüllung der sich aus § 71 SGB IX a. F.[560] bzw. § 154 SGB IX n. F.[561] ergebenden Beschäftigungspflicht der Arbeitgeber hinzuwirken.[562] Man darf annehmen, dass ein erhebliches Umsetzungsdefizit in diesem Bereich die hessischen Landespolitiker veranlasst haben wird, diese Regelung in das Gesetz aufzunehmen.

3. *Befugnisse und Rechte*

Zur Erfüllung der Aufgaben hat der Behindertenbeauftragte gesetzliche Befugnisse und Rechte; indes sind seine Waffen alles andere als scharf.

a) *Recht auf (frühzeitige) Beteiligung*

Das wichtigste in beinahe allen Gleichstellungsgesetzen normierte Recht des Beauftragten ist, dass er in allen Fragen, „die behinderte Menschen betreffen" oder „berühren", beteiligt[563] bzw. frühzeitig beteiligt[564] werden muss. Beim

---

558 Z.B. § 16 Abs. 1 Nr. 8 SBGG.

559 Dazu gleich im nächsten Punkt mehr.

560 In Kraft bis 31.12.17.

561 In Kraft ab 01.01.18.

562 Siehe § 18 Abs. 2 Nr. 5 HessBGG.

563 Im **Bund**, siehe § 18 Abs. 2 BGG; in **Bayern**, siehe Art. 18 Abs. 3 BayBGG; in **Niedersachsen**, siehe § 11 Abs. 2 NBGG; in **Nordrhein-Westfalen**, siehe § 12 Abs. 3 BGG NRW; in **Sachsen-Anhalt**, siehe § 22 BGG LSA; in **Schleswig-Holstein**, siehe § 8 LBGG; in **Brandenburg**, siehe § 14 Abs. 2 BbgBGG; in **Bremen**, siehe § 15 Abs. 5 BremBGG; in **Hessen**, siehe § 18 Abs. 3 HessBGG; in **Berlin** siehe § 5 Abs. 3 LGBG; in **Rheinland-Pfalz**, siehe § 11 Abs. 3 LGGBehM; in **Sachsen**, siehe § 10 Abs. 4 SächsIntegrG.

564 So in Baden-Württemberg, siehe § 14 Abs. 3 L-BGG BW und in Hamburg, siehe § 13 Abs. 3 HmbBGG.

Ländervergleich fällt auf, dass im ansonsten recht ausführlichen Gleichstellungsgesetz des Saarlandes das Beteiligungsrecht des Behindertenbeauftragten nicht ausdrücklich geregelt ist. Ihm wird aber in § 16 Abs. 1 Nr. 3 SBGG aufgegeben, „bei der Erstellung von Rechtsvorschriften, die den Bereich von Menschen mit Behinderungen berühren, beratend mitzuwirken, insbesondere bei der Fortschreibung des Landesplans für Menschen mit Behinderungen und der Landesbauordnung". Da der Beauftragte diese Aufgabe nur erfüllen kann, wenn er frühzeitig am Planungs- bzw. Gesetzgebungsverfahren beteiligt wird, ist wohl davon auszugehen, dass der Landesgesetzgeber dieses Beteiligungsrecht als selbstverständlich vorausgesetzt hat. Entsprechendes gilt für Thüringen; die Aufgabe, bei Gesetzesvorhaben beratend mitzuwirken, ist in § 17 Abs. 1 Nr. 2 ThürGIG geregelt. Eine sehr ähnliche Formulierung wie die Gleichstellungsgesetze enthält § 140 h SGB V über den Patientenbeauftragten der Bundesregierung. Die Ähnlichkeit ist beabsichtigt, denn das Amt des Patientenbeauftragten wurde nach dem Vorbild des Behindertenbeauftragten geschaffen.[565] Auch der Patientenbeauftragte muss bei Gesetzes-, Verordnungs- und sonstigen wichtigen Vorhaben, soweit sie Fragen der Rechte und des Schutzes von Patientinnen und Patienten „behandeln oder berühren", beteiligt werden. Dazu wird ausgeführt, dass sich die Anliegen von Patienten in vielen Politikbereichen widerspiegeln.[566] Ebenso verhält es sich beim Behindertenbeauftragten, dessen Betätigungsfeld sich keineswegs auf die klassische Behindertenpolitik oder Sozialpolitik beschränkt. Vielmehr berühren viele Regelungen aus allen Lebensbereichen auch Menschen mit Behinderung. Wird dies nicht ausreichend berücksichtigt, kann es passieren, dass Dinge oder Maßnahmen geplant, errichtet oder eingeführt werden, bei denen sich dann sozusagen bei der „Einweihung" herausstellt, dass niemand daran gedacht hat, die Bedürfnisse behinderter Menschen einzuplanen. Es gehört zur Aufgabe des Behindertenbeauftragten, dies zu verhindern. Deshalb ist es wichtig, ihn so früh wie möglich einzuschalten. Erforderlich ist das Bewusstsein, dass der Beauftragte kein Randgruppenthema bearbeitet. Er nimmt vielmehr eine echte Querschnittsaufgabe in der Gesellschaft wahr. Es ist eine Sache nicht zuletzt der persönlichen Sensibilität des Beauftragten und seines Problembewusstseins, zu erfassen und zu erklären, auf welche Weise behinderte Menschen von bestimmten Regelungen betroffen oder berührt werden. Ist dieses Bewusstsein

565 *BeckOK* SozR/*Scholz*, SGB V § 140 h Rn. 5.

566 *BeckOK* SozR/*Scholz*, SGB V § 140 h Rn. 5.

bei den zuständigen Stellen nicht ausgeprägt genug, so muss der Behindertenbeauftragte Aufklärungs- und Überzeugungsarbeit leisten. Dieser Gesichtspunkt spricht in besonderer Weise dafür, eine Person mit eigener Betroffenheit oder Betroffenheit Angehöriger in das Amt zu berufen.

b) Auskunfts- und Akteneinsichtsrechte

Dem Behindertenbeauftragten werden durch die Gleichstellungsgesetze umfangreiche Auskunftsrechte gegenüber Behörden zugestanden.[567] Auch in diesem Punkt gleicht seine Position der des Patientenbeauftragten. Über diesen heißt es in den Gesetzesmaterialien, das Gesetz [gemeint ist das SGB V, Anm. d. Verf.] begründe die Verpflichtung der Bundesministerien, den Beauftragten zu beteiligen und schreibe allen öffentlichen Stellen im Bereich des Bundes [...] vor, ihn bei der Erfüllung der Aufgaben, etwa durch die Bereitstellung von Statistiken [...], zu unterstützen.[568] Gleiches gilt für die Behindertenbeauftragten. Bemerkenswerterweise sind von der Auskunftspflicht gegenüber dem Behindertenbeauftragten die kommunalen Gebietskörperschaften in Niedersachsen, siehe § 11 Abs. 3 NBGG, ausdrücklich ausgenommen. Anscheinend leisteten die Gemeinden in Niedersachsen im Gesetzgebungsverfahren heftig und erfolgreich Widerstand gegen ein solches Auskunftsrecht. Im BayBGG und im HessBGG wird das Auskunftsrecht zwar nicht ausdrücklich erwähnt, es ist jedoch anzunehmen, dass eine Verweigerung von Auskünften durch Behörden das in Art. 17 Abs. 3 BayBGG bzw. § 18 Abs. 3 HessBGG geregelte Beteiligungsrecht des Behindertenbeauftragten verletzen würde. Denn ohne entsprechende Auskünfte könnte der Behindertenbeauftragte seine gesetzlichen Aufgaben nicht sachgerecht erfüllen. Wenn Bürger dem Behindertenbeauftragten angebliche Verstöße gegen das Gleichstellungsgesetz mitteilen, muss er der Sache auf den Grund gehen und überprüfen können, welchen tatsächlichen Gehalt die Vorwürfe haben, und wie die Rechtslage ist. Ehe der Beauftragte interveniert, ist er

567 Ausdrücklich geregelt im **Bund**, siehe § 18 Abs. 3 BGG; im **Saarland**, siehe § 16 Abs. 2 SBGG; in **Baden-Württemberg**, siehe § 14 Abs. 4 L-BGG; in **Nordrhein-Westfalen**, siehe § 12 Abs. 3 BGG NRW; in **Sachsen-Anhalt**, siehe § 21 Abs. 2 und 3 BGG LSA; in **Schleswig-Holstein**, siehe § 7 Abs. 1 LBGG; in **Brandenburg**, siehe § 14 Abs. 4 BbgBGG; in **Bremen**, siehe § 15 Abs. 6 BremBGG; in **Hamburg** siehe § 13 Abs. 4 HmbBGG; in **Berlin** siehe § 5 Abs. 6 LGBG; in **Rheinland-Pfalz**, siehe § 11 Abs. 3 LGGBehM; in **Sachsen**, siehe § 10 Abs. 4 SächsIntegrG und in **Thüringen**, siehe § 17 Abs. 2 ThürGIG.

568 Siehe BT-Drs. 15/1600, S. 14.

im Interesse eines sachgerechten Vorgehens gehalten, ebenso die Argumente der Gegenseite, also der Behörde, zu hören; dies aber kann er nur, wenn er Anspruch auf die entsprechenden Auskünfte hat. Auskünfte werden ebenfalls benötigt, wenn dem Beauftragten selbst Missstände auffallen, die er aus der Welt schaffen möchte. Ebenso muss er im Vorfeld von Gesetzgebungsverfahren die Möglichkeit haben, sich umfassend zu informieren, um nicht unvorbereitet in die Beratungen gehen zu müssen. Entsprechendes wie in Bayern dürfte hinsichtlich des Auskunftsrechtes in Hessen gelten.

c) Recht auf Anhörung und Stellungnahme, Rederecht

Der Behindertenbeauftragte hat die Aufgabe, die Landesregierung und den Landtag in grundsätzlichen Fragen der Behindertenpolitik sowie allgemein bei der Gesetzgebung zu beraten, soweit Menschen mit Behinderung betroffen oder berührt werden.[569] Damit müssen, selbst wenn dies sich nicht ausdrücklich aus dem Gesetzeswortlaut ergibt, logischerweise Rechte auf Anhörung und Stellungnahme sowie ein Rederecht des Behindertenbeauftragten korrespondieren, da er ohne solche Rechte seine Beratungsaufgabe gegenüber der Politik nicht erfüllen könnte. Eine sehr wichtige Konsequenz dieses Anhörungs- und Rederechts des Behindertenbeauftragten ist, dass er für seine Vorsprachen, zum Beispiel bei einem Landesminister oder beim Ministerpräsidenten nicht den Dienstweg einzuhalten braucht; er hat sozusagen den direkten Draht nach oben, der ihm ermöglicht, seine Rolle als Vermittler zwischen den Bürgern mit Behinderung und der Verwaltung bzw. der Politik wahrzunehmen. In den meisten Ländern steht im Gesetz nicht ausdrücklich etwas von der Beratung bei der Gesetzgebung, dafür ist aber das Beteiligungsrecht an der Gesetzgebung explizit geregelt, sodass man von dem Recht auf die Aufgabe schließen kann.[570] Das Ergebnis ist jeweils das gleiche, nämlich, dass alle Gleichstellungsgesetze übereinstimmend das Ziel verfolgen, den Behindertenbeauftragten möglichst umfassend

---

569 Ausdrückliche Regelungen dazu gibt es im **Saarland**, siehe § 16 Abs. 1 Nr. 3 SBGG und in **Thüringen**, siehe § 17 Abs. 1 Nr. 2 ThürGIG.

570 Im **Bund**, siehe § 18 Abs. 2 BGG; ebenso in **Niedersachsen**, siehe § 11 Abs. 2 NBGG; in **Bayern**, siehe Art. 18 Abs. 3 BayBGG; in **Baden-Württemberg**, siehe § 14 Abs. 3 L-BGG; in **Nordrhein-Westfalen**, siehe § 12 Abs. 3 BGG NRW; in **Sachsen-Anhalt**, siehe § 22 BGG LSA; in **Schleswig-Holstein**, siehe § 8 Abs. 1 LBGG; in **Brandenburg**, siehe § 14 Abs. 2 BbgBGG; in **Bremen**, siehe § 15 Abs. 5 BremBGG; in **Hamburg**, siehe § 13 Abs. 3 HmbBGG; in **Hessen**, siehe § 18 Abs. 3 HessBGG; in **Berlin** siehe § 5 Abs. 3 LGBG; in **Rheinland-Pfalz**, siehe § 11 Abs. 3 LGGBehM; in **Sachsen**, siehe § 10 Abs. 4 SächsIntegrG.

am Gesetzgebungsprozess zu beteiligen, soweit behinderte Menschen betroffen sind. In der Sache ergeben sich keine so gravierenden Unterschiede von Land zu Land, dass sie an dieser Stelle dargestellt und diskutiert werden müssten. Allerdings wurde das Anhörungsrecht der Behindertenbeauftragten bei weitem nicht immer umgesetzt. Davon zeugen zum Beispiel Aussagen der ehemaligen bayerischen Behindertenbeauftragten *Anita Read* (vormals *Knochner*) gegenüber der *Passauer Neuen Presse* aus dem Jahr 2008. Sie berichtet von Anhörungen, die unterblieben seien, weil der Landtag sie nicht für nötig erachtet habe, und von gemeinsamen Forderungen der kommunalen Behindertenbeauftragten aus ganz Bayern, die, nachdem sie aufwendig erarbeitet worden waren, von der bayerischen Staatsregierung ignoriert worden seien. Die Rollstuhlfahrerin legte im Jahr 2008 ihr Amt nach vier Jahren frustriert nieder. Sie sagte, sie fühle sich wie das Feigenblatt der Regierung, und dafür sei ihr ihre Lebenszeit zu schade.[571] Auch ihre Nachfolgerin im Amt, die heutige bayerische Behindertenbeauftragte *Irmgard Badura*, beklagte in Ihrem ersten Tätigkeitsbericht noch Mängel bei der Beteiligung: Die Beteiligung der Beauftragten sei in den vergangenen gut zwei Jahren ihrer Tätigkeit zwar insgesamt immer wieder vollzogen worden, ein wirklicher Automatismus sei aber nicht dauerhaft festzustellen. Immer wieder sei eine Einforderung seitens der Beauftragten notwendig gewesen, weil die Belange behinderter Menschen in allgemeinen Themen und Lebensbereichen in den Verwaltungsstrukturen noch nicht selbstverständlich Berücksichtigung fänden. Es gelte vielmehr ein selbstverständliches Miteinander auszubauen, das im zunehmenden abteilungs- und ministerienübergreifenden Zusammenarbeiten seinen Weg finden müsse.[572] In den beiden nachfolgenden Tätigkeitsberichten[573] wird die Beteiligung nicht mehr eigens erwähnt, woraus man schließen kann, dass die von der Beauftragten erhofften Verbesserungen in dieser Hinsicht wohl eingetreten sind.

---

571 Alle Zitate von *Anita Read,* vormals *Knochner,* siehe *Passauer Neue Presse*, Ausg. v. 11.08.08.

572 1. Tätigkeitsbericht der bayerischen Behindertenbeauftragten für den Zeitraum Januar 2009 bis März 2011, Seite 65, siehe www.behindertenbeauftragte.bayern.de/imperia/md/content/stmas/behindertenbeauftragte/tbericht2011.pdf.

573 2. Tätigkeitsbericht der bayerischen Behindertenbeauftragten für den Zeitraum April 2011 bis Januar 2013, siehe www.behindertenbeauftragte.bayern.de/imperia/md/content/stmas/behindertenbeauftragte/tbericht2011.pdf; 3. Tätigkeitsbericht der bayerischen Behindertenbeauftragten für den Zeitraum 01.09.2014 bis 31.12.2015, siehe www.behindertenbeauftragte.bayern.de/imperia/md/content/stmas/behindertenbeauftragte/taetigkeitsbericht_barrfrei.pdf.

d) Beanstandungsrecht

In den Ländern Schleswig-Holstein[574], Bremen[575], Berlin[576] und Thüringen[577] hat der Behindertenbeauftragte „das Recht, Verstöße gegen das Gleichstellungsgesetz zu beanstanden". Dies erscheint auf den ersten Blick wie eine stärkere gesetzliche Befugnis gegenüber den zuvor genannten. Bei genauer Betrachtung ist jedoch festzustellen, dass dieses Recht dem Beauftragten in den genannten Ländern nicht mehr Möglichkeiten einräumt als in Ländern, deren Gesetze kein Beanstandungsrecht vorsehen, denn die Beanstandung zieht keinerlei Sanktion nach sich. Wenigstens eine aufschiebende Wirkung hat dagegen die Beanstandung einer Gleichstellungbeauftragten (gemeint ist: Frauenbeauftragten) nach Art. 20 BayGlG. Wie der Patientenbeauftragte verfügt jedoch der Behindertenbeauftragte nicht über hoheitliche Befugnisse.[578] Keiner der beiden kann Rechte von Betroffenen stellvertretend durchsetzen.[579] *Engels* stellt daher infrage, ob sich der Patientenvertreter als mehr erweise „als ein bloßes institutionelles Placebo".[580] Ein Klagerecht, z.B. im Fall weiterer Untätigkeit einer zuständigen Stelle, nachdem etwa eine Beanstandung durch den Beauftragten erfolgt sei, steht dem Behindertenbeauftragten nicht zu. Bisher haben dieses Recht nach allen Gleichstellungsgesetzen nur Behindertenverbände. Für die Einführung eines solchen Klagerechtes für den Behindertenbeauftragten des Bundes spricht sich *Valentin Aichele* aus.[581] Davon zu unterscheiden ist aber das „Beanstandungsrecht" des Behindertenbeauftragten. Es beschränkt sich darauf, dass er einen Vorgang, der seiner Ansicht nach einen Verstoß gegen das Gleichstellungsgesetz darstellt, aktenkundig machen und die zuständige Stelle zwingen kann, sich (erneut) mit diesem Vorgang zu befassen. Eine besondere Befugnis ist darin nicht zu sehen,

574 Siehe § 7 Abs. 2 BGG SH.

575 Siehe § 15 Abs. 7 BremBGG.

576 Siehe § 5 Abs. 6 LGBG.

577 Siehe § 17 Abs. 3 ThürGIG.

578 Für den Patientenbeauftragten siehe BT-Drs. 15/1525 S. 133 sowie *Engels* in: *Krauskopf*, SGB V § 140 h Rn. 5.

579 Wie vorherige Fußnote.

580 Wie vorherige Fußnote.

581 *Aichele*, Vorschläge zur Reform des Behindertengleichstellungrechts in Bund und Ländern im Lichte der UN-BRK, in: „In Zukunft Barrierefrei?! 10 Jahre Behindertengleichstellungsgesetz (BGG)", Tagungsdokumentation zur Veranstaltung am 29.11.2012 des Beauftragten der Bundesregierung für die Belange behinderter Menschen und des *Bundesverbandes Selbsthilfe Körperbehinderter e.V.*, www.behindertenbeauftragter.de/SharedDocs/Publikationen/DE/InZukunftBarrierefrei_Doku_cm.pdf, S. 11.

denn dem Behindertenbeauftragten steht es ohnehin frei, jederzeit von sich aus auf Benachteiligungen behinderter Menschen und Missstände hinzuweisen. Da die Behörden verpflichtet sind, ihn anzuhören, kann er seine „Beanstandungen" im Prinzip jederzeit und überall vorbringen, mögen sie nun unter dieser gesetzlichen Überschrift stehen oder nicht. Das Ziel des Behindertenbeauftragten wird somit stets sein, einerseits die Behörde zu sensibilisieren bzw. zu einem Umdenken zu bewegen, und damit ggf. im Einzelfall etwas zu bewegen, andererseits aber durch sein öffentliches Auftreten den politischen Druck zu erhöhen. Auf den Aspekt der Öffentlichkeitswirksamkeit weist für den Patientenbeauftragten auch *Scholz* hin, wenn er ausführt, der Beauftragte könne den zuständigen Stellen „keine Weisungen erteilen sondern deren Entscheidungen allenfalls, ggf. öffentlich, kritisieren"[582]. Das Gleiche gilt für den Behindertenbeauftragten.

e) *Recht und Pflicht zur Berichterstattung*

Angesichts der schwach ausgeprägten Befugnisse des Behindertenbeauftragten ist sein Tätigkeitsbericht ein wichtiges politisches Instrument; denn der Gang an die Öffentlichkeit kann mitunter am meisten bewirken.[583] Der Tätigkeitsbericht des Behindertenbeauftragten ist eine Möglichkeit hierfür. Ausdrückliche Regelungen zum Bericht gibt es in der Mehrzahl der Länder:

> Im Saarland ist der Bericht einmal in der Mitte der Legislaturperiode zu erstatten, siehe § 16 Abs. 1 Nr. 8 SBGG; in Bayern zweimal pro Legislaturperiode, siehe Art. 18 Abs. 4 BayBGG; in Sachsen-Anhalt einmal pro Legislaturperiode, siehe § 21 Abs. 1 Nr. 4 BGG LSA; in Schleswig-Holstein alle zwei Jahre, siehe § 9 LBGG; in Brandenburg alle fünf Jahre, siehe § 14 Abs. 6 BbgBGG; in Bremen alle zwei Jahre, siehe § 15 Abs. 8 BremBGG, in Hamburg alle zwei Jahre, siehe § 13 Abs. 5 HmbBGG; in Hessen „regelmäßig", siehe § 18 Abs. 4 HessBGG und in Thüringen mindestens einmal pro Legislaturperiode, siehe § 17 Abs. 1 Nr. 6 ThürGlG.

Für die Beauftragten in den Ländern, in denen keine Regelungen zum Bericht vorgesehen sind,[584] bedeutet dies lediglich, dass sie keine Berichtspflicht haben. Sie sind durch das Fehlen entsprechender Regelungen jedoch nicht daran gehindert, aus eigenem Antrieb Tätigkeitsberichte vorzulegen; denn Behindertenbeauftragte sind nicht an Weisungen gebunden und können von sich aus Initiativen

---

582 *BeckOK* SozR/*Scholz*, SGB V § 140 h Rn. 5.

583 *BeckOK* SozR/*Scholz*, SGB V § 140 h Rn. 5.

584 Keine Regelung zum Bericht gibt es im **Bund**, siehe § 18 BGG; in **Niedersachsen**, siehe § 11 NBGG; in **Baden-Württemberg**, siehe § 14 L-BGG; in **Nordrhein-Westfalen**, siehe § 12 BGG NRW; in **Berlin** siehe § 5 LGBG; in **Rheinland-Pfalz**, siehe § 11 LGGBehM; in **Sachsen**, siehe § 10 SächsIntegrG.

und Maßnahmen ergreifen, die ihnen zur Erreichung des Gesetzesziels geeignet erscheinen. Zu diesen kann ein medienwirksam platzierter Tätigkeitsbericht gehören. Dem Behindertenbeauftragten ist zu empfehlen, keinesfalls auf Tätigkeitsberichte zu verzichten, denn er kann seinen Bericht medienwirksam nutzen, um etwa Verstöße gegen die Gleichstellungsgesetze von Bund und Ländern aufzuzählen oder auf Bereiche hinzuweisen, in denen seiner Meinung nach behindertenpolitisch Stillstand herrscht, wie etwa, wenn Aktionspläne nur zögerlich erstellt werden oder sich die Politik auf bereits erstellten Aktionsplänen ausruht, ohne Ehrgeiz bei deren Umsetzung zu zeigen. Der Beauftragte kann verantwortliche Politiker ggf. an nicht eingehaltene Versprechungen erinnern, was besonders deutlich werden würde, wenn er gezwungen wäre, bestimmte Themen in jedem Bericht aufs Neue anzusprechen, weil sich dort immer noch nichts geändert habe. Der Beauftragte kann Mängel bei der Partizipation von Menschen mit Behinderungen aufzeigen. Er kann aber ebenso Erfolge im Umsetzungsprozess der UN-BRK positiv herausstellen und nachahmenswerte Beispiele benennen. Er kann die Auswirkungen bestimmter Gesetze auf Menschen mit Behinderung darstellen und dazu Stellung nehmen, ob staatliche Fördermöglichkeiten für behinderte Menschen bereits im Sinne der UN-BRK dem Ziel der Inklusion dienen oder noch dem Fürsorgegedanken folgen. Ferner könnte der Beauftragte untersuchen lassen, ob Maßnahmen, die im Sinne der Inklusion eingeführt wurden, ihre jeweils vorgesehenen Ziele tatsächlich erreicht haben, könnte die Ergebnisse im Bericht darstellen und ggf. Änderungen anregen. Außerdem kann er behindertenpolitische Entwicklungen aufzeigen, etwa wenn er aus der Teilnahme an Gremiensitzungen mit Kollegen aus anderen Ländern erfahren hat, welche Schritte dort als nächste vollzogen werden sollen. Dadurch kann er unter Umständen dazu beitragen, neue Entwicklungen in seinem Land anzustoßen und auf eine längere Dauer gesehen eine gleichmäßige Entwicklung der Lebensverhältnisse von Menschen mit Behinderung in den Ländern fördern. Die Vorteile eines Tätigkeitsberichts können Beauftragte aller staatlichen Ebenen gleichermaßen nutzen.

C. Verpflichtende Einführung des Amtes eines kommunalen Behindertenbeauftragten

I. Funktion und Notwendigkeit des kommunalen Behindertenbeauftragten

1. Beauftragte im Allgemeinen

Zur Funktion von Beauftragten im Allgemeinen führt *Ingrid Alice Mayer* in einem Aufsatz über kommunale Frauenbeauftragte folgendes aus:

> „Die Funktion eines Beauftragten, der auf der Ebene des Bundes, der Länder oder Gemeinden tätig ist, besteht regelmäßig in der Koordinierung der Verwaltung (z. B. Umweltschutzbeauftragter) und in der Unterstützung von Personen oder Personengruppen, die als Minderheit (z. B. Ausländer, Homosexuelle), aufgrund der sozialen Tradition (z. B. Frauen) oder wegen ihrer geringeren psychischen oder sozialen Durchsetzungskraft (z. B. Kinder, Senioren, Behinderte, Soldaten) nicht stark genug sind, ihre verfassungsmäßigen Rechte selbst wirkungsvoll wahrzunehmen. Sie bedürfen einer Person als Fürsprecher oder Fürsprecherin.“[585]

Nach dieser Definition ist der kommunale Behindertenbeauftragte ein geradezu klassischer Fürsprecher behinderter Menschen, denn diese werden sowohl durch die soziale Tradition, wie im ersten Kapitel gezeigt, als auch durch schlechtere Ausgangsmöglichkeiten gegenüber Menschen ohne Behinderung daran gehindert, ihre verfassungsmäßigen Rechte selbst wirkungsvoll wahrzunehmen.

2. Beauftragte für die Belange von Menschen mit Behinderung

Eine sehr gute Beschreibung des kommunalen Behindertenbeauftragten lieferte der Städtetag Baden-Württemberg in einer Stellungnahme. Die Aufgaben des Beauftragten und die Notwendigkeit seiner Funktion wurden folgendermaßen prägnant zusammengefasst:

> „Nach Auffassung des Städtetags Baden-Württemberg ist eine Beteiligung von Menschen mit Behinderung von hoher Bedeutung, um das umfassende Ziel, die Eingliederung von Menschen mit Behinderung unter weitgehender Normalisierung ihrer Lebensverhältnisse in allen Bereichen der Gesellschaft, beginnend bei der Erziehung, Schule und Ausbildung über die Teilnahme am Arbeitsleben, dem Verkehr, den Freizeit- und Ferienangeboten bis hin zum Wohnen im Alter, zu erreichen. Für die damit einhergehende notwendige Koordinierung bedarf es Ansprechpartner, die bestehende Barrieren weiter abbauen können. Diese Funktion haben die Beauftragten für die

---

585 Siehe *Mayer*, *NVwZ* 1994, 1182.

> Belange von Menschen mit Behinderung inne und übernehmen damit eine wichtige Funktion bei der Entwicklung von inklusiven Städten."[586]

Es scheint unbestritten zu sein, dass Behindertenbeauftragte auf der örtlichen Ebene eine wichtige Funktion übernehmen. Die Rechtslage spiegelt dies nach derzeitigem Stand aber nur unzureichend wider.

II. Rechtsgrundlagen in den Landesgleichstellungsgesetzen – ein Vergleich

1. Nur teilweise Existenz von Vorschriften

In nur sechs Landesgleichstellungsgesetzen gibt es Vorschriften über kommunale Behindertenbeauftragte, nämlich in Baden-Württemberg[587], Bayern[588], Brandenburg[589], dem Saarland[590], Sachsen-Anhalt[591] und Thüringen[592]. In Bremen, Hamburg, Hessen, Mecklenburg-Vorpommern, Niedersachsen, Rheinland-Pfalz, Sachsen und Schleswig-Holstein dagegen existieren vergleichbare Vorschriften nicht; das sagt nichts darüber aus, ob und in welcher Zahl Behindertenbeauftragte hier tatsächlich auf kommunaler Ebene existieren; sie können ihr Amt mit oder ohne landesrechtliche Rechtsgrundlage ausüben.

2. Ausgestaltung der Vorschriften der Landesgleichstellungsgesetze im Einzelnen

a) Muss-Vorschriften

Eine der strengsten gesetzlichen Anforderungen stellt § 15 L-BGG für Baden-Württemberg, wobei allerdings kreisangehörige Gemeinden ausgenommen sind. Die Bestimmung lautet:

> „Kommunale Beauftragte für die Belange von Menschen mit Behinderungen
>
> (1) In jedem Stadt- und Landkreis ist eine Beauftragte oder ein Beauftragter für die Belange von Menschen mit Behinderungen (kommunale Behindertenbeauftragte

586 Zit. nach Landtag von Baden-Württemberg, Drucks. 15/3495, S. 9–10.

587 Siehe § 15 Abs. 1 L-BGG BW.

588 Siehe Art. 18 BayBGG.

589 Siehe § 14 Abs. 5 BbgBGG, dort werden die kommunalen Behindertenbeauftragten erwähnt, ihre Existenz wird also vorausgesetzt.

590 Siehe § 19 SBGG.

591 Siehe § 25 BGG LSA.

592 Siehe § 19 ThürGIG.

> oder kommunaler Behindertenbeauftragter) zu bestellen. In den übrigen Gemeinden können kommunale Behindertenbeauftragte bestellt werden. (…)
> (2) Das Land fördert die Bestellung von hauptamtlichen Behindertenbeauftragten in den Stadt- und Landkreisen. (…)“

Intensiviert wird die Verpflichtung durch eine zeitliche Komponente in § 17 Abs. 2, wonach die Beauftragten in den Stadt- und Landkreisen im Sinne des § 15 Abs. 1 Satz 1 spätestens ein Jahr nach Inkrafttreten dieses Gesetzes zu bestellen sind. § 18 normiert das Inkrafttreten am 01.01.2015, sodass zum 01.01.2016 alle Beauftragten bestellt sein mussten. Sie wurden nach Angaben auf der Internetseite tatsächlich bestellt, wobei nicht überall eine Person eigens für das Amt ausgewählt wurde. Im Zollernalbkreis beispielsweise wurde das Amt einem Bürgermeister übertragen.[593] Das mag nicht die optimale Lösung sein, weil der Behindertenbeauftragte, der eigentlich Mittler zwischen Bürger und Verwaltung sein soll, dann zugleich der Verwaltungschef ist, was zu einem Interessenkonflikt führen könnte. Gleichwohl ist es positiv zu bewerten, wenn sowohl die Verwaltung als auch behinderte Menschen flächendeckend einen offiziell für die Belange behinderter Menschen zuständigen Ansprechpartner vorfinden. Strenger als in Baden-Württemberg ist die Regelung im Saarland, dort gilt die Verpflichtung nämlich sogar für alle Gemeinden und Gemeindeverbände.[594] Zusätzlich wird als qualitatives Merkmal die Anforderung gestellt, dass der Beauftragte möglichst in der Behindertenarbeit erfahren sein soll. § 19 SBGG lautet:

> „Beteiligung auf kommunaler Ebene
> (1) Die Gemeinden/die Gemeindeverbände <u>bestellen</u> zur Verwirklichung der Gleichstellung von Menschen mit Behinderungen jeweils eine Person zur Beratung in Fragen der Behindertenpolitik (Beauftragte/Beauftragter für die Belange von Menschen mit Behinderungen). Als Beauftragte <u>sind</u> möglichst in der Behindertenarbeit erfahrene Personen zu bestellen. (…)“ (Hervorhebungen durch d. Verf.)

Ebenfalls eine Muss-Bestimmung gilt nach § 25 Abs. 1 BGG LSA in Sachsen-Anhalt, allerdings nur für Landkreise und kreisfreie Städte. Die Vorschrift löste § 74 b GO LSA ab, der den Landkreisen und kreisfreien Städten die Bestellung von hauptamtlichen Behindertenbeauftragten ab dem 01.01.2005 vorgeschrieben hätte, seine Wirkung aber nicht entfalten konnte, weil er nur bis 29.4.2004 in

593 Siehe https://sozialministerium.baden-wuerttemberg.de/de/ministerium/landes-behindertenbeauftragte/beauftragte-der-stadt-und-landkreise/.

594 Laut Angabe im Internet wurde die Verpflichtung erfüllt, siehe http://www.saarland.de/SID-84054233-333AE79D/98321.htm.

Kraft war.[595] Das Berliner Gesetz über die Gleichberechtigung von Menschen mit und ohne Behinderung enthält in § 7 Abs. 1 eine Vorschrift über die Bezirksbeauftragten für Menschen mit Behinderung, die nicht in das Amt berufen, sondern von der Bezirksverordnetenversammlung gewählt werden.[596] Vom Regelungsgehalt ist dieser Paragraph daher bei den Muss-Vorschriften anzusiedeln, auch wenn Bezirksbeauftragte freilich keine kommunalen Beauftragten sind.

b) Soll-Vorschrift

Eine Soll-Vorschrift gilt im Freistaat Bayern, Art. 18 BayBGG, und zwar für Bezirke, Landkreise und kreisfreie Städte. Nach deren Satz 2 „wird" Näheres, insbesondere die Beteiligung bei behindertenspezifischen Belangen, „durch Satzung oder anderweitige Regelung" bestimmt.

c) Kann-Vorschrift

Der Freistaat Thüringen normiert als einziges Land eine ausdrückliche Kann-Bestimmung in § 19 ThürGlG.

d) Bloße Erwähnung bzw. keine Erwähnung

Eine der schwächsten Vorschriften gilt in Brandenburg. § 14 Abs. 5 BbgBGG setzt die Existenz kommunaler Behindertenbeauftragter voraus. Es wird lediglich geregelt, dass der Behindertenbeauftragte des Landes den Erfahrungsaustausch unter den kommunalen Beauftragten fördert. Im BGG NRW wird der „Wahrung der Belange von Menschen mit Behinderung auf örtlicher Ebene" ein eigener Paragraph gewidmet, ohne dass darin allerdings der Behindertenbeauftragte direkt angesprochen würde.[597] Streng genommen kann man also nicht einmal von einer Erwähnung sprechen. Vielmehr überlässt die Vorschrift es den Gemeinden und Gemeindeverbänden, das Nähere durch Satzung selbst zu bestimmen. Auf dieser Ebene könnte eine Regelung über den kommunalen Behindertenbeauftragten getroffen werden. Nordrhein-Westfalen gehört ebenfalls nicht zu den Ländern, in denen kommunale Behindertenbeauftragte gesetzlich als „Muss" vorgeschrieben sind. Die Begründung dafür findet sich

---

595 § 74 b Satz 1 GO LSA v. 05.10.93, in Kraft bis 29.12.04, siehe GVBl. LSA 1993, 568, hier zit. nach *juris*.

596 Es gibt 12 Bezirksbeauftragte in Berlin, siehe https://www.berlin.de/lb/behi/service/kontaktcenter/bezirksbeauftragte/.

597 Siehe § 13 BGG NRW; SGV. NRW. S. 442; neben dem BGG NRW gilt das Inklusionsgrundsätzegesetz Nordrhein-Westfalen – IGG NRW v. 16.06.16, SGV. NRW. S. 442.

in einer Stellungnahme des Städte- und Gemeindebundes Nordrhein-Westfalen vom 31.01.04, in der beschrieben wird, wie durch die Intervention des Städte- und Gemeindebundes eine entsprechende Ergänzung der Gemeindeordnung verhindert wurde.[598] Auch gegen die Muss-Bestimmung, dass das Nähere durch Satzung zu regeln sei, hatte der Städte- und Gemeindebund opponiert, hatte stattdessen eine Kann-Bestimmung gefordert; in diesem Punkt war er jedoch erfolglos geblieben.[599] In § 13 Abs. 2 BGG NRW wird die Erarbeitung von Empfehlungen und einer Mustersatzung durch die Landesregierung unter Beteiligung des Inklusionsbeirats angekündigt. Weder Empfehlungen noch Mustersatzung wurden bisher veröffentlicht. Die Mustersatzung wird laut dem „Bericht der Landesregierung zu bereits eingeleiteten Maßnahmen und Initiativen zur Umsetzung des Ersten allgemeinen Gesetzes zur Stärkung der sozialen Inklusion in Nordrhein-Westfalen“ derzeit erarbeitet.[600]

3. *Zwischenergebnis*

Es ergibt sich ein sehr heterogenes Bild: In der Hälfte der Länder gibt es keine Regelungen über kommunale Behindertenbeauftragte, was über die tatsächliche Existenz und Aktivität solcher Beauftragter freilich nichts aussagt. Der Behindertenbeauftragte kann – wie der Behindertenbeirat – in einer Gemeinde auch ohne solche Vorschriften seit Jahren etabliert sein und anerkannte Arbeit leisten. Es fehlt allerdings an einer landesrechtlichen Rechtsgrundlage für das Amt. Muss-Vorschriften gelten in drei (oder vier – je nach der Einordnung Berlins) Ländern, daneben gibt es eine Soll-Vorschrift in Bayern, eine Kann-Vorschrift in Thüringen, eine Erwähnung in Brandenburg und einmal eine Vorschrift über die Wahrung der Belange von Menschen mit Behinderungen auf der örtlichen Ebene ohne Bezugnahme auf einen kommunalen Beauftragten in Nordrhein-Westfalen. Insgesamt ist dieses Ergebnis als mager zu bezeichnen.

---

598 Siehe www.kommunen-in-nrw.de/mitgliederbereich/mitteilungen/detailansicht/dokument/landesbehindertengleichstellungsgesetz-1.html?cHash=9ea0df3ef035485ef75df390db4ff38e.

599 Wie vorherige Fußnote.

600 Siehe Schreiben des MdL Rainer Schmeltzer v. 03.02.17, https://www.landtag.nrw.de/Dokumentenservice/portal/WWW/dokumentenarchiv/Dokument/MMV16-4737.pdf.

III. Forderung einer landesgesetzlichen Verpflichtung zur Bestellung eines kommunalen Behindertenbeauftragten nach saarländischem Vorbild

1. Argumente für die verpflichtende Einrichtung des Amtes eines kommunalen Behindertenbeauftragten

Die Schaffung einer landesrechtlichen Rechtsgrundlage, die neben dem Amt des kommunalen Behindertenbeauftragten dessen Aufgaben und eine Art Anforderungsprofil, wie in § 19 Abs. 1 Satz 2 SBGG, als Regelungsgegenstand vorsähe, würde eine Aufwertung des Amtes bedeuten. Vor allem aber würde sie sicherstellen, dass es auf der örtlichen Ebene flächendeckend gesetzlich bestimmte Ansprechpartner für die Belange behinderter Menschen gäbe. Eine solche Weiterentwicklung des Amtes des kommunalen Behindertenbeauftragten hatte die *Bundesarbeitsgemeinschaft für Rehabilitation* bereits im Jahr 2000 empfohlen; sie führte aus, um der noch ungenügenden Benennung von kommunalen Behindertenbeauftragten/Behindertenbeiräten entgegenzuwirken, bedürfe diese Funktion einer kommunalen Beauftragung sowie einer klaren Definition der Rechte und Pflichten.[601] Es ist bedauerlich, dass dieselbe Forderung heute, siebzehn Jahre später, unverändert erhoben werden kann, ohne veraltet zu sein. Offenbar muss sie beharrlich immer wieder vorgetragen werden, wie es *Valentin Aichele*, Leiter der Monitoring-Stelle zur UN-Behindertenrechtskonvention 2012 auf einer Tagung tat, indem er sagte, das Amt einer beziehungsweise eines Behindertenbeauftragten solle auch in den Städten und Gemeinden „flächendeckend verankert" werden.[602] Dieser Forderung ist nach wie vor zuzustimmen, da es sich beim kommunalen Behindertenbeauftragten um einen idealen Multiplikator im Sinne der Umsetzung der UN-BRK handelt. Als eine Person, die in die örtliche Ebene eingebunden ist, kann ein Beauftragter gerade hier viel bewirken. Das effektivste Mittel, um das Amt flächendeckend zu verankern, wäre, den Kommunen – wie im Saarland – durch Landesgesetz vorzuschreiben, dass sie einen Behindertenbeauftragten installieren müssen.[603] Wie notwendig

601 Siehe BAR, Handbuch Behindertenbeauftragte, S. 35.

602 *Aichele*, Vorschläge zur Reform des Behindertengleichstellungrechts in Bund und Ländern im Lichte der UN-BRK, in: „In Zukunft Barrierefrei?! 10 Jahre Behindertengleichstellungsgesetz (BGG)", Tagungsdokumentation zur Veranstaltung am 29.11.2012 des Beauftragten der Bundesregierung für die Belange behinderter Menschen und des *Bundesverbandes Selbsthilfe Körperbehinderter e.V.*, www.behindertenbeauftragter.de/SharedDocs/Publikationen/DE/InZukunftBarrierefrei_Doku_cm.pdf, S. 11.

603 Siehe § 15 L-BGG BW.

eine solche Verpflichtung wäre, weil Gemeinden es nicht freiwillig tun, lässt sich exemplarisch am Landkreis München verdeutlichen, einer großen und wirtschaftsstarken Region[604] in der es gleichwohl nur wenige kommunale Behindertenbeauftragte gibt. Der Landkreis München befragte im Jahr 2015 seine Kommunen zur Situation von Menschen mit Behinderungen, unter anderem auch hinsichtlich der Frage, ob es in der Gemeinde einen Ansprechpartner für Menschen mit Behinderungen gebe. Alle Gemeinden beteiligten sich an der Befragung und signalisierten damit, so formulierte es der Landkreis München im Aktionsplan, ihre Aufgeschlossenheit gegenüber den Belangen behinderter Menschen.[605] Das Ergebnis hinsichtlich der kommunalen Ansprechpartner für Menschen mit Behinderungen stellte sich folgendermaßen dar: Von den 29 Kommunen im Landkreis haben nur zwei, die Gemeinde Neubiberg und die Stadt Unterschleißheim, sowohl einen Behindertenbeauftragten als auch einen Behindertenbeirat. Weitere vier Gemeinden, Ismaning, Unterföhring, Planegg und Haar, haben einen Behindertenbeauftragten; die Stadt Garching bei München hat einen Behindertenbeirat. Also verfügen 7 Kommunen über ausdrückliche Ansprechpartner für Menschen mit Behinderung. Demgegenüber haben fast genauso viele, nämlich die sechs Gemeinden Neuried, Schäftlarn, Sauerlach, Aying, Grasbrunn und Feldkirchen bei München, keinen Ansprechpartner für Menschen mit Behinderung. Die überwiegende Zahl der Gemeinden, nämlich 16, gab einen „allgemeinen Ansprechpartner“[606] an, darunter Aschheim, die Heimatgemeinde der Verf. Ein solcher allgemeiner Ansprechpartner, der also nicht ausdrücklich für Menschen mit Behinderung zuständig ist, ist äußerst kritisch zu bewerten, weil sich hier die Frage stellt, woher behinderte Menschen wissen sollen, an wen sie sich bei Bedarf zu wenden haben. Im Einzelfall sind sie auf Vermutungen angewiesen. Die Verf. machte auf der Internetseite ihrer Heimatgemeinde die Probe aufs Exempel, den Ansprechpartner oder die Ansprechpartnerin zu finden. Wie zu erwarten war, ergab die Suchfunktion mit dem Begriff „Behindertenbeauftragter“ keinen Treffer. Über die Links „Rathaus und Bürgerservice“, „Notruf und weitere Nummern“[607] gelangte man umständlich zum

604 Siehe www.landkreis-muenchen.de/artikel/artikel/wirtschaft-in-der-region-muenchen-ist-in-bestform/ Pressemeldung v. 29.05.17: „Wirtschaft in der Region München ist in Bestform“,

605 Aktionsplan Landkreis München, S. 32, siehe Aktionsplanverzeichnis.

606 Grafik Aktionsplan Landkreis München, S. 32, siehe Aktionsplanverzeichnis.

607 Siehe www.aschheim.de/de/rathaus-buergerservice/buergerservice/notrufnummern-weitere-nummern/?no_cache=1.

Öffnen einer Übersicht „Soziale Einrichtungen und Beratungsstellen“[608]. Ob man bei der dort aufgelisteten Sachbearbeiterin[609], die für die örtliche Seniorenwohnanlage, das sog. Betreute Wohnen, zuständig ist, tatsächlich richtig wäre, würde man wohl nur erfahren, wenn man sie anrufen oder ihr schreiben würde.

2. Gegenpositionen der kommunalen Spitzenverbände

Gegen eine Verpflichtung zur Bestellung eines kommunalen Beauftragten verwahren sich die Gemeinden unter Hinweis auf ihr verfassungsmäßig garantiertes Selbstverwaltungsrecht aus Art. 28 Abs. 2 GG. Der Städtetag Baden-Württemberg setzte, nachdem er unmittelbar zuvor das Amt des kommunalen Behindertenbeauftragten in den höchsten Tönen gelobt hatte, seine Ausführungen im Anschluss an das obige Zitat[610] wie folgt fort:

> „Nach Auffassung des Städtetags Baden-Württemberg obliegt es jedoch jeder Stadt selbst, über die Ausgestaltung dieser Aufgabe zu entscheiden und dies ggf. auch über einen Beirat oder andere Partizipationsmöglichkeiten sicherzustellen.“[611]

In ihrer Gegensätzlichkeit sind die beiden Aussagen des Städtetags Baden-Württemberg, die im Original, wie gesagt, direkt aufeinander folgen, kaum nachvollziehbar: man findet den Behindertenbeauftragten ungeheuer wichtig und erkennt seine Notwendigkeit an, will aber gleichwohl unbedingt verhindern, dass das Amt verpflichtend eingeführt wird. Ebenso gut hätte man sagen können: „Wasch mich, aber mach mich nicht nass!“. Im Ergebnis die gleiche Position wie der Städtetag vertrat der Gemeindetag Baden-Württemberg:

> „Auch der Gemeindetag Baden-Württemberg vertritt die Auffassung, dass die Bestellung von Behindertenbeauftragten im Rahmen der gemeindlichen bzw. städtischen Organisationshoheit entschieden werden muss. Kommunale Behindertenbeauftragte erscheinen ihm als generelle Vorgabe nicht geeignet, die Belange von Menschen mit Behinderungen sowie die Umsetzung der UN-Behindertenrechtskonvention entscheidend voranzubringen.“[612]

---

608 Siehe www.aschheim.de/fileadmin/Dateien/Dateien/Gemeinde_und_Leben/Soziale_Beratungsstellen_und_Einrichtungen_-_Juli_2017.pdf.

609 Vermutlich wäre dies Frau Färber.

610 Siehe oben, Zitat S. 240.

611 Zit. nach Landtag von Baden-Württemberg, Drucks. 15/3495, S. 10.

612 Zit. nach Landtag von Baden-Württemberg, Drucks. 15/3495, S. 10.

IV. Verfassungsrechtliche Einschätzung einer landesgesetzlichen Verpflichtung nach saarländischem Vorbild

Fraglich ist, ob eine Regelung im wie Saarland auch in Bayern verfassungsgemäß möglich wäre.

1. Selbstverwaltungsrecht der Gemeinden als institutionelle Garantie

a) Art. 28 Abs. 2 GG

Art. 28 Abs. 2 GG garantiert den Gemeinden das Recht, „alle Angelegenheiten der örtlichen Gemeinschaft im Rahmen der Gesetze in eigener Verantwortung zu regeln". Art. 28 Abs. 2 GG ist „wehrfähig", d.h. den Gemeinden steht bei Beeinträchtigungen ihres Selbstverwaltungsrechts der Rechtsweg offen.[613] Die Vorschrift enthält jedoch kein Grundrecht der Gemeinden sondern eine institutionelle Garantie.[614] Die Gemeinden bilden keine dritte staatliche Ebene neben Bund und Ländern.[615] Vielmehr sind sie Teil der Länder. Sie sind daher nicht grundrechtsberechtigt.[616] Man kann sie jedoch neben der Bundes- und der Landesverwaltung als dritte Verwaltungsebene verstehen.[617]

b) Art. 11 Abs. 2 BV

Auch nach der Bayerischen Verfassung steht den Gemeinden als „ursprünglichen Gebietskörperschaften des öffentlichen Rechts", wie es in Art. 11 Abs. 2 Satz 1 BV heißt, ein Selbstverwaltungsrecht zu, das ebenfalls als institutionelle Garantie ausgestaltet ist.[618] Die Gemeinden haben nach Art. 11 Abs. 2 Satz 2 BV „das Recht, ihre eigenen Angelegenheiten im Rahmen der Gesetze selbst zu ordnen und zu verwalten, […]". Der Unterschied zur Formulierung im Grundgesetz besteht lediglich darin, dass an die Stelle von „in eigener Verantwortung zu regeln" die Worte „selbst zu ordnen und zu verwalten" verwendet werden. Ein inhaltlicher Bedeutungsunterschied ergebe sich daraus nicht, wie *Wolff* ausführt: Zwischen Art. 28 Abs. 2 Satz 1 GG und Art. 11 BV bestünden keine Unterschiede dergestalt, dass die eine Norm etwas gebieten würde, was die andere untersage. Art. 11 Abs. 2 Satz 2 BV gelte daher neben Art. 28 Abs. 2 Satz 2

---

613 *Dreier*, in: *Dreier*, Art. 28, Rn. 94.

614 *Dreier*, in: *Dreier*, Art. 28, Rn. 78.

615 *Dreier*, in: *Dreier*, Art. 28, Rn. 86 mwN.

616 *Dreier*, in: *Dreier*, Art. 28, Rn. 79.

617 *Dreier*, in: *Dreier*, Art. 28, Rn. 86 mwN.

618 Siehe *Wolff* in: *Lindner/Möstl/Wolff*, Art. 11 Rn. 6.

GG.[619] Für die verfassungsrechtliche Einschätzung des Gesetzgebungsvorschlags bedeutet dies, dass man zu dem gleichen Ergebnis kommt, gleichviel ob man die Vorschrift an den Maßstäben des Grundgesetzes oder an denen der bayerischen Verfassung misst: Stellt man keinen Verstoß gegen das Grundgesetz fest, so liegt auch kein Verstoß gegen die bayerische Verfassung vor.

2. *Universalität des gemeindlichen Wirkungskreises und Eigenverantwortlichkeit der Gemeinden*

a) *Angelegenheiten der örtlichen Gemeinschaft*

Zu den Angelegenheiten der örtlichen Gemeinschaft gehören nach der Rechtsprechung des *BVerfG* „diejenigen Bedürfnisse und Interessen, die in der örtlichen Gemeinschaft wurzeln oder auf sie einen spezifischen Bezug haben, die also den Gemeindebürgern gerade als solchen gemeinsam sind, indem sie das Zusammenleben und -wohnen der Menschen in der (politischen) Gemeinde betreffen“[620]. Auch für das Selbstverwaltungsrecht der Gemeinden aus Art. 11 Abs. 2 BV kommt es auf die örtlichen Angelegenheiten an.[621] Die Bestellung eines kommunalen Behindertenbeauftragten hat den geforderten spezifischen Bezug zu der Gemeinde und ist daher eine örtliche Angelegenheit, die die Gemeinde in eigener Verantwortung regeln darf. Diese Einschätzung wird bestätigt durch die Ausführungen im Gesetzentwurf, Einzelbegründung zu Art 18 BayBGG. Dort heißt es, die Regelungen über Beauftragte für die Belange von Menschen mit Behinderung seien nicht abschließend. So könnten auch kreisangehörige Gemeinden „als Ausfluss ihres Rechtes auf kommunale Selbstverwaltung“ Beauftragte für die Belange von Menschen mit Behinderung installieren.[622]

b) *Recht zu eigenverantwortlicher Regelung*

Das Recht der Gemeinden, ihre Selbstverwaltungsaufgaben in eigener Verantwortung zu regeln, schließe eine umfassende staatliche Steuerung aus.[623] Die Gemeinden hätten, wie es der rheinland-pfälzische *VerfGH* in einer Entscheidung von 1982 formulierte, „die grundsätzliche Entschließungsfreiheit [...], die

619 Siehe *Wolff* in: *Lindner/Möstl/Wolff*, Art. 11 Rn. 6.

620 „Rastede-Definition“, *BVerfG*, Beschl. v. 23.11.88, Az.: 2 BvR 1619/83 (= BVerfGE 79, 127) hier: 4. Leitsatz, zit. nach *juris*.

621 Siehe *Wolff* in: *Lindner/Möstl/Wolff*, Art. 11 Rn. 26.

622 Siehe Bayerischer Landtag, Drucks. 14/11230, S. 22, zu Art. 18 BayBGG.

623 *BVerfG*, Beschl. v. 19.11.14, Az.: 2 BvL 2/13, Rn. 49 (= BVerfGE 138, 1), hier zit. nach *juris;* dem folgend *Dreier,* in: *Dreier*, Art. 28, Rn. 105.

ihrer Verbandskompetenz unterliegenden Aufgaben ohne staatliche Einflussnahme so zu erfüllen, wie dies – nach Maßgabe der Rechtsordnung – ihrem Gestaltungswillen entspricht."[624] Das gleiche Recht der Gemeinden ergibt sich auch aus Art. 11 Abs. 2 BV.[625] Mit anderen Worten, im Rahmen der Gesetze können die Gemeinden ihre Aufgaben erfüllen, wie sie wollen. Solange es sich um keine Pflichtaufgabe handelt, gehört zu dieser Entschließungsfreiheit der Gemeinden auch das Recht, zu entscheiden, ob sie eine Aufgabe erfüllen wollen oder nicht, bezogen auf den kommunalen Behindertenbeauftragten also die Entscheidung, ob die Gemeinde ein solches Amt einrichten will oder nicht.

c) Gemeindehoheiten

Zum Recht der kommunalen Selbstverwaltung gehören bestimmte Hoheitsrechte, wie etwa die Gebietshoheit[626], die Organisationshoheit[627], die Personalhoheit[628], die Planungshoheit[629], die Finanzhoheit[630] und die Satzungshoheit[631], wobei damit lediglich typisierte Ausschnitte aus dem Gesamtumfang kommunaler Selbstverwaltung genannt werden und dies keine abschließende Aufzählung sein soll.[632] Die gleichen Hoheitsrechte werden auch aus Art. 11 Abs. 2 BV hergeleitet.[633] Wird die Bestellung eines kommunalen Behindertenbeauftragten gesetzlich vorgeschrieben, so sind davon auf jeden Fall die Organisationshoheit hinsichtlich der Entscheidung über das „Ob" eines Behindertenbeauftragten, eventuell die Personalhoheit, falls der Behindertenbeauftragte hauptamtlich tätig sein soll, und die Finanzhoheit hinsichtlich eines Gehaltes oder Aufwendungsersatzes für den Behindertenbeauftragten betroffen. Das *BVerfG* hatte einen sehr ähnlichen wie den hier untersuchten Fall bereits 1994 zu entscheiden. Es ging um die Frage, ob schleswig-holsteinische Gemeinden durch ein Landesgesetz, nämlich die schleswig-holsteinische Gemeindeordnung, zur Bestellung einer hauptamtlichen Gleichstellungsbeauftragten, also Frauenbeauftragten, verpflichtet werden konnten oder ob dies, wie von zwei Gemeinden gerügt,

---

624 *VerfGH Rheinland-Pfalz*, Urt. v. 01.06.82, Az.: VGH 2/81, DÖV 1983, 113.
625 Siehe *Wolff* in: *Lindner/Möstl/Wolff*, Art. 11 Rn. 26.
626 *Dreier*, in: *Dreier*, Art. 28, Rn. 121.
627 *Dreier*, in: *Dreier*, Art. 28, Rn. 123.
628 *Dreier*, in: *Dreier*, Art. 28, Rn. 129.
629 *Dreier*, in: *Dreier*, Art. 28, Rn. 130.
630 *Dreier*, in: *Dreier*, Art. 28, Rn. 132.
631 *Dreier*, in: *Dreier*, Art. 28, Rn. 133.
632 *Dreier*, in: *Dreier*, Art. 28, Rn. 120.
633 Siehe *Wolff* in: *Lindner/Möstl/Wolff*, Art. 11 Rn. 26.

gegen deren Selbstverwaltungsrecht verstoße.[634] Zur Organisationshoheit der Gemeinde führte das *BVerfG* aus, die Selbstverwaltungsgarantie des Art. 28 Abs. 2 Satz 1 GG umfasse auch kommunale Organisationsbefugnisse; sie enthalte aber nicht ein Prinzip der Eigenorganisation der Gemeinde, demgegenüber jede staatliche Vorgabe einer spezifischen Rechtfertigung bedürfte.[635] Für den Bereich der Organisationshoheit gelte – anders als für die Bestimmung der gemeindlichen Aufgaben – nicht ein Prinzip der Allzuständigkeit, nach dem die Gemeinden grundsätzlich alle Fragen ihrer Organisation selbst zu entscheiden hätten. Die kommunale Organisationshoheit sei deshalb von vornherein nur relativ gewährleistet.[636]

3. *Gesetzesvorbehalt als Schranke des gemeindlichen Selbstverwaltungsrechtes*

Das verfassungsrechtlich garantierte Selbstverwaltungsrecht steht den Gemeinden nach dem Wortlaut des aus Art. 28 Abs. 2 GG – wie auch nach Art. 11 Abs. 2 BV – nur „im Rahmen der Gesetze" zu; ginge es um ein Grundrecht, würde man davon sprechen, dass das Grundrecht nicht schrankenlos gewährleistet sei. Ebenso verhält es sich, obwohl es freilich kein Grundrecht ist, beim gemeindlichen Selbstverwaltungsrecht; das heißt, insbesondere der Landesgesetzgeber kann die Freiheit der Gemeinden durch den Erlass von Gesetzen beschränken. Die landesgesetzliche Verpflichtung, einen Beauftragten zu bestellen, würde ohne Zweifel in die Organisationshoheit der Gemeinde eingreifen. Die Entschließungsfreiheit der Gemeinde, ob sie einen kommunalen Behindertenbeauftragten haben möchte oder nicht, würde durch ein solches Gesetz nach saarländischem Vorbild entfallen. Ein solches Gesetz würde also einen Eingriff in das gemeindliche Selbstverwaltungsrecht aus Art. 28 Abs. 2 GG bzw. 11 Abs. 2 BV darstellen.

4. *Schranken des Gesetzesvorbehalts*

Wenn das kommunale Selbstverwaltungsrecht mehr als nur eine Worthülse sein soll, müssen dem Landesgesetzgeber bei der Beschränkung dieses Rechtes seinerseits Grenzen gesetzt werden. Ginge es um Grundrechte, spräche man von

---

634 *BVerfG*, Beschl. v. 26.10.94, Az.: 2 BvR 445/91 (= BVerfGE 91, 228–245), hier zit. nach *juris*.

635 *BVerfG*, Beschl. v. 26.10.94, Az.: 2 BvR 445/91, 1. Leitsatz, zit. nach *juris*.

636 *BVerfG*, Beschl. v. 26.10.94, Az.: 2 BvR 445/91, Orientierungssatz 1.b) zum 1. Leitsatz, zit. nach *juris*.

den „Schranken-Schranken", würde die Frage stellen, ob der staatliche Eingriff in das verfassungsrechtlich garantierte Recht verfassungsrechtlich gerechtfertigt werden könnte und insbesondere, ob er verhältnismäßig sei. Auch wenn das kommunale Selbstverwaltungsrecht kein Grundrecht ist, so ist die Problematik doch ähnlich gelagert wie bei den Grundrechten.[637]

a) *Unantastbarkeit des Kernbereichs der kommunalen Selbstverwaltung*

Wie bei den Grundrechten kommt es auch beim Recht auf kommunale Selbstverwaltung darauf an, dass sein Kernbereich oder Wesensgehalt auf jeden Fall unangetastet bleiben muss; allerdings kann man dies, anders als bei den Grundrechten, nicht aus Art. 19 Abs. 2 GG ableiten.[638] Das *BVerfG* führte in dem bereits zitierten Beschluss über die schleswig-holsteinischen kommunalen Frauenbeauftragten aus, die Gewährleistung des Kernbereichs der kommunalen Selbstverwaltung verbiete Regelungen, die eine eigenständige organisatorische Gestaltungsfähigkeit der Kommunen im Ergebnis ersticken würden.[639] Der Gesetzgeber habe den Gemeinden einen hinreichenden organisatorischen Spielraum bei der Wahrnehmung der je einzelnen Aufgabenbereiche offenzuhalten.[640] Dabei schränkte im Vergleich der beiden konkreten Fälle § 2 Abs. 3 GO SH den Gestaltungsspielraum der Gemeinden sogar noch weiter ein als das SBGG. Die Gemeindeordnung schrieb nämlich vor, dass die Gleichstellungsbeauftragte zum damaligen Zeitpunkt in Gemeinden mit mehr als 10.000 Einwohnern „grundsätzlich hauptamtlich tätig" sein müsse, und dass ihr im Übrigen per Hauptsatzung Unabhängigkeit in der Ausübung ihrer Tätigkeit sowie ein Teilnahmerecht an Sitzungen und auf Wunsch ein Rederecht in Angelegenheiten ihres Aufgabenbereichs einzuräumen sei. Der heutige § 2 Abs. 3 GO SH behält diese Anforderungen bei und schreibt darüber hinaus sogar eine vollzeitige Tätigkeit vor, lässt nur in Ausnahmefällen Teilzeit zu. Obwohl die damaligen Regelungen der GO SH also relativ detailliert ausfielen, sah das *BVerfG* in diesem Fall den Kernbereich des gemeindlichen Selbstverwaltungsrechtes als nicht verletzt an. Umso weniger trifft dies auf den bei weitem nicht so detaillierten § 15 L-BGG BW zu.

---

637 *Dreier*, in: *Dreier*, Art. 28, Rn. 115.

638 *Dreier*, in: *Dreier*, Art. 28, Rn. 115.

639 *BVerfG*, Beschl. v. 26.10.94, Az.: 2 BvR 445/91, Leitsatz 2.a), zit. nach *juris*.

640 *BVerfG*, Beschl. v. 26.10.94, Az.: 2 BvR 445/91, aus Leitsatz 2.b), zit. nach *juris*.

b) *Verhältnismäßigkeit des Eingriffs in die kommunale Selbstverwaltung*

(1) Anwendbarkeit des Verhältnismäßigkeitsprinzips

Die Frage, ob bei einem Eingriff in das kommunale Selbstverwaltungsrecht die Verhältnismäßigkeit als Prüfungsmaßstab herangezogen wird, ist vom *BVerfG* selbst unterschiedlich beantwortet worden. In der Rastede-Entscheidung unterließ es eine Prüfung des Verhältnismäßigkeitsprinzips und stützte seine Argumentation stattdessen auf das Prinzip der Aufgabenverteilung.[641] Damit sollte offenbar eine zu große Nähe zur Grundrechtsprüfung vermieden werden und, wie *Dreier* meint, zum Ausdruck kommen, dass der Entzug von Aufgaben gerade nicht ein Eingriff in individuelle Freiheitssphären sei, sondern das staatliche Organisationsgefüge betreffe.[642] Das grundrechtlich gedeutete Prinzip der Verhältnismäßigkeit solle hierauf keine Anwendung finden.[643] Später argumentierte das *BVerfG* im Zusammenhang mit der kommunalen Selbstverwaltung jedoch wörtlich, es seien „dem beschränkenden Zugriff des Gesetzgebers seinerseits Schranken gesetzt"; er unterliege „insbesondere dem Grundsatz der Verhältnismäßigkeit".[644] Damit ist klargestellt, dass das Verhältnismäßigkeitsprinzip durchaus Anwendung findet. Dies überzeugt, da letztlich jedes staatliche Handeln von diesem Grundsatz geprägt sein muss, wenn es zu fairen, möglichst alle Interessen angemessen berücksichtigenden Ergebnissen kommen will.

(2) Legitimer Zweck

Zunächst muss die Beschränkung des kommunalen Selbstverwaltungsrechts einen legitimen Zweck verfolgen. Eine Vorschrift, nach der kommunale Behindertenbeauftragte verpflichtend zu bestellen wären, würde dem Zweck dienen, das Benachteiligungsverbot gegenüber Menschen mit Behinderung aus Art. 3 Abs. 3 Satz 2 GG und 118 a BV auf kommunaler Ebene umzusetzen. Somit ist ein legitimer Zweck gegeben.

---

641 *Dreier,* in: *Dreier,* Art. 28, Rn. 114; der Begriff der Verhältnismäßigkeit kommt im „Rastede"-Beschl. nicht vor, siehe *BVerfG,* Beschl. v. 23. 11.88, Az.: 2 BvR 1619/83 (= BVerfGE 79, 127), hier zit. nach *juris.*

642 *Dreier,* in: *Dreier,* Art. 28, Rn. 118.

643 *Dreier,* in: *Dreier,* Art. 28, Rn. 118.

644 Siehe *BVerfG,* Beschl. v. 27.01.10, Az.: 2 BvR 2185/04 u. a., Rn. 91 (= BVerfGE 125, 141), zit. nach *KommJur* 2010, 461, 467.

(3) Geeignetheit

Die Verpflichtung zur Bestellung kommunaler Behindertenbeauftragter wäre zur Zweckerreichung auch geeignet; denn den Menschen mit Behinderung würde dadurch bayernweit flächendeckend ein Fürsprecher oder eine Fürsprecherin in dem oben beschriebenen Sinne zur Verfügung stehen. Es gäbe in jeder Gemeinde eine Person, die auf die Einhaltung des grundgesetzlichen bzw. von der Bayerischen Verfassung garantierten Benachteiligungsverbots achten würde. Dadurch könnten bestehende Benachteiligungen abgebaut und künftige Benachteiligungen wirksam verhindert werden.

(4) Erforderlichkeit

Im Rahmen der Erforderlichkeit einer Maßnahme stellt sich die Frage, ob der legitime Zweck durch ein milderes Mittel gleich gut erfüllt werden könnte; dann wäre der Eingriff nicht erforderlich und somit schon deshalb unverhältnismäßig. Als milderes Mittel käme eine Sollvorschrift entsprechend der bayerischen Regelung infrage. Diese wirkt sich insbesondere deshalb als milderes Mittel gegenüber der saarländischen Regelung aus, weil nach der bayerischen Praxis kein kommunaler Behindertenbeauftragter bestellt zu werden braucht, wenn die Gemeinde bereits einen Behindertenbeirat hat; das Bestehen des Behindertenbeirats wird als gewichtiger Grund angesehen, um von der Sollvorschrift abzuweichen.[645] Damit verbleibt der Gemeinde faktisch ein Wahlrecht, ob sie lieber einen Behindertenbeirat oder einen Behindertenbeauftragten einrichten möchte, wodurch der Eingriff in das kommunale Selbstverwaltungsrecht geringer ausfällt. Für die Annahme, dass diese Rechtspraxis vom Gesetzgeber tatsächlich beabsichtigt gewesen sei, findet sich allerdings kein Anhaltspunkt, weder in der Einzelbegründung zu Art 18 BayBGG,[646] noch in der von der damaligen Staatsministerin *Stewens* mündlich vorgetragenen Begründung zum Gesetzentwurf, noch in den weiteren Redebeiträgen der Landtagsabgeordneten. Zum Thema Behindertenbeauftragte sagte die Ministerin in ihrer Rede:

> „Das Amt der Beauftragten der Bayerischen Staatsregierung für die Belange von Menschen mit Behinderungen wird gesetzlich verankert. Ebenso haben wir eine gesetzliche

---

645 Siehe Bayerischer Landtag, Drucks. 17/9587 v. 19.02.16: Schriftliche Anfrage der Abgeordneten *Gabi Schmidt* (Freie Wähler) v. 16.10.15 mit Antwort des Staatsministeriums für Arbeit und Soziales, Familie und Integration v. 21.12.15, , hier: Antwort auf Frage 1.

646 Siehe Bayerischer Landtag, Drucks. 14/11230, S. 22, zu Art. 18 BayBGG.

> Verankerung von Beauftragten in den kreisfreien Gemeinden, Landkreisen und Bezirken."[647]

Hinsichtlich der „gesetzlichen Verankerung" ist weder von Ausnahmen noch von Einschränkungen die Rede. Dies weist darauf hin, dass eine Ausnahme, wie sie derzeit praktiziert wird, vom Gesetzgeber nicht intendiert war. Ob mit der milderen bayerischen Regelung der legitime Zweck gleich gut erfüllt werden kann, ist zu bezweifeln. Die dem Behindertenbeauftragten zugedachte Fürsprecher-Funktion kann ein Behindertenbeirat nach Ansicht der Verf. nicht gleich gut erfüllen, denn Zugang zum Behindertenbeirat hat üblicherweise nur, wer in dieses gemeindliche Gremium gewählt oder delegiert wurde. Zuhörer sind bei dessen Sitzungen nicht nur unüblich, sondern es ist auch höchst fraglich, ob sie nach der jeweiligen Satzung des Behindertenbeirates überhaupt zugelassen werden dürften. Überdies hat der Behindertenbeirat satzungsgemäß festgelegte Sitzungsintervalle und eine Tagesordnung für die jeweiligen Sitzungen. Es ist also nicht ohne weiteres möglich, den Behindertenbeirat „von außen" zeitnah mit einem bestimmten Anliegen zu befassen. Selbst eine Behörde, die einen bestimmten Sachverhalt im Behindertenbeirat verhandelt wissen möchte, kann unter Umständen gezwungen sein, auf die nächste reguläre Sitzung des Beirats zu warten. Dagegen steht der Behindertenbeauftragte sowohl der Verwaltung als auch den Bürgern zu seinen regulären Arbeitszeiten oder Sprechzeiten, also in weit größerem zeitlichem Umfang zur Verfügung. Da er in seiner Tätigkeit unabhängig und somit an keinen Dienstweg gebunden ist, kann er in aller Regel für eine zügige Bearbeitung von Anfragen sorgen und hat auch die Möglichkeit, bestimmte Anliegen „an höherer Stelle" vorzubringen, was nicht zu den Befugnissen eines Behindertenbeirates gehört. Auch Auskunfts-, Einsichts- und Beteiligungsrechte stehen dem Behindertenbeirat nicht im gleichen Umfang zu wie dem Behindertenbeauftragten, insbesondere hat er kein Rederecht. Zusammenfassend lässt sich daher feststellen, dass – nach Ansicht der Verf. – ein Behindertenbeirat die Umsetzung des Benachteiligungsverbotes zugunsten behinderter Menschen nicht in gleich geeigneter Weise sicherstellen kann wie ein kommunaler Behindertenbeauftragter. Der Beirat stellt durch seine satzungsmäßige Zusammensetzung sicher, dass Vertreter von behindertenpolitisch relevanten Gruppen miteinander ins Gespräch kommen und regelmäßig im Gespräch bleiben. Damit nimmt er einen wichtigen Teil der Interessenvertretung behinderter Menschen in einer Gemeinde wahr. Die einem Behindertenbeauftragten

---

647 Siehe Bayerischer Landtag, Plenarprotokoll 14/109 v. 29.01.03, Seite 7981, rechte Seite, untere Hälfte.

zugedachte Fürsprecherfunktion, auch zugunsten einzelner Bürger mit Behinderung oder für deren Angehörige, kann er aber nicht in der gleichen Weise erfüllen. Somit ist die verpflichtende Bestellung kommunaler Behindertenbeauftragter erforderlich. Art. 118 Satz 2 BV statuiert einen Schutz- und Förderauftrag für die Realisierung gleichwertiger Lebensbedingungen für Menschen mit und ohne Behinderung. Den Freistaat Bayern trifft insoweit eine Pflicht zum Tätigwerden im Rahmen seiner Kompetenzen, wobei er das Untermaßverbot zu beachten hat.[648] Der Staat hat bei der Umsetzung des Schutz- und Förderauftrages zwar einen weiten Gestaltungsspielraum, hat aber diejenigen Maßnahmen zu treffen, die „nach Maßgabe des finanziell, personell, sachlich und organisatorisch möglichen in Betracht kommen".[649] Nach Ansicht der Verf. verstößt der Freistaat Bayern gegen eben dieses Untermaßverbot, wenn er den Erlass einer Mussvorschrift unterlässt und dadurch sehr viele Gemeinden von der Verpflichtung zur Bestellung eines kommunalen Behindertenbeauftragten ausnimmt.

(5) Angemessenheit

Schließlich müsste eine landesgesetzliche Verpflichtung zur Bestellung eines gemeindlichen Behindertenbeauftragten auch angemessen, also für die einzelne Gemeinde zumutbar sein. Bei einer Regelung nach saarländischem Vorbild spricht für die Angemessenheit, dass es der Gemeinde überlassen bleibt, ob der Behindertenbeauftragte hauptamtlich oder ehrenamtlich tätig sein soll. Dies könnte sich nach dem zu erwartenden Arbeitsaufwand, möglicherweise auch nach der Größe der Gemeinde richten, sodass in einer kleinen Gemeinde eher ein ehrenamtlicher, in großen Gemeinden dagegen ein hauptamtlicher Behindertenbeauftragter bestellt werden könnte. Tatsächlich folgt die Bestellung kommunaler Behindertenbeauftragter aber nicht immer dieser Logik. Es gibt durchaus große Städte mit ehrenamtlichen Behindertenbeauftragten und vergleichsweise kleine Kommunen mit hauptamtlichen Behindertenbeauftragten. Insgesamt sind etwa 2/3 der Behindertenbeauftragten ehrenamtlich und 1/3 hauptamtlich tätig.[650] Bei den Regelungen über die kommunalen Frauenbeauftragten, über die das *BVerfG* 1994 zu entscheiden hatte, wurden Differenzierungen nach Größe

---

648 *Lindner* in: *Lindner/Möstl/Wolff*, Art. 118 a, Rn. 2.

649 *Lindner* in: *Lindner/Möstl/Wolff*, Art. 118 a, Rn. 9 unter Hinweis auf BVerfGE 96, 288, 308.

650 Siehe Bayerischer Landtag, Drucks. 17/9587 v. 19.02.16: Schriftliche Anfrage der Abgeordneten *Gabi Schmidt* (Freie Wähler) v. 16.10.15 mit Antwort des Staatsministeriums für Arbeit und Soziales, Familie und Integration v. 21.12.15, , hier: Antwort auf Frage 2.

der Gemeinde eingeführt, um der Angemessenheit der Regelung bzw. Zumutbarkeit für die Gemeinden Rechnung zu tragen. Es ist jedoch fraglich, ob es sinnvoll wäre, dieses Modell auf die kommunalen Behindertenbeauftragten zu übertragen; denn gerade behinderte Menschen in sehr kleinen Gemeinden leiden unter fehlender Infrastruktur, die für sie weite Wege zur Folge hat und ihnen, besonders wenn sie mobilitätseingeschränkt sind, große Mühe bereitet. Müssten sie zum Behindertenbeauftragten in die nächstgrößere Gemeinde fahren, würde das erfahrungsgemäß viele behinderte Menschen davon abhalten, den Behindertenbeauftragten aufzusuchen. Kleinen Gemeinden, die der Meinung sind, dass sich die Einrichtung der Stelle eines Behindertenbeauftragten für sie nicht lohnen würde, weil zu wenige Anfragen gestellt werden würden, wäre zu empfehlen, eine ohnehin in der Gemeinde tätige Person mit den Aufgaben eines Behindertenbeauftragten zu betrauen; dies kann auch der Bürgermeister eines Ortes sein, wie zum Beispiel im baden-württembergischen Zollernalbkreis.[651] Betroffene Bürger dürften die Information, dass der Bürgermeister sich ihrer annehme, sicher erfreulicher finden, als wenn sie erfahren müssten, es gebe für sie keinen Behindertenbeauftragten. Dadurch bliebe das Angebot auf jeden Fall niedrigschwelliger, als wenn ein weit entfernter Behindertenbeauftragter aufgesucht werden müsste. Dies gilt umso mehr, wenn es in einem gewissen Umkreis ausschließlich kleine Gemeinden gibt, die alle keinen Behindertenbeauftragten bräuchten, und der Behindertenbeauftragte dementsprechend erst in größerer Entfernung zu erreichen wäre. Erst nach Einsetzung eines Behindertenbeauftragten lässt sich zuverlässig feststellen, wie viele Anfragen bei ihm tatsächlich eingehen. Der Einwand, man brauche keinen Behindertenbeauftragten, weil es in der Gemeinde keine oder nur wenige Menschen mit Behinderung gebe, wäre auf jeden Fall verfehlt. Man hört ihn gelegentlich in Gemeinden, die nicht von touristischem Interesse sind.[652] In einer Gemeinde, in der eine solche Einstellung vorherrscht, bestünde besonders hoher Bedarf an bewusstseinsbildenden Maßnahmen im Sinne des Artikels 8 UN-BRK. Die Gemeinde kann dergleichen schon deshalb nicht mit Sicherheit behaupten, weil Behinderungen nicht meldepflichtig sind und die Gemeinde daher nicht wissen kann, wie viele Einwohner mit Behinderungen sie hat. Allenfalls Menschen mit einer amtlich festgestellten

651 Siehe https://sozialministerium.baden-wuerttemberg.de/de/ministerium/landes-behindertenbeauftragte/beauftragte-der-stadt-und-landkreise.

652 Beispiel: Gemeinde Bechtsrieth im Landkreis Neustadt an der Waldnaab, wo sich eine Bürgerin als ehrenamtliche Behindertenbeauftragte angeboten hatte, siehe https://www.onetz.de/bechtsrieth/lokales/kein-bedarf-fuer-amt-einer-behindertenbeauftragten-antrag-abgelehnt-d949306.html.

Schwerbehinderung könnten statistisch erfasst werden. Wer behauptet, in seiner Gemeinde gebe es keine behinderten Menschen, übersieht – neben der Tatsache, dass es auch unsichtbare Behinderungen gibt – vor allem folgendes: selbst wenn die Behauptung, in dem Moment, in dem sie ausgesprochen wird, den Tatsachen entsprechen sollte, kann sich die Faktenlage schon in der nächsten Sekunde anders darstellen: es braucht nur ein behindertes Kind geboren zu werden oder ein Einwohner der Gemeinde chronisch zu erkranken oder einen schweren Unfall zu erleiden, und schon gibt es einen oder mehrere Gemeindeeinwohner mit Behinderung. Während die Verantwortlichen in einer Gemeinde denken, sie bräuchten keine Maßnahmen zugunsten behinderter Menschen, weil keine behinderten Menschen da seien, verhält es sich vielmehr umgekehrt, dass eben keine behinderten Menschen in der Gemeinde sind, weil ihre Bedürfnisse in der gemeindlichen Infrastruktur unberücksichtigt bleiben. Dies führt dazu, dass behinderte Menschen nach Möglichkeit aus ihrer Heimatgemeinde wegziehen an einen Ort, von dem sie sich mehr Barrierefreiheit versprechen. Paradoxerweise fühlen sich dann die Politiker, die schon immer der Meinung waren, es gebe in ihrer Gemeinde keine behinderten Menschen, bestätigt. Es spricht somit viel dafür, kleine Gemeinden gerade nicht von der Verpflichtung zur Bestellung eines kommunalen Behindertenbeauftragten auszunehmen, wenn der politische Wille dahin geht, dass die Infrastruktur sich möglichst flächendeckend verbessern soll. Stattdessen kann man auf die besonderen Gegebenheiten in kleinen Gemeinden dadurch reagieren, dass man ihnen in der Art und Weise, wie sie das Amt besetzen, einen großen Spielraum einräumt. Die Verhältnismäßigkeit der Regelung im engeren Sinne wäre damit gegeben.

5. *Zwischenergebnis*

Eine landesgesetzliche Verpflichtung zur Bestellung eines kommunalen Behindertenbeauftragten hält einer verfassungsrechtlichen Überprüfung sowohl nach den Maßstäben der Bayerischen Verfassung als auch nach denen des Grundgesetzes stand. Die Einführung einer solchen Regelung wäre also ohne Verstoß gegen das Recht auf kommunale Selbstverwaltung möglich.

6. *Finanzierung und Konnexität*

Aus dem Kommunalen Selbstverwaltungsrecht der Gemeinden nach Art. 28 Abs. 2 GG bzw. Art. 11 Abs. 2 BV wird ein Recht auf eine finanzielle Mindestausstattung der Gemeinden abgeleitet, um ihre Handlungsfähigkeit sicherzustellen und ihre Finanzhoheit zu gewährleisten,[653] nicht aber ein Anspruch auf vollen Kostenausgleich durch den Staat.[654] Dieses verfassungsrechtliche Verständnis von Finanzhoheit war der Grund, weshalb die bayerische Verfassung mit Wirkung vom 1.1.2004 dahingehend geändert wurde, dass ein striktes Konnexitätsprinzip eingeführt wurde, in der Absicht, eben diesen vollen Kostenausgleich zugunsten der Gemeinden zu erreichen.[655] Der zugrunde liegende Gedanke ist sozusagen die Umkehrung des bayerischen Sprichworts. Anstelle des bekannten „Wer zahlt, schafft an" heißt es beim Konnexitätsprinzip „Wer anschafft, muss auch zahlen".[656] Würde der Freistaat Bayern künftig durch Landesgesetz eine Vorschrift einführen, die den Gemeinden verpflichtend vorschreibt, einen kommunalen Behindertenbeauftragten zu bestellen, so könnte ein Fall von Art. 83 Abs. 3, 2. Var. BV, nämlich die Verpflichtung zur Erfüllung von Aufgaben im eigenen Wirkungskreis, vorliegen.[657] Unter das Konnexitätsprinzip sollen nach der Ratio der Norm nicht nur Mussvorschriften, sondern auch Sollvorschriften fallen.[658] Demnach könnte schon der bestehende Art. 18 BayBGG unter das Konnexitätsprinzip fallen, jedoch nur, wenn die Vorschrift in dessen zeitlichen Anwendungsbereich fiele, also nach dem 1.1.2004 in Kraft getreten wäre.[659] Art. 18 Satz 1 BayBGG, der die Sollvorschrift zur Bestellung eines kommunalen Behindertenbeauftragten enthält, gilt wie das gesamte BayBGG seit 01.08.2003, fällt also de lege lata nicht unter das Konnexitätsprinzip. Die Vorschrift sollte de lege ferenda von einer Sollvorschrift in eine Mussvorschrift umgewandelt werden, in die auch kreisangehörige Gemeinden einbezogen werden sollten. Somit würde die Bestellung eines Behindertenbeauftragten für alle Gemeinden verpflichtend werden und würde für diejenigen Gemeinden, die noch keinen Behindertenbeauftragten haben, eine neue Aufgabe darstellen. Die Aufgabe würde de lege ferenda für die Gemeinden, die bisher keinen Behindertenbeauftragten hatten, unter Art. 83 Abs. 3, 2. Var. BV fallen. Diese hätten also einen Anspruch darauf, dass der Freistaat Bayern eine Regelung über den Kostenausgleich trifft, zum Beispiel eine Konsultationsvereinbarung nach Art. 83 Abs. 7 BV.[660] Für

---

653 Siehe *Dreier*, in: *Dreier*, Art. 28, Rn. 146; *Wolff* in: *Lindner/Möstl/Wolff*, Art. 11 Rn. 6.
654 Siehe *Dreier*, in: *Dreier*, Art. 28, Rn. 146; *Wolff* in: *Lindner/Möstl/Wolff*, Art. 83 Rn. 100; *PdK Bayern* Art 83 BV, Rn. 159.
655 Siehe *Wolff* in: *Lindner/Möstl/Wolff*, Art. 83 Rn. 101; *PdK Bayern* Art 83 BV, Rn. 159.
656 Das betont auch *Wolff* in: *Lindner/Möstl/Wolff*, Art. 83 Rn. 106.
657 Siehe *Wolff* in: *Lindner/Möstl/Wolff*, Art. 83 Rn. 109; *PdK Bayern* Art 83 BV, Rn. 165.
658 Siehe *Wolff* in: *Lindner/Möstl/Wolff*, Art. 83 Rn. 112 *PdK Bayern* Art 83 BV, Rn. 165.
659 Siehe *Wolff* in: *Lindner/Möstl/Wolff*, Art. 83 Rn. 104; *PdK Bayern* Art 83 BV, Rn. 161.
660 Siehe *Wolff* in: *Lindner/Möstl/Wolff*, Art. 83 Rn. 124.

„Altfälle“, also bereits vor dem 1.1.2004 bestehende kommunale Aufgaben ist anerkannt, dass für sie das bisherige System des kommunalen Finanzausgleichs und der sonstigen Finanzbeziehungen zwischen Staat und Kommunen gelten soll, weil in der bayerischen Verfassung keine entsprechende Regelung für diese Fälle enthalten ist.[661] Bezogen auf die Frage der Finanzierung von kommunalen Behindertenbeauftragten bedeutet dies, dass diejenigen Kommunen, die schon einen Behindertenbeauftragten haben, nicht mit neuen staatlichen Mitteln für die Finanzierung dieser Aufgaben rechnen können, bzw. dass sie den Behindertenbeauftragten auf die gleiche Art finanzieren müssen wie bisher. Man könnte sich fragen, ob es gerecht sei, dass die fortschrittlichen Gemeinden, die sich die Interessenvertretung behinderter Menschen schon lange auf die Fahne geschrieben haben, dadurch im Nachteil seien. Andererseits benötigen eben gerade diejenigen Kommunen, die bisher noch nichts in der Richtung unternommen haben, die Gewissheit, dass ihnen zumindest keine finanziellen Nachteile durch den neu eingeführten Behindertenbeauftragten entstehen. Der *VerfGH* hatte sich mit der Frage zu befassen, ob eine derartige Regelung gegen die Forderung nach Folgerichtigkeit eines Regelwerks verstoße. Er verneinte die Frage aber, weil das Nebeneinander beider Systeme eine unvermeidbare Folge der Weiterentwicklung des Finanzierungssystems sei.[662]

V. Gesetzgebungsvorschlag zum kommunalen Behindertenbeauftragten

Die Verf. schlägt für Art. 18 BayBGG folgende künftige Fassung vor:

Art. 18 neu
Kommunale Beauftragte für die Belange von Menschen mit Behinderung

(1) [1]Zur Verwirklichung der Gleichstellung von Menschen mit Behinderung bestellen Bezirke, Landkreise, kreisfreie und kreisangehörige Gemeinden jeweils eine Person zur Wahrnehmung der Interessen behinderter Menschen (Beauftragte/Beauftragter für die Belange von Menschen mit Behinderung). [2]Der oder die Beauftragte soll ein Mensch mit Behinderung sein. [3]Als Beauftragte sind möglichst in der Behindertenarbeit erfahrene Personen zu bestellen.

(2) [1]Der oder die kommunale Behindertenbeauftragte ist unabhängig und weisungsungebunden. [2]Er oder sie berät die jeweilige kommunale Gebietskörperschaft in allen

661 *Wolff* in: *Lindner/Möstl/Wolff*, Art. 83 Rn. 105; *PdK Bayern* Art 83 BV, Rn. 161, beide unter Berufung auf *VerfGH*, Entsch. v. 28.11.07, Az.: Vf 15-VII-05, zit. nach *juris*, Rn. 197 .

662 *VerfGH*, Entsch. v. 28.11.07, Az. Vf 15-VII-05, zit. nach *juris*, Rn. 198.

Angelegenheiten, die behinderte Bürger betreffen. [3]Zur Wahrnehmung dieser Aufgabe ist der oder die Beauftragte frühzeitig zu beteiligen. [4]Er oder sie hat insoweit ein Recht auf Auskunft und Akteneinsicht. [5]Er oder sie ist berechtigt, an den Sitzungen der jeweiligen Vertretungsorgane und Ausschüsse beratend teilzunehmen und zu Themen seines oder ihres Aufgabenbereichs zu sprechen. [6]Er oder sie ist zur Verschwiegenheit verpflichtet.

(3) Der oder die Beauftragte für die Belange von Menschen mit Behinderung betreibt Öffentlichkeitsarbeit und arbeitet mit den Organisationen der örtlichen Behindertenselbsthilfe zusammen.

(4) Unbeschadet der Regelungen über die Bestellung eines/einer Beauftragten für die Belange von Menschen mit Behinderung können kommunale Beiräte für die Belange von Menschen mit Behinderung gebildet werden.

(5) Näheres wird durch Satzung bestimmt.

Die vorgeschlagene Regelung enthält in Abs. 1 die Verpflichtung, einen kommunalen Behindertenbeauftragten zu bestellen als Mussvorschrift. Von den weiteren Anforderungen, dass es sich um eine Person mit Behinderung handeln soll, und dass Erfahrung in der Behindertenarbeit vorhanden sein soll, kann in begründeten Ausnahmefällen abgewichen werden. Das *BVerfG* sah im vergleichbaren Fall der Regelung der schleswig-holsteinischen Gemeindeordnung, dass die Stelle einer Gleichstellungsbeauftragten mit einer Frau besetzt werden müsse, keine übermäßige Beeinträchtigung des gemeindlichen Selbstverwaltungsrechtes.[663] Gemessen an diesem Maßstab ist eine Sollbestimmung über die Behinderteneigenschaft eines Beauftragten verfassungsrechtlich erst recht nicht zu beanstanden. Die Frage, ob der Beauftragte haupt- oder ehrenamtlich tätig sein soll, wurde bewusst nicht geregelt, damit diese Entscheidung den Gemeinden überlassen bleiben kann. Abs. 2 beschreibt die hauptsächliche Aufgabe des Beauftragten und seine wichtigsten Rechte, die es ihm ermöglichen, seine Aufgabe sinnvoll zu erfüllen: Unabhängigkeit und Weisungsungebundenheit, Recht auf frühzeitige Beteiligung, Auskunft und Akteneinsicht sowie ein Rederecht in den jeweiligen Gremien, soweit sein Aufgabenbereich betroffen ist, also in allen Angelegenheiten, die behinderte Menschen betreffen. Die Verpflichtung zur Verschwiegenheit soll sicherstellen, dass Gemeinderäte Kreisräte usw. offen über alles sprechen können, ohne befürchten zu müssen, dass der Behindertenbeauftragte Inhalte aus den Sitzungen nach außen trägt.

---

663 *BVerfG*, Beschl. v. 26.10.94, Az.: 2 BvR 445/91, Rn. 49, zit. nach *juris*.

D. Ausgestaltung des Amtes eines Kommunalen Behindertenbeauftragten

I. Ausgangslage nach Art. 18 BayBGG

1. Grundsatz

Der Freistaat Bayern hat in sein Gleichstellungsgesetz eine Vorschrift über die kommunalen Beauftragten aufgenommen. Art. 18 BayBGG lautet:

> „Beauftragte auf kommunalen Ebenen für die Belange von Menschen mit Behinderung
> Zur Verwirklichung der Gleichstellung von Menschen mit Behinderung sollen die Bezirke, die Landkreise und die kreisfreien Gemeinden eine Persönlichkeit zur Beratung in Fragen der Behindertenpolitik (Beauftragter für die Belange von Menschen mit Behinderung) bestellen. Näheres, insbesondere die Beteiligung bei behindertenspezifischen Belangen, wird durch Satzung oder anderweitige Regelung bestimmt."

2. Ausnahme der kreisangehörigen Gemeinden

Kreisangehörige Gemeinden werden nicht erwähnt, für sie gilt also die Verpflichtung, einen Beauftragten zu bestellen, nicht. Bürger, Verwaltung und Kommunalpolitiker müssen sich also in Gemeinden ohne Behindertenbeauftragten mit etwaigen Fragen und Anregungen an den Behindertenbeauftragten des Landkreises wenden. Diese Konstellation kann besonders für Bürger mit Mobilitätseinschränkungen weite Wege bedeuten. Sie stellt zugleich hohe Anforderungen an den Landkreisbeauftragten, der sich dadurch in die jeweiligen örtlichen Gegebenheiten jeder Landkreisgemeinde einarbeiten muss.

3. Ausnahme bei Bestehen eines „Behindertenrates"

Die Bezirke, Landkreise und kreisfreien Gemeinden, die in die Soll-Vorschrift einbezogen sind, müssen dagegen einen Beauftragten bestellen, es sei denn, gewichtige Gründe sprächen dagegen.[664] Als Beispiel für eine Ausnahme wird in den Ausführungen des Staatsministeriums der Fall genannt, dass in der Kommune bereits ein „Behindertenrat" bestehe. Was ein „Behindertenrat" sei, erschließt sich nicht ohne weiteres, denn gesetzlich ist dieser Begriff nicht

---

664 Siehe Bayerischer Landtag, Drucks. 17/9587 v. 19.02.16: Schriftliche Anfrage der Abgeordneten *Gabi Schmidt* (Freie Wähler) v. 16.10.15 mit Antwort des Staatsministeriums für Arbeit und Soziales, Familie und Integration v. 21.12.15, , hier: Antwort auf Frage 1.

vorgesehen. Ein so bezeichnetes Gremium gibt es zum Beispiel in der Stadt Nürnberg. Der Behindertenrat der Stadt Nürnberg ist nach seiner Satzung[665] ein sachverständiges Gremium, das gegenüber der Stadt Beratungsaufgaben wahrnimmt. Einen Behindertenbeauftragten hat die Stadt Nürnberg zusätzlich. Das bedeutet, dass die Stadt Nürnberg nicht wegen des Vorhandenseins eines Behindertenrates auf die Bestellung eines Beauftragten verzichtet hat. Soweit ersichtlich, unterscheidet sich der „Behindertenrat" außer in der Bezeichnung nicht von den Gremien, die sonst, vor allem in den Landesgleichstellungsgesetzen, als „Behindertenbeirat" oder „Teilhabebeirat" bezeichnet werden.[666] Daher bleibt bei der Bezeichnung „Behindertenrat" in der Antwort bis Staatsministeriums unklar, ob damit Behindertenbeiräte gemeint sein sollen. Mangels anderer sinnvoller Auslegungsmöglichkeiten ist hiervon auszugehen. Demnach dürfen alle Bezirke, Landkreise und kreisfreien Gemeinden, die einen Behindertenbeirat haben, auf den kommunalen Behindertenbeauftragten verzichten. Dies war lange Zeit die Praxis in der Stadt Regensburg, bis am 01.08.2016 der derzeitige Inklusionsbeauftragte *Frank Reinel* ins Amt berufen wurde.[667] Angesichts der Aufgaben und Herausforderungen, denen sich Kommunen bei der Umsetzung der UN-BRK gegenüber sehen, wäre es zwar nicht sinnvoll, auf den kommunalen Behindertenbeauftragten zu verzichten, aber nach Ansicht der Bayerischen Staatsregierung wohl ohne Verstoß gegen das BayBGG möglich. Die Verf. sieht dies aus den oben dargestellten Gründen anders. Nachdem, wie bereits ausgeführt, eine Rechtspflicht der Gemeinden zur möglichst effektiven Umsetzung der UN-BRK nicht besteht, ist allerdings eine gerichtliche Prüfung dieser Frage nicht möglich. Die Stärkung des kommunalen Selbstverwaltungsrechtes hat jedenfalls eine Schwächung der Interessenvertretung behinderter Menschen auf kommunaler Ebene zufolge. Eine vergleichbare Konstellation gibt es im Bereich der kommunalen Frauenbeauftragten; im Unterschied zu anderen Ländern hat Bayern aber hierzu keine Regelung. In Hessen gibt es zum Beispiel Frauenbüros, die in ähnlicher Weise wie die Behindertenbeiräte die Interessenvertretung wahrnehmen. Dort gilt die Regelung, dass zwar die Aufgaben der

---

665 Siehe Satzung der Stadt Nürnberg über den Behindertenrat (BehindertenratsS – BehindRS) v. 27.7.10, Amtsblatt S. 253.

666 Siehe z.B. auch: Behindertenrat der Stadt Fürth, www.behindertenrat-fuerth.de.

667 Siehe www.wochenblatt.de/nachrichten/regensburg/regionales/Kommunaler-Inklusionsbeauftragter-tritt-seinen-Dienst-bei-der-Stadt-Regensburg-an;art1172,384511; das Bewerbungsverfahren, an dem *Frank Reinel* teilnahm, war das in der Drucks. 17/9587 des Bayerischen Landtages v. 19.02.16 angesprochene, hier: Antwort auf Frage 2.

Frauenbeauftragten einem Frauenbüro oder einer vergleichbaren Stelle zugeordnet werden können, jedoch könne das Frauenbüro gerade nicht an die Stelle einer kommunalen Frauenbeauftragten treten.[668] Das gleiche sollte auch für den kommunalen Behindertenbeauftragten in Bayern gelten.

4. *Satzungsautonomie der Gemeinden*

Bestimmungen über die Position des kommunalen Behindertenbeauftragten sind gem. Art 18 Satz 2 BayBGG in der hier vorgeschlagenen Neufassung von den kommunalen Gebietskörperschaften „durch Satzung oder anderweitige Regelung" zu treffen. Der bayerische Landkreistag hat dazu am 19.3.2004 ein Satzungsmuster veröffentlicht.[669] Darin sind Regelungen zur Bestellung, zur Rechtsstellung, den Aufgaben, dem Beteiligungsrecht, dem Auskunftsrecht und der Berichtspflicht des kommunalen Behindertenbeauftragten und schließlich eine Vorschrift über seinen Aufwendungsersatz enthalten.

II. Vorschlag für ein Satzungsmuster einer gemeindlichen Satzung über den kommunalen Behindertenbeauftragten

Ihre Satzungsautonomie, Ausfluss des Kommunalen Selbstverwaltungsrechtes, erlaubt es den Gemeinden, Regelungen über Rechtsstellung und Aufgaben des Behindertenbeauftragten selbst zu treffen. Im Interesse der Rechtsklarheit sollte der Gemeinderat eine Satzung über den Behindertenbeauftragten beschließen. Sie könnte wie folgt lauten:

> Vollzug des Bayerischen Gesetzes zur Gleichstellung, Integration und Teilhabe von Menschen mit Behinderung und zur Änderung anderer Gesetze (Bayerisches Behindertengleichstellungsgesetz und Änderungsgesetze – BayBGG und ÄndG) vom 09. Juli 2003 (GVBl. S. 419)
>
> Satzungsmuster
>
> Satzung über die / den Behindertenbeauftragte/n
>
> Der Landkreis/Bezirk/die Gemeinde/Stadt ______________ erlässt aufgrund Art. 18 Bayerisches Behindertengleichstellungsgesetz (BayBGG) vom 09.07.2003 (GVBl. S. 419) in Verbindung mit ______________________________________

668 Siehe *Rischar, Klaus*, in: *PdK Hessen*, Bd. C 11 He, Erläuterung Nr. 3 zu § 14 Abs. 1 Sätze 3, 4 HGlG.

669 Siehe Bayerischer Landkreistag, V-414-30/h, www.behindertenbeauftragte.bayern.de/imperia/md/content/stmas/behindertenbeauftragte/mslkr0304.pdf; im Folgenden als Mustersatzung oder Satzungsmuster bezeichnet.

folgende

Satzung

§ 1 Bestellung

(1) Zur Verwirklichung der Gleichstellung von Menschen mit und ohne Behinderung bestellt der Landkreis/Bezirk/die Gemeinde/Stadt ________________ eine Persönlichkeit zur Wahrnehmung der Interessen behinderter Menschen (Beauftragte/Beauftragter für die Belange von Menschen mit Behinderung).

(2) Die/Der Beauftragte soll ein Mensch mit Behinderung sein.

(3) Als Beauftragte sind möglichst in der Behindertenarbeit erfahrene Personen zu bestellen.

(4) Der Beirat für die Belange behinderter Menschen und die örtlichen Verbände der Behindertenselbsthilfe sind an der Bestellung zu beteiligen. Sie haben das Recht, geeignete Personen vorzuschlagen und vor der Bestellung der/des Beauftragten eine Stellungnahme abzugeben. Eine Kandidatin/Ein Kandidat, die/der von den Beteiligten einstimmig abgelehnt wird, darf nicht zur/zum Beauftragten bestellt werden.

§ 2 Rechtsstellung

(1) Die Aufgaben werden hauptamtlich/als kommunales Ehrenamt wahrgenommen.

(2) Die/Der Behindertenbeauftragte ist insoweit unabhängig und weisungsungebunden.

(3) Die/Der Behindertenbeauftragte ist dem ______________________ zugeordnet.

§ 3 Ziele

Es ist das Ziel des BayBGG, das Leben und die Würde von Menschen mit Behinderung zu schützen, ihre Benachteiligung zu beseitigen und zu verhindern sowie die gleichberechtigte Teilhabe von Menschen mit Behinderung am Leben in der Gesellschaft zu gewährleisten, ihre Inklusion zu fördern und ihnen eine selbstbestimmte Lebensführung zu ermöglichen. Ihre Bedürfnisse sollen individuell und ganzheitlich betrachtet werden; ihren Bedürfnissen wird Rechnung getragen (vgl. Art. 1 Abs. 3 BayBGG).

§ 4 Aufgaben

(1) Die/Der Behindertenbeauftragte berät den Landkreis/Bezirk/die Gemeinde/Stadt bei der Umsetzung der Ziele und Aufgaben des BayBGG (insbesondere Inklusion und Barrierefreiheit für Menschen mit Behinderung). Sie/er berät Menschen mit Behinderung, betreibt Öffentlichkeitsarbeit und Bewusstseinsbildung im Sinne behinderter Menschen und arbeitet mit anderen Behindertenbeauftragten und mit den Organisationen der örtlichen Behindertenselbsthilfe zusammen. Sie/Er kann auch von sich aus Angelegenheiten aufgreifen, um die Aufgaben zu erfüllen.

(2) Das BayBGG dient der Umsetzung des von der Bundesrepublik Deutschland unterzeichneten Übereinkommens der Vereinten Nationen über die Rechte von Menschen mit Behinderung. Der Landkreis/Bezirk/die Gemeinde/Stadt bekennt sich zu den Zielen dieses Übereinkommens. Die/Der Behindertenbeauftragte wirkt aktiv an der Erstellung und Umsetzung eines kommunalen Aktionsplans zur Umsetzung dieser Ziele mit.

(3) Zur Durchsetzung der Gleichberechtigung von Frauen und Männern sind die besonderen Belange behinderter Frauen zu berücksichtigen und bestehende Benachteiligungen zu beseitigen sowie künftige Benachteiligungen zu verhindern (vgl. Art. 3 BayBGG).

(4) Als Verpflichtung zur Gleichstellung und Barrierefreiheit sieht Abschnitt 2 des BayBGG vor:
1. Benachteiligungsverbot (Art. 9),
2. Herstellung von Barrierefreiheit in den Bereichen Bau und Verkehr (Art. 10),
3. Recht auf Verwendung von Gebärdensprache oder anderen Kommunikationshilfen (Art. 11),
4. Gestaltung von Bescheiden und Vordrucken (Art. 12),
5. Barrierefreies Internet und Intranet (Art. 13),
6. Barrierefreie Medien (Art. 14).

§ 5 Beteiligungsrecht der/des Behindertenbeauftragten
(1) Die/Der Behindertenbeauftragte wird bei allen Aktivitäten des Landkreises/Bezirks/der Gemeinde/Stadt frühzeitig beteiligt, welche sich auf Menschen mit Behinderung auswirken.
(2) Sie/Er ist berechtigt, an den Sitzungen der jeweiligen Vertretungsorgane und Ausschüsse beratend teilzunehmen und zu Themen ihres/seines Aufgabenbereichs zu sprechen. Sie/Er ist zur Verschwiegenheit verpflichtet.
(6) Wurde eine Beteiligung nach den Absätzen 1 und 2 unterlassen, ist die Maßnahme auszusetzen und die Beteiligung nachzuholen.[670]

§ 6 Informationspflicht, Akteneinsicht, Berichtspflicht
(1) Die/Der Behindertenbeauftragte erhält zur Wahrnehmung ihrer/seiner Aufgaben unter Beachtung datenschutzrechtlicher Vorschriften die erforderlichen Unterlagen, Akteneinsichten und Informationen.
(2) Die/Der Behindertenbeauftragte berichtet einmal jährlich schriftlich oder mündlich dem _______________ über ihre / seine Tätigkeit.

§ 7 Ausgaben, Aufwendungsersatz
Die mit der Aufgabenerledigung notwendigerweise zusammenhängenden Ausgaben trägt der Landkreis. Erforderliche Räumlichkeiten (z.B. für die Abhaltung eines Sprechtages oder für Beratungsgespräche) stellt der Landkreis zur Verfügung; er leistet notwendige Verwaltungshilfe. Für die Entschädigung von ehrenamtlichen Behindertenbeauftragten gelten die Satzungsregelungen des _______________ für ehrenamtliche Tätigkeit.

§ 8 Inkrafttreten
Die Satzung tritt am _______________ in Kraft.

III. Begründung und Erläuterungen zum Satzungsmuster

1. Unabhängigkeit und Stellung innerhalb der Gemeinde

Unabhängigkeit und Weisungsungebundenheit sind für den kommunalen Behindertenbeauftragten ebenso wichtig wie für seine Amtskollegen in Bund

670 Der Absatz wurde angelehnt an § 79 a KSVG Saarland.

und Ländern, da er die gleichen Aufgaben „im Kleinen“ zu erfüllen hat. In den Erläuterungen zum Satzungsmuster (zu § 2) wird hierzu ausgeführt:

> „Die Aufgaben des Behindertenbeauftragten sind als kommunales Ehrenamt wahrzunehmen. Die Funktion eines Beraters des Landkreises in Fragen der Behindertenpolitik spricht gegen eine Zuweisung als Dienstaufgabe an einen Beamten oder Angestellten des Landkreises oder des Freistaates Bayern, da diese Beratungsfunktion gegenüber dem Kreistag oder Kreisausschuss sowie dem Landrat den Berater aus der normalen und in der Regel Weisungen unterworfenen Position heraushebt. Die Ausgestaltung der Aufgabe als kommunales Ehrenamt schließt aber nicht aus, diese Aufgabe insoweit einem geeigneten Bediensteten des Landkreises oder des Landratsamts zu übertragen. Dabei hat es sich schon bewährt, einen geeigneten Betroffenen zu betrauen.“

Dem ist zuzustimmen, solange gewährleistet ist, dass die Wahrnehmung der Aufgaben eines Behindertenbeauftragten weisungsungebunden erfolgen kann. Deswegen sollte die Unabhängigkeit und Weisungsungebundenheit des kommunalen Beauftragten ausdrücklich bestimmt sein. An welcher Stelle das Amt des Behindertenbeauftragten innerhalb der Gemeinde verankert ist, kann wegen der Satzungsautonomie der Gemeinden unterschiedlich geregelt werden. Nach Auskunft des bayerischen Staatsministeriums für Arbeit und Soziales, Familie und Integration seien die Behindertenbeauftragten „am häufigsten“ in den Fachabteilungen der Landkreise oder der kreisfreien Städte, und hier meist in der Abteilung für Soziales angesiedelt.[671] „Vielfach“ sei der Behindertenbeauftragte „einer Stabsstelle ohne spezifische Zuordnung zu einem Fachbereich oder unmittelbar der Hausspitze“[672], also dem Ersten Bürgermeister oder Oberbürgermeister, zugeteilt. Die Anbindung des Behindertenbeauftragten als Stabsstelle ohne spezifische Zuordnung oder die Zuteilung zur Hausspitze erscheint der Verf. gegenüber einer Eingliederung in die Verwaltungshierarchie vorzugswürdig zu sein, um die Unabhängigkeit des Behindertenbeauftragten zu unterstreichen und sicherzustellen. Auch dieser Gesichtspunkt ist in einer gemeindlichen Satzung zu regeln, siehe Vorschlag § 2 Abs. 3.

---

671 Siehe Bayerischer Landtag, Drucks. 17/9587 v. 19.02.16: Schriftliche Anfrage der Abgeordneten *Gabi Schmidt* (Freie Wähler) v. 16.10.15 mit Antwort des Staatsministeriums für Arbeit und Soziales, Familie und Integration v. 21.12.15, , hier: Antwort auf Frage 3.

672 Wie vorherige Fußnote.

2. Ausgestaltung des Amtes als Haupt- oder Ehrenamt

Bereits im Jahr 2000 schrieb die *Bundesarbeitsgemeinschaft für Rehabilitation* in ihrem Handbuch über Behindertenbeauftragte:

> „Besonders der Status eines kommunalen Behindertenbeauftragten ist von großer Bedeutung, um die vielfältigen Aufgaben zu bewältigen. Mit der Benennung eines hauptamtlichen Behindertenbeauftragten dokumentiert eine Kommune, dass sie dieser Tätigkeit hohe Priorität zumisst und zu einer Verbesserung der Lebenssituation Betroffener beitragen möchte. Das Aufgabenfeld eines Behindertenbeauftragten ist so umfassend, dass diese Arbeit nur schwer ehrenamtlich zu leisten ist.“[673]

Entgegen dieser Empfehlung sieht die bayerische Mustersatzung bisher gem. § 2 Abs. 1 die Wahrnehmung der Aufgaben als kommunales Ehrenamt vor. Im Hinblick auf die angestrebte Unabhängigkeit und Weisungsungebundenheit des kommunalen Beauftragten erscheint dies zunächst einleuchtend, da bei einer Anstellung der Eindruck entstehen könnte, der Behindertenbeauftragte folge dem Sprichwort „Wes Brot ich ess, des Lied ich sing“. Andererseits ist gerade die Umsetzung eines örtlichen Aktionsplans unter Umständen eine umfangreiche und zeitintensive Aufgabe. Der kommunale Behindertenbeauftragte soll nämlich den Aktionsplanprozess aktiv vorantreiben und insbesondere darauf achten, dass die jeweiligen Verantwortlichen die im Aktionsplan gemachten Versprechungen auch wirklich einhalten und die Maßnahmen tatsächlich innerhalb des vorgesehenen Zeitrahmens umgesetzt werden. Dies erfordert vom Behindertenbeauftragten, dass er viele Baustellen – sowohl im tatsächlichen als auch im übertragenen Sinne – zugleich im Blick behält und sich gegenüber den Verantwortlichen als ständiger Mahner immer wieder in Erinnerung bringt. Diese Aufgabe tritt zumindest teilweise neben die beschriebenen Aufgaben laufenden Geschäfts. Hat der Behindertenbeauftragte dafür nicht genügend Zeit, weil er sie nur nebenbei erfüllt, so besteht die Gefahr, dass der Aktionsplanprozess ins Stocken gerät und die bisher dafür aufgewendete Zeit mehr oder weniger umsonst war. Insbesondere größere Gemeinden mit ehrgeizigen Zielen im Aktionsplan sollten besser einen hauptamtlichen kommunalen Behindertenbeauftragten bestellen. Sie sollten auch die Möglichkeit bedenken, die Stelle, falls es eine Vollzeitstelle sein sollte, im Wege des Jobsharings an zwei Personen zu vergeben. Dies erscheint sinnvoll, damit gegebenenfalls behinderte Menschen, die in vielen Fällen nur in Teilzeit arbeiten können, nicht von einer Bewerbung abgeschreckt werden.

---

673 Siehe BAR, Handbuch Behindertenbeauftragte, S. 25.

3. *Auswahl und Bestellung des Beauftragten*

a) *Person des Beauftragten*

Zur Person des Beauftragten sollte die Satzung bestimmen, dass er oder sie möglichst selbst eine Behinderung haben solle und über Erfahrung in der Behindertenarbeit verfügen solle. Sind aufgrund der örtlichen Gegebenheiten für das Amt besondere Qualifikationen erforderlich, so sollte die Satzung auch dies bestimmen.

b) *Verfahren für die Auswahl und Bestellung*

Im Interesse der Partizipation behinderter Menschen sollte dem Behindertenbeirat und den örtlichen Interessenvertretungen behinderter Menschen ein Vorschlagsrecht hinsichtlich des Kandidaten oder der Kandidatin eingeräumt werden. Dadurch würde sich die Chance vergrößern, geeignete Bewerber zu finden. In Gemeinden, in denen es keine örtliche Interessenvertretung behinderter Menschen gibt, wäre dies für Menschen mit Behinderung ein Anreiz, eine solche zu gründen. Vermieden werden sollte unbedingt eine Situation, in der ausschließlich Anbieter von Leistungen für behinderte Menschen, etwa Werkstätten für Menschen mit Behinderung, das Vorschlagsrecht ausüben. Denn in diesem Fall läge keine echte Partizipation vor. Nach Eingang der Vorschläge sollten der Behindertenbeirat und die Verbände angehört werden. Ihnen sollte ein einstimmig auszuübendes Vetorecht zugestanden werden, falls sie mit einem Bewerber oder eine Bewerberin überhaupt nicht einverstanden wären. Würde man jedem Behindertenverband ein Vetorecht einräumt, so wäre die Gefahr einer Blockade infolge widerstreitender Interessen zu groß. Nach erfolgter Anhörung und gegebenenfalls Berücksichtigung eines Vetos hätte der Gemeinderat über die Berufung des Behindertenbeauftragten zu beschließen. Schließlich würde er vom Ersten Bürgermeister oder Oberbürgermeister ernannt werden.

4. *Rechte und Befugnisse des Beauftragten*

Wie bereits dargestellt, ist das Recht auf frühzeitige Beteiligung eines der wichtigsten Rechte des Behindertenbeauftragten. Dies gilt auch auf kommunaler Ebene, weshalb es wichtig ist, wenigstens eine milde Sanktion im Fall des Unterbleibens der Beteiligung satzungsgemäß vorzusehen. Ein Rederecht in den Gremien stärkt die Position des Beauftragten, dessen in Unabhängigkeit wahrzunehmende Funktion sich ohnehin, wie es das *BVerfG* treffend für Frauenbeauftragte formuliert hat, darauf beschränkt, „allein durch die Kraft des Arguments“[674] für

674 Siehe *BVerfG*, Beschl. v. 26.10.94, Az.: 2 BvR 445/91, Rn. 45, zit. nach *juris*.

die Sache der Menschen mit Behinderung in der Gemeindeverwaltung und der Öffentlichkeit einzutreten. Für die übrigen Rechte und Befugnisse des Beauftragten gilt das zu den Beauftragten der Länder Ausgeführte entsprechend.

5. Aufgaben

Auch die Aufgaben des Behindertenbeauftragten sollten in der Satzung geregelt sein. Wegen seiner besonderen Bedeutung soll dieser Gesichtspunkt aber nachfolgend einen eigenen Gliederungspunkt in dieser Arbeit erhalten, wobei zunächst auf die aktuelle Aufgabenbeschreibung und dann auf gegebenenfalls neue Aufgaben im Zusammenhang mit der UN-BRK, die in das von der Verf. vorgeschlagene Satzungsmuster aufgenommen wurden, eingegangen werden soll.

IV. Aufgaben des kommunalen Behindertenbeauftragten

1. Allgemeine Aufgabenbeschreibung

Die Aufgaben der kommunalen Behindertenbeauftragten gleichen denen der Länderbeauftragten, nur eben sind sie „im Kleinen" auf der örtlichen Ebene zu erfüllen. Für den Freistaat Bayern existiert eine Mustersatzung des bayerischen Landkreistages[675] gem. Art. 18 Satz 2 BayBGG; das Satzungsmuster ist inhaltlich auf Behindertenbeauftragte von Landkreisen zugeschnitten und passt daher nicht in allen Formulierungen auf Behindertenbeauftragte von Gemeinden.[676]

a) Vorgesehene Aufgaben

Als Aufgaben der Behindertenbeauftragten nennt die bisherige Mustersatzung:

> „1. Wahrnehmung und Förderung der Belange von Menschen mit Behinderung,
> 2. Beratung des Landkreises [Anm. d. Verf.: beim Behindertenbeauftragten einer Gemeinde müsste es anstatt „des Landkreises" „der Gemeinde" heißen],
> 3. Planung von Maßnahmen zur Gleichstellung oder Integration von Menschen mit Behinderung in der Verwaltung und in den Betrieben im Landkreis [Anm. d. Verf.: beim gemeindlichen Behindertenbeauftragten: in der Gemeinde],
> 4. Vorbereitung und Durchführung von Maßnahmen,
> 5. Stellungnahmen, Anträge und Empfehlungen in behindertenrelevanten Angelegenheiten,

---

675 Siehe Bayerischer Landkreistag, V-414-30/h, www.behindertenbeauftragte.bayern.de/imperia/md/content/stmas/behindertenbeauftragte/mslkr0304.pdf, im Folgenden als Mustersatzung oder Satzungsmuster bezeichnet.

676 Siehe dazu die Anmerkungen in eckigen Klammern.

6. Kontakt mit Betroffenen,
7. Anregung von Maßnahmen zur verbesserten Integration von Menschen mit Behinderung,
8. Unterrichtung des Kreistages [Anm. d. Verf.: bei Gemeinden: des Gemeinderates],
9. Koordination von Aktivitäten auf Landkreisebene [Anm. d. Verf.: bei Gemeinden: in der Gemeinde],
10. Koordination der Behindertenbeauftragten bei den kreisangehörigen Gemeinden (z.B. Erfahrungsaustausch, Abstimmung gemeinsamer Aktivitäten) [Anm. d. Verf.: bei gemeindlichen Behindertenbeauftragten: Vernetzung mit den anderen gemeindlichen Behindertenbeauftragten],
11. Kontakt mit der / dem Landesbehindertenbeauftragten [Anm. d. Verf.: bei gemeindlichen Behindertenbeauftragten zusätzlich: Kontakte mit dem Behindertenbeauftragten des Landkreises],
12. Zusammenarbeit mit den fachlich relevanten Institutionen (z.B. Jugendhilfeausschuss, Sozialhilfeausschuss, Arbeitsgemeinschaft öffentliche und freie Wohlfahrtspflege, Integrationsämter, Rehabilitationsträger) [Anm. d. Verf.: auf gemeindlicher Ebene wären hier wohl anstelle der genannten Beispiele zu nennen: das örtliche Sozialamt, das Arbeitsamt oder Jobcenter, Rehabilitationsträger vor Ort, Schulen und Kindergärten und Senioreneinrichtungen im Ort sowie örtliche Vereine, weiterhin die Volkshochschule, die Freiwillige Feuerwehr, die Geistlichkeit, die Kirchengemeinde usw.]
13. Erstellung eines Behinderten-Gleichstellungsberichts.“[677]

Die Verf. ist der Meinung, dass ein engagierter Beauftragter einer derart detaillierten Aufzählung nicht bedarf. Wer das Amt aus eigenem Antrieb antritt, wird eine Agenda der vor Ort vorhandenen „Baustellen“ – im übertragenen Sinne – mitbringen sowie eine Liste der zu kontaktierenden Personen und Organisationen, die er oder sie dank der Unabhängigkeit des Amtes abarbeiten kann. Hinzukommen werden die Anregungen behinderter Bürger, denen der Beauftragte nachgehen wird. Wem das Amt übertragen wird, weil sonst niemand dazu bereit war, der wird sich auch ohne eine solche Liste einarbeiten. Ihm werden ebenfalls die Bürger mit Behinderung durch ihre Anfragen auf die Sprünge helfen, und er kann sich guten Rat eher bei seinen Amtskollegen als aus dem Satzungsmuster holen.

b) Nicht vorgesehen: Einzelfallberatung

Ausdrücklich besagt die Mustersatzung im Anschluss an diese beispielhafte Aufzählung, es gehöre nicht zu den Aufgaben der oder des Behindertenbeauftragten, einzelne Menschen mit Behinderung zu beraten.[678] Dies ist höchst

677 Siehe § 4 Mustersatzung.
678 Siehe Mustersatzung, Erläuterung zu § 4 Aufgaben.

widersprüchlich; die Autoren des Satzungsmusters scheinen gegen Ende des Textes vergessen zu haben, dass eingangs gem. § 1 der Beauftragte gerade auch „zur Beratung der Menschen mit Behinderung im Landkreis“ bestellt werden sollte. Zudem soll er nach § 7 Aufwendungsersatz für Sprechtage erhalten, und man fragt sich, welchen Sinn Sprechtage haben sollen, wenn keine Einzelfallberatung angeboten werden soll. Dürften also zu den Sprechtagen nur andere Behindertenbeauftragte kommen? Es besteht außerdem ein auffälliger Gegensatz zu manchen Regelungen für Länderbeauftragte, die nämlich eine Ombudsfunktion des Behindertenbeauftragten ausdrücklich vorsehen.[679] Kommunale Behindertenbeauftragte sollen in Bayern eine solche Ombudsfunktion wohl nicht wahrnehmen. Dem dürfte die Überlegung zugrunde liegen, dass der Behindertenbeauftragte sich nicht in Anliegen einzelner Personen verlieren sondern eher das gemeindliche Ganze im Blick behalten soll. Zudem möchte man die Ratsuchenden vielleicht lieber an geeignete Beratungsstellen, die ggf. ohnehin vom Bezirk oder Landkreis vorgehalten werden, vermittelt sehen. Tatsächlich ist die Regelung allerdings nicht einzuhalten, denn an jede Person, die in der Öffentlichkeit als eine Art Berater für Menschen mit Behinderung in Erscheinung tritt, werden unweigerlich Anfragen in Einzelfällen gestellt, einfach weil Menschen mit Behinderung Probleme haben, über die sie sprechen wollen. Auf Zuständigkeiten wollen sie keine Rücksicht nehmen. Dies ist verständlich, denn wegen angeblicher Unzuständigkeit von einer Stelle zur anderen geschickt zu werden, gehört zu den prägenden Negativ-Erfahrungen im Leben behinderter Menschen. Ein engagierter Beauftragter wird diese Situation nur zu gut aus eigener Erfahrung kennen und sie deshalb unbedingt vermeiden wollen; allenfalls wird er geeignete Beratungsstellen empfehlen. Da der kommunale Behindertenbeauftragte, wie seine Kollegen in den Ländern, aus eigener Initiative tätig werden kann, wird man ihm Beratungstätigkeiten überdies nicht verbieten können. Der Behindertenbeauftragte der Landeshauptstadt München, *Oswald Utz*, sieht Einzelfallberatungen – im Einklang mit § 1 des Satzungsmusters – sogar als einen besonders wichtigen Teil seiner Arbeit an, dem er in seinem Tätigkeitsbericht einen eigenen Unterpunkt widmet.[680] Er führt dazu aus, der größte Anteil seiner Tätigkeiten sei „immer noch durch Beratungen der Münchner Bürgerinnen und Bürger geprägt“.[681] Demgegenüber teilte das bayerische Staatsministerium

679 Dazu oben, siehe S. 213.

680 Tätigkeitsbericht des Behindertenbeauftragten der Landeshauptstadt München für den Zeitraum 2013 bis 2014, S. 22, siehe www.bb-m.info/wAssets/docs/publikationen/2014_bericht_behindertenbeauftragter.pdf.

681 Wie vorherige Fußnote.

für Arbeit und Soziales, Familie und Integration im Jahr 2016 mit, Behindertenbeauftragte kümmerten sich „vereinzelt auch um Einzelanliegen von Menschen mit Behinderung".[682] Aus Sicht der Verf. ist die Forderung des Landkreistags, es sollten keine Einzelfallberatungen durchgeführt werden, aus den Erläuterungen zur Mustersatzung zu streichen. Sie entspricht nicht der gesellschaftlichen Wirklichkeit, widerspricht § 1 des Satzungsmusters und ist alles andere als zielführend.

2. *Neue Aufgaben des Behindertenbeauftragten im Zusammenhang mit der Umsetzung der UN-BRK*

Das Satzungsmuster datiert aus dem Jahr 2004, also vor Inkrafttreten der UN-BRK, weshalb in ihm noch keine Bezugnahme auf die Konvention enthalten sein kann. Eine Aktualisierung ist daher dringend angezeigt. Sie ist wohl unter anderem aus dem Grund unterblieben, weil man dann zugeben hätte müssen, dass den Behindertenbeauftragten und damit den Gemeinden Zusammenhang mit der UN-BRK neue Aufgaben erwachsen; dies wiederum hätte die oben beschriebenen Probleme der Konnexität nach sich gezogen.[683]

a) Mitwirkung im Aktionsplanprozess

Zunächst ist fraglich, ob die Mitwirkung des kommunalen Behindertenbeauftragten am Aktionsplanprozess eine neue Aufgabe, also ein Mehr gegenüber dem oben dargestellten Aufgabenkatalog, für ihn darstellt. Nach Ansicht der Verf. ist dies unbedingt zu bejahen, und zwar aus folgenden Gründen: Wird in einer Gemeinde ein Aktionsplanprozess angestoßen, wird von allen Seiten erwartet werden, dass der kommunale Behindertenbeauftragte sich hieran aktiv beteiligt, denn wer wäre dafür in größerem Maße prädestiniert als gerade er? Bürger, die zu diesem Prozess außerhalb der vorgesehenen Treffen eine Frage oder Anregung haben, werden es als natürliche Aufgabe des Behindertenbeauftragten ansehen, dass er sich dieser Anregung annimmt und diese in das nächste Treffen mit hineinnimmt. Zwar kann man diese Tätigkeit begrifflich als eine bereits bestehende Aufgabe, nämlich „Anregung von Maßnahmen zur verbesserten Integration von Menschen mit Behinderung" im Sinne des Aufgabenkatalogs

682 Siehe Bayerischer Landtag, Drucks. 17/9587 v. 19.02.16: Schriftliche Anfrage der Abgeordneten *Gabi Schmidt* (Freie Wähler) v. 16.10.15 mit Antwort des Staatsministeriums für Arbeit und Soziales, Familie und Integration v. 21.12.15, , hier: Antwort auf Frage 3.

683 Dazu oben S. 199 f.

verstehen. Zugleich ist aber klar, dass es ein Unterschied ist, ob der Behindertenbeauftragte in seinem Arbeitsalltag gelegentlich Anregungen vorbringt, wie es die Aufgabenbeschreibung nahelegt, oder ob die Gemeinde aus eigener Initiative ihre Bürger einlädt, aufruft und ermuntert, entsprechende Vorschläge anzubringen. Einer Gemeinde, die das tut, ist dringend zu wünschen, dass sie dann mehr entsprechende Anregungen und Vorschläge von ihren Bürgern bekommt als ohne das Aktionsplanverfahren. Kommen die Bürger also der Aufforderung nach und muss der Behindertenbeauftragte sich um all diese Anfragen kümmern, so hat er tatsächlich ein größeres Aufgabenpensum als üblich. Diese Aufgabe in das Satzungsmuster aufzunehmen würde bedeuten, die Aufgabenmehrung anzuerkennen und gegebenenfalls das Amt entsprechend besser auszustatten. Bei der bayerischen Behindertenbeauftragten, *Irmgard Badura*, ist eine Verbesserung ihres Status bereits erfolgt,[684] und es ist nicht einzusehen, warum – abgesehen von Konnexität und Kosten – dies auf der gemeindlichen Ebene anders gehandhabt werden sollte, wo doch anerkanntermaßen auch hier große Herausforderungen zu meistern sind.

b) *Überwachung der Umsetzung der im Aktionsplan beschriebenen Maßnahmen*

Einmal begonnen, muss der Aktionsplanprozess überwacht werden, damit er nicht ins Stocken gerät. Wie bei der Erstellung des Aktionsplans, so werden die Bürger auch hier vom kommunalen Behindertenbeauftragten selbstverständlich annehmen, dass er diese Aufgabe übernimmt. Und mit dem fertigen, veröffentlichten Aktionsplan hört die Arbeit des Behindertenbeauftragten nicht auf, sondern sie fängt im Gegenteil erst an. Nun erwarten die Beteiligten, insbesondere die Bürger, die sich engagiert haben, zu Recht, dass die im Aktionsplan bestimmten gemeindlichen Maßnahmen innerhalb der dafür vereinbarten Fristen in die Tat umgesetzt werden. Dabei ist zu bedenken, dass auch für die Verwaltungsangestellten, die die Maßnahmen umsetzen sollen, es sich möglicherweise um neue Aufgaben handelt, für die es noch keine Routine gibt, und die im Tagesgeschäft der Verwaltung leicht untergehen können. Hier ist der Behindertenbeauftragte in seiner Eigenschaft als Vermittler zwischen Bürgern und Verwaltung besonders gefragt, da er den Dienstweg nicht einzuhalten braucht und erforderlichenfalls auch an höherer Stelle vorsprechen kann. Er, der Interessenvertreter

684 Tätigkeitsbericht der bayerischen Behindertenbeauftragten für den Zeitraum 01.09.2014 bis 31.12.2015, S. 4, siehe www.behindertenbeauftragte.bayern.de/imperia/md/content/stmas/behindertenbeauftragte/taetigkeitsbericht_barrfrei.pdf.

behinderter Menschen in der Gemeinde, muss quasi die Aufgabe der „Nervensäge vom Dienst" übernehmen und die Verantwortlichen vor Ort immer wieder daran erinnern, was sie im Rahmen des Aktionsplanverfahrens versprochen haben – und zwar so lange, bis die Versprechungen erfüllt werden. Es erweist sich als ein Vorteil des Aktionsplans, dass alles schriftlich festgehalten und mit Fristen versehen wird. Die Unabhängigkeit des Behindertenbeauftragten stellt sicher, dass er nicht abgewimmelt werden kann. Über die im Aufgabenkatalog genannte Aufgabe der „Koordination von Aktivitäten in der Gemeinde" geht seine Überwachungsfunktion im Aktionsplanverfahren deutlich hinaus. Somit kann man sagen, dass ein gemeindliches Aktionsplanverfahren zumindest dann, wenn es ehrgeizig betrieben wird, dem kommunalen Behindertenbeauftragten eine Vielzahl neuer Aufgaben einbringt. Diese Aufgaben sollten in der Mustersatzung aufgezählt und in einer gemeindlichen Satzung über den Behindertenbeauftragten niedergeschrieben werden. Der Freistaat Bayern sollte die Konnexität im Sinne von Art. 83 Abs. 3, 2. Var. BV anerkennen.

E. Zusammenfassung des vierten Kapitels

Der Behindertenbeauftragte spielt auf allen staatlichen Ebenen eine wichtige Rolle bei der Umsetzung der UN-BRK. Die Stärkung des Behindertenbeauftragten trägt zu einer effektiven Umsetzung der UN-BRK bei. Bereits mit den Gleichstellungsgesetzen in Bund und Ländern erhielt das Amt des Behindertenbeauftragten – außer in Mecklenburg-Vorpommern – eine gesetzliche Verankerung und Einbindung in die Behindertenpolitik. Ein Mitspracherecht der Behindertenverbände bei der Benennung des Behindertenbeauftragten ist nicht durchweg gegeben, wäre aber erforderlich, um die von der UN-BRK beabsichtigte Partizipation von Menschen mit Behinderung zu verwirklichen. Im Sinne der Selbstvertretung behinderter Menschen – „Nichts über uns ohne uns!" – sollte der oder die Beauftragte ein Mann oder eine Frau mit Behinderung sein. Nicht alle Gleichstellungsgesetze der Länder sehen kommunale Behindertenbeauftragte vor, Bayern hat die Regelungen hierüber als Sollvorschrift ausgestaltet, das Saarland hingegen als Mussvorschrift. Der Freistaat Bayern sollte im Interesse einer effektiven Umsetzung der UN-BRK eine Regelung nach saarländischem Vorbild einführen und vorschreiben, dass kommunale Behindertenbeauftragte von allen Gemeinden verpflichtend einzurichten sind. Dies wäre nach Ansicht der Verf. ohne unverhältnismäßige Einschränkung des kommunalen Selbstverwaltungsrechts möglich. Gemäß der Bayerischen Verfassung würde sich eine Pflicht des Freistaates Bayern zur Bestimmung der Kostentragung für neue kommunale Behindertenbeauftragte sowie für neue Aufgaben von kommunalen Behindertenbeauftragten ergeben. Es sollte den Gemeinden freigestellt sein, ob der Beauftragte haupt- oder ehrenamtlich bestellt wird, jedoch sollten zusätzliche Aufgaben des kommunalen Behindertenbeauftragten, die mit der Umsetzung der UN-BRK verbunden sind, bei dieser Entscheidung unbedingt berücksichtigt werden. Die Aufgaben des kommunalen Behindertenbeauftragten sollten sich – übertragen auf die örtlichen Verhältnisse – ebenso wie seine Befugnisse an denen der Behindertenbeauftragten der Länder orientieren. Dementsprechend sollte die gemeindliche Satzung Regelungen über diese Rechte enthalten, und sie sollte für Verstöße konkrete Rechtsfolgen – etwa die Nachholung einer unterbliebenen Beteiligung – vorsehen. Die Bestellung des Beauftragten, seine Rechtsstellung, insbesondere die Unabhängigkeit, sein Anforderungsprofil, seine Aufgaben und Rechte, sollten im Interesse der Rechtsklarheit ebenfalls durch gemeindliche Satzung geregelt werden. Die Verf. befürwortet die Stärkung des bereits vor Entstehung der UN-BRK vorhandenen Amtes des Behindertenbeauftragten und hat für die kommunale Ebene Vorschläge zur Änderung des BayBGG und zur Überarbeitung des Satzungsmusters zu Art. 18 BayBGG unterbreitet. Würden die in dieser Arbeit vorgeschlagenen Maßnahmen umgesetzt werden, würde jede Gemeinde einen Ansprechpartner und Multiplikator für die Umsetzung der UN-BRK auf örtlicher Ebene erhalten. Aus völkerrechtlicher Sicht würde die UN-BRK in Deutschland besser zur Geltung kommen, selbst wenn sie nach Ansicht der Verf. in den Ländern und Kommunen keine Rechtsgeltung erlangt hat.

Kapitel 5: Umsetzung der UN-BRK im Freistaat Bayern durch gesetzliche Regelungen sowie kommunale Aktionspläne

Abstract: The fifth chapter is amongst other things about how it could be achieved that local communities create action plans on inclusion in daily life and about the creation of awareness for the topic. This chapter discusses if regulations by law would be necessary to ensure and promote inclusion of disabled people.

Key words: local community, action plan, inclusion, regulation by law, awareness for the topic

A. Gang der Untersuchung

Dieses Kapitel beleuchtet zunächst die rechtliche und politische Ausgangslage hinsichtlich der Umsetzung der UN-BRK in Bayern. Eingangs wird das neue, am 17. Januar 2018 in Kraft getretene BayTHG I[685] vorgestellt, mit dem eine Neuregelung hauptsächlich der Eingliederungshilfe für Menschen mit Behinderung erfolgt. Es wird untersucht, ob die neuen Regelungen im Einklang mit der UN-BRK stehen. Anschließend wendet sich die Arbeit den Rahmenbedingungen für kommunale Aktionspläne in Bayern zu. Die Verf. gibt anhand eigener Recherchen einen Überblick über den Ist-Stand an kommunalen Aktionsplänen Inklusion in Bayern. Dies geschieht auf der Grundlage von statistischem Material des Freistaats Bayern und von im Internet veröffentlichten Aktionsplänen kommunaler Gebietskörperschaften. Einbezogen werden außerdem Informationen aus einem Modellprojekt des Freistaats Bayern, an dem 16 bayerische Kommunen teilnahmen. Die Ergebnisse des Modellprojekts sind in einem Leitfaden[686] und

685 Bayerisches Teilhabegesetz I (BayTHG I) v. 09.01.18, siehe GVBl. 2018, Heft 1, S. 2, gem. § 9 Abs. 1 Satz 1 BayTHG I in Kraft getreten am 17.01.18.

686 Leitfaden siehe https://www.stmi.bayern.de/assets/stmi/sug/die_barrierefreie_gemeinde_barrierefrei.pdf, im Folgenden zit.: Leitfaden.

einem zugehörigen Werkbericht[687] beschrieben. Die weitere Untersuchung konzentriert sich auf die Frage, ob und inwieweit es gelingt, mittels kommunaler Aktionspläne den von der UN-BRK intendierten Bewusstseinswandel hin zu einem inklusiven Verständnis von Behinderung einzuleiten oder zu unterstützen. Zu einer allmählichen Veränderung der gesellschaftlichen Haltung können in formeller Hinsicht die Beteiligungsverfahren und in materieller Hinsicht die verschiedensten Aufklärungsmaßnahmen, aber auch die inklusive Gestaltung von vorhandenen Angeboten beitragen. Gerade das Beteiligungsverfahren kann selbst schon bewusstseinsbildend wirken, indem es so gestaltet wird, dass Menschen mit unterschiedlichen Behinderungen – getreu dem Motto „Nichts über uns ohne uns!“ – ernst genommen werden und als Experten in eigener Sache in Erscheinung treten. Die Verf. arbeitet vor allem heraus, welcher Grad der Partizipation von Menschen mit Behinderung in den Gemeinden durch das Aktionsplanverfahren jeweils erreicht wurde. Bei den materiellen Anforderungen an kommunale Aktionspläne untersucht die Verf., ob Maßnahmen getroffen werden, die, wie von Art. 8 der UN-BRK gefordert, zur Bewusstseinsbildung auf kommunaler Ebene beitragen. Der Schwerpunkt soll aus mehreren Gründen auf diese Maßnahmen gelegt werden: die Recherchen der Verf. haben gezeigt, dass es mitunter solcher Maßnahmen sogar bedarf, damit Aktionsplanziele überhaupt umgesetzt werden. Es liegt auf der Hand, dass Aktionspläne nur Wirkung entfalten können, wenn sie auch umgesetzt werden, und dass Inklusion jenseits aller theoretischen Überlegungen auch gerade an diesem Punkt scheitern kann. Für einzelne Aktionspläne wurden bereits Evaluationen durchgeführt,[688] eine wissenschaftliche Untersuchung über den Stand der Umsetzung der UN-BRK im Freistaat Bayern bzw. in bayerischen Kommunen gibt es aber nicht. Um den wichtigen Punkt der praktischen Umsetzung dennoch nicht gänzlich unerwähnt zu lassen, ging die Verf. einem – hoffentlich nicht repräsentativen – Beispiel aus einer bayerischen Stadt nach, in der es seit Jahren an der Umsetzung einer wichtigen Aktionsplanmaßnahme fehlt. Als Hauptursache für die fehlende Umsetzung stellte sich mangelndes Bewusstsein

---

687 Werkbericht siehe www.stmi.bayern.de/assets/stmi/sug/werkbericht_modellvorhaben_aktionsplan_barrierefrei.pdf, im Folgenden zit.: Werkbericht.

688 Z.B. Evaluation des 1. Aktionsplans der Landeshauptstadt München zur Umsetzung der UN-Behindertenrechtskonvention (UN-BRK), Zwischenbericht v. 29.01.16, siehe https://www.gemeinsam-einfach-machen.de/SharedDocs/Downloads/DE/AS/Aktionsplaene/ap_Muenchen_Evaulierung.pdf;jsessionid=B7CB837EE78A3A811D1708149975DF7A.1_cid330?__blob=publicationFile&v=1.

der verantwortlichen Politiker und der Stadtverwaltung für die Dringlichkeit der Maßnahme heraus. Im Unterschied zu Maßnahmen der Barrierefreiheit werden Maßnahmen zur Bewusstseinsbildung überall gleichermaßen erforderlich sein. Sie dürften diejenigen Maßnahmen sein, die langfristig den nachhaltigsten Effekt erzielen werden. Sie sollten dazu führen, dass im von der UN-BRK intendierten Idealfall Behinderung als etwas ganz normales wahrgenommen wird; ein Mensch mit Behinderung sollte in einer inklusiven Gemeinde so selbstverständlich dazu gehören, dass seine Anwesenheit nicht weiter auffällt. Um sich diesen Idealzustand zu nähern, müssen auf gemeindlicher Ebene Maßnahmen ergriffen werden, die dem überkommenen Bild von Behinderung, den „Barrieren in den Köpfen", entgegenwirken. Gelingt dies, so werden diese Maßnahmen der Bewusstseinsbildung nach der Überzeugung der Verf. am meisten zu einer echten Inklusion von Menschen mit Behinderung beitragen.

B. Rechtliche und politische Ausgangslage

I. Gesetzliche Neuregelung ab 2018: Bayerisches Teilhabegesetz I (BayTHG I) - wesentliche Inhalte

1. Leistungen „wie aus einer Hand"

Ungeachtet der bereits mehrmals angesprochenen fehlenden Rechtsgeltung der UN-BRK in Bayern ist es dem Freistaat Bayern unbenommen, landesrechtliche Regelungen zur Umsetzung der UN-BRK zu treffen. Solche finden sich im Bayerischen Teilhabegesetz I (BayTHG I) vom 9. Januar 2018.[689] Das Gesetz diene dazu, das bayerische Landesrecht an die durch das Bundesteilhabegesetz (BTHG)[690] erfolgten Änderungen im Recht der Eingliederungshilfe anzupassen; es eröffne gesetzgeberische Gestaltungsspielräume auf landesrechtliche Ebene.[691] Dem BayTHG I soll später ein BayTHG II folgen, das die Anpassungen an diejenigen Teile des BTHG enthalten wird, die erst im Jahr 2020 in Kraft treten.[692] Die wesentliche Neuerung durch das BayTHG I besteht gem. Art 82 AGSG-neu

689 Bayerischer Landtag, Drucksache 17/18388.

690 G zur Stärkung der Teilhabe und Selbstbestimmung von Menschen mit Behinderungen (Bundesteilhabegesetz – BTHG) v. 23.12.16, BGBl. 2016 I Nr. 66., S. 3234.

691 Siehe Bayerischer Landtag, Drucksache 17/18388, S. 1.

692 Siehe Bayerischer Landtag, Drucksache 17/18388, S. 3.

in einer Bündelung der Zuständigkeiten der Bezirke.[693] Diese sind nach der neuen Regelung nicht nur, wie bisher, für die Eingliederungshilfe sondern auch für andere parallel an behinderte Menschen zu erbringende Leistungen, etwa die Hilfe zur Pflege zuständig; bisher waren dies die örtlichen Sozialämter. Erstmals seit zehn Jahren, seit der Übertragung der Zuständigkeit für die Eingliederungshilfe von den Sozialämtern auf die Bezirke im Jahr 2008, können beide Leistungen nach dem BayTHG I wieder „wie aus einer Hand" erbracht werden. Das Auseinanderfallen der Zuständigkeit in den vergangenen zehn Jahren hatte unnötige, komplizierte Fragen nach der Rechtsnatur der benötigten Hilfestellung aufgeworfen, die von den Betroffenen nicht sachgerecht beantwortet werden konnten.

Das BayTHG I erfüllt somit eine langjährige Forderung der Betroffenen nach nur einem behördlichen Ansprechpartner.[694]

2. *Sozialraumorientierung*

Allerdings würden durch die Verlagerung der Zuständigkeit von der örtlichen auf die überörtliche Ebene auch die Gemeinden die Möglichkeit verlieren, in eigener Zuständigkeit tätig zu werden. Dieser Effekt ist vom Gesetzgeber nicht erwünscht. § 94 Abs. 3 BTHG verpflichtet die Länder ausdrücklich dazu, „auf flächendeckende, bedarfsdeckende, *am Sozialraum orientierte* und inklusiv ausgerichtete Angebote von Leistungsanbietern hinzuwirken".[695] Die Frage, was unter Sozialraumorientierung zu verstehen sei, wird – je nach Kontext – unterschiedlich beantwortet.[696] im Zusammenhang mit der Gestaltung einer inklusiven Lebenswelt eignet sich die nachfolgend zitierte Definition der Caritas:

> „Die Sozialraumorientierung ist ein ganzheitliches Handlungskonzept der sozialen Arbeit. Im Kern geht es darum, die Lebensbedingungen aller Menschen in einem Stadtteil, Viertel oder einem ähnlichen Sozialraum zu verbessern. Ihre Interessen und Bedürfnisse stehen dabei im Vordergrund. Das Konzept setzt an den Stärken jeder/jedes Einzelnen an und aktiviert diese. Es soll Menschen in ungünstigen Lebenssituationen ermutigen, die Veränderungen in ihrem Wohngebiet selbst in die Hand zu nehmen. Darüber hinaus werden weitere Ressourcen des Sozialraums gesucht, vernetzt und zugänglich gemacht. Dazu gehören zum Beispiel Räume und Einrichtungen. Basis des sozialräumlichen Arbeitens sind Kooperationen und Vernetzungen zwischen den Einrichtungen und Diensten der freien Wohlfahrtspflege, der kommunalen Verwaltung,

693 Siehe Bayerischer Landtag, Drucksache 17/18388, S. 2.
694 Siehe Bayerischer Landtag, Drucksache 17/18388, S. 24.
695 Hervorhebung durch d. Verf.
696 Siehe www.partizipation.at/sozialraum.html.

der lokalen Wirtschaft, der Wohnungswirtschaft, Bildungseinrichtungen, Pfarrgemeinden und den zivilgesellschaftlichen Initiativen."[697]

Die Definition nimmt Bezug auf das Zuhause und die nahe Umgebung eines Menschen, den Stadtteil oder das Viertel, in dem er wohnt und die Infrastruktur, die er dort vorfindet. Damit ist also die gemeindliche Ebene angesprochen, auf der die Ressourcen für ein inklusives Zusammenleben bereitgestellt werden müssen. Um dies zu ermöglichen, ordnet das Gesetz eine Kooperation zwischen den Bezirken und den Gemeinden an; das heißt, die für die Leistungen an behinderte Menschen zuständigen Träger, die Bezirke, müssen gem. Art. 84 Abs. 3 BayTHG I mit den für die Daseinsvorsorge zuständigen Gemeinden, denen die Gestaltung des Sozialraums obliegt, Kooperationsvereinbarungen schließen. Ziel dieser Kooperation ist, die Leistungen so zu gestalten, dass die im Sozialraum des behinderten Menschen vorhandenen Ressourcen optimal genutzt werden. Eine solche Sozialraumorientierung ist ganz im Sinne der UN-BRK, denn sie stellt eben nicht auf die Defizite behinderter Menschen ab, sondern setzt ausdrücklich auf die Stärken des Einzelnen, der dadurch ermutigt und wertgeschätzt werden soll. Die Definition enthält also ein Element des Empowerments, das zum Innovationspotential der UN-BRK gehört. Es ist zu begrüßen, wenn derjenige, der eine Leistung in Anspruch nimmt, in seinem gewohnten Sozialraum verbleiben kann, anstatt sich in eine weit entfernte Einrichtung begeben zu müssen. So kommt es nicht zur Absonderung von Menschen mit Behinderung; ein Beitrag zur Deinstitutionalisierung im Sinne von Art. 19 UN-BRK wird damit geleistet. Zusätzlich könnten Fahrtkosten auf diese Weise ggf. reduziert werden.

3. *Partizipation der LAG Selbsthilfe*

Um dem Grundsatz „Nichts über uns ohne uns" der Konvention gerecht zu werden, sieht das Gesetz in Art. 66 AGSG-neu eine institutionelle Beteiligung der LAG Selbsthilfe Bayern[698] vor. Dieser behinderungsübergreifend tätige Verband wird landesgesetzlich dazu bestimmt, die Interessen aller Betroffenengruppen zu vertreten. Er ist seinerseits verpflichtet, die Beteiligung der jeweiligen

---

697 Siehe https://www.caritas.de/glossare/sozialraumorientierung.

698 Die Verf. verwendet hier die gängige Abkürzung; der vollständige Name des Verbandes lautet: *Landesarbeitsgemeinschaft SELBSTHILFE von Menschen mit Behinderung und chronischer Erkrankung und ihrer Angehörigen in Bayern e.V.;* im Gesetzentwurf steht fälschlicherweise in Klammern die Abkürzung LAGH; dies ist ein Redaktionsversehen und kommt daher, dass der Verband vor Jahren seinen Namen von *LAG Hilfe für Behinderte (LAGH)* in *LAG Selbsthilfe* geändert hat.

Interessenvertretungen sicherzustellen. Die Vorschrift verweist auf § 131 SGB IX, der den Abschluss von Rahmenverträgen zur Erbringung der Leistungen regelt. Die LAG Selbsthilfe entsendet also gem. Abs. 2 dieser Vorschrift Vertreter zu den Rahmenverhandlungen über die Leistungserbringung und nimmt so im Sinne der Menschen mit Behinderung Einfluss auf das „Wie" der Leistungserbringung. Ebenso ist die LAG Selbsthilfe gem. § 3 BayTHG i. V. m. §§ 41, 35 ff. AVSG in der Schiedsstelle nach § 133 SGB IX vertreten. Die Interessenvertreter nehmen gem. § 41e Abs. 4 AVSG beratend an den Sitzungen teil, haben jedoch gem. § 41e Abs. 5 AVSG Verschwiegenheit über die Sitzungen zu wahren. Das wichtigste Beteiligungsrecht dürfte womöglich ihre Teilnahme gem. § 99 AGSG an der Arbeitsgruppe sein, die sich mit der Bestimmung und stetigen Weiterentwicklung des Instruments zur Bedarfsermittlung befasst; denn mithilfe der Bedarfsermittlungsinstrumente, die sich an der ICF orientieren sollen, wird bestimmt, wer überhaupt Zugang zu den Leistungen erhält. Die Sorge der Betroffenen in der Diskussion des BTHG-Entwurfs war, dass nach bisheriger Bewilligungspraxis Anspruchsberechtigte in Zukunft bei der Bedarfsermittlung nach dem BTHG durch das Raster fallen könnten. Ursprünglich sollte nämlich hierfür ab 2023 eine Regelung von „5 von 9 Lebensbereichen mit Unterstützungsbedarf" erfolgen, die jedoch auf starken Widerspruch bei den Verbänden stieß.[699] Aktuell spricht Art. 25 a BTHG (Änderung des Neunten Buches Sozialgesetzbuch zum Jahr 2023) nur noch von einer „größeren" oder „geringeren" Anzahl von Lebensbereichen, die bis 2023 gesetzlich näher zu definieren sind.[700] Bis dahin gelten die bisherigen Regelungen fort. Ob die Zugangsvoraussetzungen damit so „entschärft" wurden, dass nach den neuen Bestimmungen niemand aus dem Kreis der Berechtigten fällt, lässt sich erst feststellen, wenn die Bedarfsermittlungsinstrumente fertig entwickelt worden sind und von den Behörden angewendet werden. Es würde jedenfalls den Zielen der UN-BRK zuwiderlaufen, wenn ausgerechnet bei den Leistungen der Eingliederungshilfe, einer klassischen Teilhabeleistung, der Kreis der Berechtigten verengt werden würde. Die Beteiligung der Behindertenverbände in der Arbeitsgruppe soll dazu beitragen, dies zu verhindern.

4. Zwischenergebnis zum BayTHG I

Das BayTHG I nimmt mit seinen ganzheitlichen Ansätzen wie der Bündelung von Zuständigkeiten und der Sozialraumorientierung wichtige Anliegen der

---

699 Siehe https://www.der-querschnitt.de/archive/23229.

700 Siehe https://www.buzer.de/gesetz/12358/a203035.htm.

UN-BRK auf und berücksichtigt über die Partizipation der LAG Selbsthilfe Bayern den Grundsatz „Nichts über uns ohne uns". Hinsichtlich der Leistungsgewährung bleibt abzuwarten, wie sich die neuen Bedarfsermittlungsinstrumente in der Praxis auswirken, das heißt, ob die angestrebte Vereinheitlichung zu den gleichen Leistungen wie vorher, zu einer Verbesserung oder zu einer Verschlechterung für die Betroffenen führt. Positiv zu bewerten ist, dass Interessenvertreter der LAG Selbsthilfe durch Beteiligung an der Arbeitsgruppe immerhin Einfluss auf die Ausgestaltung der Bedarfsermittlungsinstrumente haben.

II. Schwerpunkte der Bayerischen Politik für Menschen mit Behinderung im Lichte der UN-Behindertenrechtskonvention – Bayerischer Aktionsplan

Dem Aktionsplan des Freistaats Bayern zur Umsetzung der UN-BRK lassen sich keine Anhaltspunkte für die Umsetzung der UN-BRK auf kommunaler Ebene entnehmen, weil die bayerische Staatsregierung die Ansicht vertritt, der Aktionsplan könne nur Maßnahmen umfassen, für die die Staatsregierung selbst verantwortlich sei.[701] Vorgaben für die Kommunen könnten aufgrund der kommunalen Selbstverwaltung nicht getroffen werden.[702] Dies hat zur Folge, dass mit dem bayerischen Aktionsplan allein keinesfalls eine flächendeckende Barrierefreiheit bzw. inklusive Gestaltung der Lebenswirklichkeit von Menschen mit und ohne Behinderung im Freistaat erreicht werden kann.

III. Erklärtes Ziel der Bayerischen Staatsregierung: „Bayern barrierefrei 2023"

Die Rechtslage, wonach die UN-BRK im Bereich des bayerischen Landesrechts keine Geltung beansprucht, steht in einem auffallenden Gegensatz zum politischen Umgang mit der Umsetzung der UN-BRK auf Landesebene. Ein bayerischer Aktionsplan wurde aufgelegt, womit der Eindruck erweckt wurde, die bayerische Staatsregierung fühle sich rechtlich an die UN-BRK gebunden. Die Umsetzungsbemühungen sind lobenswert, führen aber zu Erwartungen bei den Bürgern mit Behinderung, die letztlich enttäuscht werden. Der bayerische

---

701 *Prognos AG*, Studie v. 14.07.2016 im Auftrag des Bayerischen Staatsministeriums für Arbeit und Soziales, Familie und Integration (StMAS), Evaluation des Bayerischen Aktionsplans zur Umsetzung der UN-Behindertenrechtskonvention, Endbericht, S. 53 f., siehe https://www.prognos.com/uploads/tx_atwpubdb/20161028_Prognos_endbericht_evaluation_final.pdf.

702 Wie vorherige Fußnote.

Ministerpräsident *Seehofer* schürte die Erwartungen, indem er in seiner Regierungserklärung vom 11.12.2013 in drei kurzen Sätzen bekanntgab:

> „Für Menschen mit Behinderung haben wir uns ein sehr ehrgeiziges Ziel vorgenommen: Bayern wird in zehn Jahren komplett barrierefrei – im gesamten öffentlichen Raum, im gesamten ÖPNV. Dazu werden wir ein Sonderinvestitionsprogramm ‚Bayern barrierefrei 2023' auflegen."[703]

Damit kündigte der bayerische Ministerpräsident, wenn man ihn beim Wort nimmt, eben jene flächendeckende Barrierefreiheit im Freistaat Bayern an, die aufgrund des oben genannten Grundsatzes der kommunalen Selbstverwaltung überwiegend auf der Ebene der Gemeinden erreicht werden muss. Wenn man so will, hat er damit etwas versprochen, was im Wesentlichen andere erfüllen sollen.

IV. Entgegnung von Ulrich Maly, Vorsitzender des Bayerischen Städtetages

Bei seiner Aussage dürfte *Seehofer* den Freistaat um einiges fortschrittlicher eingeschätzt haben, als er tatsächlich ist. Anders ist der gewählte Zeitrahmen von nur 10 Jahren nicht zu verstehen, der allenthalben Verwunderung hervorrief und dem Ministerpräsidenten Kritik eintrug. Der damalige Vorsitzende des bayerischen Städtetages, *Ulrich Maly*, reagierte mit einer engagierten Rede im Rahmen einer Pressekonferenz des bayerischen Städtetages[704] auf die Erklärung des bayerischen Ministerpräsidenten: Er sagte, es finde im Moment „eine Exegese" derselben statt, was denn alles unter Barrierefreiheit zu verstehen sei, wie das Ziel umgesetzt werde, wie, von wem und in welchem Zeitrahmen das Ganze finanziert werde. *Maly* forderte, Freistaat und Kommunen müssten das Ziel der Barrierefreiheit gemeinsam definieren und dann vernünftig umsetzen. Anschließend rechnete *Maly* anhand einiger konkreter Zahlenbeispiele aus den verschiedenen Bereichen von Barrierefreiheit vor, welche Kosten den Kommunen durch Nachrüstung barrierefreier Maßnahmen entstehen würden. Der Präsident des Städtetages wies darauf hin, dass die Zeitvorgabe ohne staatliche Hilfe

---

703 BAYERN. DIE ZUKUNFT. Regierungserklärung des Bayerischen Ministerpräsidenten *Horst Seehofer*, MdL, am 12.11.13 im Bayerischen Landtag, S. 17, siehe www.bayern.de/wp-content/uploads/2014/07/Regierungserkl%C3%A4rung-_Bayern.-Die-Zukunft._.pdf.

704 Die folgenden Aussagen von *U. Maly* wurden der Pressemitteilung des Bayerischer Städtetages v. 24.07.14 entnommen, siehe https://www.bay-staedtetag.de/fileadmin/Downloads/Pressemitteilungen/2014/20140724_Maly_zur_Barrierefreiheit_im_i__ffentlichen_Raum.pdf.

für die Kommunen nicht einzuhalten sei, und dass strukturschwache Kommunen nicht über die nötigen Haushaltsmittel verfügten, um den im Rahmen eines Sonderinvestitionsprogramms notwendigen Eigenanteil aufzubringen. Der Ministerpräsident ruderte alsbald, offenbar erschrocken über das Ausmaß der zu erwartenden Kosten, zurück und präzisierte seine Aussage dahingehend, dass jede Ebene selbst für die Umsetzung der UN-BRK zuständig sei,[705] womit er sich auf einer Linie mit den Aussagen im Aktionsplan befand. *Maly* hatte in seiner Rede an *Seehofer* appelliert, diese Fragen auf dem Kommunalgipfel zu klären, allerdings wohl ohne den gewünschten Erfolg, denn der bayerische Innenminister Joachim Herrmann bekräftigte als Ergebnis des Gipfels zu diesem Punkt, grundsätzlich gelte: jede Ebene sei für ihren Bereich zuständig.[706] Damit wies der Freistaat Bayern die Zuständigkeit und Verantwortlichkeit, die vom Ministerpräsidenten ausgerufenen Barrierefreiheitsziele auf gemeindlicher Ebene zu verwirklichen, allein den Kommunen zu. Die im Doppelhaushalt 2015/16 insgesamt eingeplanten 205 Millionen Euro stehen hingegen nur dem Bereich des Freistaats Bayern und nicht den Kommunen zur Verfügung.[707] Ein Sonderinvestitionsprogramm für Kommunen wurde nicht aufgelegt.[708] Enttäuscht darüber äußerte sich die LAG Selbsthilfe Bayern.[709] Der behinderungsübergreifend ausgerichtete Verband betonte auf seiner Homepage, er und seine nach damaligem Stand 106 Mitgliedsverbände seien bereit und in der Lage, das Vorhaben „Bayern barrierefrei 2023" mit Rat und Tat zu unterstützen, dies sei jedoch nicht auf rein ehrenamtlicher Basis zu leisten.[710] Selbst die gewiss nicht für eine besonders regierungskritische Haltung bekannte Bayerische Staatszeitung berichtete von enttäuschten Hoffnungen und nannte die Ankündigung des Ministerpräsidenten „wohl etwas voreilig". Der Redakteur der Bayerischen Staatszeitung betitelte

705 Mittler, Dietrich/Szymanski, Mike, Barrierefrei, aber nur ein bisschen, Süddeutsche Zeitung v. 01.07.14, siehe www.sueddeutsche.de/bayern/sozialpolitik-in-bayern-barrierefrei-aber-nur-ein-bisschen-1.2025686.

706 Bayerische Staatszeitung v. 14.11.14, siehe www.bayerische-staatszeitung.de/staatszeitung/politik/detailansicht-politik/artikel/barrierefrei-light-soll-genuegen.html.

707 Wie vorherige Fußnote.

708 Bayerischer Städtetag, Informationsbrief Nr. 5 – Mai 2017, S. 2, siehe https://www.bay-staedtetag.de/fileadmin/Downloads/Infobriefe/2017/2017-IB05Mai.pdf.

709 Die Verf. verwendet hier die gängige Abkürzung; der vollständige Name des Verbandes lautet: *Landesarbeitsgemeinschaft SELBSTHILFE von Menschen mit Behinderung und chronischer Erkrankung und ihrer Angehörigen in Bayern e.V.*

710 Siehe www.lag-selbsthilfe-bayern.de/publikationen/weitere-beitr%C3%A4ge/stellungnahmen/298-resolution-bayern-barrierefrei-2023.html.

dieses Ergebnis mit der Überschrift „Barrierefrei light soll genügen“[711], ähnlich die Schlagzeile in der Süddeutschen Zeitung: „Barrierefrei, aber nur ein bisschen“.[712]

V. Streitfrage „neue Aufgaben“ – das Konnexitätsprinzip der Bayerischen Verfassung

Wie bereits im Zusammenhang mit dem Thema des Behindertenbeauftragten angesprochen, sieht die Bayerische Verfassung seit 2004 ein striktes Konnexitätsprinzip vor. Es besagt in Art. 83 Abs. 3, 2. Var. BV, dass der Freistaat Bayern eine Regelung zum Kostenausgleich treffen muss, wenn er den Gemeinden die Erfüllung neuer Aufgaben vorschreibt. Im Gegensatz dazu ist für bereits vor dem 1.1.2004 bestehende kommunale Aufgaben anerkannt, dass für sie das bisherige System des kommunalen Finanzausgleichs und der sonstigen Finanzbeziehungen zwischen Staat und Kommunen gilt.[713] Es kommt also bei der Umsetzung von Inklusionszielen auf kommunaler Ebene entscheidend darauf an, ob die jeweiligen Aufgaben bereits vor dem Jahr 2004 bestanden, oder ob es sich um neue Aufgaben handelt. Sowohl für die Ansicht, dass die UN-BRK das Thema Inklusion unter anderem durch Fristsetzung forciert habe, dass sie damit neue, strengere Standards setze und die sich hieraus ergebenden Aufgaben deshalb auf jeden Fall als neu zu bezeichnen seien,[714] als auch für das Argument, Barrierefreiheit stehe bereits seit Jahren als Anforderung in den Landesgesetzen und ihre Umsetzung sei daher eine bestehende Aufgabe,[715] sprechen gute Gründe. Jedoch kann die Frage nach Ansicht der Verf. nicht allgemein entschieden werden sondern ist in jedem Einzelfall einer gemeindlichen Aufgabe gesondert zu prüfen. Hinsichtlich der Regierungserklärung des bayerischen Ministerpräsidenten und der Erwiderung des damaligen Präsidenten des bayerischen Städtetages stellt sich die Frage nicht, denn Ulrich *Maly* konstatierte selbst in seiner Rede, die Staatsregierung habe bislang keine verpflichtenden Vorgaben gesetzt, um eben

711 Bayerische Staatszeitung v. 14.11.14, siehe www.bayerische-staatszeitung.de/staatszeitung/politik/detailansicht-politik/artikel/barrierefrei-light-soll-genuegen.html.

712 *Mittler, Dietrich/Szymanski, Mike*, Barrierefrei, aber nur ein bisschen, *Süddeutsche Zeitung* v. 01.07.14, siehe www.sueddeutsche.de/bayern/sozialpolitik-in-bayern-barrierefrei-aber-nur-ein-bisschen-1.2025686.

713 *Wolff* in: *Lindner/Möstl/Wolff*, Art. 83 Rn. 105; *PdK Bayern* Art 83 BV, Rn. 161, beide unter Berufung auf *VerfGH*, Entsch. v. 28.11.07, Az. Vf 15-VII-05, zit. nach *juris*, Rn. 197.

714 So *Knäusl*, PUBLICUS 2011, 6, 7.

715 So *Müller*, Amtschef StMUK, auf *Knäusl* replizierend in PUBLICUS 2011, S. 27.

nicht den Tatbestand der Konnexität auszulösen. *Malys* Hinweis, es sei problematisch, wenn die Staatsregierung Wünsche wecke, die andere erfüllen müssten, weist zwar in die Richtung der Konnexität, ist aber weniger ein juristisches Argument als vielmehr eine moralische Mahnung an die Verantwortung der bayerischen Staatsregierung. Die von d. Verf. vorgeschlagene Ingeltungsetzung der UN-BRK im Freistaat Bayern würde das Problem auf faire Art und Weise lösen, denn dann wäre eindeutig ein Fall der Konnexität gegeben und derjenige, der etwas versprochen hat, in diesem Fall der Freistaat Bayern, vertreten durch den Ministerpräsidenten, müsste auch für die Finanzierung sorgen. Dann wären alle Bereiche, in denen inklusive Bedingungen im Sinne der UN-BRK erst hergestellt werden müssen, als neue Aufgaben zu qualifizieren. Betrachtet man allein den Aufwand für ein Aktionsplanverfahren, so ist offenkundig, dass auf die Gemeinden durchaus etwas Neues zukommt. Beim Aktionsplan sind es ja nicht nur die einzelnen Maßnahmen, die Kosten verursachen; von einigen von diesen könnte man womöglich sagen, dass Maßnahmen der Barrierefreiheit nach dem BayBGG oder der Bayerischen Bauordnung von der Gemeinde schon länger hätten durchgeführt werden sollen und dass es bestehende Aufgaben seien. Spätestens bei der Planung des Aktionsplanverfahrens selbst müsste man aber zugeben, dass es eine neue Aufgabe ist, weil derartige Verfahren vor Inkrafttreten der UN-BRK nicht durchgeführt wurden. So beauftragte etwa die Stadt Traunstein ein Planungsbüro mit der Erstellung eines Konzepts und investierte dafür 40.000 Euro.[716] In dem in der vorangehenden Fußnote benannten Artikel im Traunsteiner Tagblatt fehlt der Hinweis, dass die Modellkommunen Planungskostenzuschüsse vom Freistaat Bayern erhielten.[717] Es lässt sich festhalten, dass in Wahrheit nicht rechtliche Argumente, sondern die Finanzen der Grund für die Zurückhaltung der bayerischen Staatsregierung sind. Aus diesem Grund erwartet die Verf. nicht, dass die von ihr vorgeschlagene Ingeltungsetzung in absehbarer Zeit tatsächlich erfolgt. Bis dahin wird sich die bayerische Staatsregierung, wie bisher, mit Aufgabenzuweisungen an die Gemeinden zur Herstellung Inklusion auf kommunaler Ebene, zurückhalten, sodass sich das Problem der Konnexität, worin sich *Maly* und *Seehofer* einig waren, nicht stellt.

716 Artikel „Die Finanzierung nicht ausblenden“, Traunsteiner Tagblatt v. 31.07.14, siehe https://www.traunsteiner-tagblatt.de/startseite_artikel,-die-finanzierung-nicht-ausblenden-_arid,152300.html.

717 Bayerisches Staatsministerium des Innern, für Bau und Verkehr, Pressemitteilung v. 25.07.14, siehe https://www.stmi.bayern.de/med/pressemitteilungen/pressearchiv/2014/255/index.php.

C. Tatsächliche Ausgangslage zur Inklusion in bayerischen Gemeinden

I. Bezeichnung: Aktions- oder Teilhabepläne

Die kommunalen Pläne zur Umsetzung der UN-BRK werden unterschiedlich bezeichnet und haben manchmal sachliche, manchmal mehr oder weniger fantasievolle Titel, aus denen einprägsame Abkürzungen gebildet werden, z.B. „Miteinander Inklusiv Kempten (MIK)".[718] Neben der Bezeichnung „Aktionsplan Inklusion" für kommunale Aktionspläne ist auch der Begriff „Teilhabeplan für Menschen mit Behinderung" häufig anzutreffen, den die Verf. im Sinne der Vermeidung von Fremdwörtern ursprünglich bevorzugt hätte. Man könnte den „Aktionsplan Inklusion" alternativ als „lokalen", „kommunalen", „örtlichen", „gemeindlichen" bzw. „städtischen" Teilhabeplan für Menschen mit Behinderung bezeichnen; dagegen spricht jedoch, dass der Begriff „Teilhabeplan" inzwischen anderweitig besetzt ist. Ein Teilhabeplan gem. § 19 SGB IX in der ab 01.01.2018 geltenden Fassung[719] ist nämlich ein sich auf Einzelpersonen beziehendes standardisiertes Planungsinstrument des Rehabilitationsrechts. Um keine Verwechslungen hervorzurufen und die Begrifflichkeiten der UN beizubehalten, wird in dieser Arbeit der Begriff Aktionsplan verwendet, womit der kommunale Aktionsplan Inklusion gemeint sein soll.

II. Die Besonderheit der Bezirksebene im Freistaat Bayern

Eine bayerische Besonderheit ist die Aufteilung des Staatsgebiets in sieben Regierungsbezirke, die in Art. 9 Abs. 1 BV als „Kreise" bezeichnet werden. Diese wiederum sind in die Landkreise eingeteilt, die in Art. 9 Abs. 2 BV als „Bezirke" bezeichnet werden. Damit ist die verfassungsrechtliche Terminologie – aus historischen Gründen – genau umgekehrt zu der des einfachen Rechts.[720] Nach Art. 10 Abs. 1 BV besteht für das Gebiet jedes Kreises und jedes Bezirks ein Gemeindeverband als Selbstverwaltungskörper. Mit den Bezirken gibt es also in Bayern eine „dritte kommunale Ebene neben den Gemeinden, Märkten und Städten sowie den Landkreisen und kreisfreien Städten".[721] Die Bezirke sind nicht

---

718 Siehe Aktionsplanverzeichnis.

719 G zur Stärkung der Teilhabe und Selbstbestimmung von Menschen mit Behinderungen (Bundesteilhabegesetz – BTHG) v. 23.12.16, BGBl. I S. 3234, 3243-3244.

720 Siehe *Wolff* in: *Lindner/Möstl/Wolff*, Art. 9 Rn. 3.

721 Broschüre „Der Bayerische Bezirketag – Kommunaler Spitzenverband der Bezirke in Bayern", S. 2, siehe http://www.bay-bezirke.de/downloads/db7312ecc48ae654540549e281765f96_Flyer_Der%20Bayerische%20Bezirketag_2017.pdf.

nur Betreiber von Wohn- und Pflegeeinrichtungen und Berufsfachschulen,[722] sondern seit 2008 gem. Art. 81 Abs. 1, 82 Abs. Nr. 1 AGSG[723] auch als überörtliche Sozialhilfeträger zuständig für die Eingliederungshilfe für Menschen mit Behinderung. Ab 2018 erhalten sie, wie zuvor beschrieben, durch das BayTHG I darüber hinaus auch die Zuständigkeit für die Hilfe zur Pflege. Von den Bezirken in Bayern wird also darüber entschieden, ob behinderte Menschen einen Platz in einer WfbM erhalten, ob sie einen Fahrdienst in Anspruch nehmen können, ob und wieviel individuelle Pflege und Unterstützung, zum Beispiel in Form der persönlichen Assistenz, ihnen gewährt wird oder ob ihnen zugemutet werden soll, in Einrichtungen zu leben. Dies hat wiederum unmittelbaren Einfluss darauf, ob Menschen mit Behinderung selbstbestimmt leben, am Leben in der Gemeinschaft teilnehmen und ihre von der UN-BRK gewährten Rechte und Grundfreiheiten in vollem Umfang genießen können. Die Zuständigkeit der Bezirke haben auch die Kommunen bei ihrer örtlichen Teilhabeplanung zu beachten. In einigen Aktionsplänen bayerischer Kommunen wird deshalb zutreffend ausgeführt, ein kommunaler Teilhabeplanungsprozess müsse in Bayern im Gegensatz zu anderen Bundesländern wie Baden-Württemberg oder Rheinland-Pfalz unter besonderen Bedingungen erstellt werden. Eine kommunale Teilhabeplanung ohne enge Abstimmung mit dem für die Eingliederungshilfe zuständigen Bezirk sei somit wenig zielführend.[724] Der Bezirk Oberbayern ist zwar an einigen Aktionsplanverfahren beteiligt,[725] hat aber selbst als Aufgabenträger keinen Aktionsplan Inklusion erstellt, und auch für eine Planung ist nichts ersichtlich. Ähnlich ist die Situation im Bezirk Oberpfalz; hier ist lediglich ein Tagesordnungspunkt in einer Sitzung des Sozialhilfeausschusses des Bezirkstages im Jahr 2012 dokumentiert: TOP 19 – Umsetzung der UN-Behindertenrechtskonvention – Inklusion Aktionsplan für den Bezirk Oberpfalz.[726] Von einer Umsetzung erfährt man nichts. Der Bezirk Unterfranken hat die mit

---

722 Broschüre „Der Bayerische Bezirketag – Kommunaler Spitzenverband der Bezirke in Bayern", S. 4, wie vorherige Fußnote.

723 A. F.

724 Z.B. im Aktionsplan der Stadt Rosenheim, S. 6, und im Aktionsplan des Landkreises Augsburg, S. 10, siehe jeweils Aktionsplanverzeichnis.

725 Siehe www.bezirk-oberbayern.de/Soziales/Sozialplanung/TeiLhabeplanung-und-Aktionsplan.

726 Siehe Amtsblatt der Regierung der Oberpfalz Nr. 5/2012, Seite 47, Bekanntmachung des Präsidenten des Bezirkstages der Oberpfalz v. 05.06.12 über die Sitzung des Sozialhilfeausschusses des Bezirkstages der Oberpfalz (TOP 19), www.docplayer.org/55411384-Regierung-der-oberpfalz-amtsblatt.html.

insgesamt 10.000 Euro dotierten Unterfränkischen Inklusionspreise in den vier Kategorien „Bildung und Erziehung“, „Arbeit“, „Wohnen“ sowie „Freizeit, Kultur und Sport, Natur und Umwelt“ ausgelobt,[727] selbst aber keinen Aktionsplan Inklusion erarbeitet. Im Bezirk Mittelfranken ist ein Aktionsplan in Vorbereitung.[728]

III. Bereits erfolgte Maßnahmen zur Inklusion auf kommunaler Ebene – Modellprojekt und Aktionspläne

1. Kommunale Aktionspläne und Aktionsplan-Entwürfe in Bayern

Auf der Internetseite www.gemeinsam-einfach-machen.de wurden bisher veröffentlichte Aktionspläne der verschiedenen Ebenen sowie von Institutionen gesammelt,[729] einschließlich zahlreicher kommunaler Aktionspläne, von denen aber lediglich fünf aus bayerischen Gemeinden, Landkreisen und Bezirken stammen, nämlich die Aktionspläne der Landeshauptstadt München, der Stadt Würzburg, der Landkreise Rosenheim und Unterallgäu sowie des Bezirks Schwaben. Anscheinend wird diese Internetplattform nicht regelmäßig aktualisiert, denn es fehlen mehr bayerische Gemeinden und Landkreise als verzeichnet sind; nach Recherchen der Verf. verfügen außerdem die Städte Ingolstadt, Neuötting, Rosenheim und Kempten sowie die Landkreise Regensburg, Starnberg, Augsburg, München, Fürstenfeldbruck und Ostallgäu über Aktionspläne.[730] Stadt und Landkreis Aschaffenburg haben gemeinsam ein integriertes Gesamtkonzept erarbeitet, das neben den Belangen von Menschen mit Behinderung auch die Belange der Seniorinnen und Senioren berücksichtigt.[731] Damit vergrößert sich die Zahl der bayerischen kommunalen Aktionspläne zwar immerhin auf sechzehn, dennoch überrascht eine niedrige zweistellige Anzahl angesichts

727 Siehe Flyer unter https://www.bezirk-unterfranken.de/informationen/veroeffentlichungen/m_16955.

728 Siehe Pressemitteilung v. 14.06.17 unter www.bezirk-mittelfranken.de/index.php?id=75&tx_news_pi1%5Bnews%5D=1846&tx_news_pi1%5Bcontroller%5D=News&tx_news_pi1%5Baction%5D=detail&cHash=a40affe51d982ee0aa137af442e6259e.

729 Der direkte Link zu den Aktionsplänen der kommunalen Ebene lautet: www.gemeinsam-einfach-machen.de/GEM/DE/AS/Aktionsplaene/Aktionsplaene_Landkreise_Kommunen_Staedte/aktionsplaene_landkreise_kommunen_staedte_node.html.

730 Nachweise siehe Aktionsplanverzeichnis, bayerische Aktionspläne mit * gekennzeichnet.

731 Siehe Aktionsplanverzeichnis.

der 7 Bezirke, 71 Landkreise und 2.056 Gemeinden, Märkte und Städte in Bayern[732]. Mathematisch ausgedrückt haben also nur 7,5 Promille der insgesamt 2.134 bayerischen Gebietskörperschaften einen Aktionsplan Inklusion. Es ist möglich, dass unveröffentlichte Aktionspläne Inklusion existieren; im Sinne der Öffentlichkeitsarbeit wäre es aber unklug, sie erarbeitet zu haben und dies dann nicht zu erwähnen. In einigen bayerischen Kommunen sind nach Recherchen d. Verf. Aktionsplanverfahren im Gange, z.B. in den Landkreisen Ebersberg[733], Weilheim-Schongau[734], Kelheim[735], in den Städten Ansbach[736], Memmingen[737], Fürth[738], Bayreuth[739] und Regensburg[740]. Für den Bezirk Mittelfranken gibt es, wie erwähnt, einen Aktionsplanentwurf.[741] Über einen Aktionsplan für den Bezirk Niederbayern haben im Herbst 2017 die niederbayerischen Behindertenbeauftragten bei einem Treffen beraten.[742] Auch wenn diese kommunalen Aktions- oder Teilhabepläne innerhalb der Jahre 2018 oder 2019 fertiggestellt werden sollten, und unter Berücksichtigung der Möglichkeit, dass weitere, von der Verf. nicht aufgefundene Aktionspläne existieren, bleibt die Anzahl kommunaler Aktionspläne vorerst im einstelligen Prozentbereich. Um zu erreichen, dass wenigstens jede zehnte Gebietskörperschaft in Bayern einen Aktionsplan Inklusion bekäme, müsste sich die Zahl vom jetzigen Standpunkt aus gesehen

---

732 Angaben laut http://bayern.de/freistaat/staat-und-kommunen/bezirke-landkreise-staedte-und-gemeinden.

733 Siehe www.lra-ebe.de/Leben/Demografie-Gesellschaft.aspx?view=/kxp/orgdata/default&orgid=91a15101-5fbf-468d-8e9b-1d6e7371d44d.

734 Für diesen Landkreis wurde eine Studie zur örtlichen Angebots- und Teilhabeplanung durchgeführt, siehe www.weilheim-schongau.de/Inhalt/Stichworte_A_Z/_ST_IV/Teilhaberat/Gesamtergebnis.pdf.

735 Siehe www.landkreis-kelheim.de/Dox.aspx?docid=2a9bed45-e149-4347-982b-a3643ef6ad87&orgid=bd6ee792-01f7-4296-a571-4175d46aeb9a.

736 Siehe www.behindertenbeirat-ansbach.de/index.php?id=32.

737 Siehe www.lokale-mm.de/news/aktionsplan-inklusion-20-projekte-drei-jahren/.

738 Siehe Beschlussvorlage des Fürther Stadtrates SzA/088/2015 v. 16.02.15, Betreff: Kommunaler Aktionsplan Inklusion, http://stadtrat.fuerth.de/vo0050.php?__kvonr=50081&vo-select=47053.

739 Siehe www.bayreuth.de/rathaus-buergerservice/leben-in-bayreuth/menschen-mit-behinderung/aktionsplan-inklusion.

740 Auskunft des kommunalen Inklusionsbeauftragten der Stadt Regensburg, *Frank Reinel*, per E-Mail an d. Verf. v. 04.09.2017.

741 Auskunft der Behindertenbeauftragten des Bezirks Mittelfranken, *Amely Weiß*, per E-Mail an d. Verf. v. 12.09.2017.

742 Siehe www.wochenblatt.de/nachrichten/kelheim/regionales/Niederbayerische-Behindertenbeauftragte-beraten-Aktionsplan-Inklusion-;art1176,474519.

fast verzwanzigfachen. Selbst dann wäre man von dem Ziel der flächendeckenden Barrierefreiheit in Bayern noch weit entfernt. Maßnahmen der Bewusstseinsbildung seitens des Freistaates Bayern sind also dringend notwendig, soll sich – zeitnah oder langfristig – etwas verbessern.

2. Modellprojekt der Bayerischen Staatsregierung mit 16 Modellgemeinden

a) Auswahl der teilnehmenden Modellgemeinden

Wie bereits erwähnt legte die Bayerische Staatsregierung kein Sonderinvestitionsprogramm auf, auf das die Kommunen Zugriff hätten. Stattdessen führte sie ein Projekt mit 16 Modellkommunen aus allen sieben bayerischen Regierungsbezirken durch. Die Modellkommunen sind: Bad Kissingen, Bad Windsheim, Eggenfelden, Grafenau, Günzburg, Höchstädt an der Donau, Kronach, Kulmbach, Litzendorf, Marktoberdorf, Mitterteich, Neumarkt in der Oberpfalz, Stadtprozelten, Starnberg, Traunstein und Wassertrüdingen.[743] Ziel des Projektes war in erster Linie, einen Leitfaden für die Barrierefreiheit von Gemeinden zu erstellen. Entsprechend wurden die Städte und Gemeinden von der bayerischen Staatsregierung gemeinsam mit den kommunalen Spitzenverbänden nach Kriterien ausgewählt, die im Werkbericht wie folgt beschrieben werden:

> „Ausgewählt wurden große und kleine Städte und Gemeinden, ländlich und städtisch geprägte Orte, siedlungsstrukturell eher kompakte Gemeinden und solche mit vielen Ortsteilen, Gemeinden in überwiegend ebenem Gelände sowie in hügeliger Landschaft oder mit starker Topografie. Berücksichtigt wurden auch räumliche Zäsuren, Engstellen und hochfrequentierte Durchgangsstraßen sowie städtebaulich und denkmalschutzrechtlich sensible, schützenswerte historische Zentren. [...] Aufgrund der relativ knapp angesetzten Erarbeitungszeit wurden Städte und Gemeinden mit Erfahrungen in städtebaulichen Erneuerungsmaßnahmen ausgewählt, die aktuell in ein Städtebauförderungsprogramm aufgenommen sind."[744]

b) Enges Korsett bei der Planung: die Zeitvorgabe

Am Zeitrahmen und an den Auswahlkriterien ist erkennbar, dass der Fokus dieser Maßnahme auf der zeitnahen Erstellung eines Leitfadens lag, und nicht auf der möglichst flächendeckenden Herstellung eines inklusiven Lebensraums für Menschen mit und ohne Behinderung. Hätte die bayerische Staatsregierung

743 Werkbericht, S. 4.

744 Werkbericht S. 6; genauer aufgefächert in Bayerischer Landtag, Drucks. 17/7492, S. 1 ff.

tatsächlich erreichen wollen, dass Gemeinden Aktionspläne erstellen, die inhaltlich und in der Art des Zustandekommens den in dieser Arbeit vorgestellten Kriterien entsprechen, und dass Gemeinden Fortschritte in Sachen Inklusion, und nicht nur im Teilbereich „Barrierefreiheit" erzielen, so hätte sie die Erarbeitungszeit gerade nicht „knapp ansetzen" dürfen. „Startschuss" des Projektes war nämlich laut Werkbericht am 24.06.2014, die Abgabe der Aktionspläne erfolgte Ende Januar 2015,[745] die Gemeinden hatten also für das gesamte Aktionsplanverfahren nur sieben Monate Zeit. Damit wurde ihnen die Möglichkeit genommen, das Beteiligungsverfahren individuell nach eigenen Ideen breit anzulegen und sich dafür so viel Zeit zu lassen wie nötig. Für „Geduld und Experimentierfreude"[746], die im Leitfaden angemahnt werden, ließ die Bayerische Staatsregierung durch das gewählte Setting den Gemeinden keinen Raum. Einheitliche Zeitvorgaben für verschiedene Gemeinden sind ohnehin kontraproduktiv, erst recht, wenn die Gemeinden gerade aufgrund ihrer Unterschiedlichkeit ausgewählt wurden. Inhaltlich stehen in der obigen Beschreibung städtebauliche Maßnahmen erkennbar im Vordergrund, die im Leitfaden möglichst breit abgebildet werden sollten, während eine positive Grundhaltung von Verwaltung und Bürgern gegenüber dem Thema Inklusion, eine nicht unwichtige Voraussetzung für das Gelingen eines Aktionsplans, bei der Auswahl der Städte und Gemeinden offenbar überhaupt keine Berücksichtigung fand.

c) Gestaffelter Planungskostenzuschuss

Der Freistaat Bayern gewährte den Modellkommunen einen gestaffelten Planungskostenzuschuss. Städte und Gemeinden mit bis zu 20.000 Einwohnern bekamen 20.000 Euro, größere Kommunen 25.000 Euro.[747] Für die oben als Beispiel genannte Stadt Traunstein, deren Einwohnerzahl unter 20.000 liegt,[748] ergibt sich unter Berücksichtigung eines Zuschusses in Höhe von 20.000 € somit ein Eigenanteil an den Planungskosten in Höhe von immerhin ebenfalls 20.000 €.

745 Werkbericht S. 7.

746 Leitfaden, S. 21.

747 Bayerisches Staatsministerium des Innern, für Bau und Verkehr, Pressemitteilung v. 25.07.14, siehe https://www.stmi.bayern.de/med/pressemitteilungen/pressearchiv/2014/255/index.php.

748 Faltblatt der Stadt Traunstein von 2014, siehe https://www.traunstein.de/media/1209/faltblatt2014-zahlen-und-daten.pdf.

d) Umsetzung des Projektes und Öffentlichkeitsarbeit in den Modellgemeinden

(1) Erwartungen an das Ergebnis der Recherche zu den Modellgemeinden

Laut Werkbericht wurden Maßnahmen zur Barrierefreiheit ergriffen und in allen Gemeinden Aktionspläne[749] erstellt. Als Ergebnis wäre neben den baulichen Verbesserungen zu erwarten gewesen, dass die 16 Gemeinden ihren Aktionsplan im Internet veröffentlicht hätten, denn die Veröffentlichung gehört zum Aktionsplanverfahren; durch sie werden die im Aktionsplanverfahren geforderten Kriterien Transparenz und Partizipation sichergestellt. Auf den „barrierefrei gestalteten Internetauftritt", den die Gemeinde einrichten sollte, weist auch der Leitfaden hin.[750] Außerdem wird eine Multiplikatorenfunktion erreicht, weil jeder veröffentlichte Aktionsplan ein potentielles Muster, eine Anregung, für andere Gemeinden sein kann. Fehlt eine Veröffentlichung im Internet, so lässt dies mangelnde Sensibilität für das Thema erkennen, weil es bedeutet, dass Barrierefreiheit, Inklusion und Modellprojekt als nicht allgemein interessant oder wichtig genug für die Homepage eingestuft wurden. In gleicher Weise wie Aktionspläne müssten auch Teilschritte und Zwischenziele dokumentiert worden sein. Wäre dies, wie in den unter 1. vorgestellten Gemeinden, in der sonst üblichen Form geschehen, hätte eine Internetrecherche entsprechende Ergebnisse hervorbringen müssen. Die Verf. überprüfte für jede der teilnehmenden Gemeinden anhand der im Internet zugänglichen Quellen, ob ein Aktionsplan dokumentiert ist, mit dem Ergebnis, dass dies für keine der Modellkommunen zutrifft. Allerdings stehen die im Werkbericht veröffentlichten Informationen natürlich im Internet zur Verfügung.

(2) Ergebnis der Recherche zu den Modellgemeinden

Die Überprüfung ergab im Einzelnen: Auf der Internetseite von Bad Kissingen findet sich keinerlei Hinweis auf ein Aktionsplanverfahren. Dies erstaunt umso mehr, als die Gemeinde Ende Juni 2016 den „Startschuss für das Gemeindeentwicklungskonzept" gab. Dies wird auf der Internetseite erwähnt, ohne dass in irgendeiner Weise auf den Gesichtspunkt der Inklusion eingegangen wird.[751] Angesichts der Tatsache, dass ein Aktionsplan sozusagen

---

749 Werkbericht, S. 6.

750 Leitfaden, S. 21.

751 Siehe https://www.badkissingen.de/de/stadt/stadtentwicklung/gemeindeentwicklungskonzept/index.html.

ein behindertenpolitisches Entwicklungskonzept darstellt, das nur dann zum gewünschten Inklusionsziel führen kann, wenn es mit allen anderen Konzepten der Gemeinde abgestimmt ist, stellt dies ein grobes Manko dar. Den Grund für die fehlende Abstimmung vermutet die Verf. darin, dass die Kommunen von der bayerischen Staatsregierung für das Projekt ausgewählt wurden und ihnen „von außen" aufgegeben wurde, einen Aktionsplan Inklusion zu erstellen. Dadurch könnten den politisch Verantwortlichen vor Ort die nötige Sensibilität für das Thema gefehlt haben. Ein Aktionsplanverfahren braucht mindestens eine Person vor Ort oder eine örtliche Initiative, die sich als Motor der Inklusion in der Gemeinde verstehen. Fehlen solche „Motoren", dann fehlt auch ein Stück des Engagements, der positiven Energie, die ein Aktionsplanverfahren typischerweise ausmachen und letztlich auch dessen Umsetzung zum Erfolg führen. Insofern liefert Bad Kissingen möglicherweise ein Beispiel dafür, dass irgendwie gearteter Zwang im Aktionsplanverfahren nicht zum Ziel führt. Erfolglos verlief die Recherche für Bad Windsheim[752], Kulmbach[753] und Wassertrüdingen[754], auf deren Internetseiten sich jeweils kein Hinweis auf Inklusion auf kommunaler Ebene findet. In Wassertrüdingen, wo seit Mai 2017 die Vorbereitungen für die im Jahr 2019 stattfindende Landesgartenschau laufen,[755] hätte sich aufgedrängt, gerade auf der Gartenschau, die ein Publikumsmagnet sein soll, inklusive Angebote zu machen und für diese entsprechend auf der Internetseite zu werben. Diese Chance wurde offenbar verschenkt. Für die Gemeinde Eggenfelden[756] konnte ebenfalls kein Ergebnis verzeichnet werden, von einer positiven Presseberichterstattung über Inklusion im Kindergarten[757] einmal abgesehen. Die Stadt Grafenau rief in Zusammenarbeit mit der Caritas und der Lebenshilfe im Jahr 2016 einen „Tag der Barrierefreiheit" aus und initiierte die Umsetzung von Maßnahmen.[758] Auf der Internetseite der Stadt Grafenau selbst finden sich allerdings keine Hinweise auf städtische Inklusionsmaßnahmen,[759] wohingegen es im Landkreis Freyung-Grafenau einen sehr aktiven privaten Verein gibt.[760] Die

752 Siehe http://stadt.bad-windsheim.de/stadtbw.

753 Siehe www.kulmbach.de/xist4c/web/Aktuelles_id_41_.htm.

754 Siehe www.wassertruedingen.de/index.php?id=0,1.

755 Siehe www.wassertruedingen2019.de.

756 Siehe www.eggenfelden.de/index.php/de/gesellschaftliches-leben/soziales/behinderteneinrichtungen.

757 Siehe www.pnp.de/lokales/landkreis_rottal_inn/eggenfelden/857260_Ein-Wunder-namens-Inklusion.html.

758 Siehe https://www.caritas-frg.de/aktuelles/presse/grafenau-barrierefrei.

759 Siehe www.grafenau.de/stadt-grafenau/rathaus-service/stadtverwaltung/aktuelles.

760 Inklu-Net e.V., siehe www.inklunet-frg.de.

Stadt Günzburg bestellte im Rahmen des Modellprojekts eine auf den Rollstuhl angewiesene Bürgerin zur ehrenamtlichen kommunalen Behindertenbeauftragten.[761] Hinweise auf ein Aktionsplanverfahren oder auf weitere Maßnahmen sucht man aber auf der Homepage der Stadt Günzburg vergeblich.[762] Höchstädt an der Donau stellte auf seiner Website unter der Überschrift „Höchstädt barrierefrei 2023 – bitte helfen Sie mit" einen Erhebungsbogen zum Download bereit, mit dem Barrieren gemeldet werden sollten. Die Seite wurde inzwischen entfernt und ist nur noch im Archiv verfügbar.[763] Vom weiteren Fortgang des Aktionsplanverfahrens erfährt man allerdings nichts. In Kronach wurde offenbar kommuniziert, dass das Modellprojekt im Stadtrat behandelt wurde; Hinweise auf das laut Werkbericht vorangegangene Beteiligungsverfahren in Form einer Bürgerversammlung fehlen jedoch, wie folgende Meldung zeigt:

> „Die Stadtratsfraktionen der CSU und Freien Wähler (FW) haben gemeinsame Positionen für das Modellprojekt „Kronach Barrierefrei 2023" erarbeitet. Die Planungsleistungen für mögliche Maßnahmen werden dabei komplett von Freistaat Bayern getragen. In Form eines Eckpunktepapiers wollen die beiden Fraktionen nun politische Handlungsebenen definieren."[764]

Die Gemeinde Litzendorf berichtet auf einer Unterseite ihrer Homepage über laufende Projekte in der Gemeinde.[765] Der Begriff Inklusion erscheint dort nicht, was jedenfalls als Mangel an inklusiver Öffentlichkeitsarbeit zu bewerten ist. Die Beschreibung auf der Internetseite lässt aber erkennen, dass die Gemeinde bemüht ist, ihre Projekte auch untereinander zu koordinieren, sodass möglicherweise das Inklusionsprojekt durchaus mit den anderen, bestehenden Konzepten zusammengeführt wird. Zusätzlich weist die Gemeinde Litzendorf auf die Barrierefreiheit ihrer Internetseiten hin, die ein Ergebnis des Modellprojektes sei.[766] Auf der Internetseite der Stadt Marktoberdorf ist ein Hinweis auf das Modellprojekt sowie auf den in dessen Rahmen erstellten Maßnahmenkatalog

---

761 Siehe www.guenzburg.de/aktuelles/nachrichten/details/news/guenzburg-hat-jetzt-eine-behindertenbeauftragte/?tx_news_pi1%5Bcontroller%5D=News&tx_news_pi1%5Baction%5D=detail&cHash=8d68083d54dffac83023e342abf30792.

762 Siehe www.guenzburg.de/buerger/rathaus/einrichtungen-behoerden/soziale-einrichtungen.

763 Siehe http://web.archive.org/web/20141016024348/http://hoechstaedt.de/index.php/aktuelles.

764 Siehe www.infranken.de/regional/kronach/Kronach-Fuenf-Ziele-zur-Barrierefreiheit-definiert;art219,892889.

765 Siehe www.litzendorf.de/index.php?id=2320,16.

766 Siehe www.litzendorf.de/index.php?id=79,120.

„Marktoberdorf für alle" enthalten,[767] ohne dass man diesen Maßnahmenkatalog selbst irgendwo dokumentiert finden würde. Das erstaunt, denn die Behindertenbeauftragte der Stadt Marktoberdorf, Waltraud Joa, ist zugleich Behindertenbeauftragte des Landkreises Ostallgäu,[768] und dieser Landkreis wiederum hat einen ausführlichen und gut dokumentierten Aktionsplan.[769] Ähnlich sieht es in der Stadt Mitterteich aus. Auch hier gibt es eine Internetseite mit Informationen zum Modellprojekt und zu dessen Fortgang,[770] jedoch nicht den Aktionsplan selbst zur Ansicht oder zum Download. Stadtprozelten erwähnt das Modellprojekt und verlinkt dorthin, veröffentlicht aber ebenfalls keinen Aktionsplan.[771] Möglicherweise geht man davon aus, dass der Leitfaden und der Werkbericht als Dokumentation des Aktionsplans genügen. Die Stadt Neumarkt in der Oberpfalz kündigt auf ihrer Internetseite die bevorstehende Neuwahl des Behindertenbeirats an, gibt aber keine Hinweise auf ein Aktionsplanverfahren.[772] Auf der Internetseite der Stadt Starnberg finden sich ebenfalls keine Hinweise auf ein Aktionsplanverfahren,[773] wohingegen der Landkreis Starnberg einen Aktionsplan hat.[774] In der Stadt Traunstein existiert ein Maßnahmenpaket, über das im Internet berichtet wird, auch über den Fortgang der Maßnahmen.[775] Ein Aktionsplan steht nicht zur Ansicht oder zum Download zur Verfügung.

(3) Zusammenfassung der Ergebnisse zur Öffentlichkeitsarbeit

Die von den Modellkommunen erzielte Außenwirkung in Sachen Inklusion und Barrierefreiheit beschränkt sich auf den Leitfaden und den Werkbericht. Entsprechend gering dürfte die von der Bayerischen Staatsregierung intendierte Anstoßwirkung des Modellprojekts ausfallen.

---

767 Siehe www.marktoberdorf.de/stadtinfo/modellkommune-bayern-barrierefrei.

768 Siehe www.behindertenbeauftragte-oal.de/beauftragte/ueber-mich.html.

769 Siehe Aktionsplanverzeichnis.

770 Siehe https://www.mitterteich.de/barrierefrei-durch-mitterteich.html.

771 Siehe www.stadtprozelten.de/index.asp?NAVIID={59A41F4F-8E58-4DFD-9564-A34C82A00046}.

772 Siehe https://www.neumarkt.de/de/startseite/aktuelles/artikel/neuwahl_des_beirates_fuer_menschen_mit_behinderung_steht_an.html.

773 Siehe www.starnberg.de/index.php?id=326&L=0%22.

774 Siehe Aktionsplanverzeichnis.

775 Siehe https://www.traunstein.de/stadtentwicklung-wirtschaft/stadtentwicklung/traunstein-barrierefrei-2023.

3. *Zwischenergebnis zu den erfolgten Inklusionsmaßnahmen*

Die Sichtweise des bayerischen Ministerpräsidenten *Seehofer*, man könne durch Maßnahmen im Bereich des Freistaats „Bayern barrierefrei" machen, geht an der Lebenswirklichkeit von Menschen mit Behinderung in Bayern vorbei, denn diese benötigen Inklusionsmaßnahmen ebenso direkt vor Ort auf lokaler Ebene. Sonst können sie u.U. staatliche Einrichtungen selbst dann nicht erreichen, wenn diese bereits barrierefrei sind. Die bereits erfolgten Maßnahmen sind als erste Schritte in Richtung Inklusion vor Ort positiv zu bewerten. Doch zeigt die kleine Anzahl von Gemeinden und Landkreisen, die überhaupt einen Aktionsplan erstellt haben, wie weit der Weg zu einem barrierefreien Bayern noch ist.

D. Verfahrensfragen beim kommunalen Aktionsplan Inklusion

I. Zustandekommen eines Aktionsplans Inklusion in Bayern

1. *Phase 1: Initiative für die Erstellung eines Aktionsplans Inklusion*

Wie im dritten Kapitel dargestellt, steht am Beginn des Aktionsplanprozesses auf kommunaler Ebene ein Beschluss des Gemeinderates oder Stadtrates, durch welchen der Rat die Verwaltung beauftragt, einen kommunalen Aktionsplan zur Umsetzung der UN-Behindertenrechtskonvention zu erarbeiten. In der Arbeitshilfe NRW wird empfohlen, stets die Anbindung des Planungsprozesses an die Kommune zu suchen. Es gebe wichtige Gründe dafür, den kommunalen Planerinnen und Planern die Federführung für den Planungsprozess zu übertragen. Eine kommunale Federführung ermögliche es, die späteren Ergebnisse der Planungsprozesse in einem Ratsbeschluss zu legitimieren und die für die Umsetzung erforderlichen Ressourcen zu erschließen.[776] Um einen kommunalen Aktionsplan in Bayern zu erhalten, muss also zunächst erreicht werden, dass dieser Beratungsgegenstand entsprechend der Vorschriften der BayGO auf die Tagesordnung des Gemeinderates gesetzt wird. Ist diese Hürde genommen, bedeutet dies freilich nicht, dass auch ein Anspruch auf die Erstellung eines Aktionsplans bestünde.

---

776 Arbeitshilfe NRW, S. 41, siehe Literaturverzeichnis oder Internet, www.uni-siegen.de/zpe/projekte/inklusivegemeinwesen/inklusive_gemeinwesen_planen_final.pdf.

a) *Initiativrecht des Ersten Bürgermeisters der Gemeinde*

Zu den Aufgaben des Ersten Bürgermeisters einer Gemeinde gehört nach Art. 46 Abs. 2 BayGO, die Tagesordnung für Gemeinderatssitzungen zu erstellen[777] und die Beratungsgegenstände so vorzubereiten, dass die Gemeinderatsmitglieder über die Anträge „möglichst ohne langwierige weitere Beratungen"[778] beschließen können. Der Erste Bürgermeister ist also ein wichtiger Entscheider darüber, welche Themen im Gemeinderat behandelt werden. Daher führt ein wichtiger Weg zum Aktionsplan über ihn. Er muss überzeugt werden, dass es für seine Gemeinde, die sich als fortschrittlich präsentieren will, wichtig und sinnvoll ist, einen Aktionsplan zu erstellen, und dass dieser Aktionsplan nicht nur Vorteile für die Bürger mit Behinderung haben wird, sondern im Sinne der Inklusion Lebensqualität für alle Einwohner der Gemeinde bringt. Dem Ersten Bürgermeister sollte geeignetes Material an die Hand gegeben werden, damit er die Gemeinderatssitzung ordnungsgemäß vorbereiten kann, und es ihm gelingt, die Gemeinderatsmitglieder zu einer zustimmenden Beschlussfassung zu bewegen. Der Behindertenbeauftragte der Gemeinde wird in der Regel über solches Material verfügen und hat dadurch, dass er den Dienstweg nicht einzuhalten braucht, den nötigen kurzen Draht zum Ersten Bürgermeister, um als Interessenvertreter der Menschen mit Behinderung das Aktionsplan-Anliegen an den Ersten Bürgermeister heranzutragen. Selbstverständlich könnte auch jeder andere Bürger der Gemeinde, etwa in einer Bürgersprechstunde, das Anliegen vorbringen, jedoch ist zu erwarten, dass der Meinung des Behindertenbeauftragten ein größeres Gewicht beigemessen werden wird.

b) *Initiativrecht jedes Gemeinderatsmitglieds*

Jedes Gemeinderatsmitglied hat ein subjektiv-öffentliches Recht darauf, dass der Beratungsgegenstand eines von ihm gestellten Antrags in die Tagesordnung aufgenommen wird.[779] Ist beispielsweise ein Mensch mit Behinderung im Gemeinderat vertreten, so kann er von diesem Initiativrecht Gebrauch machen und selbst den Antrag stellen. Deshalb ist die Strategie der Selbstbestimmt-Leben-Bewegung, dass Menschen mit Behinderung sich in die Kommunalpolitik einbringen, indem sie für Gemeinderäte und ähnliche Gremien kandidieren, eine gute Möglichkeit, Aktionsplanprozesse anzustoßen.

---

777 Siehe *PdK Bayern* B1, Stand Juni 2016, Erläuterung 4.2 zu Art. 46, S. 3.

778 Wie vorherige Fußnote.

779 Siehe *PdK Bayern* B1, Erläuterung 4.2 zu Art. 46, S. 5, *BayVGH*, Urt. v. 10.12.86, BayVBl. 1987 S. 239, 240.

Einige Personen aus der Selbstbestimmt-Leben-Bewegung wählten den Weg in die Kommunalpolitik, wie zum Beispiel der auf den Rollstuhl angewiesene Jurist *Horst Frehe*[780], ehemaliges Mitglied der Bremer Bürgerschaft; ebenfalls bereits in dieser Arbeit zitiert: der sehbehinderte Publizist *Ottmar Miles-Paul*[781], der zum Stadtverordneten der Stadt Kassel gewählt wurde; der Rollstuhlfahrer *Matthias Rösch*[782], ehemaliges Mitglied des Mainzer Stadtrats. *Michael Gerr*[783], ehemals ehrenamtliches Vorstandsmitglied der Interessenvertretung selbstbestimmt Leben Deutschland e.V., sitzt ebenfalls im Rollstuhl und wurde 2008 in den Würzburger Stadtrat gewählt.

Der Erste Bürgermeister hat hinsichtlich eines solchen Antrags ein formelles, aber kein materielles Vorprüfungsrecht.[784] Das heißt, er kann die Aufnahme des Antrags, die Verwaltung zu beauftragen, einen Aktionsplan zu erstellen, nicht aus inhaltlichen Gründen verweigern, etwa mit dem Hinweis, man brauche keinen Aktionsplan, es sei ohnehin alles perfekt für Menschen mit Behinderung in der Gemeinde. Gelingt es also, ein Gemeinderatsmitglied von der Notwendigkeit eines Aktionsplans zu überzeugen, so ist, wenn bei der Antragstellung keine Formfehler gemacht werden, sichergestellt, dass dieser Antrag im Gemeinderat behandelt werden wird.

c) Initiativrecht der Bürger: Bürgerantrag gem. Art. 18 b BayGO

Neben dem Ersten Bürgermeister und den Gemeinderatsmitgliedern hat auch jeder Gemeindebürger ein Initiativrecht, um Anträge auf die Tagesordnung der Gemeinderatssitzung zu bringen. Es kann ein Bürgerantrag nach Art. 18 b BayGO gestellt werden, der allerdings nur zulässig ist, wenn er von einem Prozent der Gemeindebürger durch ihre Unterschrift unterstützt wird. Wer den Antrag stellen will, muss also zuvor die notwendigen Unterstützerunterschriften sammeln, sodass das Verfahren mit einem erheblichen Aufwand verbunden sein dürfte. Ob dieser Aufwand sich lohnt, wenn es zuvor nicht gelungen ist, wenigstens ein Gemeinderatsmitglied vom Aktionsplanvorhaben zu überzeugen, darf bezweifelt werden; denn dann ist die Wahrscheinlichkeit sehr hoch, dass der Bürgerantrag zwar im Gemeinderat behandelt, letztlich aber abgelehnt

780 Siehe https://de.wikipedia.org/wiki/Horst_Frehe.

781 Siehe http://zeitzeugen-projekt.de/images/PDF/Miles-Paul_Interview.pdf, genauere Angabe ist mangels Paginierung leider nicht möglich.

782 Siehe https://inklusion.rlp.de/de/landesbeauftragter-landesteilhabebeirat, dort bitte dem Link „Zur Person" folgen; genauere Angabe war zum letzten Abrufzeitpunkt aus technischen Gründen nicht möglich.

783 Siehe http://wuerzburgwiki.de/wiki/Michael_Gerr.

784 Siehe *PdK Bayern* B1, Erläuterung 4.2 zu Art. 46, S. 5.

wird. Anders wäre dies allenfalls für den eher unwahrscheinlichen Fall zu sehen, dass eine positive Stimmung in der Gemeinde für den Aktionsplan besteht, die Verwaltung sich aber querstellt und das Vorhaben blockiert.

2. Phase 2: Vorbereitung – barrierefreie Beteiligung und Transparenz

Fällt in Phase 1 der Beschluss für die Erstellung eines Aktionsplans, so beginnt nun das eigentliche Aktionsplanverfahren, in dem in allen Stadien das Augenmerk ganz besonders auf die Beteiligungsrechte und mehr noch auf die Partizipationsmöglichkeiten von Menschen mit Behinderung gerichtet werden muss. Entscheidend ist, wie das Aktionsplanverfahren ausgestaltet wird, denn die Beteiligung von Menschen mit Behinderung scheitert meist nicht daran, dass sie kein Recht zur Teilnahme hätten, sondern vielmehr daran, dass es ihnen aus tatsächlichen Gründen nicht möglich ist, sich zu informieren, zu den Treffen zu erscheinen oder sich zu äußern. Die Ideen der Bürger können auf verschiedene Art und Weise gesammelt werden, wobei der Kreativität keine Grenzen gesetzt sind. Im Landkreis Ostallgäu kamen beispielsweise engagierte Kinder als „Barriere-Detektive" zum Einsatz, und „Barriere-Tagebücher" wurden geführt, um Probleme und Lösungsansätze aufzuspüren und aufzulisten. Das verwendete Material war in leichter Sprache gehalten und auch online verfügbar.[785] Neben der Ergebnisoffenheit für die Inhalte und der Barrierefreiheit im Verfahren ist Transparenz ein wichtiges Kennzeichen des Aktionsplanverfahrens. Gute Aktionspläne äußern sich daher ausführlich dazu, wie sie zustande gekommen sind und wer an ihnen mitgewirkt hat. So kann jeder an dem Thema Interessierte den Prozess einigermaßen nachvollziehen, auch wenn er selbst nicht daran teilgenommen hat.[786] Auch dies gehört zu dem Motto der UN-Behindertenrechtskonvention „Nichts über uns ohne uns!". Es entspricht der Lebenserfahrung vieler Menschen mit Behinderung, dass sie immer wieder in Berichten, Gutachten und Empfehlungen von Experten und Sachbearbeitern mit Erkenntnissen, Einschätzungen und Plänen anderer über ihre Person konfrontiert werden, von denen sie nicht wissen, wie diese Ergebnisse zustande gekommen sind. Dadurch entsteht ein Gefühl der Ohnmacht, dass noch vertieft wird, wenn es sich um ein schriftliches Verfahren gehandelt hat, in dem der behinderte Mensch nicht angehört wurde. Im Aktionsplanverfahren soll dies vermieden werden, und zwar durch ein transparentes Verfahren in dem jeder auf einfache Weise den „Durchblick" bekommen kann. Zudem hat die Darstellung der Vorgehensweise

785 Siehe Aktionsplan Landkreis Ostallgäu, S. 14.
786 Siehe z.B. Aktionsplan Landkreis Ostallgäu, S. 9–16.

den Vorteil, dass der Aktionsplan auch als Anregung für das Vorgehen in anderen Gemeinden genutzt werden kann.

a) Bedeutung von barrierefreier Kommunikation

Da das Aktionsplanverfahren vor allem aus Kommunikation besteht, und Menschen mit den unterschiedlichsten Behinderungen in diesem Bereich Probleme haben, lohnt sich ein Blick in den Art. 2 UN-BRK:

> „Im Sinne dieses Übereinkommens
> schließt „Kommunikation" Sprachen, Textdarstellung, Brailleschrift, taktile Kommunikation, Großdruck, leicht zugängliches Multimedia sowie schriftliche, auditive, in einfache Sprache übersetzte, durch Vorleser zugänglich gemachte sowie ergänzende und alternative Formen, Mittel und Formate der Kommunikation, einschließlich leicht zugänglicher Informations- und Kommunikationstechnologie, ein;
> schließt „Sprache" gesprochene Sprachen sowie Gebärdensprachen und andere nicht gesprochene Sprachen ein;"

Die Konvention verfolgt das Anliegen, in der Aufzählung möglichst niemanden zu vergessen; dadurch erhalten auch jene Leser der Konvention, die sich bisher mit dem Thema der barrierefreien Kommunikation nicht beschäftigt haben, eine gute Anleitung, welche Kommunikationsformen sie berücksichtigen sollten. Es genügt dem Übereinkommen nicht, wie es oft passiert, an die beiden „Prototypen" von Menschen mit Behinderung, den Rollstuhlfahrer und den Blinden, zu denken. Das „Zwei-Sinne-Prinzip" sorgt für mehr Barrierefreiheit. Es wird auch Zwei-Kanal-Prinzip genannt und besagt, dass Informationen gleichzeitig für zwei der drei Sinne – Sehen, Hören, Tasten zugänglich gemacht werden, also statt sehen – hören und tasten/fühlen und statt hören – sehen und tasten/fühlen. Das Prinzip ist auch für Menschen ohne Behinderungen eine Erleichterung bei der Orientierung. Man kennt es zum Beispiel von Mobiltelefonen, wenn sie ein Signal sowohl über den Klingelton als auch über den Vibrationsalarm geben.[787] Will man der Konvention gerecht werden, so müssen nach Möglichkeit alle für die Teilnahme behinderter Menschen notwendigen Unterstützungsangebote vorgehalten werden, selbst auf die Gefahr hin, dass einige dann doch nicht genutzt werden. Die bayerische Behindertenbeauftragte Irmgard Badura verdeutlicht dies in ihrem dritten Tätigkeitsbericht am Beispiel des Gebärdensprachdolmetschers; aus ihrer Sicht müsse grundsätzlich auch Gebärdensprache angeboten werden. Gerade bei Veranstaltungen die sich an einen unbestimmten

---

787 Erläuterung und Beispiel siehe www.signet-barrierefrei.de/barrierefreiheit-allgemein/hinweise-zur-barrierefreien-gestaltung/zwei-sinne-prinzip.

Personenkreis richteten, könne man nicht von einem Gebärdensprachdolmetscher absehen mit dem Argument, bisher habe man nie einen benötigt. Nach ihrer Erfahrung aus vielen Gesprächen mit gehörlosen Menschen besuchten diese eine Veranstaltung nur, wenn sie sicher seien, dass ein Gebärdensprachdolmetscher vor Ort sei.[788] Ebenso ist zu erwarten, dass Menschen mit Lernschwierigkeiten einer Veranstaltung fernbleiben, zu der es im Vorfeld nur schriftliches, schwer lesbares Material gibt. Sie werden dies so interpretieren, dass sie ausgeschlossen sind und – wieder einmal – niemand sich für ihre Meinung interessiert.

b) Vermeiden von Textlastigkeit und ausschließlich schwerer Sprache

Um auch Menschen mit Lernschwierigkeiten und Menschen, die nicht lesen und schreiben können, einzuschließen, sollte das verwendete Material auf keinen Fall rein textbasiert und auch nicht rein schriftbasiert sein. Die Verwendung von Bildern sowie die Verwendung von leichter Sprache, die mit Bildern arbeitet, sind für sie erforderlich. Leichte Sprache kommt auch Menschen zugute, die des Deutschen nur eingeschränkt mächtig sind. Das Internet ist ein Medium, das vielen Menschen mit Behinderung die Kommunikation ermöglicht oder erleichtert. Es sollte zusätzlich zu anderen Kommunikationswegen genutzt werden. Andererseits müssen hier alle Bilder mit einem Alternativtext unterlegt werden, um auch für sehbehinderte und blinde Menschen erkennbar zu sein; denn sie können mittels ihrer Hilfsmittel, wie etwa Vorlesemaschinen, nur Text, aber keine Bilder „lesen". Bereits an diesem Beispiel erkennt man, dass Barrierefreiheit keineswegs frei von Interessenkonflikten ist. Was für den einen gut ist, kann für eine andere Person eine Barriere sein. Hilfreich ist es daher, sozusagen „mehrgleisig zu fahren". Das Material, mit dem zur Einreichung von Vorschlägen eingeladen wird, sollte darauf hinweisen, dass Vorschläge nicht nur geschrieben sondern auch gezeichnet oder in anderer Weise dargestellt werden können. Würde man auf einer Internet-Plattform einen Upload-Bereich, in dem Bürger ihre Vorschläge hochladen, einrichten, so könnten dort neben Texten auch Audio- oder Videodateien vorgesehen werden. Natürlich müsste die Internetseite gut betreut werden, damit einerseits offensichtlich Störendes, Hasskommentare etc. zeitnah entfernt werden könnte und andererseits alle inhaltlich ernst gemeinten Beiträge auch wirklich Eingang in das Aktionsplanverfahren finden und den Beteiligten

788 3. Tätigkeitsbericht der bayerischen Behindertenbeauftragten für den Zeitraum 01.09.2014 bis 31.12.2015, Seite 32, siehe www.behindertenbeauftragte.bayern.de/imperia/md/content/stmas/behindertenbeauftragte/taetigkeitsbericht_barrfrei.pdf.

vorgestellt werden. Eine weitere Möglichkeit wäre, dass man Vorschläge beispielsweise im Rathaus zur Niederschrift bekannt geben kann. Dies wird aber nur dann Erfolg haben, wenn die Person, die die Vorschläge entgegennehmen soll, sensibel auf die behinderten Menschen reagiert, etwa, sie versteht, wenn sie undeutlich sprechen. Vor allem darf keine negative Bewertung erfolgen.

c) Behinderungsfreundliches Zeitmanagement

In dem Bestreben nach einem zügigen Fortschreiten in der Sache neigen Menschen ohne Behinderung bei der Vorbereitung von Veranstaltungen dazu, lange Sitzungszeiten mit kurzen Pausen anzusetzen; zudem erwarten sie, dass Interessenten während der gesamten Veranstaltung anwesend sind. Eine solche Organisation wird von behinderten Menschen aus unterschiedlichen Gründen als Marathonsitzung wahrgenommen, die nicht durchzuhalten ist und daher abschreckend wirkt. Behinderte Menschen brauchen für manches länger und müssen oft Rücksicht nehmen, sei es auf die körperlichen Befindlichkeiten oder auf beschränkte Konzentrationsfähigkeit. Daher ist es sinnvoll, die Sitzungen nicht zu überfrachten und es den Teilnehmern freizustellen, wie lange sie bleiben wollen. Das Setting sollte daher so gewählt werden, dass Kommen und Gehen möglichst störungsfrei möglich sind.

d) Auswahl der zur Aktionsplan-Konferenz einzuladenden Personen

Eingeladen werden sollen natürlich in erster Linie die Bürger der Gemeinde, auch solche mit Behinderung, sowie auch, aber keinesfalls ausschließlich Vertreter von Institutionen für Menschen mit Behinderung. Dabei ist auf Barrierefreiheit zu achten sowie darauf, dass vor allem die in Mobilität oder Kommunikation eingeschränkten potentiellen Teilnehmer auch die zum Besuch der Konferenz nötigen Mittel erhalten; dies muss entsprechend kommuniziert werden. Nur ausnahmsweise sollten Formate gewählt werden, bei denen Menschen mit Behinderung unter sich bleiben, und zwar dann, wenn nur eine solche Gestaltung sicherstellen kann, dass sie ihre Anliegen frei äußern werden. Besonders verletzliche Personengruppen, wie etwa Menschen im Pflegeheim und solche, die in allen Angelegenheiten vertreten werden müssen, sollten nicht vergessen werden; deshalb sollten deren gesetzliche Vertreter unbedingt eingeladen werden; sonst kann es leicht dazu kommen, dass Heimbetreiber sich zum Sprecher der Menschen im Pflegeheim machen, wobei übersehen werden könnte, dass diese zumindest auch ihre wirtschaftlichen Interessen im Blick haben. Die Gemeinde sollte möglichst hochrangige, jedenfalls aber verantwortliche Vertreter entsenden, evtl. ein dafür abgeordnetes Gemeinderatsmitglied, das sich dem Thema Inklusion widmen möchte. Hat die Gemeinde einen Behindertenbeauftragten, ist dieser selbstverständlich einzubinden, ggf. als Experten auch Behindertenbeauftragte aus Nachbargemeinden und des Landkreises. Es spricht nichts dagegen, Anbieter von Diensten für behinderte Menschen einzuladen, solange die Selbstbestimmung und Selbstvertretung behinderter Menschen dennoch gewahrt bleiben. Anderenfalls könnte der zu vermeidende Eindruck entstehen, dass Vertreter von Institutionen für Menschen mit Behinderung sprechen, weil sich dies so gehöre, weil es immer schon so gewesen sei. Da Inklusion alle Lebensbereiche einbeziehen sollte, ist auch an Schulleiter, Lehrer, Vertreter von Handel und Gastronomie, örtliche Arbeitgeber, Vertreter der Geistlichkeit, Vertreter der Vereine und anderer „Freizeitanbieter" sowie nicht zuletzt an die Lokalpresse zu denken. Kurzum, es sollten möglichst alle Akteure teilnehmen, die im gemeindlichen Leben eine wichtige Rolle spielen. Falls in einer Gemeinde Personen bekannt sind, die sich als Skeptiker gegenüber der Inklusion gezeigt haben, wäre es wünschenswert, diese ebenfalls einzuladen, denn nach Ansicht der Verf. kann Inklusion gerade in der Auseinandersetzung mit den Gegenargumenten glaubwürdig vertreten werden. Möglicherweise erweist ein Redner mit einem streitbaren oder provokanten Diskussionsbeitrag der Sache einen größeren Dienst, als ein auf Harmonie bedachter Redner, der die Teilnehmer glauben machen möchte, es sei alles eitel Sonnenschein. Freilich kann niemand zur Teilnahme gezwungen werden, doch sollte es gelingen, Skeptiker einzuladen, böte sich eine hervorragende Möglichkeit, Überzeugungsarbeit im persönlichen Gespräch zu leisten. Es ist nach der Erfahrung der Verf. nicht selten der ganz persönliche Eindruck, der jemanden dazu bringt, seine Meinung über Menschen mit Behinderung zu ändern. Daher liegt eine Stärke der Aktionsplanveranstaltungen in der persönlichen Begegnung, während in den üblichen Verwaltungsabläufen Anhörungen oft schriftlich durchgeführt werden.

3. *Phase 3: Durchführung des Aktionsplanverfahrens, Beschluss und Veröffentlichung des Aktionsplans*

Bei der Durchsicht der Aktionspläne hat sich gezeigt, dass Vorbereitung und Durchführung des Verfahrens oftmals in sehr ähnlicher Art und Weise stattfinden. Dies liegt daran, dass Gemeinden sich bei Vorbereitung und Durchführung der Hilfe von Instituten bedient haben, was zu einer gewissen Einheitlichkeit der Verfahrensgestaltung geführt hat.[789] Dies ist nicht zwingend notwendig,

789 Z.B. Stadt Würzburg: Arbeitsgemeinschaft Sozialplanung in Bayern, Arbeitsgruppe für Sozialplanung und Altersforschung (AfA) sowie Institut für Sozialplanung,

hat aber Vorteile: Zum einen erhält man belastbare Daten, weil der Ist-Stand in einer Gemeinde auf diese Art nach wissenschaftlichen Standards erhoben wird, zum anderen haben sich durch die professionelle Begleitung gewisse Standards für die barrierefreie Gestaltung des gesamten Verfahrens herausgebildet. Dies erspart Diskussionen, ob das Verfahren barrierefrei genug sei, so dass mehr Zeit für inhaltliche Diskussionen bleibt. Für kleine Gemeinden, die wenig Erfahrung mit dem Thema haben, ist dies ebenso eine Hilfe, wie für große Gemeinden, die ihr Aktionsplanverfahren mit einer großen Zahl von Beteiligten in den Griff bekommen sollen. Es dient der Transparenz, wenn Sitzungen öffentlich sind und wenn die Ergebnisse in einem abschließenden Plenum zusammengefasst werden. Ist der Aktionsplan fertiggestellt, so wird er vom Gemeinderat beschlossen und in barrierefreier Form veröffentlicht.

II. Beteiligungsverfahren und durch sie erreichte Partizipationsgrade

1. Beteiligungsverfahren in den Modellkommunen

a) Rückschlüsse vom Werkbericht auf die Beteiligungsverfahren in den Modellkommunen

Nachdem sich in den Modellkommunen erhebliche Mängel in der Dokumentation gezeigt haben, sollen nun anhand des Werkberichts die angewendeten Beteiligungsverfahren untersucht werden, wobei kritisch anzumerken ist, dass die Ausführungen im Werkbericht für jede Gemeinde auf eine einheitliche Länge gebracht wurden. Nach dem Eindruck d. Verf. wurden die Aussagen zur Beteiligung der Bürger in Gemeinden, aus denen es nicht so viel zu berichten gab, aufgebläht, wohingegen aus Gemeinden mit sehr starker Bürgerbeteiligung aus Platzgründen nicht alles berichtet werden konnte. Berücksichtigt man dies, lässt auch die – vorhandene oder nicht vorhandene – Ausführlichkeit und inhaltliche Aussagekraft des Werkberichts auf den erreichten Partizipationsgrad

Jugend- und Altenhilfe, Gesundheitsforschung und Statistik (SAGS), siehe Aktionsplan S. II laut Aktionsplanverzeichnis; Stadt Rosenheim: BASIS-Institut GmbH, siehe Aktionsplan S. 2 laut Aktionsplanverzeichnis; Landkreis Rosenheim: BASIS-Institut GmbH, siehe Aktionsplan S. 20 laut Aktionsplanverzeichnis; Landkreis Regensburg: BASIS-Institut GmbH, siehe Aktionsplan S. 2 laut Aktionsplanverzeichnis; Landkreis München: BASIS-Institut GmbH, siehe Aktionsplan S. 2 laut Aktionsplanverzeichnis; Landkreis Augsburg: BASIS-Institut GmbH, siehe Aktionsplan S. 2 laut Aktionsplanverzeichnis.

schließen. Die Frage ist, welche Stufe der Partizipation auf der im ersten Kapitel dargestellten „Leiter der Partizipation" jeweils erreicht wurde. Ruft man sich die Leiter in der auf deutsche Verhältnisse abgewandelten Version[790] in Erinnerung, so erkennt man, dass auf den beiden untersten Stufen Instrumentalisierung und Ritual noch keine Partizipation erreicht wird. Ab Stufe 3 beginnen die Vorstufen zur Partizipation mit der Information, gefolgt von Anhörung der Stufe 4 und Einladung zu Beratungen auf Stufe 5. Mitbestimmung der Bürger, Stufe 6, wäre sozusagen die geringste Form einer tatsächlichen Bürger-Macht.

b) Bewertungskriterien für die Beteiligungsverfahren in den Modellkommunen

Die Verf. hat die untersuchten Beteiligungsverfahren so eingeordnet, dass nur in Gemeinden, in denen behinderte Menschen selbst, und nicht nur Einrichtungen oder Organisationen, beteiligt waren, Stufe 3 erreicht werden konnte. Wurden Menschen mit Behinderung als Experten in eigener Sache ernsthaft eingebunden, wurde Stufe 4 angenommen, und dort, wo außerdem eine Rückkopplung zwischen Bürgern und Verwaltung stattfand Stufe 5. Eine Lenkungsgruppe unter Beteiligung von Menschen mit Behinderung spricht für einen Partizipationsgrad mindestens der Stufe 5. Wenn die Maßnahmen zusätzlich verstetigt wurden, sodass Menschen mit Behinderungen sich dauerhaft als Experten in eigener Sache an den Planungen der Stadt beteiligen können, wurde ein partnerschaftliches Beteiligungsverfahren bejaht und Stufe 6 gegeben.

c) Ergebnisse zu den Beteiligungsverfahren in den Modellkommunen

In Litzendorf[791] habe das Beteiligungsverfahren laut Werkbericht aus einer Informationsveranstaltung, auf der die Planer Möglichkeiten des Abbaus von Barrieren vorstellten, und einer anschließenden Ortsbegehung bestanden. Dem Werkbericht ist zu entnehmen, dass den Bürgern offenbar zum Abschluss erläutert wurde, was aus welchen Gründen nicht möglich sei in Litzendorf. Angesichts der Tatsache, dass auf der Informationsveranstaltung die Planer das Wort führten und erst dann die Bürger gefragt wurden, kann man diesem Verfahren wohl allenfalls die Stufe 2 geben. Ähnlich schwach ausgeprägt war die

790 Siehe oben S. 64; *LAG SELBSTHILFE NRW e.V.* (Hrsg.), Politische Partizipation von Menschen mit Behinderungen in den Kommunen stärken!, Abschlussbericht zum Projekt, Münster, 2015, Seite 40, siehe www.uni-siegen.de/zpe/publikationen/weitere/pdf/lag-abschlussbericht_final-a_2015-12-02.pdf.

791 Werkbericht, S. 42.

Bürgerbeteiligung wohl in Grafenau[792]. Dort gab es eine Mischung aus Begehungen, Arbeitssitzungen und Veranstaltungen, wobei der Werkbericht erwähnt, dass neben dem Behindertenbeauftragten auch die Lebenshilfe Grafenau ein fester Bestandteil des Prozesses gewesen sei. Zweifellos kann eine solche Institution Erfahrungen behinderter Menschen in den Prozess einbringen, aber es ist damit nicht gesagt, ob dem Grundsatz „Nichts über uns ohne uns" genügt wurde. Der Werkbericht trifft keine Aussage darüber, inwieweit behinderte Menschen selbst Teil des Prozesses waren. Sollte dies nicht der Fall gewesen sein, könnte man davon sprechen, dass der Beteiligungsprozess auf Stufe 1 oder 2 der Partizipationsleiter, Instrumentalisierung oder Ritual, stehen geblieben wäre; doch anhand der vorhandenen Informationen kann dies nicht überzeugend festgestellt werden. Dann folgen einige Gemeinden in denen zumindest die Stufe 3, Information, erreicht wurde. Über den Beteiligungsprozess in Bad Windsheim[793] heißt es beispielsweise im Werkbericht, die Bürgerbeteiligung sei „bewusst an den Anfang gestellt" worden – man fragt sich, wohin sonst; durch die bemerkenswert inhaltsleere Formulierung sollte wohl kaschiert werden, dass es sonst nicht viel zu berichten gab. Bürgerinnen und Bürger, heißt es weiter, hätten gemeinsam mit den beauftragten Planern die öffentlichen Gebäude und den öffentlichen Raum auf Barrierefreiheit getestet, seien anschließend über Mitteilungen in der Lokalpresse informiert worden. Ohne selbst zur Priorisierung etc. Stellung nehmen zu können, erfuhren die Bürger also aus der Presse, was Verwaltung und Planer aus dem Test gemacht haben. Den Abschluss bildete die Vorstellung der Maßnahmen in einer öffentlichen Stadtrastsitzung. Damit wurde gerade noch Stufe 3 – Information – auf der Partizipationsleiter erreicht. In Wassertrüdingen[794] bestand die Bürgerbeteiligung aus mehreren Ortsbegehungen und Informationsveranstaltungen. Der Werkbericht sagt weder etwas über das Vorhandensein einer Lenkungsgruppe noch über die Rückkopplung zwischen Verwaltung und Bürgern aus, daher kann man diesem Verfahren nur Stufe 3, Information, zubilligen. Für die Stadt Höchstädt an der Donau[795] gibt der Werkbericht keine Auskunft darüber, ob in der mit Fachleuten besetzten Lenkungsgruppe auch Menschen mit Behinderungen als Experten in eigener Sache vertreten waren. Die Bürger konnten sich mit einer Antwortpostkarte an dem Verfahren beteiligen, ein Setting, das höchstens die Stufe 3, Information, auf der

792 Werkbericht, S. 22.
793 Werkbericht, S. 14.
794 Werkbericht, S. 70.
795 Werkbericht, S. 30.

Partizipationsleiter erreicht. In Kulmbach[796] gab es Bürgerworkshops, Stadtspaziergänge und eine Versammlung, es fehlt jedoch der Hinweis auf eine Rückkopplung zwischen Bürgern und Verwaltung, nachdem die Bürger ihre Anliegen eingebracht haben, somit wäre das Verfahren etwa auf Stufe 3 der Partizipationsleiter einzuordnen. Ein Pluspunkt in Sachen Kommunikation ist für den „digitalen Briefkasten" zu vergeben, den die Stadt für das Modellprojekt eingerichtet hat, der somit allerdings nur zeitweise in Betrieb war. Zur Förderung des Inklusionsgedankens spräche aus der Sicht d. Verf. nichts dagegen, solche Einrichtungen in Gemeinden zu verstetigen – vorausgesetzt, es kümmert sich dann auch wirklich jemand um die im digitalen Briefkasten geäußerten Anliegen der Bürger. Über Starnberg[797] heißt es im Werkbericht, in der Bürgerbeteiligung seien die Ergebnisse der Mängelanalyse diskutiert und verfeinert worden, allerdings werden keine Angaben über das Zustandekommen der Mängelanalyse gemacht. Sollten an dieser Menschen mit Behinderung nicht beteiligt gewesen sein, würde ein wichtiges Stück der Partizipation fehlen. In drei verschiedenen Stadien des Aktionsplans wurde jeweils eine Stadtwerkstatt durchgeführt, und als Resultat der letzten Stadtwerkstatt wurden zehn Sofortmaßnahmen vorgeschlagen. Inwieweit jeweils eine Rückkopplung zwischen Verwaltung und Bürgern stattgefunden hat, ist dem Werkbericht nicht zu entnehmen, daher wäre dieses Verfahren auf Stufe 4, Anhörung, anzusiedeln. Das Beteiligungsverfahren der Stadt Kronach[798] bezeichnet der Werkbericht als „intensiv", ohne jedoch konkret auf die einzelnen Beteiligungsschritte einzugehen. Lediglich eine Bürgerversammlung zum Abschluss wird erwähnt. Es fällt daher schwer, dem Beteiligungsverfahren in Kronach eine Stufe auf der Partizipationsleiter zuzuordnen, weil das Wort „intensiv" dazu verwendet worden sein könnte, Mängel beim Beteiligungsverfahren zu kaschieren. Die unkonkreten Angaben weisen darauf hin, dass die Beteiligung vermutlich nicht über das Stadium der Anhörung, Stufe 4, hinausgegangen sein dürfte. In Bad Kissingen[799] bestand die Bürgerbeteiligung aus einem zweieinhalbstündigen Workshop, der alleine nicht ausreichend ist, weil den Bürgern auf diese Art nicht zurückgemeldet wird, was die Verwaltung mit den Anregungen der Bürgerinnen und Bürger unternommen hat oder unternehmen wird. Man wird die Beteiligung bestenfalls als durchschnittlich auf Stufe 4 ansiedeln können. In Eggenfelden[800] war das Beteiligungsverfahren

796 Werkbericht, S. 38.
797 Werkbericht, S. 62.
798 Werkbericht, S. 34.
799 Werkbericht, S. 10.
800 Werkbericht, S. 18.

ausführlicher: Einer der Information der Bürger dienenden Auftaktveranstaltung folgte ein Stadtspaziergang, bei dem einerseits eine Bestandsaufnahme gemacht wurde, andererseits Bürgern ohne Behinderung die Möglichkeit gegeben wurde, einmal die Perspektive zu wechseln, in dem sie sich beispielsweise selbst in Rollstühle setzten. Auf den Stadtspaziergang folgte wiederum ein Fachgespräch, sodass es zu einer Rückmeldung zwischen Verwaltung und Bürgern kommen konnte. Damit ist die Bürgerbeteiligung in Eggenfelden wohl als „guter Durchschnitt" (Stufe 5) zu bezeichnen, zusätzlich bringt sie den inhaltlichen Pluspunkt des Perspektivwechsels als bewusstseinsbildende Maßnahme. In Günzburg[801] wurden mehrere Workshops mit einer projektbegleitenden Arbeitsgruppe durchgeführt, und dazwischen themenorientierte Befragungen. Positiv hervorzuheben ist, dass systematisch bestimmte für die Gemeinde wichtige Akteure beteiligt wurden und dass die Priorisierung der Maßnahmen nicht allein durch die Verwaltung vorgenommen wurde, sondern ebenfalls in einem Workshop erarbeitet wurde. Die projektbegleitende Arbeitsgruppe soll in einen dauerhaften Arbeitskreis überführt werden, der in Zukunft bei allen Vorhaben frühzeitig beteiligt werden soll. Dieses Konzept trägt partnerschaftliche Züge, würde auf der Partizipationsleiter Stufe 6 erreichen. In Marktoberdorf[802] wurden zuerst mehrere Ortsbegehungen, Umfragen und Workshops durchgeführt, ehe ein Workshop stattfand, der dazu dienen sollte, Lösungen zu finden. Der Werkbericht beschreibt zudem die Berücksichtigung verschiedener Behinderungsarten und Beteiligung wichtiger Akteure der Stadt. Das Vorgehen zeugt von einer hohen Sensibilität für das Thema, und kann als guter Durchschnitt, Stufe 5, angesehen werden. In Mitterteich[803] hatte man sich schon vor dem Modellprojekt drei Jahre lang mit dem Thema Inklusion beschäftigt, es gab daher ein mehrstufiges Beteiligungsverfahren, in das Menschen mit Behinderung kontinuierlich eingebunden waren, einschließlich der Rückkopplung zwischen Bürgern und Verwaltung. Somit hat das Aktionsplanverfahren in Mitterteich etwa Stufe 5 erreicht. In Neumarkt in der Oberpfalz[804] bestand das Beteiligungsverfahren ebenfalls aus mehreren Stufen inklusive einer projektbegleitenden Steuerungsgruppe, in der auch Menschen mit Behinderung vertreten waren, und in der auch regelmäßig eine Abstimmung der Zwischenergebnisse stattfand. Bei den Stadtbegehungen wurden Perspektivwechsel-Elemente angeboten. Dies kann

801 Werkbericht, S. 26.
802 Werkbericht, S. 46.
803 Werkbericht, S. 50.
804 Werkbericht, S. 54.

jedenfalls als guter Durchschnitt, Stufe 5, bewertet werden. Für Stadtprozelten[805] trifft der Werkbericht keine Aussage dazu, ob in der Lenkungsgruppe auch Menschen mit Behinderung als Experten in eigener Sache vertreten waren. Sollte dies so gewesen sein, ist das Verfahren als guter Durchschnitt, Stufe 5, zu bezeichnen, weil sie Lenkungsgruppe dann eine kontinuierliche Abstimmung zwischen Verwaltung und Bürgern mit Behinderung ermöglichte. Falls, wie im Werkbericht angekündigt, dieser Abstimmungs- und Beteiligungsprozess über die Projektphase hinaus fortgeführt wird, könnte sogar Stufe 6 erreicht werden. In Traunstein[806] wurde laut Werkbericht sehr viel Wert auf die das Aktionsplanverfahren begleitende Kommunikation gelegt, ein wichtiger Beitrag zur Bewusstseinsbildung. Neben Stadtspaziergängen, einem Aktionstag und einem Bürgerworkshop gab es eine Befragung von Schlüsselpersonen; die Ergebnisse dieser Befragung wurden in runden Tisch vertieft. Da am gesamten Prozess auch Menschen mit Behinderung beteiligt waren und die Lenkungsgruppe in Zukunft fortgeführt werden soll, wird ein Partizipationsgrad der Stufe 6 erreicht.

2. *Untersuchung der Beteiligungsverfahren in den bayerischen Kommunen laut Aktionsplanverzeichnis*

Nach den gleichen Kriterien wie die Modellkommunen werden nun die bayerischen Kommunen untersucht, die von sich aus einen Aktionsplan erstellt und veröffentlicht haben.[807] Der Aktionsplan des Bezirks Schwaben ist eher eine von der Behörde herausgegebene Imagebroschüre als ein Aktionsplan in dem hier behandelten Sinne. Im Impressum ist als Herausgeber die Pressestelle des Bezirks Schwaben angegeben.[808] Für eine irgendwie geartete Beteiligung behinderter Menschen an seiner Entstehung ist absolut nichts ersichtlich, sodass man von einem Partizipationsgrad 0 ausgehen muss, will man nicht, was möglicherweise sachgerechter wäre, diese Broschüre im vorliegenden Vergleich unberücksichtigt lassen. Hier wurde offensichtlich das Label „Aktionsplan" verwendet, um modern und zeitgemäß zu erscheinen. Der Aktionsplan der Stadt Neuötting erscheint in leichter Sprache, ebenfalls als Informationsbroschüre der Stadt.[809] Obwohl der Punkt „So wurde der Teilhabe-Plan gemacht" eigens in der

805 Werkbericht, S. 58.

806 Werkbericht, S. 66.

807 Siehe Aktionsplanverzeichnis, Kennzeichnung mit *.

808 Aktionsplan Bezirk Schwaben, Umschlagseite 4 (= Rückseite), siehe Aktionsplanverzeichnis.

809 Aktionsplan Stadt Neuötting, ohne Paginierung, siehe Aktionsplanverzeichnis.

Gliederung aufgeführt ist, dem Anschein nach einer Vorlage folgend, stehen dort keinerlei Angaben zum Beteiligungsverfahren, für die diese Überschrift eigentlich gedacht wäre; daher wohl Partizipationsgrad 0. Informationen über eine Lenkungsgruppe oder eine Verstetigung der Zusammenarbeit zwischen Menschen Behinderung und Verwaltung liegen nicht vor. In Aschaffenburg weist das Aktionsplanverfahren zwei Besonderheiten auf, nämlich zum einen die Zusammenfassung von Stadt und Landkreis zu einer Region, zum anderen die Zusammenführung der Bedürfnisse von Seniorinnen und Senioren mit den Bedürfnissen von Menschen mit Behinderung. Beides erschien den Verantwortlichen aus nachvollziehbaren Gründen sinnvoll.[810] Für das Beteiligungsverfahren bedeutet dies, dass ältere Menschen in gleicher Weise zu beteiligen waren wie Menschen mit Behinderung. Die Beteiligung erfolgte durch schriftliche Befragungen der Betroffenen sowie eine Auftaktveranstaltung und drei Regionalkonferenzen.[811] Es wurden eine Lenkungsgruppe mit Steuerungsfunktion sowie ein Begleitgremium eingerichtet. In der Lenkungsgruppe waren ausschließlich Verwaltungsmitarbeiter vertreten, im Begleitgremium saßen ausschließlich Kommunalpolitiker und institutionelle Interessenvertreter.[812] Da in den Gremien Menschen mit Behinderung nicht direkt eingebunden waren und es zudem an einer Rückkopplung zwischen Experten in eigener Sache und der Verwaltung fehlt, erreicht dieses Verfahren auf der Partizipationsleiter die Stufe 4. In Ingolstadt wurden Kriterien für das Beteiligungsverfahren festgelegt, die sogar Quoren für Menschen mit Behinderung als Experten in eigener Sache vorsahen.[813] Das spricht für Partizipationsgrad 4, jedoch nicht mehr, da in der Lenkungsgruppe lediglich die Behindertenbeauftragte vertreten war[814] und auch für eine Rückkopplung zwischen Stadtverwaltung und Bürgern nichts ersichtlich ist. Es folgen einige Gemeinden, in denen jeweils der Partizipationsgrad 5 erreicht wurde: Ähnlich wie in der Region Aschaffenburg wurde auch im Landkreis Regensburg der Aktionsplan auf „Inklusion und Demographie“ ausgerichtet, um ebenfalls die Bedürfnisse älterer Menschen einzubeziehen. Es gab Teilhabekonferenzen und Befragungen, Workshops und Arbeitsgruppen sowie eine Lenkungsgruppe mit Steuerungsfunktion, in der auch Menschen mit Behinderung vertreten waren. Das Beteiligungsverfahren ist ausführlich dokumentiert.[815] Das

---

810 Aktionsplan Aschaffenburg, S. III, siehe Aktionsplanverzeichnis.
811 Aktionsplan Aschaffenburg, S. 20, siehe Aktionsplanverzeichnis.
812 Aktionsplan Aschaffenburg, S. 20–21, siehe Aktionsplanverzeichnis.
813 Aktionsplan Ingolstadt, S. 16, siehe Aktionsplanverzeichnis.
814 Aktionsplan Ingolstadt, S. 14, siehe Aktionsplanverzeichnis.
815 Aktionsplan Landkreis Regensburg, S. 16–20, siehe Aktionsplanverzeichnis.

Beteiligungsverfahren im Landkreis Fürstenfeldbruck bediente sich des Mittels der Arbeitskreise.[816] Sowohl in diesen als auch im Expertengremium[817] waren Menschen mit Behinderung vertreten, was einem Grad auf der Partizipationsleiter von 5 entspricht. Da keine Aussagen über eine eventuelle Rückkopplung getroffen werden, kann nicht mit Sicherheit gesagt werden, ob Stufe 6 erreicht wurde. In der Stadt Kempten wurde das Beteiligungsverfahren mithilfe von Arbeitskreisen und einer Lenkungsgruppe durchgeführt, an denen jeweils auch Menschen mit Behinderung beteiligt waren.[818] Hieraus ergibt sich ein Partizipationsgrad der Stufe 5. Auch hier fehlen Hinweise auf eine Rückkopplung. Gleiches gilt für den Landkreis Rosenheim. Das Beteiligungsverfahren bezog hier 220 Menschen mit Behinderung ein,[819] stellte auch sicher, dass sie in der Steuerungsgruppe vertreten waren,[820] aber Hinweise auf eine Rückkopplung gibt es nicht. Im Landkreis Starnberg wurde ein Beteiligungsverfahren durchgeführt, in das etwa 250 Menschen mit Behinderung einbezogen wurden.[821] Es gab eine Projektsteuerung, die nur aus Mitarbeitern der Verwaltung und institutionellen Vertretern behinderter Menschen bestand,[822] und ein Begleitgremium, in dem auch behinderte Menschen in Gestalt von Vertretern von Selbsthilfegruppen mitarbeiteten.[823] Sie hatten dort laut Aktionsplan die Möglichkeit, auf die Vertreter der Projektsteuerung Einfluss zu nehmen,[824] sodass man hier den Partizipationsgrad 5 annehmen kann. In der Landeshauptstadt München fand ein „Visionsworkshop" statt,[825] anschließend wurde das Thema in einer Arbeitsgruppe weitergeführt, an der über den Behindertenbeirat auch Menschen mit Behinderung beteiligt waren.[826] Im Aktionsplan des Landkreises München ist das sehr stark beteiligungsorientierte Verfahren ausführlich beschrieben.[827] Da auch im Lenkungsgremium Menschen mit Behinderung vertreten waren, wird hier mindestens die Stufe 5 erreicht. Auch das Aktionsplanverfahren für den

816 Aktionsplan Landkreis Fürstenfeldbruck, S. 9, siehe Aktionsplanverzeichnis.
817 Aktionsplan Landkreis Fürstenfeldbruck, S. 72, siehe Aktionsplanverzeichnis.
818 Aktionsplan Stadt Kempten, S. 122–131, siehe Aktionsplanverzeichnis.
819 Aktionsplan Landkreis Rosenheim, S. 19, siehe Aktionsplanverzeichnis.
820 Aktionsplan Landkreis Rosenheim, S. 2, siehe Aktionsplanverzeichnis.
821 Aktionsplan Landkreis Starnberg, S. 17, siehe Aktionsplanverzeichnis.
822 Aktionsplan Landkreis Starnberg, S. 18, siehe Aktionsplanverzeichnis.
823 Aktionsplan Landkreis Starnberg, S. 18 f., siehe Aktionsplanverzeichnis.
824 Aktionsplan Landkreis Starnberg, S. 18, siehe Aktionsplanverzeichnis.
825 Aktionsplan Landeshauptstadt München, S. 6, siehe Aktionsplanverzeichnis.
826 Aktionsplan Landeshauptstadt München, S. 7, siehe Aktionsplanverzeichnis.
827 Aktionsplan Landkreis München, S. 16–21, siehe Aktionsplanverzeichnis.

Landkreis Ostallgäu war sehr beteiligungsorientiert und wurde ausführlich dokumentiert.[828] Das Thema Inklusion wurde unter Beteiligung behinderter Menschen in Arbeitsgruppen behandelt, deren Leiter im Lenkungsgremium vertreten waren. Der Landkreis Augsburg führte ein aus mehreren Elementen bestehendes umfassendes Beteiligungsverfahren[829] durch, wobei Menschen mit Behinderung auch in der Lenkungsgruppe vertreten waren[830], und anschließend eine Rückkopplung zwischen Menschen mit Behinderung als Experten in eigener Sache und der Verwaltung stattfand. Auf der Internetseite des Landkreises Augsburg sind zahlreiche Maßnahmen zur Umsetzung des Aktionsplans dokumentiert, an denen jeweils wiederum Menschen mit Behinderung beteiligt waren.[831] Das Beteiligungsverfahren im Landkreis Augsburg kann wegen der Verstetigung der Beteiligungsstrukturen der Stufe 6 auf der Partizipationsleiter zugeordnet werden. Die Stadt Würzburg führte als eine der ersten Städte in Bayern ein Aktionsplanverfahren durch, wobei es Bürgerwerkstätten, eine Lenkungsgruppe und ein Begleitgremium gab. Jeweils waren Menschen mit Behinderung sowohl durch Institutionen als auch direkt beteiligt. Es fand eine Rückkopplung zwischen Bürgern und Verwaltung statt, sodass hier ein Partizipationsgrad von 5 erreicht wurde.[832] Die Entstehung des Aktionsplans des Landkreises Unterallgäu wird im Abschnitt „Chronologie" beschrieben.[833] Demnach fand das Verfahren im Landkreis Unterallgäu von 8.10.2012 bis 20.10.2014 unter Beteiligung von Menschen mit Behinderung sowohl in der Öffentlichkeit als auch in der Lenkungsgruppe statt. Ebenso lässt die Chronologie erkennen, dass eine Rückkopplung zwischen Verwaltung und Menschen mit Behinderung stattgefunden hat. Da der Aktionsplan die Einrichtung eines Behindertenbeirats vorsieht,[834] wodurch eine Verstetigung der Beteiligung behinderter Menschen erfolgen soll, ist ein Partizipationsgrad von 6 gegeben. Für die Stadt Rosenheim ist das Beteiligungsverfahren im Aktionsplan dokumentiert.[835] Daraus geht hervor, dass in der Steuerungsgruppe die Behindertenbeauftragte der Stadt

---

828 Aktionsplan Landkreis Ostallgäu, S. 9 unten bis 16, siehe Aktionsplanverzeichnis.

829 Aktionsplan Landkreis Augsburg, S. 14–17, siehe Aktionsplanverzeichnis.

830 Aktionsplan Landkreis Augsburg, S. 13, siehe Aktionsplanverzeichnis.

831 Siehe https://www.landkreis-augsburg.de/behinderung/aktionsplan-inklusion/umsetzung-des-aktionsplans-inklusion.

832 Aktionsplan Stadt Würzburg, S. 5–8, siehe Aktionsplanverzeichnis.

833 Aktionsplan Landkreis Unterallgäu, S. 3–4, siehe Aktionsplanverzeichnis.

834 Aktionsplan Landkreis Unterallgäu, S. 60, siehe Aktionsplanverzeichnis.

835 Aktionsplan Stadt Rosenheim, S. 8–13, siehe Aktionsplanverzeichnis.

vertreten war. Sie ist zugleich als Mutter eines behinderten Sohnes selbst betroffen,[836] weitere Experten in eigener Sache wurden jedoch in der Steuerungsgruppe nicht beteiligt. Somit erreicht das Verfahren auf jeden Fall den Partizipationsgrad 4 für die ausführliche Beteiligung von Menschen mit Behinderung im gesamten Verfahren, aber nur knapp den Partizipationsgrad 5 hinsichtlich der Zusammensetzung der Steuerungsgruppe. Der Mangel scheint in Rosenheim erkannt worden zu sein, weil für den weiteren Prozess eine Ergänzung der Steuerungsgruppe Vertreter der Selbstorganisationen von Menschen mit Behinderung und Vertreter der Sozialverbände vorgesehen ist.[837] Würde dies verwirklicht werden, könnte man von Partizipationsgrad 6 ausgehen.

3. *Zwischenergebnis zu den Beteiligungsverfahren von Modellkommunen und den Gemeinden laut Aktionsplanverzeichnis*

Beim Vergleich der Beteiligungsverfahren von Modellkommunen und Gemeinden, die von sich aus einen Aktionsplan erstellt und veröffentlicht haben, ist festzustellen, dass in den Modellkommunen öfter ein niedriger Partizipationsgrad erreicht wurde. Dies deutet darauf hin, dass Aktionspläne entstehen, wenn Kommunen sozusagen „von oben" zu deren Erstellung angehalten werden, dass dabei aber nicht selten ein schlechterer Partizipationsgrad erreicht wird, als wenn Kommunen das Verfahren von sich aus einleiten würden. Daher enthält der von der Verf. vorgeschlagene neue Art. 9a BayBGG zwar das Gebot an die Gemeinden, Aktionspläne zu erstellen, gleichwertig jedoch auch die Möglichkeit, andere Mittel zur Umsetzung der UN-BRK zu wählen, um einen Zwang zum Aktionsplan zu verhindern. Hinsichtlich der Kommunen, die von sich aus einen Aktionsplan erstellt haben, ist festzustellen, dass bis auf wenige Ausnahmen ein guter Partizipationsgrad erreicht wird. Verbesserungsbedarf gibt es allerdings fast in allen Kommunen bei der Rückkopplung zwischen Bürgern und Verwaltung und bei der Verstetigung des Prozesses. Stolz auf das Erreichte zu sein, ist legitim und kann den Zusammenhalt in einer Gemeinde stärken, sollte aber nicht dazu führen, dass nach Erstellung des Aktionsplans der Plan in der Schublade verschwindet und sprichwörtlich die Hände in den Schoß gelegt werden.

---

836 Die Behindertenbeauftragte, *Christine Mayer*, ist d. Verf. persönlich bekannt.

837 Aktionsplan Stadt Rosenheim, S. 81, siehe Aktionsplanverzeichnis.

E. Materielle Anforderungen an die Inhalte von Aktionsplänen Inklusion

I. Bewusstseinsbildung als erklärtes Ziel der UN-BRK

Die Artikel 1 bis 9 UN-BRK können als eine Art „Allgemeiner Teil" der Konvention verstanden werden, der sozusagen vorgeschaltet ist und diejenigen Vorschriften enthält, die für alle weiteren Artikel bedeutsam sind.[838] Die Tatsache, dass der Bewusstseinsbildung mit dem Art. 8 eine eigene Vorschrift gewidmet ist, ist an sich schon bemerkenswert. *Trenk-Hinterberger* spricht davon, dass die Vorschrift in dieser Form kein Vorbild habe.[839] Art. 8 UN-BRK lautet:

> Bewusstseinsbildung
>
> (1) Die Vertragsstaaten verpflichten sich, sofortige, wirksame und geeignete Maßnahmen zu ergreifen, um
> a) in der gesamten Gesellschaft, einschließlich auf der Ebene der Familien, das Bewusstsein für Menschen mit Behinderungen zu schärfen und die Achtung ihrer Rechte und ihrer Würde zu fördern;
> b) Klischees, Vorurteile und schädliche Praktiken gegenüber Menschen mit Behinderungen, einschließlich aufgrund des Geschlechts oder des Alters, in allen Lebensbereichen zu bekämpfen;
> c) das Bewusstsein für die Fähigkeiten und den Beitrag von Menschen mit Behinderungen zu fördern.
>
> (2) Zu den diesbezüglichen Maßnahmen gehören
>
> a) die Einleitung und dauerhafte Durchführung wirksamer Kampagnen zur Bewusstseinsbildung in der Öffentlichkeit mit dem Ziel,
> i) die Aufgeschlossenheit gegenüber den Rechten von Menschen mit Behinderungen zu erhöhen,
> ii) eine positive Wahrnehmung von Menschen mit Behinderungen und ein größeres gesellschaftliches Bewusstsein ihnen gegenüber zu fördern,
> iii) die Anerkennung der Fertigkeiten, Verdienste und Fähigkeiten von Menschen mit Behinderungen und ihres Beitrags zur Arbeitswelt und zum Arbeitsmarkt zu fördern;
> b) die Förderung einer respektvollen Einstellung gegenüber den Rechten von Menschen mit Behinderungen auf allen Ebenen des Bildungssystems, auch bei allen Kindern von früher Kindheit an;
> c) die Aufforderung an alle Medienorgane, Menschen mit Behinderungen in einer dem Zweck dieses Übereinkommens entsprechenden Weise darzustellen;

---

838 *Degener*, Inklusionsmotor, *RdJB* 2/2009, 203.

839 *Trenk-Hinterberger* in: *Kreutz u.a.*, Art. 8 Rn. 2.

d) die Förderung von Schulungsprogrammen zur Schärfung des Bewusstseins für Menschen mit Behinderungen und für deren Rechte.

Die Tatsache, dass man eine solche neuartige Vorschrift für notwendig erachtete, ist ein Indiz dafür, dass im Entstehungsprozess der UN-BRK davon ausgegangen wurde, die durch die Konvention Verpflichteten würden die Rechte behinderter Menschen bisher nicht als Menschenrechte begreifen. Vertreter von Nichtregierungsorganisationen, selbst behindert und Experten in eigener Sache, waren am Entstehungsprozess der UN-BRK entsprechend dem Motto „Nichts über uns ohne uns" („nothing about us without us") in einem ungewöhnlich hohen Maß beteiligt. Sie waren in den Verhandlungen nicht nur zahlreich vertreten, sondern kamen auch inhaltlich zu Wort, und ihre Anliegen fanden Berücksichtigung.[840] Die UN-BRK kann also als eine Konvention bezeichnet werden, an der Menschen mit Behinderung aktiv mitwirken konnten. Es überrascht daher nicht, dass in der Konvention neben den baulichen Barrieren auch die „Barrieren in den Köpfen", wie sie mitunter genannt werden,[841] ausführlich in einem eigenen Artikel behandelt werden. Diese sozusagen in der inneren Einstellung der Umwelt begründeten Hindernisse werden in Art. 8 Abs. 1 UN-BRK zunächst bezeichnet. Anschließend werden im Abs. 2 konkrete Maßnahmen benannt, mit denen sie abgebaut werden sollen. Dieser Aspekt, der zum Innovationspotenzial der UN-BRK zählt[842], muss auch auf kommunaler Ebene beachtet werden. Erforderlich sind sofortige, wirksame und geeignete Maßnahmen zur Bewusstseinsbildung. Art. 8 UN-BRK unterliegt nicht dem Progressionsvorbehalt, das heißt, die Maßnahmen sind sofort zu ergreifen.[843] Ein subjektives Recht hierauf räumt die UN-BRK jedoch nicht ein.[844] Zur Sicherheit wurde im Vertragstext verdeutlicht, was mit den Maßnahmen erreicht werden sollte. Bewusstseinsbildung und Partizipation können dabei Hand in Hand gehen, weil mit Beteiligungsmaßnahmen auch die Aufgeschlossenheit gegenüber behinderten Menschen gesteigert werden kann.

840 *Degener*, Menschenrechtsschutz, VN 2006, 104, 110

841 *Trenk-Hinterberger* in *Kreutz u.a.*, Art. 8 Rn. 1.

842 *Degener*, Inklusionsmotor, *RdJB* 2/2009, 203; ähnlich *Trenk-Hinterberger* in: *Kreutz u.a.*, Art. 8 Rn. 2.

843 *Trenk-Hinterberger* in *Kreutz u. a.*, Art. 8 Rn. 2.

844 *Trenk-Hinterberger* in *Kreutz u. a.*, Art. 8 Rn. 2 Fn. 3.

II. Maßnahmen zur Bewusstseinsbildung als Querschnittsaufgabe

1. Menschenrechtliche Perspektive der UN-BRK

So vielgestaltig die Inhalte von Aktionsplänen einerseits sein mögen, weil jede Gemeinde andere Voraussetzungen mitbringt, so sicher ist andererseits, dass bewusstseinsbildende Maßnahmen in jeder Gemeinde wichtige Inhalte von Aktionsplänen bilden sollten, weil es sich um eine Querschnittsaufgabe handelt, die überall – egal welchen Grad an Barrierefreiheit man bereits erreicht haben mag – bedeutsam ist. Für die bewusstseinsbildenden Maßnahmen ist erneut die eingangs dieser Arbeit erwähnte menschenrechtliche Perspektive der UN-BRK mit all ihren positiven Implikationen in den Blick zu nehmen. Sie bedeutet eine Abkehr von der früheren Sichtweise, nach der behinderte Menschen vorwiegend Objekte der Fürsorge waren.[845] Staatliche Maßnahmen waren seit jeher darauf ausgerichtet, behinderte Menschen angemessen zu versorgen, nicht aber, wie es die UN-BRK vorsieht, darauf, ihnen möglichst effektiv zum Genuss ihrer Bürger- und Menschenrechte zu verhelfen. Dies ist der wichtigste Aspekt bei dem sogenannten Paradigmenwechsel in der Behindertenpolitik. Dabei soll nicht geleugnet werden, dass viele Menschen mit Behinderung tatsächlich in höchstem Maße der Fürsorge und der Versorgung bedürfen. Fast jeder hat heute in der Familie oder im Bekanntenkreis eine demenzkranke, komplett auf die Fürsorge anderer angewiesen Person, und hoffentlich niemand, sei er oder sie noch so ein vehementer Verfechter des selbstbestimmten Lebens behinderter Menschen, käme ernsthaft auf die Idee, solchen Personen wegen des Paradigmenwechsels in der Behindertenpolitik die Fürsorge zu entziehen. Trotzdem kann dies kein Argument gegen den Paradigmenwechsel sein, denn auch diese Personen sollen ihre Bürger- und Menschenrechte nach ihren Möglichkeiten genießen können. Es ist nicht zu ändern, dass sie versorgt werden müssen, aber man könnte die Frage stellen, ob dies unbedingt in der Institution eines Pflegeheims, wie man es heute kennt, geschehen müsste, oder ob gemäß dem Ziel der Deinstitutionalisierung des Artikels 19 UN-BRK vielleicht individuellere Lösungen mit weniger institutionellem Charakter gefunden werden könnten, die der Würde des Menschen mehr entsprechen. Auch solche Fragen könnten zum Inhalt eines Aktionsplans gemacht werden, etwa wenn eine Gemeinde einen Bedarf an Pflegeplätzen feststellt, aber dennoch einen Beitrag zur Deinstitutionalisierung leisten möchte. Es hat schließlich wenig Sinn, ein herkömmliches Pflegeheim zu bauen, wenn die Bürger einer Gemeinde darin übereinstimmen, dass sie selbst im Alter

---

845 *Rothfritz*, 58.

keinesfalls in ein solches Pflegeheim ziehen möchten. Hier sind neue Ideen und Konzepte gefragt, die im Idealfall sowohl für mehr Lebensqualität bei den pflegebedürftigen Menschen als auch für bessere Arbeitsbedingungen bei den Pflegekräften sorgen könnten. Warum sollte eine Gemeinde zu so schwierigen Fragen nicht die Vorschläge und Anregungen ihrer Bürger einholen? Es geht bei dem Paradigmenwechsel darum, dass alle Akteure ihre bisherige Lebens- und Arbeitsweise in Frage stellen, um zu überprüfen, ob behinderte Menschen in den Zusammenhängen, in denen sie sich befinden, tatsächlich ihre Menschen- und Bürgerrechte gleichberechtigt mit anderen wahrnehmen können. Bewusstseinsbildende Maßnahmen sind hier besonders wichtig, weil der überkommene Fürsorgegedanke bei vielen Akteuren, einschließlich der behinderten Menschen selbst, noch sehr stark nachwirkt. Beide Seiten, behinderte Menschen und Personal, sind es gewohnt, die Gegebenheiten hinzunehmen. Einrichtungen orientieren ihre Abläufe traditionell weniger an menschenrechtlichen als vielmehr an wirtschaftlichen Kriterien. Die Umstellung dürfte schwierig sein, denn hat man jahre- und jahrzehntelang in dem Verständnis gelebt und gearbeitet, man tue behinderten Menschen durch die Fürsorge etwas Gutes, und es könne nicht anders sein, fällt es nicht leicht, das bisher als gut Befundene hinter sich zu lassen und die Behindertenarbeit sozusagen auf ein neues Fundament zu stellen. Erschwerend kommt noch der bereits erwähnte Gedanke hinzu, dass Mitarbeiter von Einrichtungen es nicht schätzen werden, sich selbst überflüssig zu machen. Gerade dort, wo der menschenrechtliche Aspekt besonders ungewohnt ist, sind bewusstseinsbildende Maßnahmen im Sinne der UN-BRK am wichtigsten.

2. Verpflichtete und Adressaten der Maßnahmen zur Bewusstseinsbildung

a) Die Verwaltung – eine wichtige Verpflichtete der Maßnahmen zur Bewusstseinsbildung

Da die Vorschriften der UN-BRK alle staatlichen Ebenen gleichermaßen verpflichten, sind in Deutschland Bund, Länder und Kommunen sowie Verwaltung, Gesetzgebung und Rechtsprechung gleichermaßen aufgerufen, die Leistungsverpflichtung aus Art. 8 UN-BRK zu erfüllen.[846] Das kann zwar schrittweise geschehen, Untätigkeit ist aber nicht erlaubt, es muss sofort begonnen werden. Der UN-Ausschuss für die Rechte von Menschen mit Behinderung bescheinigte der Bundesrepublik Deutschland in seinen abschließenden Bemerkungen (concluding observations) ein mangelndes menschenrechtliches Verständnis

846 *Trenk-Hinterberger* in *Kreutz u.a.*, Art. 8 Rn. 3 a. E.

der Rechte behinderter Menschen und forderten zusätzliche Anstrengungen in dieser Richtung.[847] Auf kommunaler Ebene ist es vor allem die Verwaltung, die bewusstseinsbildende Maßnahmen durchführen muss. Zunächst besteht die Verpflichtung, die eigenen Mitarbeiter zu schulen. Die Landeshauptstadt München verfolgt dieses Ziel durch „Fortbildungen für städtische Mitarbeiterinnen und Mitarbeiter mit und ohne Behinderungen"[848] sowie durch eine „Fachspezifische und praxisorientierte Fortbildung zu Barrierefreiheit für die Beschäftigten des Referats für Stadtplanung und Bauordnung".[849] Hingegen bleiben die Ausführungen zum „Handlungsfeld Bewusstseinsbildung" als solche äußerst allgemein.[850] Der Landkreis München betont in seinem Aktionsplan, „ein wichtiger Aspekt der Inklusion sei die Schulung und Sensibilisierung von Beschäftigten in der kommunalen Verwaltung für die unterschiedlichen Belange von und die Kommunikation mit Menschen mit unterschiedlichen Einschränkungen"[851]. Abgesehen davon, dass man dies sprachlich auch einfacher hätte fassen können, haben die Maßnahmen laut Aktionsplan tatsächlich keine so große Bedeutung, denn in mehr als der Hälfte der Kommunen im Landkreis München ist diese Möglichkeit für die Mitarbeiter überhaupt nicht gegeben.[852] Daneben muss die Kommune nach Ansicht der Verf. auch Angebote vorhalten, um gemeindlichen Akteuren und Bürgern ein menschenrechtliches Bewusstsein der Rechte behinderter Menschen zu vermitteln. Dazu könnte sie Schulungsangebote schaffen oder die bestehenden Weiterbildungsangebote daraufhin überprüfen, ob Menschen mit Behinderung in ihnen ausreichend berücksichtigt werden, und ob die Schulungsinhalte auf einem menschenrechtlichen Verständnis der Rechte behinderter Menschen basieren. Jede der beiden Varianten hat Vorzüge: Sollen behinderte Menschen selbst für ihre Rechte sensibilisiert werden, so ist es besser, wenn sie in Schulungen unter sich sind, um einander Peer Support geben zu können. Mit diesem Begriff wird ein Konzept der gegenseitigen Unterstützung von Menschen in ähnlicher Lage bezeichnet, eine Idee, die in den USA vor allem durch die Selbsthilfegruppen der Anonymen Alkoholiker bekannt wurde. Das Konzept des Peer Support wurde dort von der emanzipatorischen Behindertenbewegung übernommen und bildet heute auch in Deutschland eine grundlegende Methode vieler Selbsthilfeinitiativen behinderter Menschen. Dazu erklärt

847 Abschließende Bemerkungen, III. A. Nrn. 5, 6, 7.
848 Siehe Aktionsplanverzeichnis, Aktionsplan Landeshauptstadt München, S. 37.
849 Siehe Aktionsplanverzeichnis, Aktionsplan Landeshauptstadt München, S. 43.
850 Siehe Aktionsplanverzeichnis, Aktionsplan Landeshauptstadt München, S. 75.
851 Siehe Aktionsplan Landkreis München, S. 34.
852 Siehe Aktionsplan Landkreis München, S. 34.

Miles-Paul, es sei „außerordentlich wichtig, dass Behinderte einen Raum vorfinden, in dem eine aktive und ungestörte Auseinandersetzung mit sich selbst und mit anderen Behinderten möglich“ sei.[853] Geht es nicht in erster Linie um Peer Support und die persönliche Auseinandersetzung mit der Behinderung, so ist die Variante von Schulungen zu bevorzugen, bei der bestehende Angebote auf den Inklusionsgedanken hin ausgerichtet werden, da dies dem Verständnis der UN-BRK besser entspricht als eigens für behinderte Menschen ein spezielles Angebot, und damit wiederum Aussonderung, zu schaffen. Diesen Weg geht zum Beispiel die Landeshauptstadt München, indem sie ihre Volkshochschulangebote auf Barrierefreiheit überprüft. Im Münchener Aktionsplan wird dazu festgestellt, dass Menschen mit Behinderung sich eher zu speziell für sie ausgeschriebenen Kursen der VHS anmelden, und dass Menschen ohne Behinderung diese Kurse wiederum meiden. Wird überlegt, durch welche Vorkehrungen oder Veränderungen dieses Muster durchbrochen werden könnte, so trägt dies auf jeden Fall erheblich zur Bewusstseinsbildung bei.[854]

b) Verschiedene Adressatenkreise der Maßnahmen zur Bewusstseinsbildung

Neben der Frage, wer die Maßnahmen zur Bewusstseinsbildung zu ergreifen hat, ist auch interessant, wer die Adressaten dieser Maßnahmen sein sollen.

(1) klassische Öffentlichkeitsarbeit, um die Ziele der UN-BRK bekannt zu machen

Naheliegend erscheint es, zunächst an die Öffentlichkeit zu denken und unter Maßnahmen der Bewusstseinsbildung die klassische Öffentlichkeitsarbeit seitens des Staates wie auch von privaten Unternehmen und Organisationen zu subsumieren. Viele Institutionen, die mit behinderten Menschen zu tun haben, setzen dies um. In Fachbüchern, Faltblättern, Broschüren und Internetseiten wird auf den Inklusionsgedanken hingewiesen. Die Bundesvereinigung Lebenshilfe e.V., die ihr bisheriges Werkstatthandbuch unter dem Titel „Teilhabe durch Arbeit – ergänztes Handbuch zur beruflichen Teilhabe von Menschen mit Behinderung“ im Jahr 2015 neu herausgegeben hat, gibt beispielsweise an, der Nachfolger des Werkstatthandbuchs habe konsequent die gesellschaftliche Leitlinie „Inklusion“ im Blick.[855] Auch die Deutsche Gesetzliche Unfallversicherung

853 *Miles-Paul*, 40.

854 Aktionsplan der Landeshauptstadt München, S. 53, siehe Aktionsplanverzeichnis.

855 *Bundesvereinigung Lebenshilfe* für Menschen mit Geistiger Behinderung (Hrsg.), Teilhabe durch Arbeit. Ergänzbares Handbuch zur beruflichen Teilhabe von Menschen mit Behinderung (2015), Lebenshilfe-Verl., Marburg, beschrieben auf der

schreibt in der Präambel zu einem Positionspapier, sie orientiere sich eng an der Behindertenrechtskonvention der Vereinten Nationen. Dabei stehe immer der betroffene Mensch im Mittelpunkt, mit dem Ziel, seine Selbstbestimmung zu fördern. Vor diesem Hintergrund erlangten die Leistungen zur Teilhabe am Leben in der Gemeinschaft besondere Bedeutung. Im Sinne der Inklusion würden Menschen mit Behinderung dabei unterstützt, ihren Alltag möglichst selbstbestimmt und unabhängig zu leben.[856] Vom Freistaat Bayern wird vorhandenes Informationsmaterial positiv als entsprechende Maßnahmen im Sinne des Art. 8 UN-BRK ins Feld geführt.[857] Auch wenn Zweifel bestehen bleiben mögen, ob der Inklusionsgedanke von jenen, die ihn so vehement betonen, nicht nur mit Worten beschworen, sondern in der Praxis umgesetzt wird, so ist doch zu konstatieren, dass jeder Akteur, der mit behinderten Menschen zu tun hat, und als einigermaßen modern erscheinen möchte, sich mit der neuen Entwicklung auseinandersetzen und darauf achten muss, nicht von ihr überholt zu werden. Dies gilt umso mehr für die traditionellen Organisationen, die sonst in der allgemeinen Wahrnehmung leicht als eine Art „Dinosaurier" der Behindertenarbeit erscheinen könnten. Insofern hat der gesellschaftliche Bewusstseinswandel, den die UN-BRK anstoßen soll, bereits begonnen, und es scheint, als sei dieser Prozess unumkehrbar. Zwar ist zuzugestehen, dass mit öffentlichen Veranstaltungen oft nur diejenigen erreicht werden, die dem Thema Behinderung und Inklusion ohnehin aufgeschlossen gegenüberstehen. Dies trifft aber tendenziell auf jede Öffentlichkeitsarbeit (beispielsweise zu Themen wie Umweltschutz, Datenschutz, Gender Mainstreaming) zu und sollte daher nicht als Argument gegen solche Veranstaltungen verwendet werden. Um dem Anspruch der Inklusion und der Bewusstseinsbildung gerecht zu werden, müssen die bereitgestellten Medien nach der hier vertretenen Meinung zwei wichtige Kriterien erfüllen: Sie müssen inhaltlich das menschenrechtliche Verständnis der Rechte behinderter Menschen korrekt und leicht verständlich transportieren und dabei – im Interesse ihrer potentiellen behinderten Benutzer und als gutes Vorbild für mögliche Nachahmer – selbst barrierefrei sein.

Internetseite www.lebenshilfe.de/de/buecher-zeitschriften/buecher/dateien/Teilhabe-durch-Arbeit.php.

856 Siehe www.dguv.de/medien/inhalt/reha_leistung/teilhabe/positionspapier-ltg.pdf.

857 Bayerischer Aktionsplan, S. 13–15, siehe Aktionsplanverzeichnis.

(2) Schulungen für die öffentliche Verwaltung zur Rechtsauslegung im Lichte der UN-BRK

Noch wichtiger als bei der breiten Öffentlichkeit könnte ein menschenrechtliches Verständnis der Rechte behinderter Menschen innerhalb der Verwaltung sein; denn sie ist es, die die Entscheidungen trifft, von denen die Lebensverhältnisse behinderter Menschen ganz konkret beeinflusst werden. So sind zum Beispiel teils die bayerischen Bezirke für die Bewilligung von Mitteln für persönliche Assistenz zuständig. Wie in diesem Fall handelt es sich bei der Bewilligung öffentlicher Mittel sehr oft um gebundene Ansprüche. Zugleich sind aber bei der Verwendung von Steuermitteln die Grundsätze der Sparsamkeit und Wirtschaftlichkeit zu beachten. Es macht in der Rechtsanwendungspraxis einen großen Unterschied, ob beispielsweise ein Sachbearbeiter in einer Behörde oder in einer Krankenkasse eine Leistung an einen behinderten Menschen, über die er zu entscheiden hat, nach seiner persönlichen Überzeugung als Ausfluss eines Menschenrechtes oder als eine Art Luxus ansieht. Hält er sie für ein Menschenrecht, wird er sie bewilligen, selbst wenn der öffentlichen Hand oder der Sozialversicherung dadurch Kosten entstehen. Hält er die Leistung dagegen für einen Luxus, der als Ausdruck eines überzogenen Anspruchsdenkens von einem behinderten Menschen gefordert wird, wird er sie ablehnen oder nur in einer Minimalform gewähren. Besonders wirksame Maßnahmen der Bewusstseinsbildung innerhalb der Verwaltung könnten zum Beispiel Schulungen für Verwaltungsmitarbeiter sein, in denen diesen ein menschenrechtliches Verständnis der Rechte behinderter Menschen und damit auch der von ihnen anzuwendenden Vorschriften vermittelt wird. Würden die Schulungen von entsprechend qualifizierten Menschen mit Behinderung selbst konzipiert, geleitet und durchgeführt, so hätte dies einen doppelten Nutzen: Einerseits würde dem Grundsatz der Partizipation – „Nichts über uns ohne uns" – Rechnung getragen. Er gehörte zu den bestimmenden Elementen während des gesamten Entstehungsprozesses der UN-BRK und ist zugleich Teil ihres Innovationspotenzials. Andererseits würden behinderte Menschen, die als Leiter von Schulungen in Behörden auftreten würden, unmittelbar als Akteure und Experten in eigener Sache erscheinen, während sie im Verwaltungsalltag eher als Antragsteller, Hilfsbedürftige und zur Dankbarkeit verpflichtete Bittsteller oder gar als Querulanten wahrgenommen werden. Somit könnte eine Schulung für Verwaltungsmitarbeiter unmittelbar den mit der UN-BRK vollzogenen bzw. angestrebten Paradigmenwechsel in der Behindertenpolitik sichtbar werden lassen. Finanzielle Mittel wären für die Vergütung der Schulungsleiter und für den Arbeitsausfall der Verwaltungsmitarbeiter durch die Fortbildung einzukalkulieren.

(3) Das „neue Bewusstsein" der UN-BRK – auch bei Menschen mit Behinderung

Auch behinderte Menschen selbst sind sich ihrer Würde und ihrer Menschenrechte nicht immer bewusst. In den Anfängen der Behindertenbewegung karikierten sich deren Protagonisten auf Plakaten und Aufklebern selbstironisch als „Musterkrüppelchen: dankbar, lieb, ein bisschen doof, leicht zu verwalten"[858], um klarzumachen, dass sie dieser Selbsteinschätzung möglichst schnell ein Ende bereiten wollten. Das Verständnis, dass behinderte Menschen vor allem dankbar zu sein hätten, folgt aus dem Fürsorgegedanken und hat sich auch bei den behinderten Menschen tief in deren Bewusstsein eingeprägt. Ein solches Selbstverständnis, das unter Umständen lange nachwirkt, erschwert es behinderten Menschen, ihre Rechte aus der UN-BRK wirksam einzufordern. Deshalb sollten sich die im Rahmen des Art. 8 Abs. 2 UN-BRK zu ergreifenden Maßnahmen der Bewusstseinsbildung durchaus an Menschen mit Behinderung richten. Wo immer es möglich ist, sollte angestrebt werden, sie zu Experten in eigener Sache auszubilden. Dazu sollte die oben beschriebene Methode des Peer Support bzw. Peer Counseling eingesetzt werden, das heißt, dass behinderte Menschen andere behinderte Menschen unter Rückgriff auf ihren Erfahrungsschatz unterstützen bzw. beraten. Auf kommunaler Ebene könnte dieser Aspekt, wie bereits unter a) beschrieben, in die bestehenden Bildungsangebote einfließen. Selbstverständlich müssten auch diese Maßnahmen ihrerseits barrierefrei im Sinne der UN-BRK sein.

(4) Gesetzliche Betreuer von Menschen mit Behinderung

Die hohe Bedeutung der Selbstvertretung behinderter Menschen darf nicht dazu führen, dass jene behinderten Menschen vergessen werden, die nicht in der Lage sind, sich selbst um ihre Angelegenheiten zu kümmern. Diese sind eine besonders verletzliche Personengruppe, denn es sind nicht selten Personen mit besonders schweren Behinderungen. Sie sind von ihren gesetzlichen Betreuern vollkommen abhängig, denn die Betreuer dürfen und müssen, wenn sie für alle Lebensbereiche bestellt sind, vollständig über das Leben der Betreuten bestimmen. Umso wichtiger ist es, dass gesetzliche Betreuer ihrer alltäglichen Arbeit ein menschenrechtliches Verständnis zugrunde legen. Auch für sie sollten kommunale Bildungsangebote in diesem Sinne geschaffen werden, um die Qualität der Betreuung für behinderte Menschen zu verbessern und gerade denjenigen

---

858 *Klee*, Behindertenreport II, S. 150

Menschen den Genuss ihrer Menschenrechte zu ermöglichen, die sich selbst nicht äußern können.

III. Untersuchung bayerischer Aktionspläne auf Maßnahmen der Bewusstseinsbildung

1. Untersuchung der Modellkommunen auf Maßnahmen der Bewusstseinsbildung

Ein Problem bei der Untersuchung der Modellkommunen besteht darin, dass wie oben beschrieben, die Aktionspläne nicht veröffentlicht wurden, so dass nur aus dem Werkbericht Informationen gewonnen werden können, was im Folgenden versucht werden soll. In Bad Kissingen können Stadtführungen für sehbehinderte oder mobilitätseingeschränkte Personen am ehesten den bewusstseinsbildenden Maßnahmen zugerechnet werden, wobei allerdings aus dem Werkbericht hervorgeht, dass es diese bereits vor dem Aktionsplan bzw. der Durchführung des Modellprojekts gab, sie also kein Ergebnis dieses Verfahrens darstellen.[859] Der in Günzburg geplanten „Kooperation mit Einzelhandel, Gastronomie und Dienstleistung“[860] kann man durchaus einen gewissen bewusstseinsbildenden Charakter zusprechen, denn dadurch wird aufgezeigt, dass Menschen mit Behinderung potentielle Kunden und Gäste sind, und eben nicht nur „Bedürftige“. Ähnliches gilt für Kronach[861], Stadtprozelten[862] und Neumarkt in der Oberpfalz[863], wo Einzelhandel oder Private ebenso einbezogen werden sollen. Mitterteich initiiert ein kommunales Förderprogramm für Private, die Barrierefreiheit herstellen möchten. Auch dadurch kann ein Bewusstsein für die Notwendigkeit solcher Maßnahmen geschaffen werden.[864] In Marktoberdorf sind laut Werkbericht ausdrücklich „Aktionen zur Sensibilisierung der Bürgerinnen und Bürger“[865] vorgesehen, also wohl klassische Maßnahmen der Bewusstseinsbildung, die leider nicht näher benannt werden. Man hätte sich im Sinne einer Multiplikatorfunktion des Modellprojekts gewünscht, hierüber mehr zu erfahren. Die Stadt Traunstein führte laut Werkbericht umfangreiche Maßnahmen der Öffentlichkeitsarbeit durch, um gerade auch nicht direkt betroffene

859 Werkbericht S. 8.
860 Werkbericht S. 27.
861 Werkbericht S. 35.
862 Werkbericht S. 57.
863 Werkbericht S. 55.
864 Werkbericht S. 51.
865 Werkbericht S. 45.

Bürgerinnen und Bürger für ein barrierefreies Traunstein zu begeistern.[866] Hier erhält die Bewusstseinsbildung also breiten Raum. In den in diesem Absatz nicht aufgezählten Modellkommunen sind vergleichbare Maßnahmen der Bewusstseinsbildung nicht dokumentiert.

2. *Untersuchung der bayerischen Kommunen laut Aktionsplanverzeichnis auf Maßnahmen der Bewusstseinsbildung*

In einer Reihe von Aktionsplänen sind bewusstseinsbildende Maßnahmen ausdrücklich vorgesehen, beispielhaft etwa im Aktionsplan des Landkreises Fürstenfeldbruck, in dem die Bewusstseinsbildung gleich am Anfang steht; dieser Aufbau signalisiert, dass der gesamte Aktionsplan den von der UN-BRK intendierten Paradigmenwechsel im Blick behält. Die im „Arbeitskreis 1" behandelten Themen sind breit angelegt: neben der klassischen Initiierung von Kampagnen kommt der Inklusionsbeauftragte darin ebenso vor wie die Erhöhung der Beschäftigungsquote schwerbehinderter Menschen in der Verwaltung, die Themen der politischen Partizipation oder die Entwicklung von Teilhabemöglichkeiten für Menschen mit Behinderung und noch einige andere Bereiche.[867] Das Thema Bewusstseinsbildung wird hier also breiter verstanden als in den meisten anderen Aktionsplänen. Man folgt dem Verständnis der UN-BRK, wonach Inklusion alle Bereiche des täglichen Lebens umfassen sollte; nimmt man dies ernst, so ist auch in allen Bereichen entsprechende Bewusstseinsbildung notwendig. In der Stadt Kempten hat man der Bewusstseinsbildung zusammen mit der Öffentlichkeitsarbeit ein eigenes Handlungsfeld im Aktionsplan mit einer ganzen Reihe von Maßnahmen gewidmet.[868] Besonders wichtig fand man hier die Bewusstseinsbildung im Bereich der Stadtverwaltung, aber auch allgemein Verbesserungen im Bereich Leichte Sprache, wobei als zusätzlicher Aspekt auf das Problem von Analphabeten hingewiesen wird, die zwar in dem Sinne nicht behindert seien, die jedoch dadurch, dass sie nicht lesen können, auf ähnliche Hindernisse treffen wie manche Menschen mit Lernschwierigkeiten. Dieser Aktionsplan umfasst also ein breites Spektrum mit etlichen durchaus sehr konkreten Maßnahmen. Der Aktionsplan des Landkreises Unterallgäu enthält in Handlungsfeld 5 „Beratung, Information, Öffentlichkeitsarbeit" ein ganzes Bündel bewusstseinsbildender Maßnahmen, die sich an verschiedene Adressaten richten, z.B. an die Gemeinden und Bürgermeister des

---

866 Werkbericht S. 67.

867 Aktionsplan Landkreis Fürstenfeldbruck, S. 10–26, siehe Aktionsplanverzeichnis.

868 Aktionsplan Stadt Kempten, S. 94–105, siehe Aktionsplanverzeichnis.

Landkreises.[869] Der Aktionsplan der Stadt Würzburg sieht Maßnahmen der Bewusstseinsbildung vor, mit denen die Verwaltung, Presse/Medien und die Öffentlichkeit erreicht werden sollen.[870] Der Aktionsplan des Landkreises Rosenheim führt Öffentlichkeitsarbeit insbesondere bei Arbeitgebern[871] sowie allgemein in den Medien[872] als geplante Maßnahmen an. Die Sensibilisierung der Arbeitgeber ist auch Thema im Aschaffenburger Integrierten Gesamtkonzept.[873] Es beinhaltet außerdem Schulungen für Busfahrer[874] sowie für Architekten und Planer[875]. Auch Fortbildungen für Pflegepersonal hinsichtlich älter werdenden Menschen mit Behinderung haben bewusstseinsbildenden Charakter.[876] So begleiten einzelne bewusstseinsbildende Maßnahmen das Aschaffenburger Integrierte Gesamtkonzept in der überwiegenden Zahl der Handlungsfelder, ehe zum Schluss die bewusstseinsbildenden Bereiche „Beratung, Information und Öffentlichkeitsarbeit" sowie „Kooperation und Vernetzung" noch je ein eigenes Handlungsfeld bekommen.[877] In der Region Aschaffenburg sind die Maßnahmen zur Bewusstseinsbildung also breit gefächert, und ganz allgemein könnte man schon dem integrierenden Ansatz, sowohl die Anliegen der älteren Menschen als auch der Menschen mit Behinderung zu berücksichtigen, bewusstseinsbildenden Charakter zusprechen. Die Verf. hat in ihrer praktischen Tätigkeit Unwillen gegen eine solche Kombination kennengelernt und ist daher nicht verwundert, dass Aschaffenburg die einzige bayerische Region ist, in der eine solche Verbindung gelungen ist.[878] Der Aktionsplan der Stadt Rosenheim enthält ähnliche Bestimmungen hinsichtlich der Arbeitgeber,[879] ebenso wie der des Landkreises Regensburg.[880] Im Landkreis Regensburg ist Öffentlichkeitsarbeit außerdem insbesondere im Bereich der frühkindlichen und schulischen Inklusion geplant.[881] Laut Aktionsplan des Landkreises Ostallgäu wurden

869 Aktionsplan Landkreis Unterallgäu, S. 55, siehe Aktionsplanverzeichnis.
870 Aktionsplan Stadt Würzburg, S. 205, siehe Aktionsplanverzeichnis.
871 Aktionsplan Landkreis Rosenheim, S. 54, siehe Aktionsplanverzeichnis.
872 Aktionsplan Landkreis Rosenheim, S. 61, siehe Aktionsplanverzeichnis.
873 Integriertes Gesamtkonzept, S. 53, siehe Aktionsplanverzeichnis.
874 Integriertes Gesamtkonzept, S. 31, siehe Aktionsplanverzeichnis.
875 Integriertes Gesamtkonzept, S. 68, siehe Aktionsplanverzeichnis.
876 Integriertes Gesamtkonzept, S. 75, siehe Aktionsplanverzeichnis.
877 Integriertes Gesamtkonzept, ab S. 87, siehe Aktionsplanverzeichnis
878 Integriertes Gesamtkonzept, S. III, siehe Aktionsplanverzeichnis
879 Aktionsplan Stadt Rosenheim, S. 53, siehe Aktionsplanverzeichnis.
880 Aktionsplan Landkreis Regensburg, S. 153, siehe Aktionsplanverzeichnis.
881 Aktionsplan Landkreis Regensburg, S. 205, siehe Aktionsplanverzeichnis.

„Bewusstseinsbildung und Kommunikation" ausführlich in einer Arbeitsgruppe behandelt.[882] Die Maßnahmen setzen auf den persönlichen Kontakt. Sie sehen u.a. vor, dass Menschen mit Behinderung persönlich aus ihrem Leben berichten, wobei sie sich an Bürgermeister, Behindertenbeauftragte und Gemeindeverwaltungen ebenso richten wie an Kinder und Jugendliche in der Schule, an Verwaltungsbehörden und Wirtschaftskammern aber auch an Selbsthilfegruppen behinderter Menschen. Vorgesehen ist außerdem eine Förderung für Filme über Inklusion, eine Vorstellung des Themas und einzelner Menschen mit Behinderung in der Presse sowie eine Informationsbroschüre speziell für Bürgermeister. Hier wurden in geradezu vorbildlicher Weise die von der Verf. herausgearbeiteten Adressatenkreise bedacht, und es wurde das Wirken von Menschen mit Behinderung als Experten in eigener Sache in den Mittelpunkt der Bemühungen gerückt. Kritisch ist festzuhalten, dass Maßnahmen, die so stark auf persönliche Berichte setzen, wie im Landkreis Ostallgäu vorgesehen, nur möglich sind, wenn einzelne Menschen mit Behinderung bereit sind, sehr persönliche Informationen aus ihrem Leben öffentlich preiszugeben; dies zu empfehlen, ist unter dem Aspekt des Datenschutzes bedenklich. Außerdem kann es leicht passieren, dass Dinge, die ein behinderter Mensch berichtet, von den Zuhörern fälschlicherweise verallgemeinert werden. Diese Nachteile werden aber dadurch aufgewogen, dass gerade das Persönliche erfahrungsgemäß den größten Eindruck hinterlässt. Der Aktionsplan des Landkreises München sieht Schulungsangebote für Verwaltungsmitarbeiter vor,[883] ebenso der des Landkreises Augsburg, wobei diese Maßnahme dem Handlungsfeld „Mobilität und Barrierefreiheit im öffentlichen Raum" zugeordnet ist, wohl weil der Aktionsplan des Landkreises Augsburg kein eigenes Handlungsfeld „Bewusstseinsbildung" enthält.[884] Im Landkreis Starnberg sollen Busfahrer[885] und Mitarbeiter des Landratsamts[886] im richtigen Umgang mit behinderten Menschen geschult werden. Auch soll die Volkshochschule ihre Programme und Angebote unter dem Gesichtspunkt der Inklusion weiterentwickeln.[887] Die Sensibilisierung der Arbeitgeber[888] ist auch im Aktionsplan Inklusion von Ingolstadt enthalten, dazu Schulungen für Busfahrer[889].

---

882 Aktionsplan Landkreis Ostallgäu, S. 60–64, siehe Aktionsplanverzeichnis.
883 Aktionsplan Landkreis München, S. 153, siehe Aktionsplanverzeichnis.
884 Aktionsplan Landkreis Augsburg, S. 91, siehe Aktionsplanverzeichnis.
885 Aktionsplan Landkreis Starnberg, S. 127, siehe Aktionsplanverzeichnis.
886 Aktionsplan Landkreis Starnberg, S. 133, siehe Aktionsplanverzeichnis.
887 Aktionsplan Landkreis Starnberg, S. 262, siehe Aktionsplanverzeichnis.
888 Aktionsplan Stadt Ingolstadt, S. 110–112, siehe Aktionsplanverzeichnis.
889 Aktionsplan Stadt Ingolstadt, S. 136, siehe Aktionsplanverzeichnis.

„Sensibilisierung und Schulung von Lehrkräften und Erziehungspersonal"[890] stehen im Aktionsplan der Landeshauptstadt München, ebenso wie ein „Handicap-Day" für Arbeitgeber zum Abbau der Barrieren in den Köpfen[891]. Schließlich hat im Münchener Aktionsplan die Bewusstseinsbildung ein eigenes Handlungsfeld (Handlungsfeld 9)[892] erhalten. Dort sind aber nur zwei Maßnahmen verzeichnet, die einmal sehr allgemein formuliert und einmal sehr speziell sind. Die erste Maßnahme lautet: „Alle Bürgerinnen und Bürger mit und ohne Behinderungen überprüfen die Stadt München auf Barrierefreiheit und setzen sich für Barrierefreiheit ein." Laut Aktionsplan soll die Maßnahme langfristig laufen und durch Öffentlichkeitsarbeit unterstützt werden.[893] Trotz dieser Konkretisierung fällt es schwer, sich vorzustellen, wie diese Maßnahme tatsächlich verlaufen soll. Bei der zweiten Maßnahme in diesem Handlungsfeld geht es um die Berufsorientierung von Mädchen und Frauen.[894] Hier hat man den Eindruck, es sollte ein bestimmtes Projekt gefördert werden, und dieses sei in Ermangelung einer besseren Idee in dem Feld der Bewusstseinsbildung verankert worden. Zugleich stellt sich die Frage, warum die beiden vorher genannten Maßnahmen, die eindeutig auf Bewusstseinsbildung abzielen, nicht in diesem Feld genannt wurden. Es bleibt festzuhalten, dass gewisse Erwartungen geweckt werden, wenn der Bewusstseinsbildung im Aktionsplan ein eigenes Handlungsfeld zugewiesen wurde, und dass diese Erwartungen enttäuscht werden, wenn nur so wenige Maßnahmen in dem Handlungsfeld enthalten sind und diese dann auch noch nicht besonders breit angelegt zu sein scheinen. Durch eine sinnvolle Zusammenfassung der ohnehin geplanten Maßnahmen hätte man dem negativen Eindruck entgegentreten können. Die im Aktionsplanverzeichnis aufgeführten Aktionspläne von Kommunen, die in diesem Abschnitt nicht behandelt wurden, sehen keine Maßnahmen gem. Art. 8 UN-BRK vor.

3. *Zwischenergebnis zu den bewusstseinsbildenden Maßnahmen in Gemeinden*

Das Ergebnis hinsichtlich bewusstseinsbildender Maßnahmen, die eigentlich von jeder Gemeinde zwingend zu ergreifen wären, um den Anforderungen von Art. 8 UN-BRK zu genügen, muss als durchwachsen bezeichnet werden.

890 Aktionsplan Landeshauptstadt München, S. 13, siehe Aktionsplanverzeichnis.
891 Aktionsplan Landeshauptstadt München, S. 36, siehe Aktionsplanverzeichnis.
892 Aktionsplan Landeshauptstadt München, S. 75, siehe Aktionsplanverzeichnis.
893 Aktionsplan Landeshauptstadt München, S. 76, siehe Aktionsplanverzeichnis.
894 Aktionsplan Landeshauptstadt München, S. 77, siehe Aktionsplanverzeichnis.

Die Spanne reicht vom völligen Fehlen solcher Maßnahmen über Maßnahmen, die, wie das Coaching für Arbeitgeber oder die Kooperation mit dem Handel eher „nebenbei" bewusstseinsbildend wirken bis zu einer großen Bandbreite von Maßnahmen, die zeigt, dass man sich in einer Gemeinde gemeinsam Gedanken darüber gemacht hat und mit Fantasie und Kreativität des Themas angenommen hat. Ob die Maßnahmen in den Gemeinden jeweils Wirkung gezeigt haben, wird man am ehesten anhand der Ausgangslage des nachfolgenden Aktionsplans feststellen können. An dieser sollte man erkennen, wie die Maßnahmen bei den Adressaten angekommen sind, und ob sich bei den kritisierten Problemen aus Sicht der Betroffenen etwas verbessert hat.

F. Gesetzgebungsvorschlag zu kommunalen Aktionsplänen Inklusion

Für den Fall, dass der Freistaat Bayern, wie in Kapitel 2 gefordert, die UN-BRK künftig in verfassungsgemäßer Weise in Geltung setzen sollte, ergäbe sich hieraus eine Umsetzungspflicht auf dem Gebiet des Freistaates Bayern, die zum großen Teil von den Gemeinden erfüllt werden müsste. Falls die UN-BRK, wie es nach Ansicht der Verf. der aktuellen Rechtslage entspricht, im Freistaat Bayern weiterhin nicht als Ganzes Geltung beanspruchen sollte, wäre der Freistaat Bayern zwar nicht zur Umsetzung verpflichtet, gleichwohl aber auch nicht daran gehindert. Soll das von *Seehofer* ausgerufene Ziel verwirklicht werden, könnte sich der Freistaat Bayern einzelne Ziele der UN-BRK, etwa das Recht behinderter Menschen, selbstbestimmt mit gleichen Wahlmöglichkeiten wie andere Menschen in der örtlichen Gemeinschaft zu leben (Art. 19 UN-BRK), zu eigen machen und ihnen durch Landesgesetz Rechtsgeltung verschaffen. Die Verf. schlägt eine Ergänzung des BayBGG durch folgende neue Vorschriften vor:

Art. 9a
Inklusionsmaßnahmen auf kommunaler Ebene

(1) [1]Ein inklusives Gemeinwesen ist eines, in dem Menschen mit Behinderung gemäß Art. 19 der UN-Behindertenrechtskonvention das Recht und die Möglichkeit haben, selbstbestimmt mit gleichen Wahlmöglichkeiten wie andere Menschen in der örtlichen Gemeinschaft zu leben. [2]Bezirke, Landkreise, kreisfreie und kreisangehörige Gemeinden (kommunale Gebietskörperschaften) schaffen schrittweise die Voraussetzungen für ein inklusives Gemeinwesen.

(2) [1]Das Bewusstsein für die gleichberechtigte Teilhabe behinderter Menschen auf kommunaler Ebene ist durch geeignete Maßnahmen gemäß Art. 8 der UN-Behindertenrechtskonvention zu stärken. [2]Die kommunalen Gebietskörperschaften sollen Aktionspläne zur Inklusion erstellen, diese vor Ort umsetzen und bei Bedarf

fortschreiben. [3]Anstelle von Aktionsplänen oder ergänzend können auch andere wirksame und geeignete Maßnahmen getroffen werden.

(3) Der Freistaat Bayern anerkennt, dass mit der Umsetzung der UN-Behindertenrechtskonvention neue Aufgaben für Kommunen im Sinne von Art. 83 Abs. 3 der Bayerischen Verfassung verbunden sein können.

Art. 9b
Partizipation

(1) Bei der Erstellung und Fortschreibung von Aktionsplänen, der Planung und der Priorisierung von Maßnahmen nach Art. 9a ist durch geeignete Verfahren eine breite Beteiligung der Öffentlichkeit und von Experten zu gewährleisten.

(2) [1]Menschen mit Behinderung sind als Experten in eigener Sache zu beteiligen. [2]Nach Möglichkeit sollen auch gesetzliche Betreuer von Menschen, die sich nicht äußern können, beteiligt werden. [3]Um die Partizipation von Menschen mit unterschiedlichen Behinderungen zu ermöglichen, ist ihren Bedürfnissen im Beteiligungsverfahren durch eine barrierefreie Gestaltung oder angemessene Vorkehrungen Rechnung zu tragen. [4]Hinsichtlich der Kommunikationsmöglichkeiten ist Art. 2 der UN-Behindertenrechtskonvention zu beachten.

(3) Näheres kann durch Satzung bestimmt werden.

Erläuterung des Gesetzgebungsvorschlags:

Flächendeckend kann das Inklusionsziel in Bayern nur erreicht werden, wenn die Umsetzung auf kommunaler Ebene erfolgt, wofür bisher jedoch keine ausdrückliche Verpflichtung besteht. Allerdings sind die Gemeinden bereits jetzt in Art. 9 BayBGG einbezogen. Die vorgeschlagene Vorschrift des Art 9a BayBGG regelt materielle Anforderungen an Inklusionsmaßnahmen. In Satz 1 wird zunächst definiert, was im Sinne der UN-BRK unter einem inklusiven Gemeinwesen zu verstehen ist. Dies geschieht unter Rückgriff auf Art. 19 UN-BRK und dient dazu, Unklarheiten hinsichtlich des Begriffs der Inklusion zu beseitigen. Satz 2 verpflichtet die kommunalen Gebietskörperschaften, schrittweise die Voraussetzungen für Inklusion zu schaffen. Dies soll verdeutlichen, dass es sich um einen länger dauernden Prozess handelt, dass die Kommunen aber dennoch verpflichtet sind, zeitnah mit der Umsetzung zu beginnen. Daher wurde eine Mussvorschrift vorgeschlagen. Abs. 2 konkretisiert die Verpflichtung aus Abs. 1. Die Sollvorschrift wurde gewählt, um die gängigste und inzwischen bewährte Methode der Umsetzung, das Aktionsplanverfahren, gesetzlich zu verankern und eine klare Rechtsgrundlage für die kommunalen Gebietskörperschaften zu schaffen. Es steht ihnen aber frei, ob sie Aktionspläne oder andere Maßnahmen zur Umsetzung der UN-BRK einsetzen wollen. Einzige Voraussetzung ist, dass die Maßnahmen wirksam und geeignet sein müssen. Dadurch verbleibt bei der Umsetzung ein maximaler Spielraum, und das kommunale

Selbstverwaltungsrecht ist gewahrt. Satz 3 verpflichtet zu bewusstseinsbildenden Maßnahmen. Abs. 3 enthält eine Klarstellung zur umstrittenen Frage der Konnexität. Art. 9b regelt das Verfahren, insbesondere die Beteiligung der Öffentlichkeit und die Partizipation von Menschen mit Behinderung. Abs. 3 überlässt es den Kommunen, ob sie das Verfahren satzungsmäßig regeln möchten oder nicht. Dies erscheint nicht zwingend erforderlich zu sein, könnte jedoch sinnvoll sein, um zum Beispiel zu regeln, dass ein Gemeinderatsmitglied zur Teilnahme am Aktionsplanverfahren delegiert wird. Etwaige institutionelle Rechte des Behindertenbeauftragten oder des Behindertenbeirats sollten vorzugsweise in der jeweiligen Satzung geregelt werden.

G. Mangelnde Umsetzung von Aktionsplänen auf gemeindlicher Ebene durch fehlendes Bewusstsein?

Bei den Überlegungen zum Aktionsplan, zum Behindertenbeauftragten auf lokaler Ebene und zur Gesetzgebung hierzu ist anzuerkennen, dass keiner dieser Punkte eine Garantie für wirkliche Inklusion bieten kann; denn das Vorhandensein eines Landesgesetzes, eines Aktionsplans oder das Amt des Behindertenbeauftragten allein sagt noch nichts über den erreichten Inklusionsgrad aus. Maßnahmen werden nur wirksam, wenn sie auch wirklich umgesetzt werden. Die Beantwortung der Frage, ob dies geschehen ist, ist üblicherweise Gegenstand der Evaluation eines Aktionsplans. Sie kann im Rahmen einer juristischen Arbeit nicht wissenschaftlich untersucht werden, soll aber zum Ende der Arbeit auch nicht gänzlich unerwähnt bleiben. Es sei der Verf. gestattet, ein aktuelles Beispiel für mangelnde Umsetzung – man könnte allerdings auch vermuten, für einen Aktionsplan, der von vornherein nur Alibi-Charakter haben sollte – aus persönlicher Erfahrung zu berichten. Die Stadt Neuötting liefert ein unrühmliches Beispiel dafür, dass eine relativ unkomplizierte Maßnahme über mehrere Jahre und mehrere Aktionspläne hinweg immer weiter fortgeschrieben wird, wobei keine Umsetzung erfolgt: Im Rathaus von Neuötting befindet sich eine behindertengerechte Toilette, die nur während der Öffnungszeiten des Rathauses zugänglich ist, die also weder am Abend noch am Wochenende benutzt werden kann. Andere öffentliche Behindertentoiletten in der Nähe des zentral gelegenen Stadtplatzes gibt es nicht, wodurch Rollstuhlfahrer, die in Neuötting einkaufen oder Kulturveranstaltungen besuchen möchten, ein Problem bei der Teilhabe bekommen oder, was der Lebenserfahrung eher entspricht, von solchen Vorhaben generell Abstand nehmen. Bereits im ersten Aktionsplan der Stadt Neuötting aus dem Jahr 2014 wurde unter Punkt 4.4, der fehlenden Toilette, vermerkt: „häufige Anfragen von Rollstuhlfahrern für Wochenend- oder

Abendveranstaltungen". Das Problem ist also spätestens seitdem der Stadt Neuötting bekannt. Als geplante Maßnahme wurde „Standortsuche" in den Aktionsplan eingetragen, und diese Maßnahme wurde nach einem Ampelsystem hinsichtlich der nicht erfolgten Umsetzung mit einem roten Punkt versehen.[895] In den Folgejahren wurde die betreffende Zeile des Aktionsplans unverändert in den Aktionsplan 2015[896] und in den Aktionsplan 2016[897] übernommen, und auch im nächsten Jahr sieht es nicht besser aus. Der Teilhabeplan der Stadt Neuötting 2017[898] ist in leichter Sprache gehalten. Darin heißt es: „Rollstuhl-Fahrer-Toiletten für den Stadt-Platz. Öffnung auch abends und am Wochenende?". Der rote Punkt beim Stand der Umsetzung wurde durch einen gelben Punkt ergänzt – nicht ersetzt. Aus dem Fragezeichen lässt sich ablesen, was der Verf. aus eigener Anschauung bestätigen kann, dass nämlich der Sachstand bis heute unverändert ist. Die Verantwortlichen der Stadt Neuötting sind womöglich der Meinung, ein Aktionsplan mache einen guten Eindruck. Was im Jahr 2014 noch zugetroffen haben mag, verkehrt sich aber mit Zeitablauf bei dreijähriger Untätigkeit und vorhandenem Aktionsplan unweigerlich in das Gegenteil. Die Stadt räume der Maßnahme keine Priorität ein, weil sich „außer dem Behindertenbeirat" niemand beschwere, erläuterte der Behindertenbeauftragte der Stadt Neuötting auf telefonische Nachfrage der Verf.[899] In dieser Situation ist der Beauftragte nicht zu beneiden. Man fragt sich, wozu die Stadt einen Behindertenbeirat und einen Beauftragten eingesetzt hat, wenn sie dessen Beschwerden nur eine mindere Bedeutung beimisst. Sollen diese Institutionen etwa unbeachtet bleiben und nur Alibi-Charakter haben? Ebenso berechtigt ist die Frage, von welcher Seite die Stadt Neuötting Beschwerden erwartet, erscheint es doch aus Sicht von Bürgern und Besuchern mit Behinderung nachvollziehbar, das Problem

---

895 Aktionsplan Neuötting 2014, S. 10, siehe www.neuoetting.de/generic_pdf.php?user=neuoetting&file=teilhabeplan_fuer_die_stadt_noe_2014-20140217115911.pdf.

896 Aktionsplan Neuötting 2015, S. 11, siehe www.neuoetting.de/generic_pdf.php?user=neuoetting&file=lokaler_teilhabeplan_fuer_die_stadt_noe_7_2015-7_2016_schreibgeschuetzt-20150803141608.pdf.

897 Aktionsplan Neuötting 2016, S. 11, siehe www.neuoetting.de/generic_pdf.php?user=neuoetting&file=lokaler_teilhabeplan_fuer_die_stadt_noe_7_2016-7_2018_leichte_sprache-20161004155103.pdf.

898 Aktionsplan Neuötting 2017, Punkt 6, siehe Aktionsplanverzeichnis; genaueres Zitat ist mangels Paginierung leider nicht möglich.

899 Aussage von Herrn *Peter Schwarz*, dem Behindertenbeauftragten der Stadt Neuötting, anlässlich eines Telefonats d. Verf. mit Herrn *Schwarz*, am 20.12.17.

gegenüber ihrer Interessenvertretung, dem Behindertenbeirat oder dem Behindertenbeauftragten, anzusprechen. Schließlich wurden diese Institutionen eigens für die Vermittlung zwischen Bürgern und Verwaltung eingerichtet. Dies ist nur ein Beispiel eines langjährigen Stillstands, selbst unter den eigentlich günstigen Voraussetzungen, dass eine Kommune einen Aktionsplan erstellt und einen Behindertenbeirat und einen Behindertenbeauftragten eingesetzt hat – all dies nicht erst seit Kurzem. Negativ ausgewirkt haben dürfte sich insoweit der Umstand, dass bei der Erstellung des Neuöttinger Aktionsplans offenbar keine Beteiligung behinderter Menschen stattgefunden hat,[900] denn sonst wäre die Dringlichkeit der Maßnahme den Verantwortlichen wahrscheinlich besser vor Augen geführt worden. Ohne die Beteiligung der betroffenen Bürger war es nach dem Eindruck der Lokalpolitiker eben „wieder nur der Behindertenbeauftragte" bzw. der Behindertenbeirat, der sich, wie es sich für das Amt gehört, über die fehlende Behindertentoilette beschwerte. Dabei wurde übersehen, dass es sich möglicherweise doch um ein allgemein wichtiges Anliegen handeln könnte, weil mehr Bürger mit Behinderung in die Stadt kämen und vielleicht auch behinderte Menschen aus dem Umland nach Neuötting fahren würden, wenn ihnen dort eine rollstuhlgerechte Toilette zur Verfügung stünde. Das Beispiel mag illustrieren, dass durch Beteiligungsverfahren und durch Maßnahmen der Bewusstseinsbildung nach Art. 8 UN-BRK mit den Rathaus-Mitarbeitern als Adressaten so manches Umsetzungsproblem behoben werden könnte.

H. Zusammenfassung des fünften Kapitels

Während das neue BayTHG I durchaus die Zielsetzungen der UN-BRK aufgreift, sind die Rahmenbedingungen für die Umsetzung von Inklusion im Freistaat Bayern in der Fläche als eher ungünstig zu bezeichnen. Zunächst fehlt es, wie im zweiten Kapitel gezeigt, an der Rechtsgeltung der UN-BRK auf Landesebene. Wäre es politisch gewollt, könnte dieser Mangel ohne weiteres behoben werden. Weiterhin hat die Landesregierung zwar einen Aktionsplan aufgelegt, steht aber auf dem Standpunkt, nur für ihren eigenen, den staatlichen Bereich verantwortlich zu sein, womit sich Barrierefreiheit und Inklusion nicht in der Fläche erreichen lassen. Insbesondere von den Zielen des auf kommunaler Ebene wichtigen Art. 19 UN-BRK kommt so bisher noch nicht genug bei den Bürgern an. Die Umsetzung dieser Vorschrift fällt in den Zuständigkeitsbereich der Kommunen, die aber auf das Sonderinvestitionsprogramm des Freistaates Bayern keinen

900 Siehe dazu die Ausführungen auf S. 259.

Zugriff haben. Dies kann man kaum anders interpretieren, als dass der Freistaat Bayern Inklusion nur dann will, wenn sie nicht allzu viel kostet. In den meisten kommunalen Gebietskörperschaften ist das Bewusstsein, dass sie inklusive Bedingungen herstellen sollten, noch nicht angekommen, wie die geradezu erschreckend kleine Zahl vorhandener Aktionspläne zeigt. Hinzu kommen Mängel bei der Umsetzung. Die zu verzeichnenden Fortschritte sind in jedem Einzelfall ermutigend, jedoch insgesamt gering. Um dem abzuhelfen, hat die Verf. neue Regelungen vorgeschlagen, in denen eine Rechtsgrundlage für Aktionspläne ebenso geschaffen wird wie eine Verpflichtung, Aktionspläne zu erstellen oder gleichwertige Maßnahmen auf kommunaler Ebene zu ergreifen. Der Vorschlag klärt die umstrittene Frage der Konnexität zugunsten der Gemeinden. Zu glauben, wie es wohl dem Standpunkt von *Seehofer* entspricht, man könne Inklusion herstellen, ohne dass es etwas kostet, ist eine Illusion. Darauf hat *Ulrich Maly* überzeugend hingewiesen. Beim Kostenargument ist aber auch die andere Seite zu bedenken, dass nämlich die Situation sich ganz anders darstellt, wenn von Anfang barrierefrei bzw. „inklusiv" geplant wird. Im baulichen Bereich fallen die Mehrkosten für Barrierefreiheit fast nur bei der nachträglichen Herstellung von Barrierefreiheit an. Es ist die Nachrüstung, die Kommunen und private Bauherren vor Probleme stellt; manchmal ist der Umbau faktisch oder rechtlich (z.B. im Fall entgegenstehender Belange des Denkmalschutzes) nicht möglich, und oft sind die Kosten unverhältnismäßig hoch, so dass eine Umbaumaßnahme unterbleibt. Bei Planung der Barrierefreiheit von Anfang an entstehen Mehrkosten dagegen nur in einer vernachlässigbaren Größenordnung: die Autoren einer aktuellen, von einem Bauunternehmen erstellten Studie haben nur rund ein Prozent Mehrkosten für barrierefreien Wohnungsneubau errechnet.[901] Diesen geringfügigen Mehrkosten stehe zusätzlich der höhere Wohnwert gegenüber, wie die Autoren mit Recht betonen.[902] Für den öffentlichen Bereich dürfte es sich um eine ähnliche Größenordnung handeln. Dieser Erkenntnis folgend könnten Bebauungspläne und Aktionspläne mit entsprechenden Vorgaben für Barrierefreiheit zu erheblichen finanziellen Einsparungen in der Zukunft beitragen – je früher sie kämen, desto besser auf lange Sicht für das private Baukosten-Budget wie für die gemeindlichen Haushalte.

---

901 TERRAGON AG: „Barrierefreies Bauen im Kostenvergleich" in Zusammenarbeit mit dem Deutschen Städte- und Gemeindebund, S. 6, siehe www.terragon.eu/fileadmin/user_upload/studien_content/20170407_TERRAGON-Studie_Kostenvergleich-Barrierefreies-Bauen.pdf.

902 Wie vorherige Fußnote.

Einstweilen hängt es noch vom Engagement Einzelner oder einzelner Initiativen und dem guten Willen der politisch Verantwortlichen ab, ob und wie gut Art. 19 UN-BRK in einer Gemeinde umgesetzt wird. Die Existenz eines Aktionsplans allein genügt nicht, und einklagen lässt sich mangels Rechtsgeltung auch nichts. Das vom Freistaat Bayern durchgeführte Modellprojekt hat kaum eine öffentlich wahrnehmbare Wirkung erzielt und nach den Recherchen der Verf. auch keine „Welle" neuer kommunaler Aktionspläne ausgelöst, sonst müssten mehr Aktionspläne aus der Zeit nach dem Modellprojekt im Internet zu finden sein. Jedoch hat die Untersuchung der vorhanden kommunalen Aktionspläne gezeigt, dass das Instrument von Gemeinden gewinnbringend genutzt werden kann, um das Thema Inklusion voranzubringen, sofern der Umsetzungswille tatsächlich gegeben ist. Deshalb wurde das Instrument „Aktionsplan" ausdrücklich in den Gesetzgebungsvorschlag aufgenommen, damit Gemeinden eine gesetzliche Grundlage für ihren Aktionsplan erhalten. Die formellen Vorschriften sollen sicherstellen, dass das Motto der Konvention „Nichts über uns ohne uns!" den Aktionsplanprozess begleitet. Bei den materiellen Anforderungen geht es vor allem darum, „Unsichtbares", was sonst leicht vergessen wird, sichtbar zu machen und verstärkt in den Fokus der Aufmerksamkeit zu rücken. Dazu gehören etwa besonders verletzliche Personengruppen, wie beispielsweise Menschen im Pflegeheim, Menschen mit psychischen Behinderungen und Menschen, die sich nicht äußern können und unter gesetzlicher Betreuung stehen. Ein zentraler Punkt im 5. Kapitel sind die Maßnahmen der Bewusstseinsbildung, die in mehrere Richtungen wirken und mehrere Funktionen erfüllen sollen. Die klassische Öffentlichkeitsarbeit gehört dazu ebenso wie Kurse und Schulungen für die unterschiedlichen Adressatenkreise. Besonders notwendig sind sie zu Gunsten der soeben genannten verletzlichen Personengruppen, aber nicht nur hier. Nicht nur die Nichtbehinderten sind angesprochen, sondern auch im Bewusstsein der Menschen mit Behinderungen sind Veränderungen nötig. Für alle gilt es, wo es möglich ist, sich vom alten, zwar fremdbestimmten aber komfortablen Fürsorgegedanken zu verabschieden und stattdessen Inklusion und Teilhabe besser zu verankern. In den in dieser Arbeit untersuchten Aktionsplänen sind hierfür zum Teil sehr gute Ansätze zu finden, zum Teil wird das Thema aber nur halbherzig oder überhaupt nicht aufgegriffen. Daher wurde es eigens in den Gesetzgebungsvorschlag aufgenommen. Maßnahmen der Bewusstseinsbildung mit der Verwaltung als Adressaten könnten helfen, die Umsetzung der im Aktionsplan beschriebenen Maßnahmen zu verbessern. Allgemein muss das Thema Behinderung vom Randgruppenthema zu einem Thema werden, das jeder kennt, weil jeder einen Menschen mit Behinderung zu seinem Bekanntenkreis zählt.

Es muss zu einem Thema werden, das alle anspricht, weil niemand mehr daran zweifelt, dass mehr Lebensqualität für Menschen mit Behinderung letztlich allen Menschen in der örtlichen Gemeinschaft zugutekommt. Nur so kann der von der UN-BRK intendierte Bewusstseinswandel hin zu einer selbstverständlichen Zugehörigkeit behinderter Menschen zur örtlichen Gemeinschaft befördert und erreicht werden.

Schlussbetrachtung: Zusammenfassung der Ergebnisse und Ausblick

„Wer Inklusion will, findet Wege; wer sie nicht will, findet Begründungen."[903]

Das Zitat von *Hubert Hüppe* fasst die Ergebnisse dieser Arbeit treffend zusammen und wird, solange sich Gemeinschaften um Inklusion bemühen, nichts von seiner Aktualität einbüßen. Es illustriert in hervorragender Weise, wie es mit der Inklusion auf lokaler Ebene weitergehen könnte. Der an erster Stelle vom Freistaat Bayern zu beschreitende Weg wäre, die UN-BRK für das Gebiet des Freistaates Bayern durch ein verfassungsgemäß zustande gekommenes Gesetz in Geltung zu setzen und – für die tatsächliche Umsetzung der Inklusionsziele mindestens ebenso wichtig – die Kommunen durch ein geeignetes Förderprogramm bei entsprechenden Maßnahmen finanziell zu unterstützen. Dies würde dazu führen, dass Inklusion im Sinne von „Bayern barrierefrei 2023" verstärkt auf der gemeindlichen Ebene vor Ort ankommt. Stattdessen wird es bei Begründungen wie „Jede staatliche Ebene ist selbst für Inklusion verantwortlich" und „Inklusion ist keine neue Aufgabe", „Inklusion löst nicht den Tatbestand der Konnexität aus" bleiben. Eine Reihe typischer Begründungen zur Vermeidung von Inklusion wurden durch die Recherchen zu dieser Arbeit zu Tage gefördert: „Behinderte sind schwach, können vieles nicht, brauchen eine Sonderbehandlung, senken das Unterrichtsniveau", „Behinderte leiden, sie gehören in eine Einrichtung, sie gehören in die Hände von Fachleuten", „Behinderte bekommen doch sowieso alles vom Staat", „Bei uns gibt es gar keine Behinderten", „Behinderte kommen nie zu Veranstaltungen", „Inklusion ist schön, aber zu teuer, wir können sie uns nicht leisten" oder „Bei uns ist doch sowieso alles bestens für Menschen mit Behinderung wir brauchen gar keine Inklusion". Eines steht fest: Legt man den Schwerpunkt auf die Begründungen, so ist der Stillstand vorprogrammiert. Sie sind größtenteils dem alten Bild von Behinderung zuzuordnen, das durch den Paradigmenwechsel der UN-BRK abgelöst worden sein

903 So lautete der Titel der Bilanz von *Hubert Hüppe*, Beauftragter der Bundesregierung für die Belange von behinderten Menschen von 2009 bis 2013, siehe https://www.behindertenbeauftragte.de/SharedDocs/Downloads/DE/Bilanz.pdf;jsessionid=FE48B8CC0CDA55771A77DD72233B6638.1_cid330?__blob=publicationFile&v=1.

sollte. Die Argumente sollten durch Maßnahmen der Bewusstseinsbildung widerlegt und aus der Welt geschafft werden, denn die Lebenserfahrung von Menschen mit Behinderung sagt inzwischen etwas anderes: Sie wollen selbstverständlich dazugehören, Teil der Gesellschaft sein, haben aber oftmals nicht die Möglichkeiten dazu. Aktionspläne auf lokaler Ebene zu schaffen, entsprechend dem Grundsatz der Subsidiarität, wäre eine besonders bürgernahe Maßnahme, um den Problemen behinderter Menschen zu begegnen und, was noch wichtiger ist, in der Zukunft keine neuen Problembereiche für sie zu schaffen oder entstehen zu lassen. Die von den Bürgern gemeinsam erarbeiteten Kritikpunkte und Verbesserungsvorschläge bilden beim Aktionsplan den Ausgangspunkt aller Inklusionsmaßnahmen. Die Aktionspläne und die in ihnen beschriebenen Maßnahmen sind im Sinne des obigen Zitats mögliche Wege, um entgegen aller Begründungen, die dagegen sprechen mögen, doch zur Inklusion zu finden, wenn man es denn will. Die Beispiele der veröffentlichten Aktionspläne dokumentieren, wie die Reise gelingen kann, wobei es wichtig ist, dass die Wege barrierefrei ausgestaltet werden und die Menschen mit Behinderung auf dieser Reise auch wirklich mitgenommen werden. Aktionspläne sind modern. Sie entsprechen insofern dem Zeitgeist, als die Bürger sich gegenwärtig tendenziell weniger durch die Teilnahme an Wahlen als vielmehr durch das Engagement in bürgerschaftlichen Projekten politisch beteiligen wollen. Partizipation, das heißt, gefragt zu werden und mitreden zu können, ist ein sehr wichtiges Prinzip der UN-BRK, das von Menschen mit Behinderung aufgrund ihrer vielfältigen Erfahrungen mit Fremdbestimmung besonders hoch geschätzt wird. Neue, kreative Wege können im Aktionsplan gefunden werden, doch es führt ebenso zum Ziel, auf Vorhandenes zurückzugreifen, sich von anderen Gemeinden etwas abzuschauen, also den Pfaden zu folgen, die schon erfolgreich beschritten wurden. Der Weg jeder Gemeinde kann somit richtungsweisend sein. Daher überrascht es nicht, dass die veröffentlichten lokalen Aktionspläne zur Inklusion, so verschieden sie auch sein mögen, etliche beinahe wörtliche Übereinstimmungen aufweisen; diese zeigen sich meist bei der Beschreibung der Herangehensweise und der verwendeten Methoden. Aktionspläne können Landkarten und Wegweiser sein, der Behindertenbeauftragte könnte eine Lotsenfunktion wahrnehmen. Ehe man dessen Amt mit neuen Aufgaben bei der Umsetzung der UN-BRK in Verbindung bringt oder mit neuen Befugnissen ausstattet, müssten allerdings seine Ressourcen gestärkt und die Amtsinhaber entsprechend geschult und personell ausgestattet werden. Die Wege zum Inklusionsziel auf kommunaler Ebene können durch eine sinnvolle Gesetzgebung, wie in dieser Arbeit vorgeschlagen, geebnet werden, um besser voranzukommen, und im Idealfall entstünde ein Straßennetz der Inklusion, mit dessen Hilfe sich alle frei bewegen könnten.

Dabei müsste die Planung der Straßen und Wege möglichst aufeinander abgestimmt werden, um sinnvolle Verbindungen zu schaffen. Die Tatsache, dass es noch so wenige Aktionspläne gibt, ist kein überzeugendes Gegenargument gegen das Instrument des Aktionsplans an sich, da die vorhandenen Aktionspläne, die in dieser Arbeit dokumentiert wurden, durchaus Fortschritte in den Gemeinden gebracht haben – sofern sie ambitioniert waren und über den reinen Alibi-Charakter hinausgingen. Schließlich sind auch die finanziellen Möglichkeiten der Kommunen zu berücksichtigen, wobei es wünschenswert wäre, wenn der Freistaat Bayern entsprechend dem vom früheren Ministerpräsidenten *Seehofer* ausgegebenen Ziel „Barrierefreiheit 2023" die Kommunen unterstützen würde, indem er Fördermittel für Inklusionsmaßnahmen bereitstellt. Eine inklusive Gestaltung von Maßnahmen sollte generell zur Voraussetzung für die Vergabe von Fördermitteln gemacht werden, denn die wenigsten Kosten verursacht diejenige Barrierefreiheit, die man nicht nachrüsten muss, sondern die man von Anfang an herstellt. Genau das kann der gemeindliche Aktionsplan leisten, indem die unterschiedlichsten Anliegen der Bürger in den Maßnahmenkatalog Eingang finden und aufeinander abgestimmt werden können. Das größte Hindernis auf den vielen Wegen, die zur Inklusion führen, ist die Untätigkeit. Dagegen könnte neben bürgerschaftlichem Engagement auch die Beschreitung des Rechtsweges helfen. Diese ist dem einzelnen Bürger aber nach derzeitigem Recht nicht möglich, da er kein subjektives öffentliches Recht auf Inklusionsmaßnahmen hat. Das Verbandsklagerecht, das nach dem BayBGG die Verbände von Menschen mit Behinderung wahrnehmen könnten, hat sich in der Praxis nicht bewährt. Erfahrungsgemäß ist der Klageweg für Menschen mit Behinderung oft ohnehin so abschreckend, dass sie ihn nicht beschreiten. Als Weiterentwicklung zu den Gesetzgebungsvorschlägen, die in dieser Arbeit gemacht wurden, wäre deshalb zu überlegen, ob es nicht eine Institution geben müsste, die unabhängig von dem Vorliegen eines subjektiven öffentlichen Rechtes klagebefugt wäre, Inklusionsmaßnahmen einzuklagen. In diesem Zusammenhang wäre an den Behindertenbeauftragten als eine Art Ombudsmann zu denken. Allerdings erscheint nach den in dieser Arbeit dargestellten Beispielen zweifelhaft, ob eine durch Urteil „verordnete" Erstellung von Aktionsplänen tatsächlich erstrebenswert wäre. Fortschritte könnten erzielt werden, wenn der Behindertenbeauftragte die Befugnis erhielte, immerhin die fristgerechte Umsetzung der im Aktionsplan beschriebenen Maßnahmen einzuklagen, und zwar auf der Grundlage eines entsprechenden Gesetzes und des Aktionsplans selbst, zu dessen Einhaltung sich die Gemeinde verpflichtet hat, unabhängig von einem subjektiven öffentlichen Recht eines behinderten Menschen. Allerdings wäre dann fraglich, ob sich Gemeinden bei einer derartigen rechtlichen Ausgangslage überhaupt noch zu irgendwelchen Maßnahmen verpflichten würden, wenn sie wüssten, dass im Falle der Nichtumsetzung der Behindertenbeauftragte mit einer Klage drohen könnte. Außerdem würde eine solche Klage wohl das Vertrauensverhältnis zwischen dem Behindertenbeauftragten und der Gemeindeverwaltung empfindlich stören. Es ist fraglich, ob der Sache der Menschen mit Behinderung damit insgesamt gedient wäre. Der freiwillige Charakter des Aktionsplans ginge dann womöglich verloren. Dies wäre bedauerlich, denn gerade dieser freiwillige Charakter erzeugt, wie die Untersuchung gezeigt hat, im Idealfall eine gewisse Aufbruchsstimmung in einer Gemeinde und macht einen Teil des Funktionierens und des Charmes eines Aktionsplans aus. Es soll weiteren Untersuchungen vorbehalten bleiben, ob eine Klagebefugnis sinnvoll wäre und wie entsprechende Regelungen konkret ausgestaltet werden könnten. Das Reizvolle daran wäre, dass durch einen Ombudsmann und Sanktionen bei fehlender Umsetzung von Inklusionsmaßnahmen das Wegenetz der Inklusion gleichsam eine Verkehrspolizei erhielte, die Unfälle aufnehmen würde, Strafen für Verkehrsbehinderungen oder Falschparken aussprechen würde, jedoch niemals Bußgelder für zu schnelles, sondern eher für zu langsames Fahren verhängen würde.

Anhang

Verzeichnis der für diese Arbeit verwendeten Aktionspläne zur Umsetzung der UN-BRK mit Internet-Fundstellen[904]

Bund

Bundesministerium für Arbeit und Soziales (Hrsg.), Unser Weg in eine inklusive Gesellschaft, Nationaler Aktionsplan 2.0 der Bundesregierung zur UN-Behindertenrechtskonvention (UN-BRK), siehe www.gemeinsam-einfach-machen.de/SharedDocs/Downloads/DE/AS/NAP2/NAP2.pdf?__blob=publicationFile&v=1

Länder

Baden-Württemberg: *Ministerium für Arbeit und Sozialordnung, Familie, Frauen und Senioren Baden-Württemberg (Hrsg.)*, Aktionsplan der Landesregierung zur Umsetzung der UN-Behindertenrechtskonvention in Baden-Württemberg, Stand: Juni 2015, siehe https://sozialministerium.baden-wuerttemberg.de/fileadmin/redaktion/m-sm/intern/downloads/Downloads_Menschen_mit_Behinderungen/Aktionsplan_UN-BRK_Aug-2016_barrierefrei.pdf

Bayern: *Bayerisches Staatsministerium für Arbeit und Soziales, Familie und Integration (Hrsg.)*, Schwerpunkte der Bayerischen Politik für Menschen mit Behinderung im Lichte der UN-Behindertenrechtskonvention – Aktionsplan, 2. Aufl., Oktober 2014, siehe www.stmas.bayern.de/imperia/md/content/stmas/stmas_internet/behinderung/aktionsplan.pdf

Berlin: *Senat und Abgeordnetenhaus von Berlin*, 16. Wahlperiode, Drucksache 16/4265 v. 10.06.2011, Umsetzung der UN-Konvention für die Rechte von Menschen mit Behinderungen (UN-Konvention für die Rechte von Menschen mit Behinderungen konsequent in Berlin umsetzen), siehe www.parlament-berlin.de/ados/16/IIIPlen/vorgang/d16-4265.pdf, sowie Konkretisierung der „10 Behindertenpolitischen Leitlinien des Landes Berlin zur nachhaltigen Umsetzung der UN – Behindertenrechtskonvention bis zum Jahr 2020“,

904 Stand: 06.02.2018; die Internetfundstellen wurden zuletzt geprüft um 17 Uhr; manche Links lassen sich nicht direkt aus dem Word-Programm öffnen; diese bitte in die Eingabezeile des Browsers kopieren.

Stand: 08.05.2015, siehe https://www.berlin.de/sen/soziales/_assets/menschen-mit-behinderung/konkretisierung_bpl_08052015.pdf

Brandenburg: *Land Brandenburg, Ministerium für Arbeit, Soziales, Gesundheit, Frauen und Familie (Hrsg.),* Behindertenpolitisches Maßnahmenpaket der Landesregierung 2.0 – Unser Weg zur Umsetzung des Übereinkommens der Vereinten Nationen über die Rechte von Menschen mit Behinderungen, Stand: Kabinettsbeschluss v. 13.12.2016, siehe www.masgf.brandenburg.de/media_fast/4055/200_16_anlage_bmp2-0_161213.pdf

Bremen: Der Senat der Freien Hansestadt Bremen, Aktionsplan zur Umsetzung der UN-Behindertenrechtskonvention im Land Bremen, Kommunaler Teilhabeplan der Seestadt Bremerhaven, Stand November 2014, siehe www.behindertenbeauftragter.bremen.de/sixcms/media.php/13/Endg%FCltige%20Version%20Landesaktionsplan%20%20%20Kommunaler%20Aktionsplan%20%282%29.pdf

Hamburg: *Freie und Hansestadt Hamburg (Hrsg.),* Hamburger Landesaktionsplan zur Umsetzung der UN-Konvention über die Rechte von Menschen mit Behinderungen, ohne Zeitangabe, siehe www.hamburg.de/contentblob/3724988/data/landesaktionsplan-behinderung.pdf

Hessen: *Hessisches Ministerium für Soziales und Integration (Hrsg.),* Hessischer Aktionsplan zur Umsetzung der UN-Behindertenrechtskonvention, vom 17.08.2012, siehe www.brk.hessen.de/global/show_document.asp?id=aaaaaaaaaaackqt

Mecklenburg-Vorpommern: *Ministerium für Arbeit, Gleichstellung und Soziales Mecklenburg-Vorpommern (Hrsg.),* Maßnahmeplan der Landesregierung Mecklenburg-Vorpommern zur Umsetzung des Übereinkommens der Vereinten Nationen über die Rechte von Menschen mit Behinderungen, Mecklenburg-Vorpommern auf dem Weg zu einer inklusiven Gesellschaft, August 2013, siehe http://service.mvnet.de/_php/download.php?datei_id=98600

Niedersachsen: *Niedersächsisches Ministerium für Soziales, Gesundheit und Gleichstellung (Hrsg.),* Aktionsplan Inklusion 2017/2018 für ein barrierefreies Niedersachsen, Schritte zur Umsetzung der UN-Behindertenrechtskonvention, siehe www.ms.niedersachsen.de/download/114629/AKTIONSPLAN_INKLUSION_2017_2018.pdf

Nordrhein-Westfalen: *Die Landesregierung Nordrhein-Westfalen (Hrsg.),* Aktionsplan der Landesregierung. Eine Gesellschaft für alle. Umsetzung der UN-Behindertenrechtskonvention. Beschlossen von der Landesregierung am 3. Juli 2012, siehe www.mais.nrw/sites/default/files/asset/document/121115_endfassung_nrw-inklusiv.pdf

Rheinland-Pfalz: *Ministerium für Soziales, Arbeit, Gesundheit und Demografie (Hrsg.),* Landesaktionsplan Rheinland-Pfalz, Umsetzung der UN-Konvention über die Rechte von Menschen mit Behinderungen, Stand: November 2015, siehe https://inklusion.rlp.de/fileadmin/msagd/Inklusion/Inklusion_Dokumente/LANDESAKTIONSPLAN_RLP_2015_HS.pdf

Saarland: *Ministerium für Soziales, Gesundheit, Frauen und Familie (Hrsg.),* Aktionsplan zur Umsetzung der UN-Behindertenrechtskonvention im Saarland, siehe www.saarland.de/dokumente/thema_soziales/20121003_Aktionsplan_zur_Umsetzung_der_UNBRK_im_Saarland_barrierfrei.pdf

Sachsen: *Staatsministerium für Soziales und Verbraucherschutz (Hrsg.),* Aktionsplan der Sächsischen Staatsregierung zur Umsetzung der UN-Behindertenrechtskonvention (UN-BRK), v. 08.11.2016, siehe https://www.behindern.verhindern.sachsen.de/download/Kampagnenmaterial/SMS_Aktionsplan_barrierefrei.pdf

Sachsen-Anhalt: *Ministerium für Arbeit und Soziales (Hrsg.),* „einfach machen" – Unser Weg in eine inklusive Gesellschaft, Landesaktionsplan Sachsen-Anhalt zur Umsetzung des Übereinkommens der Vereinten Nationen über die Rechte von Menschen mit Behinderungen, ohne Zeitangabe, siehe www.ms.sachsen-anhalt.de/fileadmin/Bibliothek/Politik_und_Verwaltung/MS/MS/3_Menschen_mit_Behinderungen_2015/Landesaktionsplan.pdf

Schleswig-Holstein: *Schleswig-Holstein Landesregierung (Hrsg.),* Wir wollen ein Land des Miteinanders, Landesaktionsplan zur Umsetzung der UN-Konvention über die Rechte von Menschen mit Behinderungen im Land Schleswig-Holstein, Stand: Januar 2017, siehe www.schleswig-holstein.de/DE/Fachinhalte/M/menschenMitBehinderungen/Downloads/Landesaktionsplan_Vollversion_Endversion.pdf?__blob=publicationFile&v=11

Thüringen: *Ministerium für Soziales, Familie und Gesundheit (Hrsg.),* Thüringer Maßnahmenplan zur Umsetzung der UN-Behindertenrechtskonvention, Stand: 24.04.2012, siehe www.thueringen.de/imperia/md/content/tmsfg/abteilung2/referat23/massnahmeplan_internet.pdf

Kommunale Gebietskörperschaften (alphabetisch nach Ortsnamen**[905]**)
****Stadt und Landkreis Aschaffenburg:*** Aktionsplan Integriertes Gesamtkonzept für Seniorinnen, Senioren und Menschen mit Behinderungen im Landkreis und

905 Das heißt z. B., die Seestadt Bremerhaven erscheint unter B, der Landkreis Regensburg unter R; Gemeinden, Landkreise und Bezirke in Bayern wurden mit einem * versehen.

der Stadt Aschaffenburg, Stand: Oktober 2015, siehe www.aschaffenburg.de/dokumente/Buerger-in-Aschaffenburg/Gesundheit-und-Soziales/50_teilhabeplan_gesamt.pdf

***Landkreis Augsburg:** Aktionsplan Inklusion für den Landkreis Augsburg, Stand: 17.04.2015, siehe https://www.landkreis-augsburg.de/fileadmin/user_upload/Inklusion/Aktionsplan_Inklusion.pdf

Berlin, Bezirk Charlottenburg-Wilmersdorf: Der Aktionsplan des BBWA Charlottenburg-Wilmersdorf 2014–2018, Stand: Mai 2014, siehe https://www.gemeinsam-einfach-machen.de/SharedDocs/Downloads/DE/AS/Aktionsplaene/aktionsplan_berlin_charlottenburg-wilmersdorf.pdf?__blob=publicationFile&v=6

Berlin, Bezirk Lichtenberg-Schönhausen: Drucksachen der Bezirksverordnetenversammlung Lichtenberg von Berlin, VII. Wahlperiode, DS/2121/VII v. 15.09.2016, Eckpunkte für die Fortführung des Aktionsplanes zur Umsetzung der UN-Behindertenrechtskonvention vom 26.03.2009 auf kommunaler Ebene durch die Bezirksverwaltung Lichtenberg für die Jahre 2016 bis 2018, siehe www.berlin.de/ba-lichtenberg/politik-und-verwaltung/beauftragte/menschen-mit-behinderung/drucksache-aktionsplan-2016-2018.pdf

Seestadt Bremerhaven: Der Aktionsplan des Landes Bremen enthält zugleich den Kommunalen Teilhabeplan der Seestadt Bremerhaven, Stand. November 2014, siehe www.behindertenbeauftragter.bremen.de/sixcms/media.php/13/Endg%FCltige%20Version%20Landesaktionsplan%20%20%20Kommunaler%20Aktionsplan%20%282%29.pdf

****Landkreis Fürstenfeldbruck:*** Landkreis Fürstenfeldbruck (Hrsg.), Kommunaler Aktionsplan für den Landkreis Fürstenfeldbruck zur Umsetzung der UN-Behindertenrechtskonvention, Stand Juni 2017, siehe www.lra-ffb.de/pdf/Aktionsplan-Behindertenrechtskonvention.pdf

Kreisstadt Hofheim am Taunus: Kommunaler Beirat für die Belange von Menschen mit Behinderung der Kreisstadt Hofheim am Taunus, Aktionsplan zur Umsetzung der Zielsetzungen der UN-Behindertenrechtskonvention in der Kreisstadt Hofheim am Taunus, ohne Zeitangabe, siehe www.hofheim.de/download/zentraler-dienst/Aktionsplan_UN_BRK_Hofheim.pdf, laut Internetseite der Stadt Hofheim von der Stadtverordnetenversammlung beschlossen am 02.11.2011, siehe www.hofheim.de/leben/gesellschaft_und_soziales/Menschen_mit_Behinderung/Archiv

**Stadt Ingolstadt*: Referat für Soziales, Jugend und Sport (Hrsg.), Aktionsplan Inklusion Ingolstadt 2017, Stand 2017, siehe www.ingolstadt.de/media/custom/465_13546_1.PDF?1509003668

**Stadt Kempten (Allgäu)*: Miteinander Inklusiv Kempten (MIK), Kommunaler Aktionsplan zur Umsetzung der UN-Behindertenrechtskonvention, Stand: März 2016, siehe www.kempten.de/de/epaper/2016-paper-ap-links1A-b/

Stadt Konstanz: Unser Weg in eine inklusive Gesellschaft, Der Konstanzer Aktionsplan gemäß dem Aktionsplan der Bundesregierung zur Umsetzung der UN-Behindertenrechtskonvention, Stand: Mai 2016, siehe www.konstanz.de/soziales/00630/00703/08226/index.html?lang=de&download=NHzLpZeg7t,lnp6I0NTU042l2Z6ln1acy4Zn4Z2qZpnO2Yuq2Z6gpJCGd4B7fmym162epYbg2c_JjKbNoKSn6A--

Landeshauptstadt Magdeburg, Magdeburger Aktions- bzw. Maßnahmenplan zur Umsetzung der UN-Konvention für die Rechte von Menschen mit Behinderungen, „Deutschland wird inklusiv – Wir sind dabei“, ohne Zeitangabe, siehe http://www.einfach-teilhaben.de/SharedDocs/Downloads/DE/StdS/UN_BRK/aktionsplan_magdeburg.pdf?__blob=publicationFile

**Landeshauptstadt München,* *Sozialreferat, Amt für Soziale Sicherung, Inklusion und Pflege*, Aktionsplan zur UN-Behindertenrechtskonvention, Stand Februar 2014, siehe www.muenchen-wird-inklusiv.de/wp-content/uploads/2014-02_aktionsplan-unbrk_muenchen_korr2.pdf, zuletzt abgerufen am 11.07.2017.

**Landkreis München,* *Landratsamt München Fachstelle für Senioren, Menschen mit Behinderung und Betreuungsangelegenheiten (Hrsg.)*, Aktionsplan für die Belange von Menschen mit Behinderung, Stand: Oktober 2015, siehe https://formulare.landkreis-muenchen.de/cdm/cfs/eject/gen?MANDANTID=72&FORMID=6206

***Stadt Neuötting**, Der Behindertenbeauftragte, Lokaler Teilhabeplan 20116-2018, ohne Zeitangabe, siehe www.neuoetting.de/generic_pdf.php?user=neuoetting&file=lokaler_teilhabeplan_fuer_die_stadt-20170207131146.pdf

**Landkreis Ostallgäu,* „ Gut leben inklusive“, Aktionsplan zur Inklusion von Menschen mit Behinderung, Stand: 29.04.2016 siehe http://www.sozialportal-ostallgaeu.de/fileadmin/oalsozial/Inklusion/Aktionsplan.pdf

**Landkreis Regensburg:* *Landratsamt Regensburg (Hrsg.)*, Gemeinsam geht's besser – Aktionsplan Inklusion und Demografie für den Landkreis Regensburg, Stand: 2017, siehe www.landkreis-regensburg.de/Dox.aspx?docid=b2bc0ced-21f3-41b6-b24e-3d798d3e6666, zuletzt abgerufen am 11.07.2017.

**Landkreis Rosenheim:* *Landkreis Rosenheim (Hrsg.)*, Teilhabeplan für Menschen mit Behinderungen im Landkreis Rosenheim, Stand: November 2013, siehe www.gemeinsam-einfach-machen.de/SharedDocs/Downloads/DE/AS/Aktionsplaene/aktionsplan_rosenheim.pdf;jsessionid=138B736B68863A0CDF6B0FCC0B0BC869.2_cid345?__blob=publicationFile&v=2

**Stadt Rosenheim:* Teilhabeplan der Stadt Rosenheim, Teilplan zum Stadtentwicklungskonzept Ro 2025, ohne Zeitangabe, siehe https://www.rosenheim.de/fileadmin/Dateien/Sozialamt/Teilhabeplan.pdf

**Bezirk Schwaben:* Leitlinien und Aktionsplan des Bezirk Schwaben zur Umsetzung der UN-Menschenrechtskonvention für Menschen mit Behinderung, Stand: Juni 2016, siehe https://www.bezirk-schwaben.de/media/1383/2016_broschuere_leitlinien_und_aktionsplan_onlineversion.pdf

**Landkreis Starnberg*: Aktionsplan für Menschen mit Behinderungen „Gemeinsam stärker" des Landkreises Starnberg, Stand: Juni 2017, siehe https://www.lk-starnberg.de/media/custom/613_30532_1.PDF?1504786772

**Landkreis Unterallgäu,* Kommunaler Aktionsplan zur Umsetzung der UN-Behindertenrechtskonvention, ohne Titel und Datumsangabe, laut Chronologie, Seite 4, Beschlussfassung im Oktober 2014, siehe https://www.landratsamt-unterallgaeu.de/fileadmin/eigene_dateien/landratsamt/buergerservice/behinderung/inklusion/dokumente/lokaler_aktionsplan.pdf

**Stadt Würzburg*: Kommunaler Aktionsplan Inklusion, Stand: März 2014, siehe www.wuerzburg.de/media/www.wuerzburg.de/org/med_405648/427333_2015-05_kommunaler-aktionsplan-druck.pdf

Literaturverzeichnis

Aichele, Valentin, *Die UN-Behindertenrechtskonvention in der gerichtlichen Praxis – eine Aufgabe für die Anwaltschaft: Die Rezeption menschenrechtlicher Normen durchsetzen*, AnwBl 10/2011, 727–730

Aichele, Valentin, *Stellungnahme der Monitoring-Stelle zur UN-Behindertenrechtskonvention vom 11. August 2010*, herausgegeben vom Deutschen Institut für Menschenrechte (zit.: *Aichele*, Stellungnahme)

Arnauld, Andreas von, *Völkerrecht*, 3. Aufl., Heidelberg, 2016 (zit.: *v. Arnauld*, Völkerrecht)

Arnstein, Sherry R., *A Ladder Of Citizen Participation*, Journal Of The American Institute Of Planners (JAIP), Vol. 35, No. 4, Juli 1969, S. 216–224 (zit.: *Arnstein*)

Basedow, Jürgen, *Der Grundsatz der Nichtdiskriminierung im europäischen Privatrecht*, ZEuP 2008, 230–251.

Battis, Ulrich/Krautzberger, Michael/Löhr, Rolf-Peter, *Baugesetzbuch Kommentar*, München 13. Aufl. 2016 (zit.: *Battis/Krautzberger/Löhr/Bearbeiter*)

Bauer, Hartmut, *Die Bundestreue, zugleich ein Beitrag zur Dogmatik des Bundesstaatsrechts und zur Rechtsverhältnislehre*, Tübingen 1992 (zit.: *Hartmut Bauer*, Bundestreue)

Becker, Ulrich/Kingreen, Thorsten (Hrsg.), *SGB V, Gesetzliche Krankenversicherung, Kommentar*, München 5. Aufl. 2017 (zit.: *Becker/Kingreen/Bearbeiter*)

Bergmann, Gudrun, *Behindertenbeauftragte wirft ihren Job hin*, Passauer Neue Presse, Ausg. v. 08.11.2008 (zit. *PNP*, Ausg. v. 11.08.2008); dauerhafte Adresse des Dokuments: www.genios.de/document/PNP__29%2022077125

Bernhard, Thomas, *Anforderungen an ein inklusives Bildungssystem nach der UN-Behindertenrechtskonvention, Eine Untersuchung der Rechtslage im Freistaat Bayern*, 1. Aufl., Baden-Baden 2016 (zit.: *Bernhard*, Bildungssystem)

Bernier, Antje, *Multisensorische Barrierefreiheit von öffentlichen Gebäuden: Strategien zur Umsetzung der UN-Behindertenrechtskonvention in Deutschland*, Rostock, 2010

Bernstorff, Jochen von, *Anmerkung zur innerstaatlichen Anwendbarkeit ratifizierter Menschenrechtsverträge: welche Rechtswirkungen erzeugt das Menschenrecht auf inklusive Schulbildung aus der UN-Behindertenrechtskonvention im deutschen sozial und Bildungsrecht?*, Recht der Jugend und des Bildungswesens (RdJB) 2011, Nr. 2, 203–217

Bestmann, Beate/ Wüstholz, Elisabeth/ VerheyenFrank, *Pflegen: Belastung und sozialer Zusammenhalt – eine Befragung zur Situation von pflegenden Angehörigen*, Techniker Krankenkasse, WINEG Wissen 04, Hamburg 2014 (zit.: Pflegestudie der *TK*)

Bielefeldt, Heiner, *Zum Innovationspotenzial der UN-Behindertenrechtskonvention*, Essay Nr. 5 des Deutschen Instituts für Menschenrechte, 3. aktualisierte und erweiterte Aufl., Berlin Juni 2009 (zit.: *Bielefeldt*, Essay Nr. 5)

Brokamp, Barbara/Montag-Stiftung (Hrsg.), *Inklusion vor Ort. Der kommunale Index für Inklusion – ein Praxishandbuch*, Berlin 2013 (zit. *Brokamp*)

Brügelmann, Hermann (Hrsg.), *Baugesetzbuch*, Loseblatt-Kommentar, Bd. 1, §§ 1-8 BauGB, Stuttgart, 99. EL, Stand: Juli 2016 (zit.: *Bearbeiter* in: *Brügelmann* Bd. 1)

Brügelmann, Hermann (Hrsg.), *Baugesetzbuch*, Loseblatt-Kommentar, Bd. 2, §§ 9-31 BauGB, Stuttgart, 99. EL, Stand: Juli 2016 (zit.: *Bearbeiter* in: *Brügelmann* Bd. 2)

Bundesarbeitsgemeinschaft für Rehabilitation, BAR, (Hrsg.), *Behindertenbeauftragte/Behindertenbeiräte*, Handbuch, Frankfurt a. M. 2000 (zit. *BAR*, Handbuch Behindertenbeauftragte)

Degener, Theresia, A*ntidiskriminierungsrechte für Behinderte: Ein globaler Überblick*, Zeitschrift für ausländisches öffentliches Recht und Völkerrecht (*ZaöRV*), Bd. 65 (2005), 887–935 (zit. *Degener*, Antidiskriminierungsrechte)

Degener, Theresia, *Menschenrechtsschutz für behinderte Menschen, Vom Entstehen einer neuen Menschenrechtskonvention der Vereinten Nationen*, Vereinte Nationen – Zeitschrift für die Vereinten Nationen und ihre Sonderorganisationen (VN) 2006, 104–110 (zit. *Degener*, Menschenrechtsschutz)

Degener, Theresia, *Die UN-Behindertenrechtskonvention als Inklusionsmotor*, Recht der Jugend und des Bildungswesens (RdJB) 2009, Nr. 2, 200–219 (zit.: *Degener*, Inklusionsmotor)

Degener, Theresia, *Welche legislativen Herausforderungen bestehen in Bezug auf die nationale Implementierung der UN-Behindertenrechtskonvention in Bund und Ländern?*, Erstveröffentlichung in: Behindertenrecht 2/2009, 34–51 (hier zit.: *Degener*, Legislative Herausforderungen, nach dem Dokument unter www.isl-ev.de/attachments/article/910/Theresia%20Degener%20-%20Legislative%20Herausforderungen.pdf, Seiten 1-34)

Dirnberger, Franz/ Henneke, Hans-Günter/Meyer, Hubert u.a., (Hrsg.) *Beck-Kommunalpraxis Hessen plus: Bd. C 11 PdK He*, Stand: April 2014, Kommentierung zum Hessischen Gleichberechtigungsgesetz, HGlG (zit. Bearbeiter in: PdK Hessen)

Dörschner, Dörte, *Die Rechtswirkungen der UN-Behindertenrechtskonvention in Deutschland am Beispiel des Rechts auf inklusive Bildung*, Berlin 2014 (zit.: *Dörschner*)

Dreier, Horst (Hrsg.), *Grundgesetz*, Kommentar, Bd. I, 3. Aufl., Tübingen 2013 (zit.: *Bearbeiter* in: *Dreier*)

Dreier, Horst (Hrsg.), *Grundgesetz*, Kommentar, Bd. II, 3. Aufl., Tübingen 2015 (zit.: *Bearbeiter* in: *Dreier*)

Drosdowski, Günther, u. a. (Hrsg.), *Der Duden in 10 Bänden, Das Standardwerk zur deutschen Sprache*, Duden Bd. 7, Etymologie, Herkunftswörterbuch der deutschen Sprache, Mannheim 1963, (zit.: *Duden*, Herkunftswörterbuch)

Epping, Volker/Hillgruber, Christian (Hrsg.), *Beck'scher Online-Kommentar GG*, 35. Edition, Stand Art. 20: 15.11.2017, Stand Art. 32: 01.03.2015 (zit.: *BeckOK GG/Bearbeiter*)

Erler, Georg/Imboden, Max/Thieme, Werner u. a., *Das Grundgesetz und die öffentliche Gewalt internationaler Staatengemeinschaften. Der Plan als verwaltungsrechtliches Institut*: Berichte und Aussprache zu den Berichten in den Verhandlungen der Tagung der deutschen Staatsrechtslehrer zu Erlangen vom 7. bis 9. Oktober 1959 (zit.: *Imboden*, Der Plan als verwaltungsrechtliches Institut)

Ernst, Werner/Zinkahn, Willy/Bielenberg, Walter/Krautzberger, Michael, *Baugesetzbuch, Bd. I, Kommentar*, Stand: 1. Februar 2017 (zit.: *EZBK/Bearbeiter* BauGB)

Frehe, Horst/Welti, Felix (Hrsg.), *Behindertengleichstellungsrecht. Textsammlung mit Einführungen*, 2. Aufl., Stand: 1. Juli 2012, Baden-Baden 2013 (zit.: *Bearbeiter* in: *Frehe/Welti*)

Gemeinde- und Schulverlag (Hrsg.), *Praxis der Kommunalverwaltung, Landesausgabe Bayern, A 1 Europarecht, Verfassungsrecht*, Loseblatt-Kommentar, München, 554. EL, Stand: Juli 2017 (zit.: *PdK Bayern*)

Grüber, Katrin, *Zusammen leben ohne Barrieren, Die Umsetzung der UN-Konvention für die Rechte von Menschen mit Behinderungen in Kommunen*, Sankt Augustin 2010 (= Handreichung zur politischen Bildung, Bd. 2, Konrad-Adenauer-Stiftung)

Hartwig, Matthias, *Völkerrechtliche Praxis der Bundesrepublik Deutschland 2010*, Zeitschrift für ausländisches öffentliches Recht und Völkerrecht (ZaöRV), 2013, Bd. 73, 735–782

Hauck, Karl/Noftz, Wolfgang/ Becker, Ulrich (Hrsg.), *Sozialgesetzbuch (SGB) I: Allgemeiner Teil*, Berlin, *juris*, Stand: November 2015 (zit.: *Bearbeiter* in: *Hauck/Noftz*, SGB I)

Hauck, Karl/Noftz, Wolfgang/ Masuch, Peter (Hrsg.), *Sozialgesetzbuch (SGB) IX: Rehabilitation und Teilhabe behinderter Menschen*, Loseblatt-Kommentar, Berlin, 28. EL, Stand: November 2015 (zit.: *Bearbeiter* in: *Hauck/Noftz*, SGB IX)

Heinrich-Böll-Stiftung (Hrsg.), *Inklusion. Wege in die Teilhabegesellschaft*, Frankfurt a. M. 2015 (zit.: *Heinrich-Böll-Stiftung*)

Hobe, Stephan/Kimminich, Otto, *Einführung in das Völkerrecht*, 10. Aufl., Tübingen/Stuttgart 2014 (zit.: *Hobe/Kimminich*)

Jäde, Henning/Dirnberger, Franz/Weiß, Josef, *Baugesetzbuch, Baunutzungsverordnung*, Context-Kommentar, 7. Aufl. Stuttgart 2013 (zit.: *Jäde/Bearbeiter*)

Kahl, Wolfgang/Waldhoff, Christian/Walter, Christian, *Bonner Kommentar zum Grundgesetz*, Heidelberg 2014 (zit.: *Bearbeiter* in *BK*)

Kaiser, Joseph Heinrich (Hrsg.), *Planung II, Begriff und Institut des Plans*, Baden-Baden 1966 (zit.: *Kaiser*, Planung II)

Kayess, Rosemary/French, Philipp, *Out of Darkness into Light?, Introducing the Convention on the Rights of Persons with Disabilities*, Human Rights Law Review 2008, Bd. 8, S. 1–34 (zit. *Kayess/French*, HRLR 2008)

Klee, Ernst, *Behinderten-Report*, Frankfurt am Main 1974 (zit.: *Klee*, Behinderten-Report)

Klee, Ernst, *Behindert. Über die Enteignung von Körper und Bewußtsein; ein kritisches Handbuch*, Frankfurt am Main 1981 (zit.: *Klee*, Behindert. Ein kritisches Handbuch)

Knäusl, Reiner, *Konnexität und Inklusion, Wie der Staat mit seinen Städten und Gemeinden umgeht*, PUBLICUS 2011, 6–7

Körner, Anne/Leitherer, Stephan/Mutschler, Bernd (Hrsg.), Kasseler *Kommentar Sozialversicherungsrecht*, München, Stand: September 2017 (zit.: *KassKomm/Bearbeiter*)

Krajewski, Markus, *Völkerrecht*, Baden-Baden 2017 (zit.: *Krajewski*, Völkerrecht)

Kreitner, Jochen/Schlegel, Rainer u. a. (Hrsg.), *Juris PraxisKommentar SGB IX, Sozialgesetzbuch Neuntes Buch, Rehabilitation und Teilhabe behinderter Menschen*, Saarbrücken 2010 (zit.: *Bearbeiter* in: *JurisPK*)

Kreutz, Marcus/Lachwitz, Klaus/Trenk-Hinterberger, Peter, Die UN-Behindertenrechtskonvention in der Praxis. Erläuterungen der Regelung und Anwendungsgebiete, Köln 2013 (zit.: Bearbeiter in: *Kreutz u. a.*)

Kuhn-Friedrich, Andreas, *Kommunaler Wirksamkeitsdialog – Aufgabe und Unterstützung für eine örtliche Teilhabeplanung*, in: Lampke, Dorothea (Hrsg.), Örtliche Teilhabeplanung mit und für Menschen mit Behinderungen,

Theorie und Praxis, 1. Aufl., Wiesbaden 2011, 105–110 (zit.: *Kuhn-Friedrich* in: *Lampke*, Örtliche Teilhabeplanung)

Kurth, Markus, *Die UN-Konvention und die Folgen für das Menschenbild – unentdeckte Seiten eines besonderen Menschenrechtsdokuments*, in: Cantow, Jan/Grüber, Katrin (Hrsg.), Eine Welt ohne Behinderung – Vision oder Alptraum?, Berlin 2009, 7–16 (zit.: *Kurth*)

Lachwitz, Klaus, *Nachbarschaftliche Toleranz gegenüber Menschen mit geistiger Behinderung*, NJW 1998, 881–883

Lindner, Josef Franz/Möstl, Markus/Wolff, Heinrich Amadeus, *Verfassung des Freistaates Bayern*, Kommentar, München 2009 (zit.: *Bearbeiter* in: *Lindner/Möstl/Wolff*)

Luthe, Ernst-Wilhelm, *Einige Anmerkungen zur Behindertenrechtskonvention*, Die Sozialgerichtsbarkeit 2013, 391–395

Luthe, Ernst-Wilhelm/Falterbaum, Johannes u. a. (Hrsg.), *Rehabilitationsrecht*, 2. Auflage, Berlin 2015 (zit.: *Bearbeiter* in: *Luthe u. a.*, Rehabilitationsrecht)

Mangoldt, Hermann von/Klein, Friedrich/Starck, Christian (Hrsg.), *Kommentar zum Grundgesetz, Bd. 1*, 6. Aufl., München 2015 (zit.: *Bearbeiter* in: *v. Mangoldt/Klein/Starck*, GG I)

Mangoldt, Hermann von/Klein, Friedrich/Starck, Christian (Hrsg.), *Kommentar zum Grundgesetz, Bd. 2*, 6. Aufl., München 2010 (zit.: *Bearbeiter* in: *v. Mangoldt/Klein/Starck, GG II*)

Marwege, Gabriele, *Legasthenie und Dyskalkulie in der Schule – eine verfassungsrechtliche Untersuchung unter besonderer Berücksichtigung der UN-Behindertenrechtskonvention*, Göttingen 2013

Maunz, Theodor/Dürig, Günter (Begr.), Herzog, Roman/Scholz, Rupert u.a. (Hrsg.), *Grundgesetz Kommentar, Bd. I*, 81. EL, Stand: September 2017, (zit.: *Maunz/Dürig/Bearbeiter*)

Maunz, Theodor/Dürig, Günter (Begr.), Herzog, Roman/Scholz, Rupert u.a. (Hrsg.), *Grundgesetz Kommentar, Bd. III*, 81. EL, Stand: September 2017, (zit.: *Maunz/Dürig/Bearbeiter*)

Maunz, Theodor/Dürig, Günter (Begr.), Herzog, Roman/Scholz, Rupert u.a. (Hrsg.), *Grundgesetz Kommentar, Bd. IV*, 81. EL, Stand: September 2017, (zit.: *Maunz/Dürig/Bearbeiter*)

Maunz, Theodor/Dürig, Günter (Begr.), Herzog, Roman/Scholz, Rupert u.a. (Hrsg.), *Grundgesetz Kommentar, Bd. V*, 81. EL, Stand: September 2017, (zit.: *Maunz/Dürig/Bearbeiter*)

Maunz, Theodor/Schmidt-Bleibtreu, Bruno/Klein, Franz/Bethge, Herbert u.a. (Hrsg.) *Bundesverfassungsgerichtsgesetz, Kommentar*, 52. EL, Stand: September 2017, (zit.: *Maunz/Schmidt-Bleibtreu/Klein/Bearbeiter*)

Mayer, Ingrid Alice, *Die Rechtsstellung der kommunalen Frauenbeauftragten*, NVwZ 1994, 1182–1187

Meister, Martina, *Hephata – eine Fallstudie, Integration, Emanzipation und Rehabilitation*, in: Trübenbach, Brigitte (Hrsg.), Der (im-)perfekte Mensch. Vom Recht auf Unvollkommenheit, Ausstellung in Dresden 20. Dezember 2000 bis 12. August 2001, Hatje Cantz, Ostfildern-Ruit 2001, 43–49 (zit.: *Meister*)

Merten, Detlef/Papier, Hans-Jürgen (Hrsg.), *Handbuch der Grundrechte in Deutschland und Europa*, Bd. VI/2, Europäische Grundrechte II, Universelle Menschenrechte, Heidelberg 2009 (zit.: *Bearbeiter* in: Merten/Papier, Handbuch der Grundrechte)

Miles-Paul, Ottmar, *„Wir sind nicht mehr aufzuhalten". Behinderte auf dem Weg zur Selbstbestimmung; Beratung von Behinderten durch Behinderte; Peer Support = Vergleich zwischen den USA und der BRD*, Materialien der AG SPAK, M 109, München 1992 (zit.: *Miles-Paul*)

Mißling, Sven/Ückert, Oliver, *Inklusive Bildung: Schulgesetze auf dem Prüfstand*, Studie des Deutschen Instituts für Menschenrechte (Hrsg.), Berlin 2014, (zit.: *Mißling/Ückert*), dauerhafte Adresse des Dokuments: http://nbn-resolving.de/urn:nbn:de:0168-ssoar-414002

Möhring, Maren, *Kriegsversehrte Körper, Zur Bedeutung der Sichtbarkeit von Behinderung*, in: Waldschmidt, Anne/Schneider, Werner, Disability Studies, Kultursoziologie und Soziologie der Behinderung, Erkundungen in einem neuen Forschungsfeld, Bielefeld 2007, 175–197 (zit.: Möhring)

Müller, Peter, Inklusion gibt es nicht zum Nulltarif, Kein Anwendungsfall von Konnexität – Replik zu PUBLICUS 2011.11 S. 6, PUBLICUS 2011, 27–28

Müller, Wolfgang (Hrsg.), *Der Duden in 10 Bänden, Das Standardwerk zur deutschen Sprache*, Duden Bd. 10, Bedeutungswörterbuch, 2. völlig neu bearbeitete und erweiterte Aufl. Mannheim 1985, (zit.: *Duden*, Bedeutungswörterbuch)

Münch, Ingo von (Begr.)/Kunig, Philip (Hrsg.), *Grundgesetz*, Kommentar, Bd. 1, 6. Aufl., München 2012 (zit.: *Bearbeiter*, in: *v. Münch/Kunig*, GG I)

Münch, Ingo von (Begr.)/Kunig, Philip (Hrsg.), *Grundgesetz*, Kommentar, Bd. 2, 6. Aufl., München 2012 (zit.: *Bearbeiter*, in: *v. Münch/Kunig*, GG II)

Mürner, Christian/Sierck, Udo, *Krüppelzeitung. Brisanz der Behindertenbewegung*, 2009, AG SPAK-Bücher, Neu-Ulm (zit. *Mürner/Sierck*)

Oliver, Michael, *Understanding disability. From theory to practice*, New York 1996 (zit.: *Oliver*)

Redeker, Konrad/Oertzen, Hans-Joachim von u. a., *Verwaltungsgerichtsordnung*, Kommentar, 16. Aufl., Stuttgart 2014 (zit.: *Redeker/v. Oertzen*)

Reichwein, Alfred/Berg, Annette u. a., *Moderne Sozialplanung. Ein Handbuch für Kommunen*, herausgegeben vom Ministerium für Arbeit, Integration und

Soziales des Landes Nordrhein-Westfalen, Düsseldorf 2011 (zit.: Moderne Sozialplanung, Handbuch NRW)

Rohrmann, Albrecht/Schädler, Johannes u. a., Inklusive Gemeinwesen Planen. Eine Arbeitshilfe, herausgegeben vom Ministerium für Arbeit, Integration und Soziales des Landes Nordrhein-Westfalen, Düsseldorf 2014 (zit.: Arbeitshilfe NRW)

Rohrmann, Albrecht/Weber, Erik, *Selbstbestimmt Leben*, in: Degener, Theresia/ Diehl, Elke (Hrsg.), Handbuch Behindertenrechtskonvention, Teilhabe als Menschenrecht – Inklusion als gesellschaftliche Aufgabe, Bonn 2015, Bundeszentrale für politische Bildung, Bd. 1506, 226–240 (zit.: *Rohrmann/Weber*)

Rolfs, Christian/Giesen, Richard/ Kreikebohm, Ralf/Udsching, Peter (Hrsg.), *Beck'scher Online-Kommentar SozR*, 47. Edition, Stand: 01.12.2017 (zit.: *BeckOK SozR/Bearbeiter*)

Rothfritz, Lauri Philipp, *Die Konvention der Vereinten Nationen zum Schutz der Rechte von Menschen mit Behinderungen. Eine Analyse unter Bezugnahme auf die deutsche und europäische Rechtsebene*, Frankfurt/Main 2010 (zit.: *Rothfritz*)

Sachs, Michael (Hrsg.), *Grundgesetz*, Kommentar, 7. Aufl., München 2014 (zit.: *Bearbeiter*, in: *Sachs*)

Schlichter, Otto/Stich, Rudolf/Driehaus, Hans-Joachim/Paetow, Stefan, *Berliner Kommentar zum Baugesetzbuch (BauGB)*, Köln, 33. EL, Stand: Mai 2016 (zit.: *Bearbeiter*, in: *Berliner Kommentar zum BauGB*)

Schmidt, Thorsten Ingo, *Das System der verwaltungsgerichtlichen Klagearten*, DÖV 2011, 169–174.

Schmuhl, Hans-Walter, *Menschen mit Behinderungen im Spannungsfeld von Exklusion und Inklusion*, in: Cantow, Jan/Grüber, Katrin (Hrsg.), Eine Welt ohne Behinderung – Vision oder Alptraum?, Berlin 2009, 24–50 (zit.: Schmuhl)

Schoch, Friedrich/Schneider, Jens-Peter/Bier, Wolfgang (Hrsg.), Verwaltungsgerichtsordnung Bd. 1, Kommentar, München, 33. EL, Stand: Juni 2017 (zit.: *Schoch/Schneider/Bier/Bearbeiter*)

Schrödter, Wolfgang/Breuer, Rüdiger u. a. (Hrsg.), *Baugesetzbuch*, 8. Auflage, Baden-Baden 2015 (zit.: *Bearbeiter* in: *Schrödter*)

Sierck, Udo/Radtke, Nati, *Budenzauber Inklusion*, AG-SPAK-Bücher, Neu-Ulm 2013 (zit.: *Sierck/Radtke*)

Spannowsky, Willy/ Uechtritz, Michael (Hrsg.), *Beck'scher Online-Kommentar BauGB*, 40. Edition, Stand: 01.01.2018 (zit.: *Bearbeiter*, in: *BeckOK BauGB*)

Sparwasser, Reinhard/Engel, Rüdiger, *Aktionspläne des Luftreinhalte- und Lärmschutzrechts im Spannungsfeld zwischen deutschem und europäischem Recht*, NVwZ 2010, 1513–1520

Suelmann, Susanna, *Bildung in der Frauenrechtskonvention, der Kinderrechtskonvention und der Behindertenrechtskonvention der Vereinten Nationen*, Hamburg 2013

Traxler, Hans, *Cartoons*, Stuttgart 2009

Uerpmann-Wittzack, Robert, *Völker- und verfassungsrechtliche Vorgaben für die Gleichstellung und Teilhabe von Menschen mit Behinderungen*, in: 50 Jahre Deutscher Sozialrechtsverband, Inklusion behinderter Menschen als Querschnittsaufgabe, Schriftenreihe des Deutschen Sozialrechtsverbandes (SDSRV), Bd. 66, 29–76 (zit.: *Uerpmann-Wittzack, SDSRV*)

Waldschmidt, Anne, *Disability Studies: individuelles, soziales und/oder kulturelles Modell von Behinderung?*, in: Psychologie und Gesellschaftskritik 01/2005, 9–31, dauerhafte Adresse des Dokuments: http://nbn-resolving.de/urn:nbn:de:0168-ssoar-1877, (zit.: Waldschmidt, P&G)

Waldschmidt, Anne/Schneider, Werner, *Disability Studies und Soziologie der Behinderung*, in: Waldschmidt, Anne/Schneider, Werner, Disability Studies, Kultursoziologie und Soziologie der Behinderung, Erkundungen in einem neuen Forschungsfeld, Bielefeld 2007 (zit.: *Waldschmidt/Schneider*)

Wagner, Regine/Knittel, Stefan (Hrsg.), *Soziale Pflegeversicherung*, München, Stand: August 2017 (zit.: *Bearbeiter* in: *Krauskopf*, nach dem verstorbenen Herausgeber des Kommentars)

Welke, Antje (Hrsg.), *UN-Behindertenrechtskonvention mit rechtlichen Erläuterungen*, Berlin 2012 (zit.: *Bearbeiter*, in: *Welke*)

Welti, Felix, *Potential und Grenzen der menschenrechtskonformen Auslegung des Sozialrechts am Beispiel der UN-BRK*, in: Faber, Ulrich/Feldhoff, Kerstin u. a. (Hrsg.), Gesellschaftliche Bewegungen – Recht unter Beobachtung und in Aktion, Festschrift für Wolfhard Kohte, Baden-Baden 2016, S. 635–658 (zit.: *Welti*, FS für *Kohte*)

Welti, Felix, *Reformbedarf zur Gleichstellung und Barrierefreiheit*, ZRP 2015, 184–187

Wenckebach, Johanna/Welti, Felix: *Barrierefreier Zugang zu Waren und Dienstleistungen – ein Recht und seine Durchsetzung*, VuR 2015, 209–216

Zacher, Hans F./Becker, Ulrich u. a., Abhandlungen zum Sozialrecht, Heidelberg 2008 (zit.: Zacher u.a.)

Tabellen- und Abbildungsverzeichnis

Regensburger Beiträge zum Staats- und Verwaltungsrecht

Herausgegeben von Gerrit Manssen

Band 1 Simone Maria Koitek: Windenergieanlagen in der Raumordnung. 2005.

Band 2 Barbara Reil: Reformüberlegungen zur Richtervorlage. Beitrag zur Funktionenverteilung zwischen Bundesverfassungsgericht und Fachgerichtsbarkeiten bei der Kontrolle des parlamentarischen Gesetzgebers. 2005.

Band 3 André Zorger: Der Beirat für Stadtgestaltung der Stadt Regensburg. Eine Untersuchung zur baurechtlichen und kommunalrechtlichen Zulässigkeit. 2005.

Band 4 Gerrit Manssen / Boguslaw Banaszak (Hrsg.): Religionsfreiheit in Mittel- und Osteuropa zwischen Tradition und Europäisierung. 2006.

Band 5 Markus Tändler: Umweltprüfung und Umweltkontrolle in der Bauleitplanung. Eine Bewertung aus juristischer und kommunalpraktischer Sicht. 2006.

Band 6 Christian Bartsch: Vorbeugender Hochwasserschutz im Recht der Raumordnung und Landesplanung. 2007.

Band 7 Anja Rösch: Das A-Modell im Bundesautobahnbau. Bau, Erhaltung, Betrieb und Finanzierung von Bundesautobahnabschnitten durch Private und Refinanzierung auf Grundlage der Autobahnmaut. 2008.

Band 8 Tanja Böhm: Nicht gemeldete erlaubnispflichtige Schusswaffen in Bayern. Eine empirische Untersuchung unter Sportschützen und Jägern. 2007.

Band 9 Gerrit Manssen (Hrsg.): Die Finanzierung von politischen Parteien in Europa. Bestandsaufnahme und europäische Perspektive. 2008.

Band 10 Stefan Diemer: Die Verantwortlichkeit der Organe öffentlich-rechtlicher Wettbewerbsversicherungsanstalten. Eine Darstellung unter besonderer Berücksichtigung der Versicherungskammer Bayern Versicherungsanstalt des öffentlichen Rechts. 2008.

Band 11 Martin Denecke: Das Selbstgestaltungsrecht der Gemeinde im baulichen Bereich. 2009.

Band 12 Albert J. Schmid: Die Eignung als Zugangskriterium für ein öffentliches Amt unter besonderer Berücksichtigung des Fragerechts des Dienstherren. 2009.

Band 13 Gerrit Manssen (Hrsg.): Die verfassungsrechtlich garantierte Stellung der Abgeordneten in den Ländern Mittel- und Osteuropas. 2009.

Band 14 Benedikt Grünewald: Die Betonung des Verfahrensgedankens im deutschen Verwaltungsrecht durch das Gemeinschaftsrecht. 2010.

Band 15 Marion Robl: Das beschleunigte Verfahren für Bebauungspläne der Innenentwicklung. Ein Aspekt des Innenstadtentwicklungsgesetztes („BauGB 2007"). 2010.

Band 16 Ines Jahnes: Initiativermittlungen im Bereich der Organisierten Kriminalität. 2010.

Band 17 Astrid Kühne: Die Änderungen der Außenbereichsvorschrift des § 35 BauGB durch das Europarechtsanpassungsgesetz Bau. 2011.

Band 18 Franz Guttenberger: Ausgleichsansprüche nach § 24 Abs. 2 und § 25 BBodSchG. 2011.

Band 19 Andreas Alscher: Rechtliche Möglichkeiten einer integrierten kommunalen Verkehrsplanung. 2011.

Band 20 Florian P. Schrems: Ist das geltende Friedhofs- und Bestattungsrecht noch zeitgemäß? Das Friedhofs- und Bestattungsrecht im Lichte verfassungsrechtlicher Vorgaben. Unter besonderer Berücksichtigung gewandelter Ansichten in der Bevölkerung sowie integrationspolitischer Herausforderungen. 2012.

Band 21 Inkook Kay: Regulierung als Erscheinungsform der Gewährleistungsverwaltung. Eine rechtsdogmatische Untersuchung zur Einordnung der Regulierung in das Staats- und Verwaltungsrecht. 2013.

Band 22 Tina Voigt: Das Raumordnungsgesetz 2009 und das Bayerische Landesplanungsgesetz 2012. Eine Untersuchung zur Abweichungsgesetzgebung im Bereich der Raumordnung. 2013.

Band 23 Stefan Schick: Die energetische Nutzung von Biomasse im Sinne des § 35 Abs. 1 Nr. 6 BauGB – Gesetzliche Vorgaben und Verwaltungspraxis. 2014.

Band 24 Gerrit Manssen / Antje Himmelreich / Elena Gricenko (Hrsg.): Public-private-Partnership im kommunalen Bereich. 2015.

Band 25 Myeongjin Han: Die Unabhängigkeit der Bundesanstalt für Finanzdienstleistungsaufsicht. Unter besonderer Berücksichtigung ihrer Organisation als rechtsfähige Anstalt des öffentlichen Rechts. 2015.

Band 26 Jiweon Seon / Gerrit Manssen: Die Kontrolle von Public Private Partnerships im Beschaffungswesen im Rahmen des europäischen Beihilfen- und Vergaberechts. 2018.

Band 27 Ursula Obermayr: Die Umsetzung der UN-Behindertenrechtskonvention auf kommunaler Ebene in Bayern. Eine rechtstatsächliche und rechtspolitische Untersuchung. 2019.

www.peterlang.com

www.ingramcontent.com/pod-product-compliance
Ingram Content Group UK Ltd.
Pitfield, Milton Keynes, MK11 3LW, UK
UKHW021822290926
8980IPUK00004B/211

9 783631 793107